VON HANS
JULI, 2002

Anke Zalivako
Dr.-Ing. Architektin
Flatowallee 16 - 914
14055 Berlin
Tel.: 030 - 30 10 84 78

Rolf Gutbrod

Wasmuth Hochschulschriften

Architektur

Band 1

Margot Dongus

Rolf Gutbrod

Studien über das Leben und Werk des Architekten

Die Deutsche Bibliothek - CIP-Einheitsaufnahme
Dongus, Margot:
Rolf Gutbrod : Studien über das Leben und Werk des Architekten /
Margot Dongus. - Tübingen ; Berlin : Wasmuth, 2002
(Wasmuth-Hochschulschriften : Architektur ; Bd. 1
Zugl. Stuttgart, Univ., Diss., 1999
ISBN 3-8030-2100-6

©Ernst Wasmuth Verlag Tübingen • Berlin
Gesamtherstellung:
Druck Partner Rübelmann GmbH, Hemsbach

ISBN 3 8030 2100 6
ISSN 1619-9030
Stuttgart D 93

Inhalt

Einleitung	7
Biographie	11
Die frühen Jahre	11
Waldorfschule Stuttgart	12
Technische Hochschule Berlin	14
Technische Hochschule Stuttgart	16
Vorkriegsjahre	28
Erste berufliche Aufgabe	28
Kriegsjahre	31
Veränderte Tätigkeit	31
Nachkriegszeit	33
Kontakte	33
Exkurs: ZAS, Zentrale für den Aufbau der Stadt Stuttgart	35
Lehre	39
Freiberufliche Tätigkeit	44
60er und 70er Jahre	48
Berlin	48
Saudi-Arabien	50
Generationswechsel	54
Gestaltungsprinzipien	57
Gestaltungsprinzipien am Beispiel von Bauten der 50er Jahre	57
Wohnbauten	57
Gaststätte	71
Verwaltungsbauten	73
Industriegebäude	80
Kulturgebäude	84

Gestaltungsprinzipien am Beispiel von Bauten der 60er und 70er Jahre	98
Verwaltungs- und Dienstleistungsgebäude	98
Bauten für die Bildung und Wissenschaft	110
Zur Strömung des Brutalismus	115
Städtebauliche Planung	124
Wohnhochhaus	129
Versorgungs-, Kultur- und Ausstellungsbauten	132
Gestaltungsprinzipien am Beispiel von Bauten in Saudi-Arabien	160
Architekturtheoretische Aspekte	181
Orientierung	181
Zur Theorie des "organhaften Bauens" von Hugo Häring	182
Zur Architekturauffassung von Rolf Gutbrod	188
Zusammenfassung	193
Werkverzeichnis	199
Wohnbauten	199
Verwaltungsbauten	213
Industriegebäude	220
Bauten für Kultur, Bildung und Wissenschaft	223
Gebäude für Freizeit und Erholung	237
Städtebau	239
Projekte im Nahen Osten	244
Gesamtwerkverzeichnis	249
Bibliographie	261
Bildnachweis	273
Anhang	275
Dokumente	275
Abbildungen	288

Einleitung

Rolf Gutbrod (1910–1999) gehört zu den bekannten Architekten der dritten Generation der Moderne. Unmittelbare Vorläufer sind Architekten wie Hugo Häring, Hans Scharoun, Alvar Aalto oder Walter Gropius. Gutbrods Werk ist vielfältig, komplex und zum Teil widersprüchlich. Die Aufbruchseuphorie nach dem Zweiten Weltkrieg, die stürmische ökonomische und bautechnologische Progression der 60er Jahre und die Tradition und Kultur Saudi-Arabiens finden in seinen Bauten einen exemplarischen Ausdruck.

Eine Arbeit über das Leben und Werk Rolf Gutbrods ist längst überfällig. Der Grund dafür, daß dieses beachtenswerte Kapitel der Baugeschichte vernachlässigt wurde, liegt in der Schwierigkeit, Gutbrods Architektur stilistisch in Kategorien zu fassen, da seine Bauten in Form, Konstruktion und Materialästhetik völlig unterschiedlich sind.

Veröffentlichungen, die über Gutbrods Arbeit informieren, sind Besprechungen seiner Bauten in Fachzeitschriften, in Publikationen zur Architektur der 50er Jahre und in Katalogen. Der 1991 erschienene Katalog "Rolf Gutbrod, Bauten in Stuttgart", der anläßlich einer 1990 in Stuttgart initiierten Ausstellung herausgegeben wurde, zeigt Bauten von 1949–1974, die chronologisch geordnet und kommentiert sind. Auch enthält er Reden, die Aufschluß über Rolf Gutbrods Denken und Arbeit geben. Die Liederhalle, das Hauptwerk der 50er Jahre, ist erstmals in einer 1956 unter Mitarbeit von Gutbrod veröffentlichten Publikation „Konzerthaus Stuttgarter Liederhalle" durch anschauliches Bildmaterial und kurze Texte dokumentiert. Ein 1994 herausgegebener Katalog „Liederhalle Stuttgart. Ein Bauwerk mit Geschichte (1949–1993)" behandelt die Entstehungsgeschichte, Realisierung und technische Modernisierung der Liederhalle zu Beginn der 90er Jahre. Über diese Quellen hinaus trugen Gespräche mit ehemaligen Partnern, Mitarbeitern, Bauherren und Bauleitern dazu bei, Leben und Werk des Architekten Rolf Gutbrod näher kennenzulernen.

Um die Gebäude Rolf Gutbrods in die bauhistorischen Tendenzen der jüngeren Vergangenheit einordnen zu können, wurde auf Standardwerke der Architekturgeschichte zurückgegriffen, wie auf die „Geschichte der Architektur des 19. und 20. Jahrhunderts" von Leonardo Benevolo und auf die „Architekturgeschichte des 20. Jahrhunderts" von Jürgen Joedicke.

Als besonders hilfreich für das Erkennen typischer Gestaltungsmerkmale der Nachkriegsbauten Rolf Gutbrods, wie gekurvte Formen, leichte Konstruktionen, Holzlamellen oder Natursteine, die auf die architektonische Gestaltung der 20er beziehungsweise 30er Jahre zurückgehen, erwiesen sich die speziellen Untersuchungen zur Architektur der Nachkriegszeit, so die umfassende Arbeit von Durth/Gutschow,[1] die auf vielfältigen schriftlichen Quellen, Dokumenten und Aussagen von Architekten basiert oder auch Gilbert Lupfers Arbeit über die „Architektur der fünfziger Jahre in Stuttgart", während der 1987 veröffentlichte Titel „Der Wiederaufbau" von Klaus von Beyme vor allem Aufschluß über die politisch und ideologisch fundierten Leitbilder der Nachkriegszeit in Ost- und Westdeutschland gibt. Ebenso unerlässlich war die Auseinandersetzung mit kulturhistorischen Untersuchungen, um gesellschaftliche Determinanten der Architektur zu erfassen. In diesem Zusammenhang habe ich mich unter anderem mit dem Buch „Kultur im Wiederaufbau" von Jost Hermand, ferner mit kritischen Beiträgen über die sozio-ökonomische Entwicklung von Werner Abelshauser und Dieter Bänsch auseinandergesetzt.

Das Erfassen des Planmaterials erforderte eine intensive Recherche. Die Archive der ehemaligen Gutbrod-Büros in Stuttgart und Berlin waren nicht zugänglich, da Planmaterial, Fotos und Korrespondenzen völlig ungeordnet waren. Auch sind manche im Büro Gutbrod in Stuttgart archivierten Planungsunterlagen der Nachkriegsbauten, bedingt durch zwei Umzüge, verschollen, wertvolle Pläne wurden aus Platzmangel aussortiert und an die betreffenden Bauherren zurückgegeben,[2] so daß Unterlagen, zum Teil aus Privatbesitz oder Baurechtsämtern, im wesentlichen durch Bernd Riede, dem langjährigen Leiter des Berliner Büros, zusammengestellt wurden. Im Jahr 1995 beziehungsweise 1996 kam der gesamte noch vorhandene Nachlaß Gutbrods zur Sicherung und Archivierung in das „Südwest-

---

1 Werner DURTH und Niels GUTSCHOW, Architektur und Städtebau der fünfziger Jahre, Schriftenreihe des Deutschen Nationalkomitees für Denkmalschutz, Bd. 33, Bonn 1987 und Bd. 41, Bühl/Baden 1990. Dieselben Autoren: Träume in Trümmern. Bd. I, Bd. II, Braunschweig 1988. Werner DURTH, Deutsche Architekten. Biographische Verflechtungen 1900–1970, Braunschweig 1986. VON BEYME/DURTH/GUTSCHOW u. a., Städtebaupolitik in beiden deutschen Staaten, München 1987. Diese Werke könnten als Standardliteratur zur Aufbauarchitektur gelten.
2 Gespräch im April 1993 mit Professor Wolfgang Henning in Stuttgart.

deutsche Archiv für Architektur und Ingenieurbau" an der Universität von Karlsruhe. Die Archivierungsarbeiten sind seit Oktober 1998 abgeschlossen, so daß vom Südwestdeutschen Archiv in Karlsruhe ein das Gesamtwerk umfassender Katalog erscheinen wird.[3]

Grundsätzlich konnte während der Entstehung dieser Arbeit auf keine systematisch geordnete Plan- und Dokumentensammlung zurückgegriffen werden, so daß die Ausführungen zwangsläufig lückenhaft bleiben und in einigen Punkten eventuell korrigiert werden müssen. Soweit es mir möglich war, wurden die in der Arbeit behandelten Werke vor Ort besichtigt.

Die architektonische Tätigkeit Gutbrods erstreckt sich über einen Zeitraum von über 30 Jahren. Wie erste konkrete Forschungsergebnisse der Kapitel „Vorkriegsjahre", „Kriegsjahre" und „Nachkriegszeit" belegen, läßt sich das in dieser Zeitspanne entstandene Gesamtwerk in drei Phasen einteilen, die sich durch teils unterschiedliche Bauaufgaben und – beeinflußt durch wechselnde Architekturströmungen – teils durch stilistisch unübersehbare Veränderungen kennzeichnen.

Angesichts der Vielzahl der in diesem Zeitraum geplanten und realisierten Projekte stellte sich das Problem einer dezidierten Auswahl. Unter der Maßgabe, die für Rolf Gutbrod typischen Gebäude der jeweiligen Phase darzustellen – einfache Bauten der 50er Jahre, Gebäude der Tendenz des Betonbrutalismus beziehungsweise Technizismus sowie konstruktiv neuartige Zeltbauten (Gutbrod/Otto) – wurden 22 Werke ausgewählt.

Diese Arbeit analysiert in chronologischer Reihenfolge die Projekte mit dem Ziel, die jeweils charakteristischen Gestaltungsprinzipien herauszuarbeiten und so die verschiedenen Entwicklungsstationen beziehungsweise Veränderungen vor dem Hintergrund des sozialen und ökonomischen Wandels darzustellen. Neben dem skizzierten Vorgehen soll vergleichend auf andere Bauten hingewiesen, sowie auf die Akzeptanz der Architektur Rolf Gutbrods eingegangen werden. Angesichts der Vielzahl der Projekte war eine straffe, sachbezogene und nicht jedes Detail erfassende Analyse unerlässlich. Die anfangs dargestellte Biographie ist von zentraler Bedeutung

---

3 In Bezug auf den Werkkatalog zeige sich in der computergestützten Erfassung durch eine Datenbank (...) die Bestandsaufnahme als ideale Grundlage zur Erstellung eines Werkkataloges, in dem jedes der etwa 270 Projekte durch einen Text umrissen wird, so in Notizen des SAAI, Nr. 6, Oktober 1998, S. 3.

für das Werk Rolf Gutbrods. Die Arbeit schließt mit einem kurzen Kapitel über den architekturtheoretischen Ansatz des Architekten und einer Zusammenfassung der Forschungsergebnisse ab.

Gutbrod hebt immer wieder die Relevanz kooperativer Arbeit hervor, die wesentlich zur künstlerisch hohen Qualität fast aller Bauten beitrug. Deshalb wird die große Zahl seiner Mitarbeiter im Zusammenhang mit den baulichen Daten im Werkverzeichnis genannt.

Dank gebührt posthum Herrn Professor Rolf Gutbrod für die Durchsicht und Korrektur des ersten Arbeitskonzepts sowie für informative Gespräche und die schriftliche Beantwortung anstehender Fragen.

Danken möchte ich den ehemaligen Partnern Rolf Gutbrods, den Architekten Bernd Riede, Professor Hermann Kendel und Professor Wolfgang Henning †, Dr.-Ing. Bernhard Binder sowie den Professoren Dr.-Ing. Drs. h. c. mult. Jürgen Joedicke, Dr. Dr. Frei Otto, Peter Schenk, Dr. Antonio Hernandez und Günter Wilhelm sowie den Bauherren und Bauleitern für wertvolle Hinweise. Tatkräftig und stets hilfsbereit unterstützte Bernd Riede in Berlin, der 1995 verstarb, die Arbeit durch zahlreiche Gespräche und grundlegendes Planmaterial.

Mein besonderer Dank gebührt Herrn Professor Dr. Steiner für die gezielte Betreuung der Arbeit.

Biographie

Über Rolf Gutbrods Leben gibt es keine Publikation, welche die wichtigsten Stationen im Zusammenhang schildert – mit Ausnahme seiner Rede „Was bleibt von 50 Jahren?", die er 1985 anläßlich einer durch die Bauingenieur-Fakultät der Universität Stuttgart initiierten Vortragsreihe hielt. Diese teils in humorvollem Ton gehaltene Rede ist eine Retrospektive, welche Aufschluß über einen wechselvollen, durch tiefe Einschnitte geprägten Lebensverlauf gibt. Gespräche mit ehemaligen Studenten Rolf Gutbrods, mit späteren Mitarbeitern und Partnern trugen dazu bei, einzelne in der Rede angesprochene Fakten zu ergänzen, die zum Teil anhand anderer Quellen geprüft werden konnten. Die Sicht auf das Leben Gutbrods stützt sich somit auf Selbstaussagen, auf mündliche wie auf schriftliche Informationen. Die folgende Darstellung spannt sich vor dem Hintergrund der sich wandelnden historischen Situationen über einen weit reichenden Zeitraum von fast 90 Jahren.

DIE FRÜHEN JAHRE

Rolf Gutbrod wurde am 13. 09. 1910 als Sohn des Arztes Dr. Theodor Gutbrod und seiner Ehefrau Eugenie Sofie, geborene Wizemann, in Stuttgart geboren und starb am 5. Januar 1999 in Dornach nahe Basel. Er verbrachte seine Jugend zusammen mit seinen beiden älteren Geschwistern, Eduard und Dora, in einem aufgeschlossenen Elternhaus.

Die Eltern folgten streng der anthroposophischen Lehre. So mochte ihn wohl die religiös-anthroposophische Atmosphäre im Elternhaus bereits in der Phase seiner Kindheit beeinflußt haben.[4]

Rolf Gutbrod lernte früh das Geigenspiel. Er war Mitglied im Schulorchester der Waldorfschule und spielte später im privaten Kreis Quartett.[5] Sein

---

4 Gespräch am 28.1.1994 mit Architekt Bernd Riede in Berlin, der in verwandtschaftlicher Beziehung zu Rolf Gutbrod stand.
5 Mit Adolf Abel, späterer Partner bei der Liederhalle, spielte Gutbrod während seiner Tätigkeit als Bauamtsvorstand in München im Quartett. Siehe: Rolf GUTBROD, Was bleibt von 50 Jahren?, in: Architektur-Galerie am Weißenhof (Hg.), Rolf Gutbrod, Bau-

Interesse galt sowohl der klassischer Musik als auch modernen Kompositionen wie von Arnold Schönberg und Carl Orff sowie der „expressiven und doch vom Ordnungswillen durchherrschten Tonsprache Paul Hindemiths".[6]

1920 wechselte Rolf Gutbrod von der Grundschule in die auf religiöser und sozial-ethischer Basis im Jahr 1919 neu gegründete Freie Waldorfschule Uhlandshöhe. Die pädagogische Leitung hatte Rudolf Steiner inne.[7] Rolf Gutbrods Mutter war aktiv am Aufbau der Schule beteiligt.[8] 1929 legte er als sogenannter 'Externer' das Abitur am Württembergischen Kultusministerium in Stuttgart ab. Da die pädagogischen Erziehungsideale Steiners prägend für ihn waren, wie er im Gespräch vom 8. August 1992 in Stuttgart bemerkte, wird im folgenden kurz auf Kernthesen des Erziehungskonzepts eingegangen.

Waldorfschule Stuttgart

Die Waldorfpädagogik ist durch keine äußeren Normen oder festgelegten Regeln bestimmt, um die Gefahr einer dogmatischen Erstarrung auszuschließen.[9] Pädagogik und Methodik gründen in der anthroposophischen Menschenkunde. Das Erkenntnisinteresse richtet sich auf die Ganzheitlichkeit des heranwachsenden Menschen. In den von Rudolf Steiner erkannten und als Sieben-Jahres-Stufen definierten Lebensphasen treten wesentliche Veränderungen auf. So vollzieht sich die Entwicklung eines jungen Menschen in drei 'Jahrsiebten' mit jeweils unterschiedlichen Lernbedürfnissen, die in der Schule didaktisch gefördert werden.[10] Auch Rolf Gutbrod, als 'ordentlicher Waldorfschüler', spricht in seiner Rede mit dem Titel

---

ten in Stuttgart, S. 12. Bereits erschienen in: Wechselwirkungen, Jahrbuch 1986. Aus Lehre und Forschung der Universität Stuttgart, Stuttgart 1987, S. 31–37.

6 Brockhaus Bd. 10, 1989, S. 86.
7 Gründer der Waldorfschule Stuttgart war Emil Molt (1876–1936), Direktor der Waldorf-Astoria-Zigarettenfabrik. Siehe: Otto HANSMANN (Hg.), Pro und Contra Waldorfpädagogik. Akademische Auseinandersetzung mit der Rudolf-Steiner-Pädagogik, Würzburg 1987, S. 67 f.
8 Gespräch a. a. O.
9 Stefan Leber unter Mitarbeit von Erika DÜHNFORT u. a., Die Pädagogik der Waldorfschule und ihre Grundlagen. Darmstadt 1983, S. 51.
10 Rudolf Steiner, Die pädagogische Grundlage der Waldorfschule, in: Kurt E. BECKER, Hans Peter SCHREINER (Hg.), Rudolf Steiner – Praktizierte Anthroposophie, Frankfurt 1988, S. 75 ff.

„Was bleibt von 50 Jahren?" von tiefgreifenden auf sein Leben und seine berufliche Arbeit bezogenen Umbrüchen beziehungsweise Veränderungen in jeweils etwa Sieben-Jahres-Phasen.[11]

Rudolf Steiner, der von Goethes Ansätzen ausgeht, kritisiert in seinem Vortrag unter dem Titel „Die pädagogische Grundlage der Waldorfschule" (Vortragsreihe von 1919–25) generell den starken „Anteil (der Bevölkerung) an der Zerrüttung der Zivilisation, das Aufgehen in einer materialistischen Lebenshaltung und Gesinnung während der letzten Jahrzehnte".[12]

Im Bereich der anthroposophischen Pädagogik erteilt Rudolf Steiner dem 'Intellekt', dem Verstandesdenken, jedoch keine prinzipielle Absage zugunsten einer Verabsolutierung des Willens und des Fühlens. Er erkennt im Intellekt durchaus 'kognitive Qualitäten', kritisiert aber das Verstandesdenken in seiner Einseitigkeit, das dem Willen und dem Gefühl als „Phänomen des subjektiven, individuellen Erlebens" keinen Raum lasse. Nur in einer ganzheitlichen Betrachtungsweise der Dinge, in einer ausgewogenen Synthese von „Denken, Fühlen und Wollen", entwickle sich der Mensch allseitig.[13]

Unter diesem pädagogisch umfassenden Anspruch ist der Lehrplan der Schule ausgerichtet auf eher verstandesmäßige Verarbeitung von Sachwissen im mathematisch-naturwissenschaftlichen Bereich und auf die Förderung der Willensbildung und der Erlebniswerte des Gefühls im freien und selbstbestimmten Gestalten der Fächer Bildende Kunst, Musik, Architektur, Handwerk etc., wobei der Intuition im künstlerischen Schaffensprozeß eine besondere Bedeutung zukommt.[14]

Der durch Steiner in seinen Vorträgen zur Waldorfpädagogik geforderte und im Unterricht praktizierte Ansatz des ganzheitlichen Erfassens von Sachverhalten sollte Gutbrods Vorstellungen weitgehend determinieren.

---

11 Rolf Gutbrod, Was bleibt von 50 Jahren?, a. a. O., S. 31–37: Rolf Gutbrod nennt Veränderungen im Abstand von sieben Jahren, z. B. die Zeit im Elternhaus, in der Waldorfschule, die Epoche des Zweiten Weltkriegs oder berufsbezogene Phasen wie die Realisierung der Liederhalle, der Projekte Montreal und Mekka.
12 STEINER a. a. O., S. 71.
13 a. a. O., S. 74 f.
14 a. a. O., S. 75.

Unmittelbar nach Schulabschluß schwankte Gutbrod zwischen einem Studium der Musik und dem der Architektur. Seinen Entschluß, Architektur zu studieren, begründet Rolf Gutbrod nicht eindeutig. Es ist nicht auszuschließen, daß die geradezu dynamische Baukonjunktur ab 1924 als Folge der wirtschaftlichen und politischen Konsolidierung einem angehenden Architekten wohl mehr existenzielle Sicherheit versprach als eine künstlerische Zukunft im Bereich der Musik.

Im Jahr 1929 begann Rolf Gutbrod das Architekturstudium an der Technischen Hochschule in Berlin-Charlottenburg und wechselte bereits 1930 an die Architekturabteilung der Technischen Hochschule in Stuttgart, die sogenannte 'Stuttgarter Schule'.

Da vor allem die Lehre der 'Stuttgarter Schule' eine prägende Wirkung auf Gutbrod hatte und seine spätere Arbeit nachhaltig beeinflußte, soll der Blick nur kurz auf die Technische Hochschule in Berlin gerichtet werden. Der Schwerpunkt liegt in der Darstellung der Lehrinhalte der primär an der Tradition orientierten 'Stuttgarter Schule'.

Technische Hochschule Berlin

Vom 23. Oktober 1929 bis 27. Februar 1930 war Rolf Gutbrod an der Architektur-Abteilung der Technischen Hochschule in Berlin-Charlottenburg immatrikuliert.[15] In Berlin lehrten die Professoren Heinrich Tessenow und Hans Poelzig. Die Entscheidung für Berlin erklärt Rolf Gutbrod mit dem guten Ruf dieser Hochschullehrer. Heinrich Tessenow vertrat ein bewußt einfaches Bauen unter 'handwerklich solider' Herstellung orientiert an traditionellen Vorbildern, während Poelzig um 1920 der expressionistischen Tendenz folgte und gegen Ende der 20er Jahre zu diszipliniert sachlicher Monumentalität überging.[16] Doch war es wohl nicht allein die Lehre der namhaften Berliner Professoren, sondern auch die Bedeutung der Stadt, die Gutbrod anzog. Berlin zu Beginn des 20. Jahrhunderts war Experimentierfeld neuer Ideen, Zentrum der künstlerischen Avantgarde. Neue, bahnbre-

---

15 Lt. Immatrikulationsbuch der Technischen Universität Berlin war Rolf Gutbrod unter der Matrikel-Nr. 420 75 eingeschrieben. Brief der TU Berlin vom 4.6.1997.
16 Gerda WANGERIN, Gerhard WEISS, Heinrich Tessenow. Leben, Lehre, Werk, Essen 1976, S. 67 und Vittorio Magnago LAMPUGNANI (Hg.), Hatje/Lexikon der Architektur des 20. Jahrhunderts, Stuttgart 1983.

chende Gebäude der Moderne und sozial inspirierte Siedlungen, das Theater, das Konzert, Ausstellungen zu aktuellen Themen der Kunst und Architektur erklären die Anziehungskraft der Stadt. Gutbrods Interesse galt neben moderner Architektur dem Berliner Theater und dem Konzert, wie er im Rückblick bemerkt.[17]

Bereits Ende des ersten Semesters brach Gutbrod das Studium an der Architektur-Abteilung in Berlin ab, um an die Technische Hochschule nach Stuttgart zu wechseln. Die in Berlin entstandenen Skizzen oder Entwürfe, die Aufschluß über Stilrichtung, Entwurfsansatz oder zeichnerische Umsetzung geben könnten, sind nicht mehr vorhanden.

Den eigentlichen Anstoß für den abrupten Studienwechsel gab die Architektur Paul Schmitthenners, die Gutbrod anläßlich eines in Berlin gehaltenen Dia-Vortrags des Stuttgarter Architekten und Hochschullehrers nachhaltig beeindruckte. Paul Schmitthenners fachliche Ausführungen, die klare Ordnung seiner an der Tradition orientierten Bauten, die „Qualität im Detail",[18] so Rolf Gutbrod, hatten maßgeblich zu seinem Entschluß beigetragen, das Architekturstudium in Stuttgart fortzusetzen. Ungeachtet dessen entsprach der Unterricht einzelner Fachgebiete an der Unterstufe der Architektur-Abteilung in Berlin nicht den hoch gesteckten Erwartungen Rolf Gutbrods,[19] zumal – wie er im Rückblick festhält – die anerkannten Hochschullehrer Heinrich Tessenow und Hans Poelzig erst an der Oberstufe lehrten.[20]

Prinzipiell dürfte jedoch die Studienzeit in Berlin zu kurz gewesen sein, um sich mit den spezifischen Lehrinhalten an der Unterstufe intensiv auseinanderzusetzen, so daß von einem prägenden Einfluß auf Rolf Gutbrod wohl kaum gesprochen werden kann.

---

17 Im Gespräch vom 8. 8. 1992 bemerkt Rolf Gutbrod, daß er nahezu sein gesamtes Studiengeld in Theater- und Konzertkarten investiert habe.
18 Gespräch s. o.
19 Rolf GUTBROD, Was bleibt von 50 Jahren?, in: Architektur-Galerie am Weißenhof (Hg.), Rolf Gutbrod, Bauten in Stuttgart, Stuttgart 1991, S. 6.
20 Gespräch s. o.

Technische Hochschule Stuttgart

Der Tradition verpflichtete Architekten wie Paul Schmitthenner, Paul Bonatz sowie der Städtebauer Heinz Wetzel waren maßgebliche Lehrer an der 'Stuttgarter Schule', die vor allem in den 20er Jahren neben den Technischen Hochschulen in München und Berlin zur führenden Hochschule in Deutschland gezählt wurde. Das Konzept der 1902 unter Theodor Fischer konstituierten 'Stuttgarter Schule' war

> „[der] Versuch der Erneuerung der Architektur vom Handwerk her, von der sorgfältigen Fügung der Baustoffe – die Auffassung, ein Bauwerk durch Erleben der spezifischen Bedingungen des Ortes und der Region zu gestalten".

Ein weiteres Charakteristikum der Schule bildete die „enge Verbindung von Architektur und Städtebau".[21] Neue Materialien wie Stahl und Stahlbeton sollten dem Ingenieurbau vorbehalten sein. Im Jahr 1926 erfolgte die Berufung von Hugo Keuerleber als Vertreter des Neuen Bauens an die Architektur-Abteilung der Technischen Hochschule.

Die Weißenhofsiedlung war Anlaß einer großen Kontroverse zwischen Modernisten und den Traditionalisten der Stuttgarter Schule. 1925 initiierte der Deutschen Werkbund im Rahmen des städtischen Wohnungsbauprogramms die Werkbund-Ausstellung „Die Wohnung", welche die Rationalisierung im Wohnungsbau zum Programm erhob. Die künstlerische Leitung des Gesamtprojekts wurde Ludwig Mies van der Rohe, die Bauleitung dem ortsansässigen Richard Döcker übertragen. Erste Animositäten ergaben sich bereits im Vorfeld, als Paul Bonatz einen vorläufigen Bebauungsplan mit traditionellen Bauformen erarbeitet hatte, der keine Beachtung fand. Der Vorschlag Mies van der Rohes von 1925 sah flache Kuben vor, die der ansteigenden Topographie folgen und von progressiven Architekten der

---

21 JOEDICKE, in: Lothar FEHN (Hg.), Stuttgarter Architekturschule: Vielfalt als Konzept. Fachschaft Architektur, Universität Stuttgart, Stuttgart 1992, S. 18 f. Erst nach Abschluß des Manuskripts stieß ich auf die Dissertation „Stuttgarter Schule für Architektur 1919 bis 1933", Stuttgart 1996 von Matthias Freytag. Der Autor beschreibt die differenzierte Ausrichtung der Architektur-Abteilung im Zeitraum von 1919–1933. Darüber hinaus veranschaulichen zahlreiche Abbildungen die stilistisch unterschiedlichen Ansätze der Arbeiten von Lehrern und Schülern.

Moderne, so Walter Gropius, Le Corbusier, Hans Scharoun, J. J. P. Oud, Peter Behrens, Mart Stam, Mies van der Rohe sowie Richard Döcker und anderen realisiert werden sollten. Dem offenen Protest der sich völlig übergangen fühlenden konservativen Exponenten Paul Bonatz und Paul Schmitthenner gegen die Konzeption Mies van der Rohes folgte ihr Austritt aus dem Deutschen Werkbund.[22] Um eine bewußte Gegenposition zu der in Berlin konstituierten Architektengemeinschaft „Der Ring", mehrheitlich mit Architekten der Weißenhofsiedlung, zu bilden, schlossen sich 1928 konservativ eingestellte Architekten, unter ihnen Paul Bonatz, Paul Schmitthenner, Paul Schultze-Naumburg und German Bestelmeyer, zur Architektenvereinigung „Der Block" zusammen. Ihre Auffassung erläuterten sie im „Block-Manifest" – die in ihren Aussagen eine gewisse Kongruenz zu Thesen der späteren NS-Propaganda aufwies –, „daß bei den Bauaufgaben unserer Zeit wohl ein eigener Ausdruck gefunden werden muß, daß aber dabei die Lebensanschauungen des eigenen Volkes und die Gegebenheiten der Natur des Landes zu berücksichtigen sind".[23]

Diese ästhetischen und ideologischen Kontroversen veränderten das Klima an der 'Stuttgarter Schule'. Gegnerische Fronten anstelle der früheren Solidarität brachen auf.

In dieser von Richtungskämpfen geprägten Phase trat Gutbrod 1930 in die Architektur-Abteilung der 'Stuttgarter Schule' ein,[24] in der Zeit einer tiefgreifenden Wirtschaftskrise, die auch das Baugeschehen beeinflußte.

Nach dem Studium an der Unterstufe der Technischen Hochschule legte Gutbrod 1931 das Vorstaatsexamen ab. Um praktische Erfahrungen zu erwerben, absolvierte er von 1931 bis 1932 eine zwölfmonatige Zwischenpraxis bei Professor Gustav August Munzer in Düsseldorf, der eine konserva-

---

22 Jürgen JOEDICKE, Weißenhofsiedlung Stuttgart, Stuttgart 1989, S. 7 f., S. 13 f. Joachim PETSCH, Baukunst und Stadtplanung im Dritten Reich, München/Wien 1976, S. 43 ff. Karin KIRSCH, Die Weißenhofsiedlung. Werkbund-Ausstellung „Die Wohnung" – Stuttgart 1927, Stuttgart, 1987, S. 20 ff.
23 Werner DURTH, Deutsche Architekten. Biographische Verflechtungen 1900–1970, Braunschweig 1987, S. 54 f.; JOEDICKE, in: FEHN (Hg.), a. a. O., S. 21.; KIRSCH a. a. O., S. 18 f.
24 Eine Immatrikulationsliste, die Aufschluß über das genaue Datum des Studieneintritts in Stuttgart gibt, ist nicht mehr vorhanden. Brief der Universität Stuttgart, Rektoramt, vom 23. 4. 1996.

tiv-handwerkliche Richtung vertrat. 1932, ein Jahr vor der Machtübernahme durch Adolf Hitler, setzte Rolf Gutbrod sein Studium an der Oberstufe der 'Stuttgarter Schule' fort.[25]

Paul Schmitthenner war Lehrer Rolf Gutbrods im 'zentralen' Fach Baukonstruktion in der Unterstufe.[26] Konsequent verfocht er das traditionelle, landschaftsgebundene Bauen. Charakteristisch für die Architekturauffassung Schmitthenners ist die Berufung auf traditionelle Konstruktionen und Materialien sowie der Bezug der Architektur zur Landschaft und zum baulichen Umfeld im Sinne von Theodor Fischer. Grundlegend für seine Arbeit war die „Suche nach dem Typischen".[27] Aus der Konstruktion heraus entwickelte er für die jeweilige Region einen entsprechenden Typus (z. B. den Fachwerk-, Backstein- oder Massivbau).

Schmitthenners Ablehnung galt sowohl dem „hohlen Formenflitter"[28] des Historismus als auch dem Neuen Bauen. Wie Heinrich Tessenow, Paul Me-

---

25 Daten über das Studium nannte Rolf Gutbrod im Gespräch vom 8. 8. 1992. Siehe hierzu auch: GUTBROD, a. a. O., S. 7.
26 Biographische Daten: Paul Schmitthenner (1884–1972) Architekturstudium in Karlsruhe und München. 1907 Leiter des Hochbauamtes in Colmar. Ab 1909 Mitarbeiter im Büro Richard Riemerschmid München. 191-113 als leitender Architekt der Gartenstadt Carlowitz bei Breslau kam Schmitthenner in Berührung mit Muthesius, Tessenow und Poelzig. Von 1913–18 Architekt im Reichsamt des Innern in Berlin. Durch die Gartenstadt Staaken wurde Schmitthenner weithin bekannt. 1918 erhielt er einen Ruf an den Lehrstuhl für Baukonstruktion an die Architektur-Abteilung der Technischen Hochschule in Stuttgart. Als Gegenbeispiel zur Weißenhofsiedlung entstand die Kochenhofsiedlung unter Leitung von Paul Schmitthenner. Seine einhellige Polemik gegen das Neue Bauen stand unter heftiger Kritik. Als Mitglied der NSDAP hielt Schmitthenner bereits im Jahr 1932 Fachvorträge auf Agitationsveranstaltungen des „Kampfbundes für Deutsche Kultur". Schmitthenners Architektur galt als Nazi-Architektur. Eine Professur an den Vereinigten Staatsschulen in Berlin lehnte er 1933 ab. Schmitthenners Beitrag „Das sanfte Gesetz in der Kunst" wurde als Absage an die monumentale Staatsarchitektur gewertet. Die bekanntesten Werke Schmitthenners sind außer zahlreichen Wohnbauten geplante und gebaute repräsentative Projekte wie das August-Thyssen-Haus, Düsseldorf (1928), die Regierungserweiterung, Berlin (1929), das Universitätsgebäude, Straßburg (1942), die Bayrische Staatsbank, Nürnberg (1950), die Rhein-Main-Bank, Stuttgart (1953) und die Rhein-Main-Bank, Heilbronn (1954). Siehe auch: Paul SCHMITTHENNER: Das Deutsche Wohnhaus. Baugestaltung. 4. Auflage, Stuttgart 1984. Marc HIRSCHFELL: Der Königin-Olga-Bau von Paul Schmitthenner, Stuttgart 1994. Jürgen JOEDICKE: Zum Werk von Paul Schmitthenner, in: Kolloquium zum 100. Geburtstag von Paul Schmitthenner an der Universität Stuttgart, Fakultät für Architektur und Stadt- Planung, Stuttgart 1985.
27 Jürgen JOEDICKE, Zum Werk von Paul Schmitthenner, in: Kolloquium, a. a. O., S. 47 f.
28 Ebd. S. 44.

bes oder Paul Schultze-Naumburg trat er für ein bewußtes Anknüpfen an die einfachen Bauformen der Goethezeit ein und sah in dieser historischen Phase die „letzte geschlossene Kultur- und Bauepoche". Schmitthenners Leitmotiv war Goethes Gartenhaus in Weimar.[29]

Klare Ordnung und die „Qualität im Detail" der Bauten Paul Schmitthenners hatten Rolf Gutbrod bereits in Berlin beeindruckt. Im Rückblick verweist er besonders auf die „Solidität im Aufbau der 'Lehre'":[30]

„[Paul Schmitthenner] entwickelte vor den Studenten den Entwurf eines Hauses vom Lageplan bis zum Detail. Nachdem dies zunächst an einem Haus in Massivbauweise behandelt wurde, erfolgte der Entwurfsvorgang an einem Haus im Holzfachwerkbau, um so die Wechselwirkung zwischen Form und Baustoff sowie dessen handwerklicher Konstruktion aufzuzeigen."[31]

Über Paul Schmitthenners sorgfältige Behandlung des „werkgerechten Details" äußerte sich Paul Bonatz im Jahr 1932:

„Wie er im einzelnen gestaltet, die Oberfläche belebt, wie er eine Dachrinne ansetzt und dem Rinnkessel Platz gibt, wie er ein Fenster in die Wand setzt und es profiliert, wie er das Relief beherrscht, das ist handwerklich vortrefflich, ist meisterhaft. Für diese Qualität der Durchbildung hat er seiner (jungen) Generation erst die Augen geöffnet, und auch wir Aeltesten mußten von ihm lernen."[32]

Anfang der 30er Jahre, einer Zeit zunehmend politischer Polarisierung, trat Schmitthenner offen für die Partei des Nationalsozialismus ein. Als aktives Mitglied in dem von Alfred Rosenberg gegründeten „Kampfbund für

---

29 Goethes Gartenhaus, wie Wolfgang Voigt festhält, das Mitte der 20er Jahre als Bauaufnahme bearbeitet wurde, diente Studenten als direktes Vorbild. Siehe: Wolfgang VOIGT, Vom Ur-Haus zum Typ. Paul Schmitthenners „deutsches Wohnhaus" und seine Vorbilder, in: Magnago LAMPUGNANI und Romana SCHNEIDER (Hg.), Moderne Architektur in Deutschland 1900 bis 1950, Reform und Tradition, Stuttgart 1992, S. 247.
30 GUTBROD, a. a. O., S. 7: hier irrtümlich „Solidarität" anstelle von Solidität.
31 JOEDICKE, Die Stuttgarter Schule. Die Entwicklung der Architekturabteilung zwischen 1918 und 1945, in: Johannes H. VOIGT (Hg), Festschrift zum 150-jährigen Bestehen der Universität Stuttgart, Stuttgart 1979, S. 444.
32 Wolfgang VOIGT, Die Stuttgarter Schule und die Alltagsarchitektur des Dritten Reiches, in: Hartmut FRANK (Hg.), Faschistische Architekturen. Planen und Bauen in Europa 1930 bis 1940, Hamburg 1985, S. 244, Marc HIRSCHFELL, Der Königin-Olga-Bau von Paul Schmitthenner. Ein Stuttgarter Bankgebäude im Brennpunkt des Wiederaufbaus, Stuttgart 1994, S. 166.

deutsche Kultur" wandte sich Schmitthenner ab dem Jahr 1932 in polemischer Weise gegen den „'Kulturbolschewismus' die 'internationale Architektur' des Dessauer Bauhauses und die Weißenhofsiedlung", welche er nach wie vor als Provokation empfand. Seine Überzeugung, daß die Führung auf dem Gebiete des Bauens darum in die Hände jener Baumeister gehöre, die aufrecht den Kampf gegen das Internationale, das Undeutsche und Untüchtige geführt, ihre Gesinnung und ihr Können aber durch Taten bewiesen hätten, äußerte er 1934 unmißverständlich unter dem Titel „Die Baukunst im Dritten Reich".[33] Trotz des politisch-propagandistischen Einsatzes trat der latent erhoffte eigene Erfolg nicht ein. Schmitthenner wurde nicht mit offiziellen Staatsbauten beauftragt. Um so mehr erwarb die traditionsorientierte Stuttgarter Schule einen dezidiert politischen Ruf, welcher zahlreichen Absolventen den Zugang zu Planungsämtern der einzelnen Kommunen sowie des Staates erschloß.[34]

Paul Schmitthenners methodischer Aufbau des Lehrkonzepts, die systematische Entwicklung des Entwurfs und die Vermittlung praxisbezogener Detailarbeit gab Rolf Gutbrod wohl Anregungen für die eigene Entwurfplanung und die spätere Entwurfslehre. Doch kritisierte Gutbrod entschieden Schmitthenners opportunistisches Vorgehen Anfang der 30er Jahre, hob jedoch mit Nachdruck die hohe Qualität seiner Lehre und ihre prägende Wirkung auf Studenten hervor.[35]

Rolf Gutbrods Lehrer Heinz Wetzel,[36] früher Student Theodor Fischers, war Professor für Städtebau. Heinz Wetzel „hat uns Sehen gelehrt durch

---

33 Wolfgang Voigt, a. a. O., S. 248, Durth, Deutsche Architekten, a. a. O., S. 48 ff
34 Voigt, a. a. O., S. 248. Siehe auch: Hirschfell, a. a. O., S. 166.
35 Gutbrod, a. a. O., S. 7.
36 Biographische Daten: Heinz Wetzel, geboren 1882 in Tübingen, gestorben 1945 in Göppingen. Ab 1900 Studium sowohl an der TH Stuttgart unter Theodor Fischer als auch an der TH München. Wesentliche Anregungen für die Stadtbaukunst erhielt er in Florenz durch den Bildhauer Adolf Hildebrand. Nach dem Studium: Mitarbeit im Büro Theodor Fischers in München und Stuttgart sowie im Büro der Architekten Eisenlohr und Pfennig in Stuttgart. 1919 Leiter des Stadterweiterungsamtes Stuttgart, 1921 Lehrbeauftragter, 1925 Professor für Städtebau an der TH Stuttgart. Richtungsweisend wurde Wetzels städtebauliche Lehre. Wetzels „Theorie der Gestaltungsgrundsätze historischer Stadtbaukunst" gilt als wichtiger Beitrag zur Städtebauforschung. Zu den wenigen Werken Wetzels zählen die Reithalle in Stuttgart-Botnang (1931), die Kriegerehrung im Ulmer Münster (1934), der Wettbewerbsentwurf für das Reichsehrenmal bei Bad Berka (1932–33) und Wetzels eigenes Haus in der Ameisenbergstraße in Stuttgart. Siehe: Heinz Wetzel und die Geschichte der Städtebaulehre an deutschen Hochschulen. Eine

seine Vorlesungen, die er durch großartige Skizzen an der Wandtafel erläuterte",[37] schreibt Rolf Gutbrod. Ziel der städtebaulichen Lehre Heinrich Wetzels war

> „das Gestalten aus den Bedingungen der Landschaft und der optischen Ordnung (...). Die Voraussetzung dafür ist zunächst eine Landschaftsanalyse: Bewußtes, geschultes Wahrnehmen der Gegebenheiten im ganzen und systematisches Zerlegen derselben in ihre räumlichen Bestandteile".[38]

Heinz Wetzel war bestrebt,

> „durch seine Lehre den Weg zu einer bildhaften Stadtbaukunst wieder freizulegen und die einseitige Überbewertung struktureller Überlegungen, die ja doch nur ein Teil der formbildenden Kraft sind, auf das richtige Maß zurückzuschrauben".[39]

Wetzels städtebauliche Entwicklungsplanungen für vorwiegend kleinere Städte im süddeutschen Raum wurde 'Pflichtaufgabe' für Studenten, um sie direkt mit der städtebaulichen Praxis zu konfrontieren.

Der Ansatz einer bewußten architektonischen Gestaltung aus den Bedingungen des topographischen und urbanen Umfeldes und die Rücksichtnahme auf den *genius loci* im Sinne von Heinz Wetzel kommt in Rolf Gutbrods späterer Entwurfsarbeit in hohem Maße zu tragen. Voraussetzung hierfür war die in der Lehre Wetzels erworbene Fähigkeit einer bewußten Wahrnehmung räumlicher Besonderheiten.

Hugo Keuerleber[40] als Vertreter des Neuen Bauens lehrte neben Baustoffkunde und Technischem Ausbau auch das Fach Entwerfen. Unter den

---

Veröffentlichung des Städtebaulichen Instituts der Universität Stuttgart zum 100. Geburtstag von Heinz Wetzel am 19. Oktober 1982, Stuttgart 1982, S. 5 f.
37 GUTBROD, a. a. O., S. 7.
38 Heinz Wetzel und die Geschichte der Städtebaulehre, a. a. O., S. 6.
39 Karl KRÄMER (Hg.), Heinz Wetzel. Stadt Bau Kunst. Gedanken und Bilder aus dem Nachlaß, Stuttgart 1962, S. 11.
40 Biographische Daten: Hugo Keuerleber ist im Jahr 1883 in Stuttgart geboren und 1949 dort gestorben. Ab 1902 Studium an der Technischen Hochschule Stuttgart unter Theodor Fischer, 1904–05 praktische Tätigkeit, 1906 Diplom, 1907 Abschluß als Regierungsbaumeister. Von 1908–11 selbständige Arbeit als Architekt in Stuttgart, 1911–12 Tätigkeit bei Prof. Habich im Bereich Anlagenbau. In den Jahren 1912–14 war Hugo Keuerleber Leiter des Baubüros der Ausstellung für Gesundheitspflege. Er entwarf Ausstellungsbauten für das Gebiet des heutigen Stadtgartens. 1914–18 Kriegsteilnehmer im Rang eines Offiziers. 1919–21 Bauamtmann im Stadterweiterungsamt der Stadt Stuttgart zusammen mit Prof. Otto Ernst Schweizer, Karlsruhe. Gemeinsam mit Richard

verschiedenen Richtungen innerhalb des Neuen Bauens orientierte sich Keuerleber an der rationalen Architektur des Bauhauses. Als richtungsweisendes ästhetisches Vorbild diente ihm vor allem das Werk von Walter Gropius. So gehörte zweifellos die Auseinandersetzung mit der Weißenhofsiedlung, vor allem mit den Wohnhäusern von Walter Gropius zum Lehrprogramm, die als Experimente industrieller Herstellungsweisen in kubischen Bauformen und freien Grundrissen entstanden und deren puristische Ästhetik Rolf Gutbrod damals begeistert aufnahm.[41]

Im Nachlaß Gutbrods befindet sich eine Studienarbeit zum Thema „Gemeindehaus der Gedächtniskirche Stuttgart", die unter der Korrektur Hugo Keuerlebers im Wintersemester 1935 entstand. Der Entwurf mit planer Außenfassade, additiv aufgereihten, ununterteilten Fenstern und leicht ge-

---

Döcker erarbeitete Hugo Keuerleber 1921–22 einen Entwurf zum Hochhausbau in Stuttgart. „Was hier jedoch nur auf ein einzelnes Gebäude bezogen ist, wurde von Richard Döcker und Hugo Keuerleber in ihrem Vorschlag für Stuttgart, dem innerhalb der Hochhausdiskussion bedeutendsten städtebaulichen Projekt, auf den Umgang mit der gesamten Stadt übertragen." (Auch: F. ZIMMERMANN (Hg), Der Schrei nach dem Hochhaus, Berlin 1988, S. 195). Von 1922–26 Vorstand der Staatlichen Beratungsstelle für das Baugewerbe in Württemberg. 1923 Leiter eines Baubüros, um für die Bauausstellung von 1924 auf dem alten Bahnhofsgelände Gebäude zu realisieren. Die Ausstellung zeigte erstmals „Ideen des Werkbundes – und neue Auffassungen des Bauens". 1926 Berufung als außerordentlicher Professor für Baustoffkunde, Technischen Ausbau und Entwerfen, 1946 ordentlicher Professor. Auf Empfehlung von Richard Döcker wurde Hugo Keuerleber in den Beirat der ZAS, Zentrale für den Aufbau der Stadt Stuttgart, berufen, um beim Neuaufbau der kriegszerstörten Stadt beratend mitzuwirken. Zu den Bauten von Hugo Keuerleber zählt die 1925–26 entstandene Stadthalle in Stuttgart, Neckarstraße (anstelle des heutigen Rundfunkgebäudes), die als erster Preis aus einem Wettbewerb hervorging. In Zusammenarbeit mit Richard Döcker entstand 1921–23 die Siedlung Viergiebelweg in Stuttgart (mit dem eigenen Wohnhaus von Hugo Keuerleber), 1929–30 die Wohnsiedlung der DLW in Bietigheim, 1931 das Mensa-Gebäude der TH Stuttgart, Labors und dem Gelände der Gartenschau in Stuttgart sowie Wohnbauten. (Beim „Marstall-Wettbewerb" 1947 in Stuttgart erhielt Hugo Keuerleber einen zweiten Preis, Paul Schmohl einen ersten und Rolf Gutbrod einen dritten Preis.) Des weiteren realisierte er 1947–49 ein Projekt im Rahmen des sozialen Mietwohnungsbaus in Heidenheim/Brenz als Forschungsprojekt für neue Baumethoden der FBW (Forschungsgemeinschaft Bauen und Wohnen). Biographische und bauliche Daten erhielt ich dankenswerterweise von Frau Dorothee Keuerleber, der in Stuttgart lebenden Tochter von Hugo Keuerleber, die in der Nachkriegszeit an der TH in Stuttgart Architektur studiert hatte. Gespräch am 9. 1. 1998 mit Dorothee Keuerleber.

41 Reinhard SEIFFERT, Menschlich Bauen, Gesprächsmanuskript, S. 44, Archiv Büro Gutbrod Berlin.

neigtem Satteldach steht eindeutig in der gestalterischen Tendenz des Neuen Bauens. Rolf Gutbrod folgt damit konsequent der fortschrittlichen Richtung, allerdings ohne das für die Weißenhofsiedlung charakteristische Flachdach aufzugreifen.

Im Gegensatz zur kompromißlosen Haltung Paul Schmitthenners war der im Grunde konservativ eingestellte Hochschullehrer Paul Bonatz[42] „durchaus aufgeschlossen auch für die in Berlin radikalisierte Moderne", so Werner Durth.[43]

Eine Diversifikation stilistischer Richtungen kennzeichnet sein Werk: Neben traditionalistischen Wohnhäusern, sachlich monumentalen Verwaltungsbauten, galt seine Arbeit dem zweckrationalen Ingenieurbau, dem Bau von Neckar-Staustufen und Brücken. Ab 1935 war Paul Bonatz gefragter Architekt und Berater des „Generalinspektors für das deutsche Straßenwesen", Fritz Todt, um Brücken für die neue Reichsautobahn zu planen. Taktisch versuchte Bonatz, „sich auf kritische Distanz mit den Machthabern zu arrangieren", wie Frank Werner seine politisch ambivalente Haltung charakterisiert.[44] Zudem gelang es Bonatz, ehemaligen Schülern technische Aufgaben im Bereich des Ingenieurbaus zu vermitteln.[45]

---

42 Biographische Daten: Paul Bonatz (1877–1956), 1897 Studium der Architektur in München. Danach Mitarbeiter Theodor Fischers beim Stadtbauamt München. 1902–06 Assistent an der TH Stuttgart bei Theodor Fischer. 1908 Berufung als Nachfolger Theodor Fischers an die TH Stuttgart. Parallel zur Lehrtätigkeit Zusammenarbeit mit Friedrich Eugen Scholer. Nach Kontroversen um die Weißenhofsiedlung Austritt aus dem Deutschen Werkbund. 1935–41 Mitarbeit beim Bau der Reichsautobahn. 1939–43 in Zusammenarbeit mit Albert Speer Planungen für das Marineoberkommando und das Polizeipräsidium in Berlin und für den Hauptbahnhof München. 1943–46 beratende Funktion im Kulturministerium in Ankara, 1946–53 Professor an der TH Istanbul. Preisrichter bei nationalen und internationalen Wettbewerben. Werke: Sektkellerei Henkell (1907), Wiesbaden, Stuttgarter Hauptbahnhof (1914–28), und städtebauliche Planung für Köln (1920) sowie zahlreiche Einfamilienhäuser. Mitarbeit beim Bau von Neckarstaustufen, 1932 Kunstmuseum Basel, 1944–48 Staatsoper und eine Wohnstadt in Ankara. Siehe auch: N. BONGARTZ, P. DÜBBERS und F. WERNER, Paul Bonatz, 1877–1957, Stuttgarter Beiträge 13, Stuttgart 1977. Matthias ROSER, Paul Bonatz, Wohnhäuser, Stuttgart 1992. Matthias FREYTAG, Stuttgarter Schule für Architektur 1919 bis 1913, Stuttgart 1996.
43 Werner DURTH, Deutsche Architekten, Biographische Verflechtungen 1900–1970, Braunschweig 1987, S. 48.
44 Frank WERNER, in: Paul Bonatz 1877–1956, a. a. O., S. 29.
45 Ebd. S. 32.

Paul Bonatz, von 1902 bis 1906 Assistent Theodor Fischers, lehrte Entwurf und Städtebau in der Oberstufe. Ziel seiner Entwurfslehre war nicht „die Übermittlung eines Wissens, sondern (…) das Wecken eines Könnens, das nur durch eigene Versuche, Versuche unter Anleitung, erworben werden kann",[46] so Paul Bonatz. Dabei sollte für jede Bauaufgabe ein eigener Ansatz gesucht werden, ein Konzept, das in dieser Form für Rolf Gutbrods spätere Lehrtätigkeit konstitutiv werden sollte.

Für das Diplom wählte Rolf Gutbrod den Hochschullehrer Paul Bonatz. Im Rückblick von 1981 weist er grundsätzlich auf die Einstellung der Studenten hin, die ausschlaggebend für die freie Wahl der Lehrer war: „Die für Neues aufgeschlossenen wählten Bonatz, die traditionsbewußten den auf dem Handwerklichen aufbauenden Schmitthenner, während die progressiv Eingestellten sich um Keuerleber scharten". Dabei ergriffen die Studenten „leidenschaftlich Partei für den von ihnen frei zu wählenden 'Meister'".[47]

Aufgabe für alle Diplomanden im Semester 1934/35 war der Sitz des 'Reichsnährstandes' in Goslar. „2,4 laufende Kilometer Büros, Thinghalle, Ehrenhöfe usw., ein Wettbewerb, zu dem Bonatz eingeladen war" und an dem er Studenten beteiligte.[48]

Von Interesse ist zunächst der Wettbewerbsentwurf für den Reichsnährstand von Paul Bonatz unter Mitarbeit von Kurt Dübbers, da er eine präzise Aussage über die im Dritten Reich favorisierte Richtung und parteipolitische Indoktrination durch Architektur macht.[49] Der Entwurf von Paul Bonatz für den Reichsnährstand als „ein dem Landwirtschaftsminister unterstelltes staatliches Organ" zeigt unter Berücksichtigung der Topographie eine lockere Anordnung breitgelagerter Bauwerke, unter denen vor allem das Verwaltungsgebäude – soweit erkennbar – durch eine für Paul Bonatz

---

46 Paul BONATZ, Leben und Bauen, Stuttgart 1958, S. 57. Siehe: Gerhard GRAUBNER (Hg.), Paul Bonatz und seine Schüler, Stuttgart-Gerlingen 1963, S. 7.
47 Horst LINDE, Die Ausbildung des Architekten im Wandel der Zeit. (Die Stuttgarter Schule). Vortrag gehalten vor den Freunden der Universität Stuttgart, im Mai 1972. Stuttgart 1972.
48 GUTBROD, a. a. O., S. 7.
49 Wettbewerbs-Entwurf für den Reichsnährstand von Paul Bonatz. Siehe: Friedrich TAMMS (Hg.), Paul Bonatz. Arbeiten aus den Jahren 1907 bis 1937, Stuttgart 1937, S. 65.

typisch monumentale Gestaltung hervorragt. Der offizielle, die vordergründige Kulturideologie des Staates repräsentierende Teil, bildet das dreiteilige Gebäude mit Thinghalle, Wandelhalle und Ehrenraum der Bauernschaft, das in seiner äußeren Gestaltung durch Axialsymmetrie, zum Teil überhöhte Rundbogentore, Stadttore assoziierend, Natursteinquader und Satteldach bestimmt ist. Der Innenraum der monumentalisierten Thinghalle[50] gleicht in der pathetischen Anordnung aller Elemente – beidseitiges Holzgestühl mit je 100 Sitzen für Bauernführer, an der Stirnwand ein Rundfenster, Wappen, der „martialische Reichsadler" als nationalsozialistisches Staatssymbol, darüber das dreigeteilte hölzerne Rundtonnengewölbe – einem christlichen Sakralraum. Festlich inszenierte Veranstaltungen in Thingstätten sollten „für die nationalsozialistische Lehre werben, indem sie diese selbst darbot".[51]

Viele dieser Elemente sind bereits am beherrschenden „Ehrenmal für die Gefallenen des Weltkrieges" in Heilbronn (1931–36) oder früher schon am monumentalen Stuttgarter Hauptbahnhof (hier jedoch Kalksteinverkleidung 1914–28) vorformuliert. Paul Bonatz griff auf bereits bewährtes Vokabular zurück, um einer neuen nationalsozialistischen Bauaufgabe repräsentativen Ausdruck zu geben. Eine 'eigene Stilbildung' hatte der Nationalsozialismus in der Tat nicht hervorgebracht. Alle ästhetischen Richtungen wurden bruchlos weitergeführt, wie Arbeiten von Hartmut Frank und von Gerhard Fehl festhalten.[52] Programmatisch aber wurde die „Hierarchie der Baustile eingeführt, die mit der Hierarchie der Bauaufgaben und der sie vermittelnden Werte weitgehend übereinstimmen sollte".

So rangierten Kult- beziehungsweise Führungsbauten der NSDAP und des Staates wie der Reichsnährstand mit Thing- Wandelhalle und Ehrenraum an oberster Stelle und sollten durch einen ins Monumentale gestei-

---

50 Thing, ein germanischer Terminus, bedeutet 'Gerichtsversammlung der freien Männer'. Siehe: Hildegard BRENNER, Die Kunstpolitik des Nationalsozialismus, Reinbek bei Hamburg, 1963, S.95 f.
51 Ebd. Die Autorin geht eingehend auf die Funktion des Thingtheaters bzw. der Thingstätte ein.
52 Hartmut FRANK, Welche Sprache sprechen Steine?, in: Hartmut FRANK (Hg.), Faschistische Architekturen. Planen und Bauen in Europa 1930 bis 1945, Hamburg 1985, S. 10 und Gerhard FEHL, Die Moderne unterm Hakenkreuz, in: FRANK (Hg.), a. a. O. S. 97 f.

gerten „Modernismus" eindrucksvoll die „'ewigen Werte' von Blut, Vaterland und Herrschaft für 'ewige Zeiten'" suggerieren.[53]

Für den Poelzig-Schüler Friedrich Tamms, der seit dem Jahr 1935 zusammen mit Paul Bonatz in beratender Funktion für die Reichsautobahnen, ab 1941 als einflußreicher „Beauftragter Architekt des Generalinspektors für die Reichshauptstadt" tätig war,[54] sollten – unter Berufung auf architekturgeschichtliche Bezugsfelder – spezielle Bonatz-Bauten der 30er Jahre, wie das bereits genannte Ehrenmal, das Kunstmuseum in Basel (beide 1931–36) oder der Entwurf für den Reichsnährstand in Goslar in ihrer formalen und ästhetischen Gestaltung „eine männlich ernste deutsche Gesinnung, wie sie aus den großen Bauten des frühen Mittelalters zu uns spricht", bleibend vermitteln.[55]

Rolf Gutbrods Diplomarbeit, welche Aufschluß über die architektonische Gestaltung der Aufgabe geben könnte, ist nicht mehr vorhanden, so daß auch keine eindeutige Aussage hinsichtlich einer ästhetischen Richtung gemacht werden kann.[56] Im Rückblick von 1998 spricht Gutbrod zwar von einem schlichten maßstabsgerechten Entwurf, ohne jedoch konkrete Angaben hinsichtlich der von ihm vertretenen Tendenz zu machen. Einen Hinweis auf seine Gestaltungsweise im Seminar von Paul Bonatz gibt auch das Modell eines städtebaulichen Entwurfs für ein „Restaurant, Hotel und Unterkunftshaus an der Reichsautobahn Schwäbische Alb" von 1935. Diese Arbeit ist durch eine aufgelockerte, den gekurvten Höhenlinien folgende

---

53 Hartmut FRANK, Gerhard FEHL, a. a. O.
54 Siehe: DURTH, Verflechtungen, a. a. O., S. 119 u. 160.
55 TAMMS, a. a. O., S. 7.
56 Rolf Gutbrods Diplomarbeit befindet sich weder an der Architektur-Abteilung der TH Stuttgart noch im Südwestdeutschen Archiv für Architektur und Ingenieurbau an der Universität Karlsruhe. Auch ist Rolf Gutbrod selbst nicht mehr im Besitz des Entwurfs, wie er im Telefongespräch am 3. 10. 1998 mitteilte, doch bemerkte er, daß die Diplomarbeit anfangs nicht der Präferenz seines Lehrers Bonatz hinsichtlich einer eher großdimensionierten Bauweise entsprochen habe. Erst nach Abschluß der Arbeit habe Paul Bonatz den Entwurf mit einer guten Note honoriert. Im Nachlaß in Karlsruhe befinden sich Fotos von Studienarbeiten Gutbrods über eine Siedlung in Weil im Dorf (1933), das erwähnte Gemeindehaus der Gedächtniskirchengemeinde in Stuttgart (1935) und über einen städtebaulichen Entwurf für ein Restaurant, Hotel und Unterkunftshaus an der Reichsautobahn der Schwäbischen Alb von 1935.

Baumassenverteilung bestimmt. Die Anordnung längs- und breitgelagerter Bauten ergibt einen Ehrenhof, einen sogenannten *Cour d'honneur*, der ein Grundmotiv der Architektur von Paul Bonatz ist,[57] wobei sich in der sachlichen äußeren Gestaltung der Bauten mit nur wenig geneigtem Satteldach eine sichtbare Nähe zum Neuen Bauen erkennen läßt. Folgerichtig kann hier von einer formalen Ausrichtung Rolf Gutbrods an Prinzipien seines Lehrers Paul Bonatz gesprochen werden.

Im November 1935 schloß Rolf Gutbrod als Diplomingenieur der Fachrichtung Architektur das Studium ab. Das Programm der 'Stuttgarter Schule' bot ihm die Möglichkeit einer intensiven Auseinandersetzung mit ästhetisch unterschiedlichen Positionen.

Lag auch der Schwerpunkt der Stuttgarter Schule weitgehend in der konkreten Vermittlung der traditionsorientierten und landschaftsgebundenen Gestaltung, so war Gutbrods Architekturauffassung in dieser Phase primär durch ästhetische Konzepte des Neuen Bauens bestimmt.

---

57 ROSER, a. a. O., S.17 u. 89 ff.

VORKRIEGSJAHRE

Erste berufliche Aufgabe

Im Jahr 1935, unmittelbar nach dem Studium, war Rolf Gutbrod Mitarbeiter des fortschrittlich eingestellten, der Bauhaus-Architektur verpflichteten Stuttgarter Architekten Günter Wilhelm,[59] der Mitte der 30er Jahre wohl in bewußter Anpassung an die kulturideologische Doktrin des Nazi-Regimes auch traditionelle Tendenzen aufnahm, wie dies zum Beispiel ein Einfamilienhaus bei Esslingen[60] von 1935 zeigt oder das Kindererholungsheim in Fischen im Allgäu (1937–38).[61] In jener Zeit des allgemeinen Baustops im Bereich des privaten Wohnungsbaus erhielt Günter Willhelm den Auftrag für ein Einfamilienhaus in Hegensberg bei Esslingen. Bauherr war der protestantische Pfarrer Kimmich,[62] der die Planung eines Wohnhauses als Alterssitz in Auftrag gab. Günter Wilhelm übertrug seinen Mitarbeitern, Hans Kleinefenn und Rolf Gutbrod, unmittelbar nach Abschluß ihres Studiums den Vorentwurf, die komplette Planung, Bauausschreibung und Realisierung des Wohnhauses. Vorgespräche über die Bedürfnisse und Vorstellungen des Bauherrn hatte Günter Wilhelm geführt, der letztlich die Verantwortung für das Projekt trug. Gut-

---

59 Günter Wilhelm, 1908 in Neckartenzlingen geboren und Mitte der 90er Jahre in Stuttgart gestorben. 1926–32 Studium der Architektur und des Ingenieurbaus an den Technischen Hochschulen in Stuttgart und Berlin. 1932 Diplom an der TH Stuttgart. 1934–36 Assistent bei Paul Bonatz, 1934–40 freiberufliche Arbeit. 1940–46 Kriegsdienst bzw. Kriegsgefangenschaft. 1946 Neubeginn der freiberuflichen Tätigkeit, ab 1962 in Zusammenarbeit mit Jürgen Schwarz. 1946 Lehrauftrag im Fach Entwerfen. Er vertrat den nach dem 'Umsturz' 1945 vakanten Lehrstuhl für Entwerfen. 1948 ordentlicher Professor für Baukonstruktion II. Er strebte den „Neuaufbau und Neuorientierung der Baukonstruktionslehre unter Einbindung der Ergänzungsfächer in die Projektarbeit der Studenten" an. Studien über die Entwicklung des Schulbaus in Deutschland. Mitarbeit in der Schulbaukommission der UIA. Emeritierung 1. 10. 1973. KRONER, SCHWARZ, SULZER, G. Wilhelm. Ein illustriertes Werkverzeichnis, zusammengestellt zum 75. Geburtstag. Stuttgart 1983.
60 Das Einfamilienhaus (ohne Name des Bauherrn) abgebildet in: Ludwig WEBER (Hg.), Gute Eigenheime. Anregungen und Beispiele, Stuttgart/Berlin 1938, S. 31.
61 KRONER, SCHWARZ, SULZER, a. a. O., S. 6 f.
62 Pfarrer Kimmich hatte seinem Schwager Dr. Konrad Finckh aus Esslingen, der mit Günter Wilhelm befreundet war, die Vollmacht für die Realisierung des Gebäudes übertragen. Brief von Günter Wilhelm vom 15. 03. 1992.

brod war vor allem in der Entwurfsphase des Wohnhauses maßgeblich beteiligt, wie Günter Wilhelm mitteilt. Gezeichnet wurden die Pläne im wesentlichen von Hans Kleinefenn. Grundsätzlich bot diese Bauaufgabe Rolf Gutbrod die Möglichkeit, detaillierte Kenntnisse in der Gesamtplanung und dem Bauablauf zu erwerben.[63]

Das Einfamilienhaus Kimmich ist heute noch in seinem ursprünglichen Zustand erhalten. Das aus der Konstruktion heraus entwickelte Gebäude zeigt im Grundriß [Abb.1] eine durchgehende tragende Mittelwand als Rückgrat, entlang der sich die Räume anordnen. In seinem konstruktiven Ansatz, der geneigten Dachform sowie der Öffnung durch kleinformatige Sprossenfenster mit Klappläden, verweist das Wohnhaus weitgehend auf Bauten Paul Schmitthenners [Abb. 2]. Unter maßgeblicher Korrektur von Günter Wilhelm entwarf Rolf Gutbrod zusammen mit Hans Kleinefenn ein an der sachlichen Bauweise Paul Schmitthenners orientiertes Wohnhaus, das heißt Gutbrod/Kleinefenn setzen hier den traditionalistischen Heimatstil als den maßgebenden Baustil im Bereich der „Alltagsarchitektur des Dritten Reichs" um.[64]

Jene Jahre standen bereits im Zeichen der Kriegsvorbereitung. Parallel zur beschleunigten Aufrüstung ab 1934 nahm das Bauen auf dem Gebiet der Kriegsindustrie einen raschen Aufschwung. Gebäude in technisch funktionaler Ästhetik sollten den rapiden Fortschritt der Technik nach außen signalisieren,

> „[da der] sich 1934 durchsetzende Parteiflügel Hitlers (...) aufgrund seiner engen Verbindung mit der Groß-Industrie deutlich erkannt (hatte), daß das 'neue Deutschland' nur auf dem Fundament technischen Fortschritts, auf wissenschaftlichen und ingenieurmäßigen Spitzenleistungen seinen Platz in der Welt behaupten konnte."[65]

---

63 Skizzen Rolf Gutbrods sind nicht mehr vorhanden. Briefe von Günter Wilhelm vom 15.03.1992 und vom 16.03.1992.
64 FEHL, Die Moderne unterm Hakenkreuz, in: FRANK (Hg.), a. a. O., S. 107.
65 Ebd. S. 104, (Zitat Hitler, 1934, S.167).

„[Hierbei] bot sich nun der 'moderne Stil' als geeignetes Werbemittel an, um nicht nur die Techniker für sich zu gewinnen, sondern auch von der untersten Ebene der Zweckbauten aus für die Technik, für den technisch-wissenschaftlichen Fortschritt zu werben; kurz: 'die Technik vom Ruf der Dämonie zu befreien und damit Potenzen für den schöpferisch technischen Menschen bereitzustellen."[66]

Beispielhaft für den technischen Fortschritt der Zeit ist das ab 1935 erbaute Willy-Sachs-Stadion in Schweinfurt von Paul Bonatz und Kurt Dübbers, die ab 1936 realisierten Heinkel-Flugzeugwerke in Oranienburg von Herbert Rimpel oder Egon Eiermanns ästhetisch hervorragendes, in sachlich nüchterner Stahlbeton-Konstruktion entstandenes 'Total'-Feuerlöschwerk in Apolda (1937), ferner die ab 1936 ausgeführte Staatliche Deutsche Versuchsanstalt für Luftfahrt e. V., in Berlin-Adlershof, von Hermann Brenner und Werner Deutschmann sowie das durch Günter Wilhelm in ebenso zeitgemäßer Formensprache entstandene Forschungsinstitut für Aerodynamik, die „Forschungsanstalt Graf Zeppelin" (1938) in Ruit, bei der auch Rolf Gutbrod, während seiner Tätigkeit im Büro Günter Wilhelm intensiv mitgearbeitet hat.

Bedingt durch direkte Kontakte zum Deutschen Luftgau[67] während der Mitarbeit im Büro Wilhelm, trat Rolf Gutbrod 1937 in die Deutsche Luftwaffe in Friedrichshafen ein. Mit 27 Jahren war er verantwortlicher Leiter eines Baubüros, das sogenannte Zweckbauten in einfacher, auf Funktion und Technik reduzierten Bauweise plante und ausführte: eine Waffenmeisterei, eine Kraftfahrzeughalle, ein Heizwerk.

Heute noch steht das 1937 von Gutbrod in Zusammenarbeit mit Architekt Boese realisierte Heizhaus der ehemaligen Flakkaserne in Friedrichshafen, das als konsequent funktionaler Zweckbau ein Nebeneinander expressiver und rationalistischer Elemente zeigt [Abb. 3]. Die Hauptfassade definiert sich durch eine räumliche und stark plastische Vertikal-

---

66 Ebd. S. 104 ff. Siehe auch: DURTH, Deutsche Architekten, a. a. O., S. 95 ff.
67 Im nationalsozialistischen Deutschland war das Luftgau eine regionale Organisationseinheit der Deutschen Luftwaffe unterhalb der Reichs- und oberhalb der Kreisebene, die von einem Gauleiter geführt wurde. Siehe: Brockhaus, Bd. 8, 1989, S. 169.

gliederung durch Betonstreben in rhythmischer Sequenz und pylonenartigen Eckelementen. Der obere Bereich schließt mit einem durchgehenden Fensterband – ein gängiges Motiv des rationalen Neuen Bauens – ab, während der untere Teil großflächige, vergitterte Öffnungen (Tore?) zeigt. Oberer Gebäudeabschluß bildet ein flaches überstehendes Satteldach. Lastende Schwere plastischer Elemente und filigrane Fensterkonstruktion, Geschlossenheit und Offenheit – dieser spannungsvolle Kontrast weist bereits auf Prinzipien späterer Gestaltung hin.

Unverkennbar zeigt sich hier eine unmittelbare Orientierung an plastischen Qualitäten des formbaren Betons anthroposophischer Bauten des Expressionismus in Dornach, die Gutbrod spätestens seit seiner Studentenzeit kannte und die ihn nachhaltig beeindruckt hatten. Er bezeichnet das plastisch gestaltete Heizhaus in Friedrichshafen selbst als „beinahe anthroposophisches Heizhaus" und meint damit seine Erstellung in gestaltbildendem Beton analog des Dornacher Heizhauses von 1915.[68]

Aufgrund der genannten, das spätere Werk kennzeichnenden Merkmale scheint hier der Einfluß des Mitarbeiters Boese wenig bedeutend, so daß das Heizhaus der Flakkaserne in Friedrichshafen wohl als die erste weitgehend selbständige Arbeit betrachtet werden kann.[69]

KRIEGSJAHRE

Veränderte Tätigkeit

Am 26. April 1939 wurde Rolf Gutbrod als Zivilist dienstverpflichtet. Er wurde als Bauamts-Vorstand des Luftwaffenbauamtes München II eingesetzt, von dort als Regierungsbaumeister auf Kriegsdauer einberufen und 1940 als Abteilungsleiter eines Bauamtes nach Brüssel versetzt. In diesem Zusammenhang ist nicht auszuschließen, daß Gutbrod als ehe-

---

68 GUTBROD, a. a. O., S. 8.
69 Ulrich Schneider erkennt das Heizhaus ebenso als einziges Projekt dieser Jahre, das als „eigenständige Leistung angesehen werden kann". Siehe: Notizen aus dem SAAI, a. a. O., S. 4.

maliger Schüler der Stuttgarter Schule gewisse Privilegien bei der Ämterbesetzung hatte. Gutbrod kam von Brüssel über Sizilien nach Libyen und war 1941 auf dem Nachschubflugplatz in Tripolis stationiert. Als Feldbauamtsvorstand hatte er die Funktion, kriegswichtige Bauaufgaben zu koordinieren. Durch libysche Arbeitskräfte kam er in eine „erste Berührung mit der arabischen Welt", wie er im Rückblick 1985 festhält.[70]

Bereits 1941 erreichte Gutbrod in Tripolis der Versetzungsbefehl nach Rom, wo er als 'Verbindungsingenieur' zum Oberkommando der italienischen Luftwaffe „für die Aufnahme deutscher Verbände beim Ausbau der italienischen Flugplätze"[71] tätig war, was Fachkompetenz und Verhandlungstaktik verlangte. 1943 arbeitete er im Rang eines Oberregierungsbaurates der Organisation Todt (OT) als Nachschubleiter der OT-Einsatzgruppe in Italien und als Dienststellenleiter in Sirmione am Gardasee.[72] Der häufige Standortwechsel ist Zeichen gleichzeitiger Kämpfe an allen Fronten im 'Totalen Krieg' ab 1941. Durch den Kriegseintritt Amerikas und die deutsche Niederlage bei Stalingrad zeichnete sich bereits im Jahr 1943 die Aussichtslosigkeit der deutschen Kriegsführung ab.

Berlin war durch Bombenangriffe bereits zerstört, als Gutbrod 1944/45 in das Amt „Bauorganisation Todt, Zentrale Berlin" kommandiert und dort Xaver Dorsch, dem ehemaligen Todt-Stellvertreter und erbitterten Rivalen Albert Speers, unterstellt wurde.[73] Rolf Gutbrod hatte die Position des Chefreferenten von Xaver Dorsch inne, ohne Mitglied der NSDAP zu sein. Zwar war Gutbrod bereits 1934 für kurze Zeit Mitglied eines „SS-Sturmes", wurde jedoch in einem Disziplinarverfahren als „weltanschaulich ungeeignet" ausgeschlossen.[74]

---

70 GUTROD, a. a. O., S. 8.
71 Ebd.
72 Notizen aus dem Südwestdeutschen Archiv für Architektur und Ingenieurbau an der Universität-Karlsruhe, Nummer 6, Oktober 1998, S.7.
73 DURTH, Deutsche Architekten, a. a. O., S. 209.
74 Gespräch mit Rolf Gutbrod am 29.10.1994 in Berlin. Siehe: Notizen aus dem Südwestdeutschen Archiv für Architektur und Ingenieurbau an der Universität Karlsruhe, Karlsruhe, Oktober 1988, S. 6. Telefongespräch mit Ulrich Schneider vom Archiv für Architektur im September 2000.

Die bedingungslose Kapitulation im Mai 1945 erlebte Rolf Gutbrod in der von russischen Divisionen besetzten Stadt. Er schlug sich mit einem „Sonderbefehl von Speer als Meldekopf Süd mit eigener Funkstelle nach Oberbayern" durch. „In Radstadt in den Tauern habe ich mich im Mai 1945 selbst entlassen", so Rolf Gutbrod.[75] Nach seiner 'Selbstentlassung' übernahm er zeitweilig die Tätigkeit eines Kraftfahrers und Bauleiters in Starnberg.

NACHKRIEGSZEIT

Kontakte

Zu Beginn des Jahres 1946 kehrte Rolf Gutbrod nach Stuttgart zurück. Das Zentrum der Stadt war durch Flächenbombardierung der Alliierten nahezu völlig zerstört. Verkehr und Kommunikation waren zusammengebrochen. Die am 22. April 1945 kampflos übergebene Stadt stand zuerst unter französischer Besatzung, die Dr. Arnulf Klett als Oberbürgermeister einsetzte. Ab Juli 1945 folgte die amerikanische Militärregierung.

Nach dem Umbruch war die Stuttgarter Bauverwaltung verwaist. Die im Dritten Reich maßgebenden Führungskräfte waren von ihren Posten enthoben und befanden sich im Prozeß der Entnazifizierung mit dem Ziel der 'Reeducation' auf demokratische Werte. Wie in anderen Städten auch war die Suche nach fachkompetenten Nachfolgern im Gang: Gefragt waren „politisch Unbelastete, die außerdem Stuttgart-Kenner und wirkliche Spitzenleute sein sollten".[76] In Stuttgart wußte man von der hohen Position Gutbrods in der OT-Zentrale unter Xaver Dorsch. Der persönliche Beigeordnete des Oberbürgermeisters wandte sich bereits 1945 an Rolf Gutbrod, der zu dieser Zeit noch in Starnberg war, um ihn für die

---

75 GUTBROD, a. a. O., S. 8.
76 Bernhard STERRA, Das Stuttgarter Stadtzentrum im Aufbau. Architektur und Stadtplanung 1945 bis 1960, Stuttgart 1991, S. 89.

vakante Leitung des Stadtplanungsamtes in Stuttgart zu gewinnen.[77] Obwohl dieser Posten Existenzsicherung bedeuten mußte, lehnte Rolf Gutbrod ab. Seiner beruflichen Vision entsprach ein hohes Maß an Freiheit, Kreativität und die aktive Verantwortung eines Selbständigen für die Mitarbeiter und die bauliche Umwelt.

Angesichts der Konfrontation mit der stark zerstörten Innenstadt wurden frühere Kontakte wieder aufgenommen: Wöchentlich ein- bis zweimal traf sich Rolf Gutbrod im Kollegium fortschrittlich orientierter Architekten wie Richard Döcker, Rolf Gutbier, Werner Gabriel, Helmut Erdle, Karl Gonser und Wolf Irion in Räumen der ZAS, der Zentrale für den Aufbau der Stadt Stuttgart, um Perspektiven für einen künftigen Aufbau der Stadt zu diskutieren.[78] Jene Kollegen, die Gutbrod zumeist aus seiner Stuttgarter Studienzeit kannte, waren Architekten, die durch ähnliche ästhetische Programme geprägt und denselben politischen sowie soziokulturellen Verhältnissen der Vergangenheit ausgesetzt gewesen waren.

Neben den weitreichenden städtebaulichen und architektonischen Planungsaufgaben beim Aufbau der zertrümmerten Stadt stand das zentrale Problem der Bodenreform sowie der Erbpacht zur Diskussion. Gutbrod verfocht vehement das Programm einer Revision überkommener Parzellenstruktur. Er trat für die Realisierung von Reihenhäusern ein statt der in Stuttgart stehenden Einzelhäuser mit Bauwich. Er schlug Richard Dök-

---

77 In Starnberg, wo Rolf Gutbrod nach seiner 'Selbstentlassung' arbeitete, erreichte ihn das Angebot, die Leitung des verwaisten Stadtplanungsamtes zu übernehmen, was er, wie erwähnt, ablehnte. Rolf Gutbrod erklärte sich jedoch bereit, als freier Mitarbeiter der Stadt einen Verkehrsplan für Stuttgart auszuarbeiten. Jener Kontakt zur Stadtverwaltung begünstigte eine schnelle Rückkehr nach Stuttgart. Lt. Schreiben Rolf Gutbrods vom 22. 8. 1993 bzw. 5. 9. 1993 wurde der nach drei Monaten vorgelegte Verkehrsplan vom damaligen kommissarischen Leiter des Planungsamtes nicht weiter verfolgt und ist heute im Archiv der Stadt Stuttgart nicht mehr vorhanden. Auch Walther Hoss, ab 2. Mai 1946 stellvertretender Leiter der ZAS, der Zentrale für den Aufbau der Stadt Stuttgart, erinnerte sich 1992 nicht mehr an den Verkehrsplan Rolf Gutbrods.

78 Auf Anfrage teilte Rolf Gutbrod mit, daß er sich nicht an eine ehrenamtliche Mitarbeit im Ende Mai 1946 gegründeten Beirat der ZAS erinnere. Doch hatte er wohl zusammen mit den von ihm genannten Kollegen, lt. Schreiben, vom 22. 8. bzw. vom 5. 9. 1993, eine die ZAS beratende Funktion inne. Siehe hierzu auch: STERRA, a. a. O. S. 92 u. 210 f.

ker, „zu dem ich einen guten Zugang hatte und die volle Unterstützung meiner Vorschläge"[79] – so Rolf Gutbrod – den Bau und Erwerb von Wohnungseigentum vor, ein Programm, für das es in jener Zeit noch keine gesetzliche Regelung gab. Eigentumswohnungen und damit den partiellen Anteil der Bewohner an Grund und Boden realisierte Gutbrod erstmals in Stuttgart im Projekt „Versuchswohnblock Moserstraße" (1947–1952).

Exkurs: ZAS, Zentrale für den Aufbau der Stadt Stuttgart

Rolf Gutbrod stand den für den Aufbau der Stadt Stuttgart maßgebenden Planern, Richard Döcker und Walther Hoss, ideell und persönlich nahe. Er unterstützte deren Konzepte zur Aufbauplanung durch gemeinsame Diskussionen zusammen mit freischaffenden Kollegen. Deshalb sollen im folgenden die Ansätze der ZAS als leitende und koordinierende Planungsinstanz für den Aufbau der Stadt dargestellt werden, die Rückschlüsse auf die speziell auch von Gutbrod vertretene Auffassung zum Wiederaufbau erlauben.

Die „Zentrale für den Aufbau der Stadt Stuttgart" konstituierte sich am 2. Mai 1946. Oberbürgermeister Arnulf Klett ernannte Richard Döcker zum Generalbaudirektor und Leiter der ZAS. Döcker (1894–1968) hatte von 1912 bis 1918 an der Technischen Hochschule in Stuttgart studiert und galt in den 20er Jahren als einer der „streitbarsten Kämpfer für ein neues Bauen".[80] Richard Döcker ging die Reputation einer unbeugsamen Haltung und einer hohen Fachkompetenz voraus.[81] Stellvertreter wurde

---

79 Brief von Rolf Gutbrod vom 22. 8. 1993.
80 JOEDICKE, Würdigung Richard Döckers, in: BDA-Architekturgalerie am Weißenhof (Hg.), Richard Döcker 1894–1968, Stuttgart 1982, S. 14.
81 Biographische Daten: Richard Döcker (1918–1968), Studium 1912–18 an der TH Stuttgart mit kriegsbedingter Unterbrechung. 1918–22 Tätigkeit beim Stadterweiterungsamt Stuttgart zusammen mit Hugo Keuerleber und Otto Ernst Schweizer. 1922–25 Assistent von Paul Bonatz, Promotion (1924) über „Typenpläne für Kleinwohnungen". Mitglied des Deutschen Werkbundes. Die Weißenhofsiedlung war Anlaß für die Spaltung von Traditionalisten und Modernisten um Döcker. Ob-

der ihm freundschaftlich verbundene Walther Hoss, dem auch die verwaiste Leitung des Stadtplanungsamtes übertragen wurde.

Richard Döckers Vorstellung vom Neuaufbau der Stadt Stuttgart war bestimmt durch eine architektonische Gestaltung unter Berücksichtigung ihrer topographischen Besonderheit. Würden „höchste gestalterische Ansprüche verfolgt", werde Stuttgart zur „schönsten Stadt Deutschlands gemacht", so Döcker.[82] Ein „ästhetisches Gesamtbild" war unabdingbare Maxime.

> „[Die Aufgabe der Zeit] bestand nicht nur darin, die Grundlagen für die Stadt der kommenden Jahrhunderte unter Vermeidung alter Fehler zu schaffen; nicht nur in einer Reform des Bodenrechts zur besseren Lenkung der Privatinitiative; in erster Linie war mit der Zerstörung der alten Kulturwerte, mit der Zerstörung einer politischen Auffassung auch, 'an der wir alle irgendwo mit schuld sind', ein Überdenken des politisch-kulturellen Standorts und die Bereitschaft zur Übernahme individueller Verantwortung gefordert".[83]

Gerade ein Überdenken hinsichtlich eines zivilisatorischen und politisch-kulturellen Neubeginns und das Abwarten, bis alle Grundlagen als Voraussetzung definitiver Planung vorlagen – in einer Phase der Instandsetzung, wo eher Pragmatismus gefragt war – führte zunehmend zu Dif-

---

wohl Döcker als Baubolschewist diffamiert wurde, konnte er zu Beginn des Dritten Reichs noch eingeschränkt im privaten Bereich bauen. Gegen Ende der 30er Jahre nahm er das Studium der Biologie auf. 1941 wurden Richard Döcker Wiederaufbauplanungen in Lothringen übertragen. Als Leiter des Entwurfsbüros in Saarbrücken konnte er dort mit Walther Hoss zusammenarbeiten. 1946–47 Leiter der ZAS. 1947 Ruf an den Lehrstuhl für Städtebau und Entwerfen an die TH Stuttgart. Er wandte sich gegen eine Wiederberufung Schmitthenners bzw. gegen eine Fortführung der traditionalistischen Lehre. Neuaufbau der Architektur-Abteilung durch Richard Döcker unter einem erneuerten Konzept des Neuen Bauens. Zu Döckers Werk zählt das Kreiskrankenhaus Waiblingen (1926–28). Unter zahlreichen von 1920–34 entstandenen Wohnhäusern befinden sich zwei Häuser der Weißenhofsiedlung. Nach Döckers Emeritierung 1958 Mitarbeit an Projekten wie der Universität in Haiderabad/Pakistan, dem Katharinenhospital Stuttgart und an Hochschulbauten in Stuttgart und Saarbrücken. Siehe: Dietrich WORBS, Richard Döckers Architekturkonzeption. Zum Neuen Bauen in Stuttgart in den 20er und frühen 30er Jahren, in: Wechselwirkungen. Aus Lehre und Forschung der Universität Stuttgart, Jahrbuch 1988, S. 27 f., sowie Friederike MEHLAU-WIEBKING, Richard Döcker. Ein Architekt im Aufbruch zur Moderne, Braunschweig 1989.

82 STERRA, a. a. O., S. 93.
83 Ebd. S. 92 f.

ferenzen zwischen Oberbürgermeister Arnulf Klett, dem Gemeinderat und Richard Döcker und schließlich zur Beendigung von Döckers Tätigkeit zum 31. Dezember 1946.[84]

Walther Hoss wurde zum Nachfolger von Richard Döcker ernannt.[85] Unter Hoss, charakterisiert als „Organisator mit Kenntnissen bürokratischer Vorgänge und Möglichkeiten", begann bereits 1947 die Ausarbeitung des Generalbebauungsplanes, der eine weitere Auflockerung der Stadt im Sinne einer 'Stadtlandschaft' vorsah. Ferner schlug der Generalbebauungsplan die absolute Trennung der Funktionen und eine autonome, durch Grünbereiche abgegrenzte „Zellen-Gliederung" vor, die gleichsam als „gestalterischer Ausdruck für eine Abkehr von der totalitären Zentralisierung und Hinwendung zu einer Demokratisierung"[86] gesehen wurde.

Neben der politischen Zielsetzung einer „wahren Demokratisierung" vertrat Walther Hoss den 'Genossenschaftsgedanken'. Dieser zielte auf eine Überführung und Neuregelung des Grund und Bodens und galt als „Modellform für die künftige Neugestaltung der sozialen Verhältnisse".[87]

---

84 Ebd. S. 96 f.
85 Biographische Daten: Walther Hoss (1900–1993). Von 1918–24 Studium an den Technischen Hochschulen in Stuttgart und in München. 1924–28 freiberufliche Tätigkeit. 1925 erster Preis im Wettbewerb Münsterplatz Ulm. Schwerpunktmäßige Tätigkeit im Industriebau. (Fabrikgebäude in Württemberg, Rotterdam, Den Haag, Berlin. 1936 Zusammenarbeit mit Architekt Dippon im Büro Berlin. 1928 Lehrbeauftragter, ab 1931 Professor an der Staatsbauschule in Stuttgart. Im Rahmen des Zivildienstes ab 1941 Übernahme der Leitung der „Ortsplanungsstelle beim Wiederaufbau von Lothringen" in Saarbrücken, danach in Metz, dort mit Richard Döcker Ausarbeitung des Generalbebauungsplanes. Nach dem Zweiten Weltkrieg war Hoss kurzzeitig Bürgermeister von Weil im Schönbuch, dann Landrat in Böblingen und Mitglied der verfassungsgebenden Landesversammlung von Nordwürttemberg-Nordbaden, 1946 stellvertretender Leiter der ZAS, 1947 Generalbauinspektor, ab 1951 Baubürgermeister der Stadt Stuttgart. Walther Hoss war bis zum Zeitpunkt seiner Pensionierung (1965) mitverantwortlich für Planungen der Stadt Stuttgart (Verkehrs- und Stadtplanung). Aus Anlaß der Bundesgartenschau 1961 Übernahme der Anlagengestaltung. 1957 Projekt Schulstraße. Frühere Bauten: Ludwigsburger Altersheim, Bauten des Karl-Olga-Krankenhauses in Stuttgart sowie Einfamilienhäuser. Siehe dazu auch: DURTH/GUTSCHOW, Träume in Trümmern, Bd. II, a. a. O., S. 1031 f., STERRA, a. a. O., S. 328.
86 STERRA, a. a. O., S. 109 f.
87 Ebd. S. 113.

Da für die Stadt ein Aufbau ohne Bodenreform nicht denkbar war, wurde „im Juni 1948 kurzfristig in Absprache mit dem Land eine Kommission gebildet",[88] bestehend aus den Architekten Gutbrod, Richard Döcker, Rolf Gutbier und Hans Herkommer, dem Stadtplaner Carl Pirath und anderen, um einen Alternativ-Vorschlag zum bereits verfaßten, im wesentlichen auf früheren Regelungen basierenden Aufbaugesetz auszuarbeiten. Die Zustimmung zur Ausarbeitung einer modifizierten Vorlage erwies sich von Seiten des Landes wohl nur als eine „scheinbare Verständigungsbemühung".[89] Das Aufbaugesetz wurde in seiner vom Land festgelegten Fassung schon im August 1947 dem Landtag vorgelegt und mit Wirkung ab dem 30. September 1948 verabschiedet.

Bestimmten in der ersten Nachkriegszeit utopische Neuansätze die Vorstellungen progressiver Planer, so ließ sich auf der Grundlage des vom Land ausgearbeiteten Aufbaugesetzes ein „eher restaurativer Aufbau" jedoch zügiger durchführen. Durch das Bestreben des Landes und „auch wirtschaftlich gewichtiger Bevölkerungskreise gegen jede Veränderung des Althergebrachten" unter Beibehaltung der herkömmlichen Bodenstruktur,[90] da „hier Grundbesitz höher als Religion geachtet wird",[91] so Gutbrod, war die Chance einer städtebaulichen Neuordnung vertan. Gering war auch die Hoffnung auf einen Wandel der sozialen Verhältnisse.

Rolf Gutbrod hat seine Haltung zu einem städtebaulich-architektonischen Aufbau nicht ausführlich beschrieben. Bedingt durch die freundschaftliche und kollegiale Verbundenheit mit Richard Döcker und Walther Hoss, durch die beratende Funktion in Fragen des Aufbaus der Stadt im Kollegium fortschrittlich eingestellter Planer und nicht zuletzt als Mitglied einer 1948 gebildeten Kommission zur Durchsetzung eines neuen Bodenrechts dürfte Rolf Gutbrod den Standpunkt hinsichtlich eines radikalen Neuaufbaus auf der Basis der von ihm mit Nachdruck geforderten Bodenreform, die Neuansätze der Funktionstrennung und der städtebau-

---

88 Ebd. S. 116.
89 Ebd.
90 Ebd. S. 118 f.
91 Brief von Rolf Gutbrod vom 22. 8. 1993.

lichen Gliederung, konsequent verfochten haben. Vermutlich implizit auch – und das muß Hypothese bleiben – den politisch-utopischen Ansatz der Ablesbarkeit einer „wahren Demokratie" in der städtebaulichen Gliederung der Baustruktur. Diese Annahme ist vor allem durch die engen Kontakte mit Richard Döcker und Walther Hoss begründet.

Lehre

Nach Kriegsende, im Frühjahr 1946, erfolgte die Wiedereröffnung der Architektur-Abteilung der Technischen Hochschule in Stuttgart. Der politisch unbelastete Hochschullehrer Hugo Keuerleber, der bereits seit 1926 an der 'Stuttgarter Schule' lehrte, übernahm federführend als Ordinarius für Baustoffkunde, Technischen Ausbau und Entwerfen die Leitung des programmatischen Neuaufbaus der Architektur-Abteilung. Harald Hanson lehrte weiterhin das Fach Baugeschichte, während Paul Schmitthenner aufgrund seiner Zugehörigkeit zur NSDAP im Herbst 1945 von der Architekturlehre suspendiert war. Als dessen Vertreter wurde zunächst Willhelm Tiede eingesetzt, der später in die Abteilung für Bauingenieurwesen wechselte. Heinz Wetzel war 1945 kurz nach Kriegsende gestorben. Vakant war der Lehrstuhl für Entwerfen von Paul Bonatz, der seit 1943 als Hochschullehrer und Architekt in der Türkei tätig war.

Neu berufen wurden Absolventen der 30er Jahre wie Richard Döcker, Rolf Gutbier, Hans Volkart, Hans Brüllmann und Günter Wilhelm, des weiteren Maximilian Debus und Curt Siegel.[92] Auf Vorschlag von Richard Döcker, der nach Hugo Keuerleber die Leitung der Architektur-Abteilung innehatte, erhielt Rolf Gutbrod 1947 einen Ruf an die Architektur-Abteilung als „Lehrbeauftragter für Entwerfen".[93] „War die Zusammenarbeit in der Abteilung dank der auf Ausgleich bedachten Leitung von Professor Keuerleber noch verhältnismäßig reibungslos verlaufen", schreibt Erich

---

92 Wolfgang Voigt, Vom Urhaus zum Typ., a. a. O., Anm. 70, S. 264; Joedicke, in: Fehn (Hg.), a. a. O., S. 23.
93 Brief von Rolf Gutbrod vom 22. 8. 1993.

Heck, früher Assistent Paul Schmittnenners,[94] so brachen die alten Konflikte zwischen Modernisten und Traditionalisten unter Richard Döcker ab 1947 erneut hervor.[95]

Richard Döcker vor allem, aber auch die ihm eng verbundenen progressiven Kollegen wie Rolf Gutbier und Rolf Gutbrod wandten sich mit Erfolg gegen eine Neuberufung der 'konservativen Autorität' Schmitthenner an die Architektur-Abteilung und damit auch gegen eine Fortschreibung der ehemals vorherrschenden traditionalistischen Lehre:

> "Wenn die Architektur-Abteilung der TH Stuttgart nach diesem Zusammenbruch als Anfang einer neuen Entwicklung ihrer Arbeit für das Kommende zu einer zeitgemäßen Haltung kommen will – und das ist ihre Aufgabe –, so kann sie nicht einfach die frühere 'Stuttgarter Schule' fortsetzen",

so Richard Döcker 1948.[96] Letztendlich ging es im „Kampf gegen Paul Schmitthenner" nicht allein um die zeitgemäße Ausrichtung der Architektur-Abteilung, sondern implizit auch um die konsequente Durchsetzung des Neuen Bauens in der Nachkriegszeit.

Unter der maßgeblichen Führung von Richard Döcker, Ordinarius für Städtebau und Entwerfen, konsolidierte sich die Architektur-Abteilung der Technischen Hochschule auf der Grundlage eines erneuerten Konzepts des Neuen Bauens.

---

94 Siehe Erich HECK, Die letzten Jahre des Lehrstuhls Schmittenner, in: Gerhard MÜLLER-MENCKENS (Hg.), Schönheit ruht in der Ordnung. Paul Schmitthenner zum 100. Geburtstag, Bremen 1984, S. 101. Angesichts der von Anfang an vorhandenen Spannungen in der Architekturabteilung spricht Richard Döcker von der Fähigkeit Hugo Keuerlebers, geschickt zwischen den Fronten zu vermitteln: „Die Sicherheit seines Urteils architektonischen Problemen gegenüber ließen ihn Mittler sein zwischen den Lagern der verschiedenen Auffassungen, er zählte sich aber dem Neueren, Zukünftigen zu." Unveröffentlichte Rede von Richard Döcker, 22. 9. 1949, zum Tod von Hugo Keuerleber am 20. 9. 1949. Das Manuskript der Rede ist einzusehen bei Frau Dorothee Keuerleber, Stuttgart.
95 Hugo Keuerleber mußte, bedingt durch gesundheitliche Belastungen, die Leitung der Architektur-Abteilung im Jahr 1947 abgeben. Gespräch mit Frau Dorothee Keuerleber am 9. 1. 1998 in Stuttgart.
96 DURTH, Deutsche Architekten, a. a. O., S. 425, Anmerkung 175.

1954 wurde Gutbrod zum außerordentlichen Professor für Innenraumgestaltung und Entwerfen an der Fakultät für Bauwesen der Technischen Hochschule Stuttgart und 1961 zum ordentlichen Professor ernannt.

Zu Beginn der 50er Jahre beschäftigte er sich intensiv mit der Ausbildung des Innenraums, der sorgfältigen Gestaltung durch Form, Material und Farbe. Dabei spielte das Phänomen Licht eine entscheidende Rolle. Licht als Mittel visueller Raumbegrenzung, als Medium, um Atmosphäre und psychische Wirkung herzustellen „in einer Zeit, in der eine gewisse Nüchternheit als zeitgemäß empfunden" wurde, bemerkt Rolf Gutbrod.[97] Auch die Farbe und ihre affektiven Werte waren Gegenstand seiner damaligen Auseinandersetzung, wie er in seiner Antrittsrede betont. Die Anordnung aller Elemente im „Sinne der Harmonie" erhob er zum ästhetischen Grundprinzip.[98]

Was aber seine Entwurfslehre maßgeblich bestimmte, war der Verzicht auf Dogmen und die rigorose Ablehnung modischer Tendenzen. Vor allem ließ der „Primat des Künstlerischen", den Rolf Gutbrod vertrat, vor rationalem Kalkül den Studenten weiten Raum für Phantasie und Kreativität.

„Man konnte bei ihm keine Grammatik des Bauens, keine ewigen Gesetze lernen, sondern manches von der Vielfalt des architektonischen Raumes, wenn man wollte eher von Geheimnissen denn von Fakten",[99]

schreibt Hans Kammerer. Und was er im Grunde wollte, war nicht den eigenen Weg vorgeben, „sondern dem Jüngeren helfen, seinen Weg zu finden, darum bemühe ich mich",[100] bemerkt Rolf Gutbrod.

---

[97] Rolf GUTBROD, a. a. O., S. 34.
Zum Neuaufbau der Architekturabteilung der TH Stuttgart. Siehe auch: Rolf GUTBIER, Erlebnisse – Die Stuttgarter Architekturschule 1946–1970, in: Wechselwirkungen, Jahrbuch 1986, Aus Lehre und Forschung der Universität Stuttgart, Stuttgart 1987, S. 38-44.
[98] GUTBROD, a. a. O., S. 36.
[99] Hans KAMMERER, Rolf Gutbrod als Lehrmeister, in: GUTBROD, a. a. O., S. 14.
[100] Gutbrod, a. a. O., S. 8.

In seinen Vorlesungen sprach er frei, mit einem gewissen Humor, wie ehemalige Studenten bemerken.[101] Hatte er ein Manuskript, so fanden sich darin nur Stichworte.

„[Er war der] Vertreter des liberalen Lehrers par excellence, schon wegen dieser Eigenschaft unter den Kollegen von vielen Studenten bevorzugt. Seine Liberalität im wörtlichen Sinn ist eine ebenso fachliche wie menschliche. Die Studenten fühlten sich selbst dann toleriert, wenn ihre Entwürfe wenig oder nichts von Gutbrods Sensibilität aufwiesen. Mit ein bißchen Gespür für die großen Freiheiten der Architektur, des Raumes, konnte man bei ihm eine weite Welt erfahren (...) Seine Entwurfsthemen waren oft kleine Versprechungen einer helleren Zukunft in der sehr grauen Gegenwart. Villen oder Hotels am Gardasee oder in der Toscana waren damals eben keine sinnlosen Entwurfsklischees, sondern freundliche Aufmunterung einer wenig freudvollen Generation. Er gehörte auch – wie fast alle seiner Kollegen – zu den Lehrern, die mit ihren eigenen Bauten ihre Anschauung von Architektur zum Anfassen präsentierten. Und diese Bauten waren sehr unterschiedlich nach Form, Inhalt, Konstruktion und Material. Geistreiche Freiheit: Der Raum und sein Maßstab, seine Ruhe und seine Bewegung sind das Bedeutsame. Die Mittel dafür sind zu finden",

schreibt Hans Kammerer, ehemaliger Student von Rolf Gutbrod und später Nachfolger auf dessen Lehrstuhl.[102]

Im Jahr 1972 beendete Rolf Gutbrod seine Lehrtätigkeit an der Architekturfakultät.[103] Vorausgegangen waren Protestaktionen der '68er'.

„[Öffentliche Proteste der Studentenbewegung] richteten sich gegen das aktuelle Engagement westlicher Staaten in der Dritten Welt, insbesondere gegen die Kriegführung der USA in Vietnam, die Unterstützung von Diktaturen (Kongo, Iran) durch Bundesregierung und Berliner Senat, aber auch gegen die Unterdrückung von Informations- und Meinungsfreiheit an Universitäten",

---

101 Gespräch mit Prof. Peter Schenk im Jahr 1991 sowie 1993 mit Bernhard Binder in Stuttgart.
102 KAMMERER, a. a. O., S. 14.
103 JOEDICKE, in: FEHN (Hg.), a. a. O., S. 27, hier ist die Emeritierung Rolf Gutbrods irrtümlicherweise 1975, in: Rolf GUTBROD, Bauten in Stuttgart, a. a. O., S. 5, 1961 angegeben.

außerdem gegen die zunehmende Verschlechterung der Ausbildungssituation in dieser Zeit.[104] Jürgen Joedicke schildert den Protest an der Architekturabteilung aus eigenem Erleben:

„Ende der 60er Jahre veränderte sich die Situation an der Architekturabteilung entschieden. Was anderswo, so bei den Ingenieuren, eher Randerscheinungen waren, führte bei den Architekten zu einer tiefgreifenden Diskussion über Sinn und Ziel der Lehre und stellte das bisher geleistete in Frage (...) Zwar übertönten oft genug schrille Töne die Diskussion, manches war ideologisch überhöht oder diente als Transportmittel für ganz andere Interessen, aber es waren auch nicht jene ernsthaften Töne zu überhören, welche die Frage nach Sinn und Ziel einer auf den Menschen bezogenen Architektur stellten. Und eine solche Fragestellung wurde sicher auch ausgelöst durch die im Boom des Wirtschaftswunders entstandenen Bauten, jene Architektur der Macher, die Korrumpierung des Gebauten durch Zahl und Größe. Wissenschaftlichkeit auch in der Architektur, Ablehnung der herkömmlichen Ausdrucksmittel und Vorgehenswiesen hießen die neuen Sterne. Und was in Grenzen durchaus richtig erschien, eine sinnvolle Korrektur der bisherigen Ansätze hätte sein können, geriet durch seinen Ausschließlichkeitsanspruch oft genug ins Abseits. 'Das Explizite implizit enthalten', so etwa der Jargon dieser Jahre, und von hier aus wird einsichtig, warum die Reaktion nicht lange auf sich warten ließ. Bilder überfluteten die Architektur, Abbilder von Dingen, ein Extrem löste das andere ab, jedoch mit durchaus heilsamer Wirkung."[105]

Rolf Gutbrod gibt keine explizite Begründung für seine frühzeitige Emeritierung im Jahr 1972. Er verwies nur generell auf unerträgliche Ausschreitungen von Studenten an der Technischen Hochschule.[106] Sein Nachfolger am Lehrstuhl für Innenraumgestaltung und Entwerfen, Hans

---

104 Der Mangel an Bildung und Ausbildung war bedingt durch tiefgreifende Veränderungsprozesse im Bereich der Wirtschaft: „Die objektiven Veränderungen der Qualifikationserfordernisse, bestimmt durch die Umorientierung des Wirtschaftsziels der BRD hin zu primär qualitativem Wirtschaftswachstum, setzte im gesamten Bildungs- und Ausbildungsbereich mehr und mehr neue Maßstäbe, denen das bisher ohnehin politisch vernachlässigte Bildungssystem der Bundesrepublik nicht gerecht zu werden vermochte." Hans Karl RUPP, Politische Geschichte der Bundesrepublik Deutschland, Stuttgart/Berlin/Köln/Mainz 1982, S. 153 f.
105 JOEDICKE, in: FEHN, (Hg.), a. a. O., S. 24 f.
106 Gespräch mit Rolf Gutbrod in Stuttgart am 8. 8. 1992.

Kammerer, spricht von einer „Erschütterung der Architekturabteilung", ausgelöst durch eine Studentenrevolte, die „gleichzeitig das Ende einer Ära und den Beginn einer neuen bedeutete". In diesem Zusammenhang nennt er wesentliche Ursachen, die Anlaß für das Ausscheiden Rolf Gutbrods waren:

> „Rolf Gutbrod mochte damals nicht glauben, daß geduldige Argumentation mit den Studenten und nicht nur mit diesen, mit allen selbst ernannten Revolutionären einer anderen Architektur und demzufolge auch anderen Architekturschulen wenig nutzen konnten. Revolutionäre haben zwei Eigenschaften, denen er nicht gewachsen war: Humorlosigkeit und Unhöflichkeit. Seine Zeit als Lehrer war abgelaufen, als anstatt Zeichnungen 'Papiere' zum Diplom vorgelegt wurden. 'Geschriebenes' Bauen hat ihn halt so wenig interessiert wie die Verfechter dieser Art von Wissenschaftlichkeit die Architektur."[107]

Primär dürfte wohl die Hauptursache für Rolf Gutbrods frühe Emeritierung in einer gewissen Aversion gegenüber der Tendenz der „Verwissenschaftlichung von Architektur" zu sehen sein. Vermutlich aber auch die zunehmende Arbeitsbelastung durch große Bauaufträge, des weiteren neue organisatorische Aufgaben in seiner Position als stellvertretender Direktor der Abteilung Baukunst der Akademie der Künste in Berlin ab dem Jahr 1971.

Freiberufliche Tätigkeit

Bereits zu Beginn des Jahres 1946 eröffnete Rolf Gutbrod ein Architekturbüro in der Hauptmannsreute 152 in Stuttgart. Das Büro etablierte sich 1949/50 in der Eugenstraße 16, 1959 in der Schoderstraße 10. Mit Bernhard Binder und Hermann Kiess verband Rolf Gutbrod eine enge Partnerschaft.[108] Eine Reihe der später maßgebenden Architekten absol-

---

107 KAMMERER, a. a. O., S. 14.
108 Biographische Daten der Partner: Dr.-Ing. Bernhard Binder, 1923 in Onstmettingen bei Balingen geboren. 1946–50 Studium an der TH Stuttgart unter den Professoren Rolf Gutbrod, Rolf Gutbier, Richard Döcker und Günter Wilhelm. 1950 Diplom bei Rolf Gutbrod. 1953 Dissertation über das Thema „Fürstlich Fürsten-

vierte in früherer Zeit zum Teil ein Praktikum, zum Teil arbeiteten sie als junge Diplom-Ingenieure im Büro Gutbrod. Von einer Aura, die kreativ stimulierte und ebenso gestalterische Freiheit zuließ, vom sozialen und liberalen Klima des Büros, sprechen heute noch ehemalige Mitarbeiter.[109]

Rolf Gutbrods Beiträge zum Entwerfen waren spontane Ideenskizzen, die den Mitarbeitern eine Richtung wiesen. Die Ausarbeitung funktioneller und organisatorischer Faktoren blieb Aufgabe der am Projekt Beteiligten. An der Weiterentwicklung des Entwurfs nahm er in Form kritischer engagierter Diskussionen teil und beteiligte sich an Problemlösungen mittels 'hingeworfener' Korrekturskizzen. Der Arbeitsaufwand betrug dabei ein Mehrfaches des üblichen.

Zwar gibt es flüchtige Ideenskizzen [Abb. 4 + 5], aber keine detailliert ausgearbeiteten Entwurfszeichnungen von Gutbrod. Trotz Kreativität und räumlicher Vorstellungskraft kann Rolf Gutbrod selbst nicht zeichnen, wie er sagt, „meine Skizzen bzw. Korrekturskizzen waren immer exzentrisch übertrieben, um die Botschaft deutlich zu machen".[110] Auch ohne zeichnerisch präzise Darstellung boten die spontan skizzierten Ideen Gutbrods eine wichtige Grundlage für ein erstes Entwurfskonzept.[111] Noch weniger ausgeprägt waren die zeichnerischen Fähigkeiten bei Walter Gropius.

---

bergisches Schloß Messkirch, ein Baudenkmal der Renaissance".1952–63 war Bernhard Binder Partner Rolf Gutbrods und selbständiger Büroleiter des Stuttgarter Büros. Unter maßgeblicher Planung von Bernhard Binder entstanden u. a. die Stuttgarter Wohnbauten, die Fabrikgebäude Hahn Automobile GmbH, Fellbach und Werner & Pfleiderer, Stuttgart sowie die IBM-Verwaltungsgebäude Böblingen und Berlin. Bernhard Binder war ferner an der Planung der Stuttgarter Liederhalle beteiligt. 1963 eröffnete er ein eigenes Architekturbüro in Berlin. Mitteilung von Bernhard Binder mit Brief vom 1. März 1995.
Hermann Kiess, 1912 in Schwäbisch Gmünd geboren und 1986 in Stuttgart gestorben. 1930–36 Studium an der Technischen Hochschule unter Paul Schmitthenner, Paul Bonatz, Heinrich Wetzel und Wilhelm Tiedje. Während des Dritten Reichs selbständige Planung und Bauleitung von Bauvorhaben im Bereich der Deutschen Luftwaffe in Deutschland, ab 1942 in Italien. 1953–74 Büroleiter des Stuttgarter Gutbrod-Büros, ab den 60er Jahren Partner Rolf Gutbrods. Während seiner Tätigkeit im Büro Gutbrod war Hermann Kiess an allen Projekten, außer an den Bauten in Saudi-Arabien maßgeblich beteiligt. Brief von Gerda Kiess vom 6. Mai 1995.
109 Gespräche von 1994 mit Bernhard Binder, Wolfgang Henning und Annemarie Schneider-Obermiller in Stuttgart.
110 Brief von Rolf Gutbrod vom 3. 4. 1994.
111 Ebd.

„Meine absolute Unfähigkeit, auch nur das Einfachste aufs Papier zu bringen, trübt mir manches Schöne und läßt mich oft mit Sorgen auf meinen künftigen Beruf sehen. Ich bin nicht im Stande einen geraden Strich zu ziehen",[112]

schrieb Gropius 1907. Bereits während seines Architekturstudiums, das er bereits nach vier Semestern abbrach, hatte Walter Gropius einen Zeichner engagiert, um Entwurfsideen für kleine private Bauaufgaben zeichnerisch umzusetzen.

Besonders hervorgehoben wurde neben Gutbrods ausgeprägter Kompromißbereitschaft vor allem die verbale Kraft seiner Argumentation. Mit bewußt einfachen, fachlich fundierten Worten konnte er bei inoffiziellen Diskussionen und selbst bei offiziellen Verhandlungen die Gesprächsteilnehmer überzeugen und damit teils tiefgreifende Entscheidungen und Handlungen beeinflussen.[113]

Parallel zur freiberuflichen Arbeit und Lehrtätigkeit war Gutbrod als Preisrichter von Wettbewerben gefragt, so wirkte er zum Beispiel 1954 beziehungsweise 1956 bei der Wettbewerbs-Entscheidung für das 1958 bis 1961 realisierte Landtagsgebäude mit (1. Preis Kurt Viertel), und es spricht geradezu für Rolf Gutbrods liberale Einstellung, wenn er, entgegen seiner persönlichen Architektur-Auffassung, einen der rationalen Ästhetik Ludwig Mies van der Rohes folgenden Entwurf befürwortete.

Unmittelbar nach Kriegsende, im Jahr 1946, in einer Zeit der Armut, der Wohnungsnot, des akuten Material- und Kapitalmangels, war Gutbrod mit der Errichtung notdürftiger „Baracken, mit Provisorien, mit Ausbessern und Flicken" beschäftigt.[114] Begann auch die allgemeine Bautätigkeit erst nach der Währungsreform, so konnte er bereits 1947 einfache Versuchswohnbauten planen beziehungsweise ausführen.[115] Auch erhielt

---

112 Winfried NERDINGER, Walter Gropius. Bauhaus-Archiv Berlin, Berlin 1985, S. 29 f.
113 Bernd Riede und Annemarie Schneider-Obermiller, die als Architektin im Büro Gutbrod gearbeitet hatte, wiesen 1994 in Stuttgart auf die kompromißbereite Haltung bzw. auf die erfolgreiche Gesprächsführung Rolf Gutbrods hin.
114 GUTBROD, a. a. O., S. 12.
115 Das „Versuchshaus Formholz" (Erwin Behr) wurde 1947 geplant und realisiert, während der zeitgleich geplante und mehrfach umgeplante „Versuchswohnblock Moserstraße" erst 1950/51 fertiggestellt wurde.

er im selben Jahr den Auftrag, anstelle der kriegszerstörten Radiogehäuse-Fabrik der Firma Rössler & Weißenberger ein Industrie- und Verwaltungsgebäude zu errichten. Diese in sparsamer, rein funktioneller Bauwiese entstandenen Neubauten trugen wesentlich zur Gründung seiner Existenzgrundlage bei, wie Rolf Gutbrod bemerkt.[116]

Bedingt durch den stürmischen Wirtschaftsaufschwung, nicht zuletzt auch durch weitreichende persönliche Kontakte, steigerte sich Gutbrods Planungs- und Auftragstätigkeit unerwartet zu Beginn der 50er Jahre. Das Spektrum seiner Arbeit umfasst außer dem drängenden Wohnungsbau eine Reihe von Verwaltungs- und Industriebauten, die pavillonartige Milchbar sowie das spektakuläre Konzerthaus Liederhalle. Jene Bauten entstanden durch ein in der Nachkriegszeit typisches informelles Vorgehen und behördliche Konzessionen in einem kurzem Zeitraum.[117]

Bezeichnend dabei ist, daß Rolf Gutbrods fortschrittlich ausgerichtete Architektur auf keinen starren Formenkanon festgelegt ist.

Die Unterschiedlichkeit nahezu aller Bauten ist eine Reaktion auf den Ort, den Kontext und auf die spezifischen Bedingungen der jeweiligen Bauaufgabe.

Für Gutbrod waren die 50er Jahre eine von Optimismus, Aufbauwillen und Kreativität geprägte Epoche, wie er dies ähnlich im Rückblick 1988 betont, es war „eine herrliche, lebendige Zeit mit viel Begeisterung".[118]

---

[116] GUTBROD, a. a. O., S. 12.
[117] Rolf Gutbrod gibt die Bauzeit der Liederhalle mit rund einem Jahr an und erklärt das unkonventionelle behördliche Vorgehen der Stadt: „Bei der Liederhalle z. B. war ich vom Hochbauamt gebeten worden, nun endlich Fassaden zum Baugesuch nachzureichen. Ich sagte, wir haben keine Zeit, sie zu zeichnen und außerdem täuschen sie, denn das sind ja alles keine Parallelen und alles erscheint verzerrt und gibt ein völlig falsches Bild. Man solle noch ein bißchen warten, dann steht es 1 : 1." GUTBROD, a. a. O., S. 10. Die Bauzeit für den Pavillon Milchbar (im Jahr 1950) lag bei sechs Wochen. Brief von Rolf Gutbrod vom 26. 10. 1994.
[118] Brief von Rolf Gutbrod vom 4. 9. 1988.

60ER UND 70ER JAHRE

Berlin

Zu Beginn der 60er Jahre, einer Zeit anhaltender Wirtschaftskonjunktur, entstand eine größere Zahl von Bauten sowohl in Stuttgart als auch außerhalb dieser Stadt, die nahezu alle aus offenen oder begrenzt ausgelobten Wettbewerben hervorgingen.

Der Baubeginn des IBM-Verwaltungsgebäudes im Jahr 1960 markiert die Zeit des Aufbruchs nach Berlin, in jene Stadt, in der 1929 Rolf Gutbrod das Architekturstudium begonnen hatte. Berlin war Mittelpunkt des sogenannten Kalten Krieges. Das aus der politischen Spaltung hervorgegangene Westberlin (1948/49) war „Domäne der Sozialdemokratie, Stadt am Tropf, verlassen von den Zentralverwaltungen der großen Konzerne, gemieden vom privaten Kapital etwa im Wohnungsbau, Ort der Hauptstadtfiktion, Experimentierfeld für 'moderne Stadtplanung'", wie Harald Bodenschatz schlagwortartig seine Ausnahmesituation darstellt.[119]

1961, im Jahr des Berliner Mauerbaus, eröffnete Gutbrod ein Zweigbüro zunächst in der Lindenallee 32, später in der Ebereschenallee 27. Im Jahr 1968 wurde Berlin Hauptwohnsitz Rolf Gutbrods. In Berlin konnte er in verantwortungsvoller Position Einfluß auf behördlich-planerische Entscheidungen nehmen: Rolf Gutbrod gehörte unter der Ägide von Bausenator Rolf Schwedler dem bereits 1956 gegründeten „Planungsbeirat für die Stadt Berlin" an.[120] Zu dessen Gründungsmitgliedern zählten unter anderen die damals in Deutschland führenden Planer wie Otto Bartning, Hans Scharoun und Rudolf Hillebrecht. Dieser Planungsbeirat hatte die „Aufgabe, den Senator für Bau- und Wohnungswesen bei der städtebaulichen Planung u. a. auch nach den Gesichtspunkten der Wirtschaft und des öffentlichen Lebens zu beraten".[121] Als Mitglied, ab 1971 als stellver-

---

119 Harald BODENSCHATZ, Berlin West: Abschied von der 'steinernen Stadt', in: Klaus VON BEYME, Werner DURTH, Niels GUTSCHOW u. a. (Hg.), Neue Städte aus Ruinen, Deutscher Städtebau der Nachkriegszeit, München 1992, S. 58.
120 Brief Rolf Gutbrods vom 5. 9. 1993.
121 Dem Senatsbauamt Westberlin stand der „Planungsbeirat für die Stadt Berlin" bzw. der „Planungsbeirat beim Senator für Bau- und Wohnungswesen" zur Seite. Der Planungsbeirat setzte sich neben Architekten und Stadtplanern aus Vertretern

tretender Direktor der Abteilung Baukunst der Akademie der Künste zur Förderung von Kunst und Wissenschaft, verbanden Rolf Gutbrod freundschaftliche Kontakte mit Hans Scharoun, im besonderen mit Werner Düttmann und Ernst Schnabel. Rolf Gutbrods fachliche Kompetenz und die hohe Qualität nahezu aller Bauten spiegeln sich in der Verleihung hoher Preise und Ehrungen wider.[122]

Provozierte auch die Unterschiedlichkeit der Bauten Rolf Gutbrods verschiedentlich verhaltene Kritik von Kollegen – „es fehle die Einheitlichkeit"[123] –, hieß es, so deuten diese Vorwürfe auf eine fehlende Auseinandersetzung mit dem den Bauten zugrundeliegenden Ansatz. Heftige Kritik entfachte das Kunstgewerbemuseum der „Stiftung Preußischer Kulturbesitz" in Berlin, das 1985 als erstes von insgesamt fünf zusammenhängenden Museen eröffnet wurde. Das in der Tendenz des Betonbrutalismus der 60er Jahre stehende Gebäude hatte nach komplizierter neunzehnjähriger Planungs- beziehungsweise Bauzeit formal und ästhetisch an Aktualität verloren.

Das IBM-Verwaltungsgebäude (1959–63) in Berlin zeigt prägnant das Neue in der Architektur Gutbrods: die Umsetzung des Bautyps 'Hochhaus', was gleichwohl auf die Fähigkeit zu weitreichenden Neuerungen in bezug auf Konstruktion, auf Bauform und Binnenstruktur verweist. Die Option für den Bautyp Hochhaus zeigt sich nicht allein am Beispiel des IBM-Verwaltungsgebäudes. In den 60er Jahren wurde das Hochhaus

---

der Wirtschaft zusammen, wie Dr. Skrodzki, IHK Berlin (1956–58), Dir. Straßmann (von 1956–69), E. Wedepohl (1956–72), B. Wehner, Verkehrsplaner der TU Berlin von 1956, König, Mitglied des Berliner Abgeordnetenhauses u. a. Siehe hierzu Dagmar GAUSMANN, Der Ernst-Reuter-Platz in Berlin. Die Geschichte eines öffentlichen Raumes der 50er Jahre, Münster/Hamburg 1992, S. 32 f.

122 Für den Pavillon der Expo '67 erhielten Rolf Gutbrod und Frei Otto 1968 den „Auguste-Perret-Preis" der UIA (*Union Internationale des Architectes*). 1971 wurde Rolf Gutbrod der „Orden *pour le mérite* für Wissenschaft und Kunst" verliehen. 1972 das Große Verdienstkreuz mit Stern, 1983 der Große Kunstpreis Berlin, Sparte Baukunst, 1991 die Bürgermedaille der Stadt Stuttgart, 1995 der Große „DAI-Preis" (Verband Deutscher Architekten und Ingenieure) sowie der Bonatz-Preis für Stuttgarter Bauten: 1970 für das Gebäude des Lehrerseminars der Waldorfschule Uhlandshöhe, 1971 für die Baden-Württembergische Bank AG, 1974 für die Sparkassenversicherung Stuttgart sowie 1972 der Hugo-Häring-Preis für die Baden-Württembergische Bank AG.

123 GUTBROD, a. a. O., S. 10.

zum Leitbild für Rolf Gutbrod, sowohl im Bereich des Büro- und Verwaltungsbaus als auch im Massenwohnungsbau. Damit steht er in der Tendenz dieser Zeit, die maßgeblich bestimmt ist durch den Hochhausbau, durch zentrale und dezentrale Verdichtung unter dem neuen städtebaulichen Leitziel der 'Urbanität durch Dichte'.

Rolf Gutbrods Bautätigkeit erweiterte sich in der zweiten Häfte der 60er Jahre auf andere Länder. In Montreal (Kanada) entstand 1965 bis 1967 in interdisziplinärer Zusammenarbeit mit Frei Otto der in Konstruktion und Ästhetik experimentell neuartige Pavillon der Expo '67 der BRD, dem Bauten vorwiegend in Saudi-Arabien folgten.

Saudi-Arabien

Im Jahr 1966 erhielten Rolf Gutbrod und Frei Otto den Auftrag für ein Konferenzzentrum mit Hotel in Mekka. Dem Projekt wurde eine kleine Moschee zugeordnet. Bereits während seiner Militärzeit in Libyen (1941) wurde Gutbrod mit arabischen Bauformen und klimatischen Extremen konfrontiert. In den Sommersemestern der Jahre 1957, 1958 und 1959 lehrte er als Gastprofessor an der Technischen Hochschule in Istanbul. Dort besichtigte er die Moscheen des osmanischen Baumeisters Sinan (1491–1588?), deren Schönheit ihn wohl stark beeindruckte, darüber hinaus weitere Moscheen in unterschiedlichen Gebieten: in Kairo, Damaskus und Kairouan.[124] Um sich in die arabisch-islamische Kultur und Lebensform 'einzufinden' und eine seinem Kunstanspruch angemessene, an der arabischen Tradition orientierte Architektur Realität werden zu lassen, konvertierte er zum islamischen Glauben.[125]

---

124 Akademie der Künste (Hg.), „Kunstpreis Berlin" 1983, Berlin 1983, S. 9. Archiv Büro Gutbrod, Berlin.
125 Gespräch mit Bernd Riede am 28. Januar 1994. Er verwies auf ein generelles Bekenntnis Rolf Gutbrods zum Monotheismus. In den Stuttgarter Nachrichten wird er aus Anlaß seines 75. Geburtstags „Anthroposoph, Christ, Moslem" genannt. Die Stuttgarter Zeitung spricht von einer bekennenden Formulierung Gutbrods (Allah ist groß! Und Mohammed ist sein Prophet!) vor einem Rechtsgelehrten des Islam in Tunis, um das Projekt (Mekka) besichtigen zu können. Rolf Gutbrod selbst verhält sich in diesem Punkt zurückhaltend, er macht keine definitive Aussage. Sie-

Das von 1966 bis 1974 in der traditionsbeladenen Stadt Mekka realisierte Großprojekt ist bestimmt durch behutsame Transformation überlieferter Baustrukturen und Verschattungselemente in eine moderne Formensprache. Bei der Verleihung des „Aga Khan-Preises" im Jahr 1980 in Lahore/Pakistan wird dem Projekt eine maßstabsetzende Funktion zugesprochen:

> „Der Preis zeichnet Projekte aus, die bedeutungsvolle und nachahmungswerte Lösungen darstellen (...) Besondere Beachtung finden jene Projekte, die vorhandene Ressourcen und Initiativen kreativ aufnehmen, funktionale und kulturelle Bedürfnisse berücksichtigen und darüber hinaus das Potential besitzen, ähnliche Entwicklungen zu beeinflussen",

so lauten unter anderem die Prämissen der Institution „The Aga Khan Award for Architecture" mit Sitz in Grand-Saconnex/Genf.[126] Aufgrund der weithin anerkannten Leistungen in Saudi-Arabien wurde Rolf Gutbrod am 2. Juli 1991 in der dritten Plenarsitzung der „International Academy of Architecture" einstimmig zum „IAA-Academician" gewählt. Diese Institution mit Sitz in Sofia hat unabhängig von der Regierung Saudi-Arabiens einen konsultativen Status inne, um im Rahmen der UNESCO Richtlinien und Maßnahmen zum Schutz und zur behutsamen Restaurierung arabischer Städte zu erarbeiten.[127]

Dem Konferenzzentrum in Mekka folgte – auf persönliche Veranlassung von König Faisal 'Abd al-'Azîz Ibn Sa'ûd – der Auftrag für die Planung des Regierungszentrums KOCOMMAS, *King's Office, Council of Ministers' Building* und *Majlis al-Shura Building* (Konsultativratsgebäude) in Riyadh. Dieser Großauftrag erforderte für die an der Konzeption betei-

---

he: Stuttgarter Nachrichten Nr. 211, vom 12. 4. 1985, S. 14. Stuttgarter Zeitung Nr. 72, vom 27. 3. 1972, S. 18.
126 Programm „*The Aga Khan Award for Architecture, Awards* 1980–1986, Geneva 1987, Archiv Gutbrod, Berlin: „ *Particular consideration is given to those projects which utilise available resources and initiatives appropriately and creatively, which meet both the functional and cultural needs of their users, and which have the potential to stimulate related developments elsewhere.*"
127 Brief der International Academy of Architecture, Sofia, vom 11. 7. 1991 an Rolf Gutbrod über die einstimmige Wahl zum IAA Academician. Archiv Gutbrod, Berlin.

ligten deutschen und arabischen Architekten, Konstrukteure und Künstler ein Zweigbüro in Riyadh. Das Großprojekt, welches in einem langen Zeitraum sorgsam durchgeplant wurde, ist nur als Fragment realisiert worden (nur die Sekundärbauten wurden gebaut).

Hatten auch die Architekten durch eine jahrelange Planung des Regierungszentrums KOCOMMAS bereits die Weichen für eine an islamisch-arabischer Bautradition orientierten modernen Architektur gestellt, so traten nach der Ägide König Faisals und König Khalids unter Kronprinz Fahd (ab 1982 König Fahd 'Abd al-'Azîz Ibn Sa'ûd) unüberbrückbare Meinungsunterschiede hinsichtlich einer Reduzierung der notwendigen Bauzeit auf, die durch gegensätzliche Architekturauffassungen innerhalb des Ministerrats noch verschärft wurden[128] und zum Scheitern des Regierungsprojekts führten. König Fahd beauftragte ein französisches Unternehmen mit der Errichtung des Regierungszentrums in eklektizistischen Formen auf der Grundlage rationeller Fertigbauweise.[129]

Rolf Gutbrod erläutert im Rückblick 1985 prägnant die unwägbare Situation in Saudi-Arabien:

„Mekka: Ein neuer Kulturkreis, bei dem wir noch das Glück hatten, daß die Arbeit in Saudi Arabien damals noch nicht von Spekulanten und Geschäftemachern versaut war, daß wir in König Faisal einen Bauherrn hatten, der sich begeistern ließ für eine dem Arabischen abgelauschte Lösung."

Gutbrod gewann das Vertrauen König Faisals. Basis war ein umfassender Konsens hinsichtlich einer modernen Umsetzung tradierter Bauformen für das Projekt Konferenzzentrums in Mekka, dem weitere Aufträ-

---

128 Bernd Riede sprach von gegensätzlichen Haltungen, die sich innerhalb der Regierung – basierend auf divergierenden Weltanschauungen – verstärkt herausgebildet und die Verhandlungen zunehmend erschwert hätten. Eine fortschrittsgläubige Richtung habe moderne Technik vertreten, während konservative Regierungsmitglieder für traditionelle, handwerkliche Methoden eintraten. Gespräch mit Bernd Riede am 28. 1. 1994.
129 In dieser Situation galt Rolf Gutbrods Bestreben, für alle am Bau Beteiligten sozialverträgliche Konditionen zu erreichen. Gespräch Riede a. a. O.

ge folgten. „Wir wurden auch für andere Aufgaben zugezogen: z. B. für die Neugestaltung einer Pilgerstadt für zwei Millionen Pilger", so Gutbrod; weiter heißt es:

> „Frei Otto und ich haben getrennt (aber wenigstens mit demselben Berater) zwei Lösungen vorbereitet und eine Zeitlang sah es so aus, als ob ich Kommissar für den Bau der Pilgerstadt in Muna (bei Mekka) werden sollte. Aber ein neuer Minister wurde ernannt. Folge: Aus der Traum!"[130]

Dann kam der Auftrag für „ein Regierungszentrum in Riad als Stadtkrone. Ein Bau von heute, aber in der arabischen Tradition sollte in drei Jahren gebaut werden." Doch nach bereits weit fortgeschrittener Planungsarbeit kam der „Umbruch", so Rolf Gutbrod:

> „[König Faisal,] den wir hatten begeistern können, wurde ermordet. Sein Nachfolger ließ uns gewähren, er ist gestorben. Dessen Nachfolger: der jetzige König Fahd wollte alles anders: So ein bißchen à la Versailles und prächtig und nicht mehr orientiert an der Alhambra oder am arabischen oder islamischen Erbe (...) Weil er die Macht hat, hatten wir 'alles auf Sand' gebaut (...) Unsere schönen Quartiere für die Royal Guards, im ersten Teil, der schon gebaut ist, werden z. Z. als Bauleitungsgebäude der neuen Firma verbraucht und später abgerissen".[131]

---

130 GUTBROD, a. a. O., S. 12.
131 Ebd.

Generationswechsel

Im Jahr 1978 übergab Rolf Gutbrod das Büro Stuttgart und das Büro Berlin der Architektensozietät Wolfgang Henning, Hermann Kendel und Bernd Riede.[132] Gutbrod stand seinen ehemaligen Partnern und Mitarbeitern als Mentor weiter zur Seite.[133] In seiner Rolle als Berater wirkte er

---

132 Biographische Daten der Partner der Architektensozietät Henning, Kendel, Riede: Wolfgang Henning ist am 11. 2. 1927 in Berlin geboren und 1994 in Stuttgart gestorben. Ab 1948 Studium der Architektur an der Technischen Hochschule in Stuttgart unter den Professoren Rolf Gutbrod und Günter Wilhelm.1956 Diplom, anschließend Assistent von Rolf Gutbrod am Lehrstuhl für Entwerfen und Innenraumgestaltung der TH Stuttgart. Von 1964–72 lehrte Wolfgang Henning als Lehrstuhlinhaber in Wuppertal und als Gastprofessor in den Vereinigten Staaten. 1972 Professor für elementares Entwerfen und Gestalten im Fachbereich Architektur an der Staatlichen Akademie der Bildenden Künste in Stuttgart. 1991–94 Rektor der Akademie. In Kooperation mit Rolf Gutbrod realisierte Wolfgang Henning Gebäude der Waldorfschule, die Sparkassenversicherung in Stuttgart, das Kulturhaus Lüdenscheid. Er hatte die planerische Leitung der Sporthalle *Roi-Abdul-Aziz* in Jeddah und war Mitarbeiter bei weiteren arabischen Projekten. Ab 1978 Partner der Architektensozietät. 1985–94 führte Wolfgang Henning ein eigenes Architekturbüro. Angaben lt. Brief von Ruth Henning vom 5. 5. 1997.
Hermann Kendel, 1936 in Geislingen/Steige geboren. 1958–63 Studium an der Architekturabteilung der Technischen Hochschule in Stuttgart. Diplom bei Rolf Gutbrod. Von 1963–68 Mitarbeiter im Büro Gutbrod in Stuttgart. 1968–70 Post-Graduate Student des Massachusetts Institute of Technology in Cambridge, USA (Abschluß M.Arch.). 1970–75 Mitarbeiter im Büro Gutbrod Berlin. 1975 Gastlehrer an der Harvard University. Maßgeblicher Leiter der Entwicklung des Deutschen Pavillons der Weltausstellung '67 in Montreal/Kanada. Teamleiter der arabischen Projekte: Konferenzzentrum mit Hotel in Mekka, Kulturforum in Bagdad, Regierungszentrum KOCOMMAS in Riyadh. 1978 Partner der Architektensozietät. Seit 1992 Professor an der HTW Dresden. Hermann Kendel lebt heute in Berlin. Mitteilung von Hermann Kendel vom 16. 5. 1997.
Bernd Riede, 1933 in Düsseldorf geboren und 1995 in Berlin gestorben. Studium an der Staatsbauschule in Stuttgart. Ab 1960 Mitarbeiter im Büro Gutbrod in Stuttgart. 1963–67 Leiter des damaligen Gutbrod-Büros in Köln während der Zeit der Realisierung der Universitäts- und Stadtbibliothek und des Hörsaalgebäudes in Köln. Ab 1967 Leiter des Gutbrod-Büros in Berlin. Maßgebliche Beteiligung an der Planung und Ausführung des Max-Planck-Instituts für molekulare Genetik in Berlin-Dahlem, der Staatlichen Museen Preußischer Kulturbesitz in Berlin und des Regierungszentrums KOCOMMAS in Riyadh. Administrativer Leiter des Zweigbüros in Riyadh. 1978 Partner der Architektensozietät. Angaben zur Biographie 1994 von Bernd Riede.
133 Gespräch im April 1993 mit Wolfgang Henning in Stuttgart.

zum Beispiel beim Projekt des Kulturhauses Lüdenscheid (Wettbewerb 1973, Ausführung bis 1981) mit sowie beim Entwurf für das Kulturzentrum in Bagdad, Irak (1982) und bei der Planung des Kultur- und Kongreßzentrums in Stuttgart (1978–91), wobei sich die beiden letzteren Projekte durch ähnliche Formen definieren.

Viele der ehemaligen Studenten und Mitarbeiter folgen Gutbrods Prinzipien. Hervorzuheben ist vor allem Günter Behnisch, der in den Jahren 1951/52 Mitarbeiter im Büro Gutbrod war. Nicht allein Entwurfs- oder Gestaltungsprinzipien Gutbrods sind Determinanten der Architekturauffassung von Behnisch, auch die bereits erwähnte liberale, kreativ anregende Atmosphäre des ehemaligen Gutbrod-Büros prägt noch heute das Büro von Günter Behnisch.[134]

---

134 Gespräch mit Frei Otto und den ehemaligen Mitarbeitern des Behnisch-Büros, Ulrich Pfeil und Kai Dongus im März 1994 in Leonberg.

Gestaltungsprinzipien

GESTALTUNGSPRINZIPIEN AM BEISPIEL VON BAUTEN DER 50ER JAHRE

In diesem Kapitel wird versucht, in der Analyse von Bauten unterschiedlicher Baugattungen der 50er Jahre planerische Prinzipien und übergreifende Leitvorstellungen herauszuarbeiten und zu interpretieren. In diesem Zusammenhang stellt sich die Frage, ob sich die Architektur Rolf Gutbrods auf die unmittelbare Tradition bezieht und welche Prinzipien seiner Architektur zukunftsweisend sind? Reagiert sie auf soziale oder psychische Bedürfnisse? Eine kritische Auseinandersetzung fordert nicht zuletzt die Erläuterung spezieller Planungsvorgaben durch Bauherren, die als Determinanten die Konzeption mitbestimmten. Die Bauanalyse geht von der ursprünglichen Bausubstanz aus. Auf spätere Veränderungen, die die architektonische Qualität teilweise erheblich beeinträchtigen, wird nicht eingegangen.

Wohnbauten

Angesichts der Zerstörung von 49.200 Wohnungen durch Luftangriffe in der Innenstadt Stuttgarts und der dadurch hervorgerufenen akuten Wohnungsnot stellte der Wohnungsbau die drängendste Bauaufgabe der Nachkriegszeit dar.[135] Als günstige Voraussetzung für einen beschleunigten Wiederaufbau erwies sich, daß das Straßensystem und die gesamte technische Infrastruktur nahezu unbeschädigt geblieben waren.[136]

Bereits 1947, als die politische und wirtschaftliche Konsolidierung noch nicht abzusehen war und die Zeit durch spannungsgeladene Kontroversen um einen „Wiederaufbau oder Neuaufbau" und ideologisch unterschiedliche

---

135 Bernhard STERRA, Das Stuttgarter Stadtzentrum im Aufbau. Architektur und Stadtplanung 1945 bis 1960, Stuttgart 1991, S. 48.
136 Antero MARKELIN/Rainer MÜLLER, Stadtbaugeschichte Stuttgart, Stuttgart und Zürich 1991, S. 115.

Konzepte geprägt war, erhielt Rolf Gutbrod den Auftrag für die Planung und Realisierung des VERSUCHSWOHNBLOCKS MOSERSTRASSE. Den Versuchsbauten beziehungsweise Schwerpunkt- oder Demonstrationsbauten lag außer der Forderung nach ästhetischer Qualität die Erprobung rationeller Verfahren und neuer Baustoffe zugrunde.[137]

Das Projekt wurde durch den damaligen Oberbürgermeister Arnulf Klett und die ZAS, die Zentrale für den Aufbau der Stadt Stuttgart, sowie durch die Gesellschaft für Trümmerbeseitigung und -verwertung in Stuttgart außerplanmäßig gefördert.[138]

Zu Beginn der Planungsphase äußerte Gutbrod 1947 in einem Artikel in der Fachzeitschrift „Bauen und Wohnen" seine Vorstellungen sowohl prinzipiell zum Aufbau als auch speziell zu diesem Projekt. In aller Deutlichkeit wendet er sich darin gegen den unwirtschaftlichen, handwerklich bestimmten Wiederaufbau zerstörter Gebäude und tritt für einen zeitgemäßen Neuaufbau im Verfahren der Normung und industriellen Vorfabrikation ein:

> „Der Aufbau der riesigen Trümmerfelder im Herzen unserer Städte mit den bisherigen Baumethoden ist ein von vornherein zum Scheitern verurteilter Plan. Es steht also fest: Entweder wir finden neue Baumethoden, oder die Trümmer beherrschen noch in dreißig Jahren das Stadtbild (...) Was angestrebt werden muß, ist längst bekannt: Normung – vorfabrizierte Teile – industriell gefertigte Häuser. (...) Aber was geschieht heute? Ganz ausgebrannte Häuser werden 'instandgesetzt' (...), in den früher hochbebauten Stadtteilen (entstehen) mit unerhörtem Aufwand die alten Mietskästen mit Sechs-Zimmerwohnungen mit einer Geschoßhöhe von 3,50 m. Dagegen wollen wir ankämpfen."[139]

In der Äußerung, die „alten Mietskästen" rekonstruktiv nicht wieder erstehen zu lassen, klingt unmißverständlich die Verachtung historisierender Bauten mit, eine kritische Haltung, die sowohl in der Nachkriegszeit als auch Anfang des Jahrhunderts von Architekten unterschiedlicher Richtungen wie z. B. Theodor Fischer, Paul Schmitthenner oder Richard Döcker mit Nachdruck vorgetragen wurde. Grundsätzlich galten Bauten des Historismus mit ihrem eklektizistischen Vokabular für viele „als Unaufrichtigkeit

---

137 Alfons LEITEL, Wohnungsbau in Deutschland, in: Planen und Bauen im neuen Deutschland, Frankfurt/Main 1960, S. 356. Chronik der Stadt Stuttgart 1949–1954, Stuttgart 1977, S. 111.
138 Bauen und Wohnen, 2/1947, S. 302.
139 Ebd. S. 301.

gegenüber der geschichtlichen Überlieferung und als Eingeständnis der Unfähigkeit, aus eigener Kraft die der eigenen Zeit angemessenen Formen schaffen zu können."[140]

Das durch Rolf Gutbrod angestrebte Prinzip der Normung beziehungsweise Typisierung und der industriellen Herstellung war bereits 1914 Gegenstand des „Werkbundstreites"[141] und fand seine experimentelle Umsetzung 1927 in der Weißenhofsiedlung, von der mit Sicherheit wichtige Anregungen auf die planerische Arbeit Gutbrods ausgingen.[142] Ein beachtlicher Fortschritt auf dem Sektor der Normung und Typisierung im Wohnungsbau erfolgte während der Zeit des Dritten Reiches wie zahlreiche im Auftrag Albert Speers erfolgte Planungen für große Wohnbauprojekte in Berlin dokumentieren. Das verbreitete Standardwerk „E. Neufert. Bauentwurfslehre" von 1936 gab einprägsam Planungsanleitungen für Typengrundrisse und einfache Hausformen für alle Architekten vor.[143]

Am Beispiel des Versuchswohnblocks Moserstraße sollte exemplarisch der Beweis für einen raschen Neuaufbau unter Anwendung neuartiger, rationeller Baumethoden erbracht werden. Unter diesen Vorgaben hielt Rolf Gutbrod es für „städtebaulich richtiger und wirtschaftlicher, Großbaustellen einzurichten und ganze Blocks in einem Guß mit genormten Einzelteilen in

---

140 Andreas BRUNHOLD und Berhard STERRA (Hg.), Stuttgart. Von der Residenz zur modernen Großstadt. Architektur und Städtebau im Wandel der Zeiten, Stuttgart 1994, S. 93 u.101.
141 Auf der Tagung des Deutschen Werkbundes am 3. /4. Juli 1914 in Köln trat Hermann Muthesius für das Prinzip der Typisierung und industriellen Serienproduktion ein, um einen „allgemeinen Stilausdruck" zu erreichen, während Henry van der Velde die schöpferische individuelle Fertigung auf handwerklicher Basis forderte und gegen den „Vorschlag eines Kanons oder einer Typisierung" protestierte. Siehe: Julius POSENER, Anfänge des Funktionalismus. Von Arts und Crafts zum Deutschen Werkbund. Bauweltfundamente 11, Berlin/Frankfurt/M./Wien, 1964, S. 199 f., sowie Joan CAMPBELL, Der Deutsche Werkbund 1907–1934, Stuttgart 1981, S. 73 f.
142 An Bauten der Weißenhofsiedlung (z. B. von Walter Gropius) wurde die industrielle Herstellung genormter Elemente und deren Montage auf der Baustelle erprobt. Siehe: Jürgen JOEDICKE, Die Weißenhofsiedlung, Stuttgart/Zürich 1989, S. 22. Auch schon in Paul Schmitthenners Gartenstadt Staaken in Berlin (1914–17) und in anderen Projekten Schmitthenners wurde das rationale Prinzip der Normung verwandt, allerdings erfolgte bei Schmitthenner nur die handwerkliche Vorfertigung standardisierter Bauteile (Türen, Fenster). Siehe auch: Karl KIEM, Die Gartenstadt Staaken als Prototyp der modernen deutschen Siedlung, in: Vittorio Magnago LAMPUGNANI und Romana SCHNEIDER (Hg.), Moderne Architektur in Deutschland 1900 bis 1950. Reform und Tradition, Stuttgart 1992, S. 135 ff.
143 DURTH, Verflechtungen, a. a. O., S. 150 f.

einem Zug aufzubauen": „Außer dem Ladengeschoß vier Wohngeschosse mit 2,75 m Geschoßhöhe – gleicher Grundriß – nur eine Type Fenster und Fenstertür – gleiche Installation – Rastermaß 1,25 m".[144]

Auf Initiative von Rolf Gutbrod – der konsequent für eine Neuregelung des Grund und Bodens eintrat[145] – wurde ein Zusammenschluß der Grundstückseigentümer zur „losen Interessengemeinschaft" vorgenommen, um den durch das zugrundeliegende Rastermaß erforderlichen Grenzausgleich zu vereinbaren.[146]

Der in „Bauen und Wohnen" dem Text beigefügte Entwurf von 1947 zeigt – basierend auf dem Prinzip der Normung – die schematische Wiederholung einheitlicher Zweizimmer-Wohnungen, die Beschränkung auf ein Tür- und Fenstermaß und durch hölzerne Balkonbrüstungen gegliederte, flach abschließende Fassaden.

Nach mehrfacher Veränderung der Pläne entsteht von 1949 bis 1952 der 'Versuchswohnblock' als aufgelockerte Zeile. Gutbrod greift auf den Typus des Zeilenbaus zurück, der in den 20er und Anfang der 30er Jahre in stilistisch unterschiedlicher Bauweise in Stuttgart verwirklicht und in den 50er Jahren in großem Umfang wieder aufgenommen wurde.[147] Der Wohnblock orientiert sich weitgehend am überkommenen Straßengrundriß. Im Blockinneren befindet sich ein zweigeschossiges Wohnhaus mit Büros sowie eine gemeinschaftlich zu nutzende Grünfläche.[148] Entlang der Eugenstraße fügt sich ein viergeschossiges Bürogebäude mit Wohnungen an, das den Blockrand schließt.[149]

---

144 Bauen und Wohnen, a. a. O., S. 301 f.
145 Siehe hierzu das Kapitel Biographie: „Nachkriegszeit".
146 Lt. Mitteilung von Rolf Gutbrod vom 26. 10. 1994 wurden die Grundstücke später in den 'Wohnverein Moserstraße' eingebracht, um dafür Eigentumswohnungen einzutauschen. Die Treuhand-Wohnbau-Gesellschaft m.b.H. in Stuttgart wurde Bauträger des Projekts. Siehe: Die Neue Stadt 6/1952, S. 108 f. Eine Kurznotiz zum Wohnverein Moserstraße befindet sich im Archiv der Stadt Stuttgart, AZ 6790-2. Darin heißt es, daß sich Bauherren zum Wohnverein Moserstraße zusammengeschlossen und durch ein Drittel Eigenkapital den Bau finanziert hätten.
147 MARKELIN/MÜLLER, a. a. O., S.75, S.125.
148 Der Grünbereich auf der Westseite des Wohngebäudes nimmt Sitzplätze auf und wird als erholsamer „Gemeinschaftsgarten" gut angenommen. Gespräch mit einem heutigen Bewohner, Architekt Martin Müller, am 21. 9 .1998.
149 Im Gebäude der Eugenstraße 16 befand sich das erste Büro Rolf Gutbrods, das Büro von Rolf Gutbier und Martin Elsässer und die Geschäftsstelle des Bundes Deutscher Architekten. Heute noch befindet sich hier das Architekturbüro Kammerer und Belz.

Der Wohnblock nimmt im Erdgeschoß kleine Geschäfte auf, in den vier Obergeschossen individuell ausgebildete Zwei- Drei- und Vierzimmerwohnungen. Der einzelne Wohnungsgrundriß [Abb. 6] gliedert sich in eine zentral angelegte Erschließungszone, um die sich die Zimmer, die Küche und der Sanitärbereich gruppieren. Verschieden breite, vertikal geteilte Fenster belichten die Wohnungen. Glasbausteine in teils dekorativen Formen zusammengefaßt, teils spielerisch in die Wandflächen aus Schüttbeton verteilt, geben den Treppenhäusern eine differenzierte Belichtung.

Der Wohnblock Moserstraße zählt zu den ersten Bauten mit Eigentumswohnungen in Stuttgart.[150] Besitzer waren unter anderen die Architekten Volz und Karrer sowie die Innenarchitektin Herta-Maria Witzemann, deren Wohnungen durch das Prinzip der Variabilität bestimmt sind. Im Verzicht auf feste Zwischenwände gliederte sich beispielsweise die Wohnung Gero Karrers durch mobile, offene Regale aus dünnen Stahlrohrstäben und durch eine zwischengeschaltete Hausbar, was eine für jene Zeit durchaus innovative Raumgliederung darstellt. Vermutlich geht diese flexible Raumaufteilung aus einer gemeinsamen Entwurfsarbeit von Rolf Gutbrod und Gero Karrer hervor, da Karrer in diesen Jahren als Mitarbeiter im Büro Gutbrod tätig war. Gerade durch jene variable Raumgliederung entstanden hier Wohnungen, die individuelle Nutzungsmöglichkeiten erlauben.

Der in seiner Höhe abgestufte Wohnblock [Abb. 7] erzielt durch Vor- und Rücksprünge der Wandelemente sowie durch vorspringende trapezförmig ausgebildete Balkone eine rhythmische Gliederung gegenüber der im Jahr 1947 geplanten flach abschließenden Außenform. Sowohl unter funktionalen als auch unter ästhetischen Gesichtspunkten sind die Balkonbrüstungen konzipiert: Geländer, die in ihrer Gestaltung stockwerksweise variieren, bestehen aus Holzlamellen sowie rautenförmigen oder schlaufenartig geschwungenen Motiven in Rundeisen mit dahinter liegenden Eternitplatten. In ihrer differenzierten Gestaltung tragen sie wesentlich zur Belebung der Fassaden bei. Den oberen Abschluß bildet ein flaches auskragendes, teilweise abgeschrägtes Satteldach aus Eternit beziehungsweise Bitumenpappe.

---

150 Im Jahr 1949 wurden zum ersten Mal in Stuttgart Eigentumswohnungen in Stuttgart-Degerloch auf stadteigenem Gelände realisiert. Siehe: Kurt LEIPNER, Chronik der Stadt Stuttgart 1949–1953, Stuttgart 1977, S. 113.

Dokumentieren auch die ersten 1947 unter dem Zwang gebotener Sparsamkeit entstandenen Pläne eine an der Tradition des Neuen Bauens orientierte einfache orthogonale Formensprache auf der Grundlage der Normung, so zeigt sich um 1950 – in einer Zeit ökonomischen Aufschwungs und verbesserter Kapitallage – vermutlich auch aufgrund erhöhter Ansprüche hinsichtlich der Wohnqualität, eine Abwendung von dieser Konzeption und der Übergang zu einer rhythmisch gegliederten und durch abgeschrägte Elemente aufgelockerten Gestaltungsweise wie der ausgeführte Bau vor Augen führt. Diese grundlegenden Neuerungen in der Gesamtgestaltung des Wohnblocks markieren einen entscheidenden Wendepunkt in der Architektur Gutbrods.[151] Für Ulrich Schneider, der das Projekt anhand der 1947 bis 1950 mehrfach überarbeiteten Pläne untersucht, stellen die stilistischen Veränderungen eine „rasante Entwicklung der Architektur der Nachkriegszeit von Gutbrod" dar, welche sich in einer Zeitspanne von drei Jahren vollzog.[152] Gilbert Lupfer sieht in der Analyse des Bauwerks zurecht, daß das tatsächlich ausgeführte Projekt gegenüber den 1947 in „Bauen und Planen" vorgestellten Plänen „gravierende Veränderungen" aufweise und in seiner Auflockerung und differenzierten Gestaltung eine „Pionierleistung" fern „von einem modischen Trend" darstelle.[153]

Diese eher schrittweise Entwicklung wurde zweifellos auch durch die Auseinandersetzung mit dem Neuen Bauen innerhalb und außerhalb Deutschlands in einer Zeit der geistigen und gestalterischen Neuorientierung Gutbrods gefördert. Mit Sicherheit hatte sich Gutbrod mit der weiterentwickelten rationalen Version des Neuen Bauens seiner Kollegen (z. B. Richard Döcker, Rolf Gutbier und Günter Wilhelm) an der Architektur-Abteilung der Technischen Hochschule aktiv auseinandergesetzt, in die er ab 1947 eingebunden war, um davon abweichend seine eigene individuelle Position innerhalb der Tradition des Neuen Bauens zu bestimmen.

Die Architektur des „Versuchswohnblocks Moserstraße" stellt jedoch keinen Sonderfall im Wohnungsbau Gutbrods der 50er Jahre dar. Die sowohl im Innern als auch im Äußeren ablesbaren Gestaltungsmerkmale be-

---

[151] Zum Gebäude Moserstraße siehe auch: Gilbert LUPFER, Architektur der fünfziger Jahre in Stuttgart, Stuttgart 1997, S. 142 ff.
[152] Ulrich SCHNEIDER, Rolf Gutbrods Wiederaufbau eines zerstörten Wohnblocks in Stuttgart. „Architektur der Stunde Null"?, in: architectura. Zeitschrift für Geschichte der Baukunst, 2/1997, S. 219.
[153] LUPFER, a. a. O., S. 146.

stimmen weitgehend auch die später im Rahmen des sogenannten „Sozialen Wohnungsbaus" (nach dem Ersten Wohnungsbaugesetz aus dem Jahr 1950) entstandenen Mehrfamilienhäuser, wie dies exemplarisch das dem Versuchswohnblock gegenüberliegende Gebäude Dr. Josef Brönner (von 1950–1952), die Mehrfamilienhäuser Christian Bossert KG oder Dr. Walter Wiedmann (beide 1956) in Stuttgart vor Augen führen.[154] Ein sichtbarer Unterschied zeigt sich allerdings in der Konzeption der Balkonbrüstungen, die späteren Mehrfamilienhäuser erhielten nahezu alle schlichte Geländer aus Holzlamellen, auch wird im Bereich des Mehrfamilienhauses das neuartige Prinzip der Raumgliederung durch variable Elemente nicht mehr aufgenommen.

Der Versuchswohnblock Moserstraße steht für einen individuellen zeitgemäßen Neuaufbau unter dem Verfahren der ökonomischen Trümmerverwertung in der „Leonhardt-Bossertschen-Schüttbauweise",[155] welches an diesem Gebäude vermutlich erstmalig in Deutschland umgesetzt wurde. Durch differenzierte Grundrißgliederung, gute Belichtung und aufgelockerte Fassaden bildet der Wohnblock einen deutlichen Gegensatz zu dem von Rolf Gutbrod konsequent abgelehnten Wohnungsbau der Gründerzeit, wie dies beispielsweise das frühere Gebäude Moserstraße 20,[156] mit Baujahr 1875 [Abb. 8], belegt: Der symmetrische Grundriß nimmt pro Geschoß eine 180 m² große Wohnung mit fünf an einem Mittelflur aufgereihten Räumen bei einer Geschoßhöhe von 3,40 m auf. Das viergeschossige Gebäude zeigt eine blockhafte, undifferenzierte Außenform mit historisierenden Motiven und relativ schmalen Fensteröffnungen. Jene Bauten im Bereich der

---

154 Das Mehrfamilienhaus Bossert KG befindet sich Ecke Landhausstraße 63/Schubertstraße 31, das Gebäude Dr. Walter Wiedmann im Strohberg 42–44, selbst die in einer neuen Tendenz stehenden Wohnhochhäuser der BBR-Gropiusstadt in Berlin (von 1966–68) sind durch das Prinzip der vielfältigen Gliederung bestimmt.
155 Schüttbeton, der aus aufbereitetem Trümmerschutt im Betonierverfahren entstand, war eine wirtschaftliche Baumethode der Nachkriegszeit. Grundsätzlich konnten durch diese Methode die Gesamtbaukosten und die Bauzeit reduziert werden in einer Zeit akuten Materialmangels. Die Bauzeitung, 4/1953, S. 127, ferner Bauen und Wohnen, Heft Nr. 2/1947, S. 292 ff. Rolf Gutbrod verweist auf die kostengünstige Herstellung des Wohnblocks Moserstraße und gibt die Gesamtbaukosten mit 39,50 DM pro m² an. Siehe: Baukultur 1–2/1995, S. 113.
156 Besitzer des kriegszerstörten Gebäudes waren Wilhelm Leo, Kaufmann, später auch R. A. M. Kaulla. Pläne Stadtarchiv Stuttgart.

Eugenstaffel/Moserstraße waren ursprünglich geprägt durch wirkungsvolle Schaufassaden, durch bewußte Orientierung auf den Straßenraum ohne Rücksicht auf Besonnung und Belichtung.[157]

Die Fachpresse beurteilte das Wohngebäude Rolf Gutbrods als einen der „besten Bauten, die die sehr neuzeitliche Stadt Stuttgart aufzuweisen hat. Hier hat man endlich den Mut aufgebracht, aus den Forderungen unserer Zeit heraus eine ehrliche und wahrhaftige Gestaltung zu entwickeln. In jeder Hinsicht ein vorbildlicher Wohnungsbau!", schreibt die „Bauzeitung" im April 1953.[158]

In der unmittelbaren Nachkriegszeit realisierte Rolf Gutbrod eine Reihe von Ein- beziehungsweise Zweifamilienhäusern, die seine Entwurfsprinzipien ausgehend von der Raumvorstellung verdeutlichen.

Rolf Gutbrods Grundsatz lautet:

„daß die vornehmste Aufgabe des Architekten nicht darin gesehen werden sollte, schöne Häuser zu bauen, sondern darin Räume zu schaffen, in denen Menschen wohnen und arbeiten können, in denen sie sich wohlfühlen".[159]

Das heißt nicht der Primat äußerer Ästhetik, sondern der auf das Individuum abgestimmte Raum ist Ziel seiner Planung. Ausgangspunkt des Entwerfens ist daher die Auseinandersetzung mit psychologischen Aspekten des Wohnens und folglich ein Planen von innen nach außen, um sich erst im nächsten Schritt mit dem äußeren Erscheinungsbild zu befassen.

Im Februar 1947 plante Rolf Gutbrod das EINFAMILIENHAUS DES MÖBELFABRIKANTEN ERWIN BEHR[160] an der Peripherie von Stuttgart als programmatisches Schwerpunktprojekt „Versuchshaus Formholz".[161] In je-

---

157 BRUNOLD/STERRA, a. a. O., S. 21 u. 24. MARKELIN/MÜLLER, a. a. O., S. 47 ff. Beide Arbeiten verweisen auf eine vor der Kriegszerstörung bestehende historisierende Bauweise aus der zweiten Hälfte des 19. Jahrhunderts in diesem Bereich.
158 Die Bauzeitung 1953, a. a. O., S. 138.
159 Rolf GUTBROD, Was bleibt von 50 Jahren? a. a. O., S. 32.
160 Das Wohnhaus Behr wurde in der zweiten Hälfte der 90er Jahre umgebaut.
161 Rolf Gutbrod erhielt den Auftrag durch freundschaftliche Kontakte. Die Familien Behr und Gutbrod kannten sich seit Jahren. Rolf Gutbrod hatte mit Erwin Behr zusammen musiziert. Entsprechend der Vorstellung des Bauherrn sollte ein schlichtes, funktions-

ner Phase der Zwangsbewirtschaftung von Wohnraum, generellem Bauverbot und einer Zeit ohne baugesetzliche Grundlagen konnte dieses Gebäude nur durch eine Sondergenehmigung der Behörden realisiert werden.[162]

Der Grundriß [Abb. 9] zeigt zwei Rechtecke. Räumliche Versetzung und Überlagerung ergeben Terrassen im Außenbereich. Die Erschließung erfolgt von Nordwesten über flache Stufen aus Sandstein. Der Wohntrakt liegt auf Erdgeschoßniveau und öffnet sich auf die Südost-Terrasse und den angrenzenden Gartenbereich. Der Schlaftrakt ist zweigeschossig: Von der Wohnebene ausgehend führen Stufen nach oben und nach unten in die Schlafbereiche, welche in rein orthogonale Einzelzimmer gegliedert sind. Räumliche Kontinuität entsteht allein durch die Offenheit im Bereich der Treppenführung als innere Erschließung.[163] Die aus zwei Zimmern bestehende Personalwohnung wird von Südwesten separat erschlossen. Eine durchaus individuelle Grundrißlösung wird deutlich.

Das traufenständige Wohnhaus [Abb. 10] gliedert sich in zwei einfache, höhenmäßig versetzte Bauteile, mit relativ stark geneigten Satteldächern. Zwei kleine Dacherker mit quadratischer Fensterfläche, ein traditionelles Architekturmotiv, das sich ebenso bei Bauten von Paul Schmitthenner und Paul Bonatz findet, belichten das Dachgeschoß. Hohe bruchrauhe Sandsteinmonolithe tragen als Schutz über dem Eingangsbereich das herabgezogene, eher unzeitgemäße Schleppdach. Rechteckige Dachplatten aus Formholz decken das gesamte Dach. In seiner äußeren Erscheinung, der geneigten Dachform mit Schleppdach, Dacherkern und in seiner Geschlossenheit ist das Wohnhaus nicht allzu weit entfernt von eher konventionellen Wohnhäusern wie beispielsweise das Haus Madelung in Gerlingen bei Stuttgart (Paul Bonatz, Kurt Dübbers 1932/33), das nahezu denselben Formenkanon aufweist.[164] Ungeachtet dessen stellt der Grundriß mit seinem zweigeschossigen Schlaftrakt eine deutlich fortschrittlichere Lösung dar, so daß hier von einer Synthese von weitgehend traditioneller äußerer

---

fähiges Einfamilienhaus (2 Erwachsene, 2 Kinder, 1 Hausmädchen) entstehen. Mitteilung von Herrn Michael Behr am 8. 12. 1993.
162 Brief von Rolf Gutbrod vom 1. 10. 1992.
163 Die im Text beschriebene räumliche Offenheit ist im Grundriß nicht ablesbar.
164 Abgebildet ist das Haus Madelung in: Matthias ROSER, Paul Bonatz, Wohnhäuser, Stuttgart 1992, S. 79.

und fortschrittlicher innerer Gestaltung gesprochen werden kann. Darüber hinaus zeigt das Wohnhaus Behr in seiner Einfachheit keinen Repräsentationsanspruch, was wohl der moralischen Forderung nach Unauffälligkeit in der Not nach dem Zweiten Weltkrieg entsprach.

An diesem Wohnhaus demonstrierte Gutbrod erstmals die Eignung von Formholz. Experimentell wurde von der Firma Behr versucht, aus Holzabfällen und Bindemitteln (z. B. Leim), unter Hitze und Druck dünne Preßspanplatten zu fertigen, um daraus Träger, Dachplatten und Dachgesimse sowie den gesamten Innenausbau herzustellen. Grundsätzlich konnte durch die Produktion von Formholz der akuten Materialknappheit entgegengewirkt werden, die sich erst um 1952 entschärfen sollte. Das bereits während des Zweiten Weltkriegs im Flugzeugbau verarbeitete Formholz fand seine Umsetzung hier erstmalig im Wohnungsbau und hat seine Haltbarkeit bis heute bewiesen, wie Michael Behr, heutiger Inhaber der Firma Behr Möbel GmbH, betont.[165]

Das 1951 geplante EINFAMILIENHAUS ROLF GUTBROD steht giebelseitig zum Hang. Die Anordnung des Gebäudes im oberen Teil des Grundstücks und die Terrassierung der steil abfallenden Hangstruktur ergeben auf der Südwestseite räumlich reizvolle Gartenbereiche, was auf die bewußte Berücksichtigung topographischer Besonderheiten hindeutet.

Der Entwurf macht deutlich, daß Rolf Gutbrod das Wohnhaus von innen nach außen, seiner persönlichen Wohn- und Lebensform entsprechend, konzipiert hat. Mit diesem Entwurfsansatz folgt er erstmals einem grundlegenden Prinzip des „organhaften Bauens" im Sinne von Hugo Häring.

Man betritt das Wohnhaus im Norden. Ausgehend vom Niveau der Eingangszone leiten fünf Differenzstufen in das Obergeschoß, eine Treppe führt in das Erdgeschoß. Das Obergeschoß nimmt die Schlafräume sowie das Mädchenzimmer, den Arbeitsraum beziehungsweise das Studio auf, das sich durch eine Terrasse erweitert. Raumbestimmend ist der offene Kamin mit gekurvter, weiß getünchter Kaminwand. Der Bereich der Feuerstelle bildet die ruhige, intime Zone des Hauses und ist Ort des Rückzugs. Im Erd- beziehungsweise Hanggeschoß liegen – entsprechend dem Funktionsablauf – der Vorratsraum, die Küche und das Eßzimmer. Zentrum des Hauses bildet der südwestorientierte Wohnbereich mit vorgelagerter, ge-

---

165 Mitteilung BEHR, a. a. O.

schützter Terrasse. Eine diagonale frei in den Raum gestellte Treppe ist Verbindungselement von Wohnraum und Studio [Abb. 11 + 12].

Das Prinzip räumlicher Kontinuität, das sich im Ansatz bereits im Wohnhaus Behr zeigt, wird hier konsequent erweitert, indem Decken und Wände großzügig geöffnet sind. Transparenz im erweiterten Sinn, die eine Vieldeutigkeit der räumlichen Beziehungen erlaubt — eine Interpretationsmethode, auf die Bernhard Hoesli hinweist —,[166] entsteht durch die gegenseitige Durchdringung vertikal und horizontal gerichteter Raumvolumina, im Grundriß durch die Überlagerung von Verkehrs- und Wohnfläche.

Das Äußere des Wohnhauses von Rolf Gutbrod [Abb. 13] definiert sich weitgehend durch das Prinzip der Differenzierung der Einzelteile. So ist der Eingang eingezogen und mit Glasbausteinen belichtet. Die Giebelseiten zeigen zurücktretende Wandteile. Um die Wirkung von Leichtigkeit hervorzuheben, schließen die Wände oben mit einer Schattenfuge ab. Wandverschalungen und Balkonbrüstungen bestehen aus Holzlamellen, in die als Dekor verschieden große Kreise eingeschnitten sind.

Charakteristisch für die 50er Jahre sind die filigranen Stützen, welche die Lasten des Balkons beziehungsweise des Daches ableiten. Den oberen Abschluß bildet eine ungewöhnliche Dachform aus zwei einander zustrebenden, versetzten Pultdächern aus Welleternit. Zwischen den Pultdächern liegen einzelne Rechteckfenster. Farbe belebt das Äußere: Geländerrahmen und Stützen sind in intensives Blau gefaßt. Die Farbe Blau bestimmt Details wie Fensterrahmen und Stützen sowie Wandflächen zahlreicher Gutbrodbauten (z. B. Fensterrahmen Haus Gruber, Fabrikgebäude Hahn Fellbach, Wände Liederhalle und BW-Bank) und wird in Stuttgart häufig nur 'Gutbrod-Blau' genannt.

Elemente des Gutbrod-Hauses, wie dünne Wände, grazile Stützen und versetzte Dachform folgen weitgehend skandinavischen Vorbildern.[167] Sie verleihen dem eigenen Haus Gutbrods, das er pejorativ seine „Hütte" nennt, einen gewissen Charme.

---

166 Colin ROWE und Robert SLUTZKY, Transparenz. Kommentare von Bernhard Hoesli, Basel/Boston/Berlin 1989, S. 46 f.
167 Die häufig genannte Wohnsiedlung Søholm in Klampenborg bei Kopenhagen (1950–55) von Arne Jacobsen ist bestimmt durch offene Grundrisse und versetzte Dachformen. JOEDICKE: Architektur-Geschichte des 20. Jahrhunderts, Stuttgart/Zürich 1990, S. 58. Siehe : DURTH/GUTSCHOW, Architektur und Städtebau der 50er Jahre, a. a. O., S. 38.

Das am Rande von Stuttgart von 1950 bis 1951 realisierte WOHNHAUS ROLF WÖRNLE ist gleichermaßen durch das Prinzip der Raumkontinuität und damit durch Transparenz geprägt. Das Innere ist wie das Haus Gutbrod durch halbgeschossige Versetzung bestimmt, welche die einzelnen Bereiche nur optisch voneinander abgrenzt. Treppen nehmen die Niveauunterschiede auf. Zeigen noch die Grundrisse der Wohnhäuser Behr und Gutbrod ein Orthogonalsystem, so treten hier erstmalig schräge Raumkanten auf, die auch die Außenform bestimmen. Das Gestaltungsprinzip räumlicher Kontinuität und Niveauversetzung prägen zahlreiche Wohnbauten anderer Architekten. Beispielhaft stehen hier die Wohnhäuser der 30er Jahre von Egon Eiermann, im besonderen von Hans Scharoun oder Alvar Aalto, die im Grundriß außer Niveausprüngen ebenso rechtwinklige und diagonale Raumgrenzen zeigen und wohl richtungsweisend für Rolf Gutbrod waren.

In exponierter Hanglage Stuttgarts, unweit des Wohnhauses Gutbrods, entstand 1953 das ZWEIFAMILIENHAUS WALTER GRUBER.[168] Im Gegensatz zu den Einfamilienhäusern Gutbrod und Wörnle ist jede Wohnung durchgehend eingeschossig und ohne Niveauversetzung angelegt. Die Erdgeschoßwohnung [siehe Abb. 14] zeigt eine vom Innenraum ausgehende, offene Grundrißkonzeption wiederum unter Abweichung vom rechten Winkel: Der ineinander übergehende Wohn-Eßraum wird durch ein schräges raumhohes Wandelement von der Halle mit offenem Kamin abgetrennt. Er steht in einem funktionellen wie räumlichen Zusammenhang mit dem konventionell gegliederten Wirtschaftsbereich. Dem zentralen Wohnteil folgt in nordöstlicher Richtung der Schlaftrakt. Alle Bereiche werden durch eine

---

168 Zwar waren die Familien Gruber und Gutbrod freundschaftlich verbunden, doch erhielt Rolf Gutbrod den Auftrag nicht allein auf der Basis persönlicher Kontakte. Wie der Sohn des Bauherrn, Hellmut Gruber, im Rückblick bemerkt, war der Bruder seines Vaters selbst Architekt. Deshalb wurden sowohl Dr. Armin Gruber als auch Rolf Gutbrod beauftragt, auf der Grundlage der individuellen Wünsche des Auftraggebers ein Konzept für ein Zweifamilienhaus inklusive Büroräumen zu entwerfen. Pläne, die einen detaillierten Vergleich erlauben, sind nicht mehr vorhanden. Die Lösung Rolf Gutbrods entsprach jedoch den Wünschen des Bauherrn mehr als der Vorschlag von Armin Gruber, so daß der Entwurf Gutbrod zur Ausführung kam. Gespräche mit Hellmut Gruber am 10. 12. 1993 und am 23. 4. 1994.

Diele erschlossen. Transparenz erreicht Gutbrod mittels der Durchdringung von Wohn- und Eßraum, ferner durch große Glasflächen, welche die Weite des Außenraums visuell integrieren.

Eine Horizontalgliederung der dreigeschossigen Südostfassade erfolgt durch einen braunen Sockel und ein minimal vortretendes Gesimsband. Das bereits erwähnte Prinzip der Differenzierung der Einzelteile wird durch unterschiedliche Fensterformen, wie z. B. Rechteckfenster oder Fenstertüren, in asymmetrischer Anordnung und durch eine tief eingezogene, durch ein transparentes Metallgeländer geschützte Loggia umgesetzt. Eine auf der Südwestseite der Loggia [Abb. 15] angebrachte Holzlamellenverschalung, typisch für die 50er Jahre, bietet Schutz vor Einblicken. Der Bewegungsvorgang, ein grundlegendes Prinzip im Sinne des „organhaften Bauens", wird bereits im Äußeren inszeniert: Die externe Erschließung erfolgt über eine steil ansteigende, durch Podeste gegliederte Waschbetontreppe, die in stumpfem Winkel nach links und rechts abbricht, um in die Diele des ersten beziehungsweise zweiten Geschosses als interne Erschließungszone zu gelangen.

In seiner äußeren Erscheinung besticht das Wohnhaus vor allem durch die freie Geometrie des geneigten, weit auskragenden Daches, das eine gewollt ästhetische Komponente darstellt. Die Störung klarer Dachgeometrie ist ein Gestaltungsprinzip der Architektur Rolf Gutbrods, wie eine große Zahl seiner Bauten belegt: So zeigt das Einfamilienhaus Rolf Wörnle und nahezu alle Mehrfamilienhäuser abgeschrägte Dachformen. Bei dem Wohn- und Bürogebäude Schoderstraße 10 in Stuttgart ist das Dach insgesamt orthogonal, der Grundriß dem Straßenverlauf entsprechend verschwenkt. Die Wirkung einer Dachverdrehung entsteht.

Ist auch das im Jahr 1947 unmittelbar nach dem Umsturz des Dritten Reiches entstandene Wohnhaus Erwin Behr in seiner einfachen äußeren Erscheinung – die gleichwohl dem 'Geist der Bescheidenheit' jener Zeit entsprach – zum Teil noch durch traditionelle Gestaltungselemente bestimmt, so läßt sich in den Folgeprojekten Anfang der 50er Jahre eine bewußte Hinwendung zu einer unverwechselbaren, individuellen Architektur erkennen. Auf diesen Anfang der 50er Jahre vollzogenen markanten Wendepunkt ist bereits am Beispiel des Versuchswohnblocks Moserstraße hingewiesen worden.

Grundprinzipien Rolf Gutbrods vor allem im Bereich des Ein- und Zweifamilienhauses sind die Berücksichtigung der Topographie, der asymmetrische Aufbau und der offene, durch räumliche Kontinuität definierte Grundriß unter dem Einfluß entwurfsleitender Prämissen des „organhaften Bauens" wie es die Wohnhäuser Rolf Gutbrod und Rolf Wörnle exemplarisch vor Augen führen.

Das Gestaltungsprinzip des kontinuierlichen beziehungsweise des 'fließenden Raumes', hatte Mies van der Rohe bereits 1927 im mehrgeschossigen Mietshausblock der Weißenhofsiedlung verwirklicht, in absoluter Konsequenz jedoch im ästhetisch herausragenden Deutschen Pavillon der Weltausstellung in Barcelona (1928–29). Dabei weisen die Wohnhäuser Gutbrods nicht völlige 'Immaterialität' auf, sondern sind gekennzeichnet durch die Ambivalenz von offenem und geschlossenem Raum.

Eindrucksvoll beschreibt Alfons Leitl in seinem Artikel „Wohnungsbau in Deutschland" von 1960 das neue Lebens- und Wohngefühl in der Zeit nach dem Zweiten Weltkrieg, das sich in der Aufhebung geschlossener Raumgrenzen äußert:

„Der deutsche Architekt Ludwig Mies van der Rohe, seit 1937 als Haupt einer einflußreichen Architekturschule in Amerika wirkend, hat (das) Prinzip des offenen und befreiten Wohnens schon vor dreissig Jahren in einigen berühmt gewordenen Häusern zu höchster künstlerischer Reife erhoben und hat es seither in bewundernswerter Konsequenz durchgehalten (...) In dem Maße jedoch, als sich die Erinnerung an die steinernen Gefängnisse der Großstädte verwischt, macht sich neben dem Genuß des befreiten Wohnens neben der Freude über die Aufhebung der steinernen Grenzen zwischen drinnen und draußen das uralte, nunmehr von Komplexen befreite Gefühl für Geborgenheit geltend. Man kann deshalb wohl sagen, daß eine künstlerisch gemeisterte Verbindung der beiden Urbedürfnisse des Menschen: einerseits die Natur zu genießen und zu beherrschen und sich andererseits in die Geborgenheit des umschlossenen Raumes zurückzuziehen (das Freiluft-Zeitgefühl und der Höhlendrang) das heutige Wohngefühl zufriedenstellt."[169]

Die Wohnhäuser Rolf Gutbrods weisen in ihrer Grundrißdisposition, ihrer leichten Konstruktion und Materialästhetik (Holz, Naturstein) zurück auf gestalterische Tendenzen des Neuen Bauens der 30er Jahre im In- und Ausland, bedingt durch die beginnende Rezeption des Werkes von Hans

---

169 Alfons LEITL, Wohnungsbau in Deutschland, in: Planen und Bauen, a. a. O., S. 358.

Scharoun und Alvar Aalto. Hinzu kommt die Verwendung neuer Materialien wie Welleternit und Glasbausteine, die als Funktions- und Gestaltungsmittel wirkungsvoll eingesetzt sind.

Zu Beginn der 50er Jahren errichtete Rolf Gutbrod auch Wohnhäuser, die sich in der Raumöffnung durch starke Befensterung, Balkone und Loggien zeitgemäß geben, in der Dachform jedoch traditionell das Walmdach aufgreifen, wie dies drei nebeneinanderstehende Ein- beziehungsweise Zweifamilienhäuser in der Parlerstraße 8, 10 und 12 sowie das Wohn- und Bürohaus Schoderstraße 10 belegen. Voraussetzung für diese Dachform waren behördliche Auflagen. Die Gebäude befinden sich im Kontext einer hauptsächlich aus Walmdachhäusern bestehenden Wohnbebauung.

Gaststätte

Die pavillonartige MILCHBAR zeigt neben dem Prinzip der Raumkontinuität erstmals das Gestaltungsprinzip des Kontrasts.

Die Milchbar entstand 1950 aus Anlaß der Bundesgartenschau im Höhenpark Killesberg in Stuttgart,[170] in einem 44 ha großen Gelände, auf dem bereits die Reichsgartenschau 1939 stattfand. Heute noch bestehen die in Sandstein verkleidete Ausstellungsbauten beziehungsweise Gaststätten von Bonatz-Schüler Gerhard Graubner, die weniger in der Materialverwendung als vielmehr im formalen Kanon dem Neuen Bauen nahestehen.[171]

Die Milchbar fügt sich harmonisch in das abfallende Gelände am Rande des Flamingosees ein. Bewußt wird auch hier eine Bewegungsrichtung vorgegeben: in leichter Krümmung führt eine Sandstein-Treppe auf die durch ein schräges Vordach geschützte Terrasse. Betritt man das Innere [siehe Abb. 16], so überrascht der freie Durchblick: Unbehindert kann man den

---

170 Rolf Gutbrod erhielt den Auftrag für die Milchbar durch Professor Hermann Mattern, der zusammen mit Kurt Schönbohm die Gesamtplanung der Gartenschau übernommen hatte. Brief von Rolf Gutbrod vom 26. 10. 1994.
171 Ursprünglich wurde anläßlich der Reichsgartenschau 1939 eine großartige Anlage mit repräsentativer Eingangssituation, Ehrenhalle für den Reichsnährstand in monumentaler Bauweise (Pfeiler, Parabeltonne, Sandstein, NS-Pathosformeln) errichtet, die durch Fliegerangriffe zerstört wurde. Siehe: BRUNHOLD/STERRA, a. a. O., S. 66 f.

gesamten Innenraum überblicken. Eine Raumgliederung wird durch die der Topographie folgenden versetzten Ebenen erreicht. Die Kontinuität des Raumes bleibt erhalten. Verbindungselemente der Raumzonen sind Stufen aus Natursteinen, die den Besucher durch die Milchbar führen. Man sieht in sukzessiver Wahrnehmung einzelne Details, wie eine opake Glaswand, ein Wandrelief, Schilfmatten an der Decke. Der Pavillon öffnet sich auf den Flamingosee. Von innen sieht man in weitem Ausschnitt den Park, die Bäume, die sich auch im See spiegeln. Es entstand ein kleines Bauwerk, das „den Besucher der rauhen Wirklichkeit entrücken" sollte, so 1950 die Bauzeitung.[172]

Die Hauptfassade [Abb. 17] besteht aus einer Stahl-Glas-Konstruktion, wobei die Gliederung der Stahlstruktur unterschiedlich große Glasflächen ergibt. Die Seitenwände sind in regionalem Sandstein gemauert, die einen deutlichen Bezug zur Sandsteinverkleidung der in einfachen Grundformen errichteten Ausstellungsbauten von 1939 herstellen. Den oberen Abschluß bilden versetzte Pultdächer aus Welleternit. Bewußt stellt Gutbrod hier konventionelles Handwerk in Gegensatz zu industrieller Vorfertigung, Geschlossenheit zu Offenheit, was den Eindruck von Schwere und Schwerelosigkeit bewirkt. Der Pavillon lebt aus der Spannung polarer Gegensätze, die auf das Prinzip des Kontrasts verweisen.

In ihrer Gestaltung äußert die Milchbar eine gewisse Frische und Heiterkeit, die das befreiende Lebensgefühl im Aufbruch nach dem Zweiten Weltkrieg vermittelt, dem auch weitgehend ein 'Vergessen' zugrundelag.

Auf der Suche nach Vergleichsbeispielen zur Milchbar stößt man auf den Schweizer Pavillon der Weltausstellung 1935 in Brüssel von Hans Hoffmann, der sich ebenso durch die Leichtigkeit einer Stahl-Glas-Konstruktion, jedoch mit quadratischer Sprossenteilung und einem dünnen weit überstehenden Pultdach als Wetterschutz definiert. Anstelle des massiven Natursteinmauerwerks der Milchbar zeigen sich hier allerdings glatt verputzte, geschlossene Seitenwände.[173]

---

172 Die Bauzeitung 9/1950, S. 377.
173 Publiziert ist der Schweizer Pavillon in: DURTH/GUTSCHOW, Architektur und Städtebau der fünfziger Jahre, Bd. 41, Bühl/Baden 1990, S. 42.

Unmittelbar nach der Währungsreform hatte Rolf Gutbrod das Pavillonmotiv vor allem für schlichte Verkaufsbauten der Firma Hahn-Automobile GmbH aufgegriffen, die jedoch lange schon abgebrochen sind. Mit Sicherheit flossen dabei die praktischen Erfahrungen in der Herstellung provisorischer funktioneller Zweckbauten während des Zweiten Weltkriegs mit ein. Grundsätzlich wurden Pavillonbauten, denen ein Provisoriumscharakter zugeschrieben wurde, in diversen Variationen für Bauaufgaben wie Kinos, Cafés oder als notdürftige Verkaufs- und Behelfsbauten umgesetzt. Pavillonartige Bauten hatten in Stuttgart wie in vielen Großstädten breite Baulücken der zerstörten Innenstadt gefüllt.[174]

Verwaltungsbauten

Nach der Währungsreform im Jahr 1948 und dem Inkrafttreten des Marshallplans der USA, welcher langfristig wirksame Investitionen für Industrie und Wiederaufbau zur Verfügung stellte, entstand 1948–50 das VERWALTUNGS- UND GESCHÄFTSGEBÄUDE DER SÜDDEUTSCHEN HOLZBERUFSGENOSSENSCHAFT (HBG). Dieser Bau gilt als eines der ersten nach dem Zweiten Weltkrieg in Stuttgart realisierten Verwaltungsgebäude, von dem „wichtige Anregungen für die Nachkriegsarchitektur ausgingen".[175]

Der Gebäudegrundriß [Abb. 18] ist einem Dreieck angenähert. Anstelle des Spitzwinkels tritt eine konkave Form in Sichtbeton mit expressivem Zug.
In der Grundform des Gebäudes wird das Gestaltungsprinzip der elementaren Geometrie und der Störung dieser Ordnung deutlich. Der Erdgeschoßgrundriß ist asymmetrisch und gliedert sich in zwei durch einen linearen Flur getrennte Ladenräume, während die Regelgeschosse 1 bis 5 [Abb. 19] durch das Ordnungsprinzip der reinen Symmetrie bestimmt sind: Zwei langgestreckte Bürotrakte treffen sich an einer 'diagonalen Spiegelachse'. Pro Stockwerk ergeben sich sechs rechteckige Büros mit Orien-

---

[174] Durth/Gutschow, Architektur und Städtebau der fünfziger Jahre, Bd. 41, Bühl/Baden 1990, S. 68.
[175] Martin Wörner und Gilbert Lupfer, Stuttgart – Ein Architekturführer. Berlin 1991, S. 35.

tierung auf den Straßenraum. Das Rückgrat der Räume bilden zwei Innenflure. An ihrem Schnittpunkt entsteht ein erweiterter Knotenpunkt, der einen reibungslosen Verkehr garantiert. Die Erschließung der Bürogeschosse von der Charlottenstraße aus erfolgt über einen Flur, der zum innen liegenden Kern, einem rund angelegten Turm mit spiralförmig um einen durchsichtigen Aufzugsschacht gelegter Treppe, führt.

Eine ähnliche Grundrißform zeigt Rolf Gutbrods „Haus der Werbung" in Berlin (1963–66). Hier variiert er das Grundrißschema des HBG Verwaltungsgebäudes. Das als Mittelkernhaus entstandene Berliner Gebäude baut auf einer Grundrißfigur aus drei gleichen Schenkeln auf, die anstelle von spitzwinkliger Ausbildung leicht geknickte Wandflächen in Sichtbeton erhielten. Darüberhinaus findet sich ein Beispiel aus den 20er Jahren, das Parallelen zum HBG Gebäude zeigt, auf das bereits Gilbert Lupfer hinwies. Erich Mendelsohns „Haus des Deutschen Metallarbeiterverbandes" in Berlin-Kreuzberg (1929–30) baut ebenso auf einer von einem Dreieck abgeleiteten Grundform mit konkaver Eckausbildung sowie kreisrundem Kern auf, das in der Grundrißkonzeption vermutlich richtungsweisendes Vorbild für das Stuttgarter Gebäude war.[176]

Die Südfassade [Abb. 20] des Verwaltungsgebäudes ist leicht aus der Bauflucht herausgedreht. Es zeigt das Prinzip der klassischen Dreigliederung: Erd-, Regel-, Dachgeschoß. Das vollverglaste Erdgeschoß ist zurückgesetzt, um den Baukörper optisch vom Boden abzuheben. Auskragende Betonrippendecken mit Fassadenschutz geben dem Fußgänger geschützten Bewegungsraum. Eine für Stuttgart damals innovative Fassadenlösung zeigt sich in der vor die Stahlbeton-Konstruktion gehängten Vorhangfassade. Stahlrahmen, mit U-Profilen verstärkt bilden das Sprossenwerk, dessen Einzelteile industriell hergestellt und vor Ort handwerklich zusammengefügt und montiert wurden. Platten aus Welleternit sind füllende Elemente. Die Vorhangsfassade beziehungsweise der *Curtain Wall* als nichttragende Konstruktion, die der optischen Gestaltung und Wärmeisolierung dient, hat eine lange Tradition. Diese fand bereits 1903 als nichttragende Außenwand bei der Spielwarenfabrik Richard Steiff in Giengen an der Brenz Verwendung oder beim Industriegebäude van Nelle N. V. in Rotterdam (1926–30) von Johannes Andreas Brinkmann und Leendert Cornelis

---

176 Abbildung in: Martin Wörner, Architekturführer Berlin, Berlin 1991, S. 149, Abb. 248.

van der Vlugt. In Amerika war es vor allem Mies van der Rohe, welcher in den 40er Jahren den *Curtain Wall* in Stahl und Glas für Hochhausprojekte entwickelt hatte. Diese entmaterialisierte Stahl-Glas-Konstruktion fand in der Mitte der 50er Jahre Eingang in die Architektur in Deutschland.[177]

Das Verwaltungsgebäude Gutbrods schließt mit einem im Grundriß abgewinkelten Dachgebäude und einer wohl erstmalig in Stuttgart realisierten auskragenden Dachplatte ab. Das Zurücksetzen des Dachaufbaus ergibt eine für Mitarbeiter zu nutzende südwestorientierte Dachterrasse. Als stilbildendes Element der 50er Jahre bestimmen vorspringende Dachformen zahlreiche Gebäude der Nachkriegszeit im Bereich der Schulstraße und des Marktplatzes (1950–58). Vermutlich war die Dachplatte beispielgebend für jene Bauten der Innenstadt. Farben als Gestaltungsmittel, die später verändert wurden, belebten ursprünglich die Fassaden. Das Naturgrau der Welleternitbrüstungen zum Beispiel stand in wirkungsvollem Kontrast zu rot-weiß gestreiften ausstellbaren Tuchmarkisen.
In der Verwendung von Welleternitplatten beziehungsweise Asbestzement-Wellplatten als Brüstungselemente wird das Streben nach plastisch ausgebildeter Oberflächengestaltung deutlich, was einen krassen Gegensatz zu den planen Wandflächen moderner Architektur der 20er Jahre darstellt. Darüber hinaus wird im neuartigen Baustoff Welleternit, welcher sich durch Leichtigkeit und Kostengünstigkeit auszeichnet, der bewußte Verzicht auf eine repräsentative Gestaltung mittels schwerer, kostbarer Natursteinverkleidung deutlich. Welleternit ist bevorzugtes Material im Nachkriegswerk Rolf Gutbrods, wie Welleternitdächer für Wohn-, Industrie-, oder Pavillonbauten der 50er Jahre anschaulich belegen.[178]

Für Alfons Leitl, der das Verwaltungsgebäude der HBG in der Fachzeitschrift „Baukunst und Werkform" 1951 kommentiert, ist es nicht etwa ein „Zeichen architektonischer Proletarisierung",

„wenn anstelle einer vermutlich kostspieligeren Verkleidung mit geschliffenen und polierten Platten (...) die gewellte Platte tritt".

---

[177] JOEDICKE, Architekturgeschichte, a. a. O., S. 69 f., Werner BLASER, Mies van der Rohe. Die Kunst der Struktur, Zürich 1991, S. 118 ff.
[178] Gebäude die mit Welleternitdächern abschließen sind z. B. die beiden Wohnhäuser Rolf Gutbrod und Rolf Wörnle, die Porschewerke oder die Milchbar.

„[Es gehe dem Architekten ja] im wesentlichen um das gleiche wie allen Baumeistern vergangener, abgeschlossener Bauepochen, um einen Bauausdruck aus dem aktuellen Dasein, den geistigen und technischen Kräften der Zeit. Deshalb wäre das mildtätige Angebot von erprobten Pilastern, Kartuschen und dergleichen für seine etwaigen plastischen Ambitionen kaum diskutabel."[179]

Jürgen Joedicke hebt das Gebäude im Jahr 1990 als richtungsweisendes Vorbild für angehende Architekten hervor, das „in seiner Frische, spielerischen Leichtigkeit und informellen Gestaltung allen Studierenden unserer Zeit in das Lehrbuch geschrieben werden (müßte), obwohl oder gerade weil es vor über drei Jahrzehnten errichtet wurde".[180]

Die Tatsache jedoch, daß die Architekten dem Gebäude der HBG eine Metallfassade und Metallfenster vorgehängt hatten, führte zu Differenzen zwischen Architekt und Auftraggeber,[181] beweist aber auch die Durchsetzung innovativer Technik Rolf Gutbrods. Gerade die Leichtigkeit der Metallkonstruktion mit ihren ausstellbaren Markisen suggeriert eine gewisse Heiterkeit, was sowohl auf die im Gebäude Arbeitenden rückwirken als auch den Stadtraum beleben soll.

Der Bau hatte Vorbildfunktion: Günter Behnischs Gebäude des „Diakonischen Werkes Württemberg, Herbert Keller-Haus" in Stuttgart (1981–84) zum Beispiel, das eben diese Unkonventionalität ausstrahlt, übernimmt Details dieses Verwaltungsgebäudes, wie die Einfachheit der Metallfassade, Wellblechbrüstungen (anstelle Welleternit), die Fensterteilung durch dünne Stahlprofile und die Art der Sonnenschutzelemente. Und sicher haben auch die bescheidene, nahezu 'transparente' Milchbar (1950), das Wohnhaus Wörnle (1950–51) oder die Gebäude der Rieck-Buchhandlung in

---

179 Alfons LEITL, Vom Spielerischen in der Strenge, in: Baukunst und Werkform 5/1951, S. 16.
180 JOEDICKE, unveröff. Redemanuskript in Auszügen abgedruckt in: GUTBROD, a. a. O., S. 15.
181 Mitteilung von Rolf Gutbrod vom 24. 10. 1994. Entgegen der von Rolf Gutbrod geäußerten Meinung, er habe den Auftrag für den Erweiterungsbau der HBG aufgrund der genannten Unstimmigkeiten zwischen Architekt und Bauherr nicht erhalten, findet sich in den Akten der HBG die Aussage, Paul Stohrer habe sich über Jahre hinweg unentgeltlich um den Aufkauf der Ruinengrundstücke Charlottenstraße 31 und 33 bemüht. Demzufolge hielt die HBG vertraglich fest, Paul Stohrer den Nachfolgeauftrag zu erteilen. Siehe: Kaufvertrag vom 30. 5. 1956: Archiv HBG, München.

Aulendorf (1953) in ihren fragilen Konstruktionen und Welleternitdächern Günter Behnischs Bauten inspiriert. Günter Behnisch kannte Rolf Gutbrods Architekturauffassung aus seiner Stuttgarter Studienzeit. Er war, wie bereits erwähnt, als junger Diplom-Ingenieur in den Jahren 1951/52 Mitarbeiter im Büro Gutbrod in Stuttgart.[182]

Der gesamte Hang des Kriegsbergs, an dessen Fuß das Bauareal des VERWALTUNGSGEBÄUDES DER INDUSTRIE- UND HANDELSKAMMER (1950–54) liegt, ist durch Weinberge strukturiert. Das aus einem begrenzt ausgelobten Gutachterwettbewerb hervorgegangene Projekt wurde in Zusammenarbeit von Rolf Gutbrod und Rolf Gutbier (1903–92) realisiert.[183] Nach Bernd Riede, ehemaligem Mitarbeiter Gutbrods, erfolgte die Planung schwerpunktmäßig im Büro Gutbrod, zumal Gutbier die rationale Variante des Neuen Bauens in Orientierung an der Ästhetik Mies van der Rohes vertrat. Gilbert Lupfer hebt anerkennend das Verdienst Gutbiers hervor „in Stuttgart der Stahl-und Glas-Architektur den Weg bereitet zu haben".[184] Obwohl beide Architekten ästhetisch und konstruktiv unterschiedliche Auffassungen vertraten, läßt sich Gutbiers Entwurfsanteil letztlich nicht feststellen.

Behördliche Vorgabe war die Aussparung einer weiträumigen Grünzone, um eine optimale Durchlüftung und Besonnung zu gewähren. Unter diesem Aspekt wurde ein zum Hang längs ausgerichteter fünfgeschossiger Hauptbaukörper und talseitig ein zweigeschossiger Flügelbau gefordert.[185]

Unter Berücksichtigung der städtebaulichen Vorgaben entstand ein längsrechteckiger Flachbau, den ein in westlicher Richtung vorkragender fünfgeschossiger Hochbau überragt. Somit wurden gemäß den behördlichen Forderungen weitdimensionierte Grünbereiche erhalten. Das Gebäude folgt durch Höhenstaffelung der ansteigenden Topographie.

Der Grundriß des Flachbaus ist im Bereich der beiden Untergeschosse als zweibündige Anlage ausgebildet. Im Erdgeschoß [Abb. 21] befindet

---

182 Gespräch mit Architekt Bernd Riede in Berlin am 28. 1. 1994.
183 Gespräch mit Bernd Riede, a. a. O.
184 LUPFER, a. a. O., S. 193.
185 Programm zur Erlangung von Entwürfen für den Neubau der IHK: Archiv der IHK.

sich die zentrale Eingangshalle als vertikale und horizontale Verteilerzone. Bestimmend für die Raumwirkung der Eingangshalle sind kannelierte Rundstützen, geschliffener Granit, rauher Sandstein, gedämpftes Rot an der Decke, ferner ein Oberlichtband und ein Fries aus farbigen, teils goldglasierten Steinen. Der gesamte Farb- und Materialkanon ist exemplarisch für die 50er Jahre und bewirkt eine unprätentiöse Atmosphäre.

Die Regelgeschosse des Hochbaus sind ebenfalls zweibündig. Die Erschließung in den einzelnen Geschossen erfolgt durch lineare Flure, an denen sich Einzelbüros aufreihen. Über die gesamte nördliche Schmalseite des fünften Obergeschosses ist ein rechteckiger Konferenzsaal angelegt, welcher sich durch Vollverglasung zu einer Terrasse hin öffnet, an die sich Weinberge anschließen.

Im Äußeren [Abb. 22] erscheinen Flach- und Hochbau als rechteckige Kuben. Die Architekten Gutbrod und Gutbier folgen hier im Gegensatz zum Verwaltungsgebäude der Süddeutschen Holzberufsgenossenschaft ausschließlich dem Leitbild der „Geraden als konstituierendes Element". Westliche Auskragung des Hochbaus und partielle Durchdringung beider Baukörper ergeben einen räumlich geschützten Eingangsbereich. Bewußt ist der Verkehrsführung als Entwurfsprinzip bereits im Außenbereich Rechnung getragen: Flache Stufen einer frei aufsteigenden Außentreppe sowie eine in geschwungener Linie angelegte Auffahrt nehmen die Höhendifferenz auf und leiten zum überdeckten Eingangsbereich und in die Halle.

Der untere Flachbau ist dreigeschossig. Der Stahlbetonkonstruktion sind in südlicher wie in östlicher Richtung Sandsteinplatten vorgeblendet. Dabei entsteht der Eindruck eines handwerklich gefügten Vollmauerwerks, während sich die Westfassade durch eine Stahl-Glas-Konstruktion öffnet. Auch der obere Baukörper zeigt keine einheitliche Fassadendurchbildung. Ost- und Westseite gliedern sich durch das Raster des Betonskeletts, bestehend aus weiß geschlämmten sichtbaren Stützen und Decken. Das Weiß des Betonrasters hebt sich deutlich von den Brüstungen aus schwarzen Majolikaplatten ab, was auf das Gestaltungmittel des Kontrasts verweist. Den oberen Gebäudeabschluß bildet ein Attikageschoß: ein von der Außenkante der oberen Decke um 90 cm zurückgenommener Aufbau zeigt Flächen aus Tonröhren. Darüber springt eine Beton-Dachplatte um 1,30 m vor. Das Attikageschoß wurde später ohne Rücksprache mit Rolf Gutbrod und sehr zum Nachteil des Bauwerks durch ein Stuttgarter Büro modifiziert. Aufgrund dieser Veränderung wurde das Verwaltungsgebäude nicht in die Denkmalliste aufgenommen.[186]

Einen interessanten Vergleich bietet das 1953 bis 1956 in unmittelbarer Nachbarschaft durch Hans Volkart realisierte Verwaltungsgebäude der Schwäbischen Treuhand AG (Schitag). Parallelen zeigen sich in der Höhenstaffelung, der Überlagerung der Baukörper sowie in der weit auskragenden Dachplatte, die allerdings beim Schitag-Gebäude nach innen leicht abgewinkelt auftritt. Maßgebend für diese Übereinstimmung war vermutlich eine konzeptionelle Absprache zwischen den Architekten Rolf Gutbrod, Rolf Gutbier und Hans Volkart, die sich ohne Zweifel als Kollegen der Architektur-Abteilung nahestanden.[187] Eine Divergenz weisen sowohl das Fassadenraster als auch die grauen Keramikplatten der Brüstungen auf: In Orientierung an Schweizer Vorbildern zeigt das Schitag-Gebäude mit hochgestellten Rechtecken ein gängiges Raster, während das Gebäude der Industrie- und Handelskammer durch ein eher seltenes Quadratraster gekennzeichnet ist. Das quadratische Betonraster, typisch für die 20er Jahre, findet sich zum Beispiel am „Verbandshaus der Gewerkschaften Gesamtverband" (1927–29) in Berlin von B. und M. Taut und F. Hoffmann und wurde auch von den Architekten Paul Schmohl und Paul Stohrer am Stuttgarter Rathaus (1953–56) angewandt.

Von 1958 bis 1959 wird dem Verwaltungsgebäude der IHK in nordöstlicher Richtung ein Flachbau zugeordnet, der einen für Vorträge bestimmten Saal aufnimmt [Abb. 23 + 24]. Im Gegensatz zum orthogonalen, vielseitig nutzbaren Konferenzraum des Hochbaus zeigt dieser Saal eine polygonale Grundform, welche sich aus der unterschiedlichen Zweckbestimmung erklärt. Der Innenraum ist bestimmt durch versetzte Ebenen, schräge Wände, Oberlichtband und raumhohe Verglasung der Südfassade. Von leitenden Personen der IHK wird allerdings die Nutzungsmöglichkeit des differenziert ausgebildeten Raumes allein für Vorträge bemängelt.[188] In diesem

---

186 Mitteilung von Rolf Gutbrod vom 29.10.1994. Ebenso verwies Werner Ruf von der IHK auf die Nichtaufnahme in die Denkmalliste aufgrund der nachteiligen Veränderungen.
187 Programm, a. a. O.
188 Gespräch im Juli 1994 mit Werner Ruf, Hochbautechniker, verantwortlich für alle Bauvorhaben der IHK in der Region Stuttgart, und Hans Stelzenmüller, Geschäftsführer der Abteilung Verwaltung der IHK Stuttgart.

Zusammenhang ist kritisch auf den Ansatz Gutbrods hinzuweisen, daß die auf einen bestimmten Zweck ausgerichteten Räume einer späteren Nutzungsänderung oft nicht mehr entsprechen.

Industriegebäude

Als Leiter eines Baubüros bei der Deutschen Luftwaffe in Friedrichshafen, wie bereits im Kapitel „Die frühen Jahre" erwähnt, konnte Rolf Gutbrod von 1937 bis 1939 funktionelle 'Zweckbauten', ein Heizwerk, eine Waffenmeisterei und eine Kraftfahrzeugwerkstatt in Friedrichshafen erstellen, während er ab Kriegsbeginn koordinierende Aufgaben beim Ausbau von Flugplätzen inne hatte. Zweifelsohne flossen seine im Dritten Reich erworbenen technisch-konstruktiven Kenntnisse und organisatorischen Erfahrungen in die Planung und Ausführung der Industriegebäude der Nachkriegszeit ein.

Im Jahr 1951 wurde Rolf Gutbrod beauftragt, für die FIRMA DR.-ING. H. C. F. PORSCHE KG ein FABRIKGEBÄUDE in Stuttgart-Zuffenhausen zu erstellen.[189] Da das frühere Porschewerk nach Kriegsende durch die amerikanische Besatzungsmacht beschlagnahmt wurde, hatte die Firma Porsche 1949 eine Halle der Karosseriefabrik Reuter für die Fertigung des neu entwickelten Sportwagens Typ 356 angemietet. Durch die Enge der dortigen Raumsituation wurde der heutige Industriebau notwendig.[190] Der 1951 aufgestellte Kostenanschlag überstieg jedoch die derzeitige Finanzkraft der Automobilfirma, so daß eine Realisierung des Projekts erst ab dem Jahr 1952 nach Stabilisierung der pekuniären Verhältnisse in Gang kam.

Die Lösung der rein funktionalen Bauaufgabe eines Industriegebäudes, die prinzipiell eher rationales Ingenieurdenken voraussetzt, führte zu einer im Grundriß längsrechteckigen Montagehalle als Stahl-Skelett-Konstruktion

---

189 Rolf Gutbrod erhielt den Auftrag durch frühere Kontakte. Bereits während seiner Schulzeit war er bekannt mit Ferry Porsche und dessen Ehefrau Dorothea. Gespräch mit Rolf Gutbrod am 8. 8. 1992.
190 Gespräch im August 1991 mit Herrn Wille, Bauabteilung der Firma Porsche in Stuttgart-Zuffenhausen. Siehe auch: Karl LUDVIGSEN, Porsche: Geschichte und Technik der Renn- und Sportwagen, München/Wien/Zürich 1980, S. 59 ff.

mit Sheddächern. Durch die Anordnung von nur zwei Innenstützen bei einer Spannweite von 30 × 60 m wird ein hohes Maß an Flexibilität bei der Nutzung der Produktionsanlage gewährleistet. Um eine gute Belichtung der Fabrikhalle ohne störende Sonneneinstrahlung zu garantieren, sind die Sheds nach Norden orientiert.

Der Halle ist ein dreigeschossiger längsrechteckiger Büroteil vorgelagert [Abb. 25]. Der Bürotrakt nimmt die Bereiche Verkauf, Verwaltung und Konstruktion auf. Die Konstruktionsabteilung steht in direktem Bezug zur Fertigung, das heißt Treppen verbinden beide Bereiche.

Der Bürotrakt besteht aus einer filigranen Stahlkonstruktion mit Kalksandstein-Ausfachung. Die Hauptfassade öffnet sich durch Fensterbänder. Das Prinzip der Differenzierung der Einzelelemente wird in der Gliederung der Treppenhaus- und Fensterverglasung durch waagerechte und senkrechte Metallprofile, in dem den Eingang akzentuierenden 'Flugdach' oder in einem dekorativ gestaltetem Klinkerstreifen am oberen Fassadenabschluß umgesetzt. Diese wohldurchdachte Detailgestaltung belegt anschaulich, daß die Industriearchitektur Gutbrods nicht auf bloße Funktionen reduziert, sondern ebenso durch ästhetische Kriterien bestimmt ist.

Ursprünglich standen vor der Hauptfassade eine freitragende Treppe und ein aus Sandstein rund gemauerter Fabrikkamin als weithin sichtbares Zeichen für die Porschefarik. Beide Elemente wurden in neuerer Zeit aus Platzgründen abgebrochen.[191]

Die Ästhetik des Stahlskeletts [Abb. 28] mit Ausfachung in Klinkermauerwerk und der Wechsel von vertikalen und horizontalen Elementen bestimmen auch Ludwig Mies van der Rohes „Illinois Institute of Technology" in Chicago (1938–39), wobei das Rahmenwerk an der Gebäudeecke des Illinois-Instituts durch Profilierung betont ist. Ein klassisches Beispiel des deutschen Industriebaus bildet die 1938 durch Rudolf Lodders erstellte Montagehalle der Borgwardfabrik in Bremen, die wie die Porschefabrik aus einem Stahlskelett mit Ziegelausfachung besteht und mit Dachsheds abschließt. Nicht unerwähnt bleiben kann hier das um 1937 von Günter Willhelm gebaute Werkstattgebäude des Kaiser-Wilhelm-Instituts für Metallforschung in Stuttgart, das Rolf Gutbrod vermutlich aus der Zeit seiner früheren Mitarbeit im Büro Wilhelm (1935–37) kannte und das ebenso die Ästhe-

---

191 Rolf Gutbrod äußerte sich zum Kaminabbruch humorvoll: Ich möchte ihm nicht den Rang eines Campanile geben. Siehe: SEIFERT, a. a. O., S. 43.

tik der Stahlkonstruktion mit Ziegelausfachung und Dachshed zeigt. Weniger in formaler als in technisch-konstruktiver Hinsicht dürfte das Werkstattgebäude des Kaiser-Wilhelm-Instituts die Planung des Porschewerks beeinflußt haben.[192] Folglich steht das Fabrikgebäude der Firma Porsche KG weitgehend in der Tradition des deutschen Industriebaus mit seiner hohen technischen und handwerklichen Qualität.[193]

Der Porschefabrik (Werk I) wurde 1952 das einfache kleine PFÖRTNERHAUS vorgeordnet. Die Pförtnerloge orientiert sich zur Straßenseite, während Wohn- und Schlafbereich nach Süden ausgerichtet sind [Abb. 26 + 27]. Die unterschiedlichen Nutzungsbereiche sind in der Konstruktion und der Materialwahl ablesbar: Eine fragil wirkende Metallkonstruktion mit Glasfüllung definiert den Pförtnerbereich, Klinkermauerwerk den Wohnteil. Das dünne Welleternitdach ist wie das Dach des Bürotrakts der Porschefabrik I nach innen geneigt, eine ungewöhnliche Dachlösung, die auch das 1953 realisierte Einfamilienhaus Josef Rieck in Aulendorf bestimmte. Das Wohnhaus Rieck und das Pförtnerhaus der Firma Porsche wurden in späterer Zeit abgebrochen.

Im Jahr 1958 erhielt Rolf Gutbrod den Auftrag, das Porsche-Werk II als weitere Produktionshalle mit Büros zu realisieren, welches im Bereich der Werkhalle analog zum Werk I eine Stahlskelett-Konstruktion mit Klinkermauerwerk zeigt. Gerade das bewußte Nebeneinander von handwerklicher Herstellung und industrieller Vorfabrikation, das sich an Nachkriegsbauten Rolf Gutbrods, wie den beiden Porschewerken, der Milchbar und dem Flachbau der Industrie- und Handelskammer ablesen läßt, ist charakteristisch für die Nachkriegszeit, wobei die 50er Jahre als die letzte „handwerkliche Epoche" gelten.[194]

---

192 Günter Wilhelms Werkstattgebäude in: KRONER, SCHWARZ, SULZER, G. Wilhelm. Werkverzeichnis, Stuttgart 1983, S. 8.
193 Im Dezember 1992 wurde die Porschefabrik als „bedeutendes Zeugnis der Fabrikarchitektur der 50er Jahre in Stuttgart" unter Denkmalschutz gestellt. Landesdenkmalamt Stuttgart, Liste der Kulturdenkmale (AZ 34/if).
194 Werner DURTH, Niels GUTSCHOW, Architektur- und Städtebau der fünfziger Jahre. Schriftenreihe des Deutschen Nationalkomitees für Denkmalschutz, Bd. 33, S. 148.

Während der Ausführung der Porschefabrik I entstand der Entwurf für das INDUSTRIEGEBÄUDE DER FIRMA HAHN AUTOMOBILE GMBH in Fellbach als Eisenbeton-Konstruktion. Rolf Gutbrod erhielt diesen Auftrag über seine Verbindung zur Firma Porsche KG.[195] Der Bauherr, Fritz Hahn, war über Jahre hinweg enger Mitarbeiter von Ferdinand Porsche. Entsprechend flossen die praktischen Erfahrungen Fritz Hahns bezüglich des technisch-funktionalen Arbeitsablaufs in die planerische Arbeit ein. Rolf Gutbrod blieb jedoch in konstruktiver und ästhetischer Hinsicht ein breiter gestalterischer Spielraum.

Über einem streng rechteckigen Grundriß erheben sich das Erdgeschoß und drei Regelgeschosse, während das räumlich zurückgesetzte, penthouseartige Dachgeschoß [Abb. 29] Räume mit zum Teil schräg abschließenden Raumkanten aufnimmt: Wie beim Verwaltungsgebäude der Süddeutschen Holzberufsgenossenschaft (1948–50) waren begehbare Freiflächen des Dachgeschosses als 'Erholungslandschaft' für Beschäftigte ausgewiesen, was auf die soziale Dimension der Architektur Rolf Gutbrods verweist. Dieser Erholungsraum wurde, vermutlich aus Gründen allseitiger Einsehbarkeit, nicht angenommen.[196]

Die Längsfassaden des langgestreckten Industriebaus [Abb. 30] zeigen eine strenge Horizontalgliederung mit durchgehenden, schräg nach innen gestellten Betonbrüstungen und Fensterbändern. Die Fensterelemente bestehen aus rhythmisch gegliederten Holz- und Stahlkonstruktionen mit einzeln zu öffnenden Lüftungsflügeln. Die Fensterrahmen sind blau beziehungsweise weiß gefaßt. Den Gebäudeabschluß bildet ein leicht nach innen geneigtes „Flugdach", geteilt durch ein Mitteldachshed, so daß die Räume eine optimale Belichtung durch Ober- und Seitenlicht erhalten.[197]

---

195 Brief von Rolf Hamann vom 18. 5. 1994 (früher war er Generalbevollmächtigter der Firma Hahn).
196 Deutsche Bauzeitung 3/1991, S. 92 f.
197 Trotz späterer nachteiliger Veränderungen am Außenbau wurde die besondere Qualität der Industrie-Architektur erkannt. Das Gebäude wurde 1991 als typischer Fabrikbau der 50er Jahre unter Denkmalschutz gestellt, um ihn vor weiteren baulichen Eingriffen zu schützen.

Das sogenannte Flugdach, ein stilbildendes Element der 50er Jahre, vermittelt den Eindruck von Bewegung und ruft gleichzeitig „Assoziationen von Schwung, Geschwindigkeit und Schwerelosigkeit – eben Assoziationen zum Fliegen, dem Inbegriff von Fortschritt, Technischer Perfektion, Schnelligkeit und Exklusivität" hervor, wie Gilbert Lupfer die Bildhaftigkeit des asymmetrisch abgewinkelten Flugdachs am Beispiel des Schitag-Verwaltungsgebäudes interpretiert. In diesem Zusammenhang deutet Lupfer das Flugdach mit Recht als architektonischen Ausdruck von „Optimismus und Aufschwung" sowie „Technikbegeisterung" in der Zeit unmittelbar nach dem Zweiten Weltkrieg.[198]

Die bewußt angestrebte Unterschiedlichkeit der einzelnen Industriegebäude Rolf Gutbrods zeigt sich sowohl in konstruktiver als auch in ästhetischer Hinsicht. Basieren die Porschewerke I und II auf klinkerausgefachten Stahlskelett-Konstruktionen, so besteht das Hahn-Industriegebäude aus einer Eisenbeton-Konstruktion und Betonbrüstungen mit expressiv dynamischem Zug. Im Gegensatz zu den Porschewerken treten im Hahn-Gebäude keine tragenden Elemente in Erscheinung. Es entsteht kein Spiel zwischen horizontalen und vertikalen Tragprofilen. Allein schräge Raumkanten und das Dach brechen aus der sonstigen Strenge aus.

Kulturgebäude

Unter den Bauten der 50er Jahre ragt das KONZERTHAUS LIEDERHALLE (1951–56) sowohl durch die besondere Bauaufgabe als auch durch seine individuelle Architektur hervor.

Bereits 1951[199] schrieb der Liederkranz Stuttgart einen begrenzten Ideenwettbewerb auf der Grundlage eines umfassenden Raumprogramms (insgesamt acht Säle) für die Liederhalle aus. Hans Scharoun und Adolf

---

198 LUPFER, a. a. O., S. 321.
199 Das Raumprogramm, ausgearbeitet vom Liederkranz, ist mit 22. 2. 1949 datiert. Wie aus einer raumakustischen Untersuchung von W. Zeller vom 5. 10. 1946 hervorgeht, wurden bereits 1946 durch Baudirektor Schmidt im Auftrag des Liederkranzes Pläne für einen Neubau auf dem ehemaligen Gelände ausgearbeitet. Siehe: Archiv Liederkranz Stuttgart.

Abel unter Mitarbeit von Rolf Gubrod erhielten zwei gleichrangige erste Preise.[200] Doch kam eine Realisierung des Bauvorhabens aus finanziellen Gründen vorerst nicht in Frage.

Im folgenden soll auf wesentliche Gestaltungsprinzipien der Wettbewerbsentwürfe von Abel/Gutbrod und Hans Scharoun vom Jahr 1951 eingegangen werden:[201]

Abel/Gutbrod orientieren die Baumassen nach Süden in Richtung der Schloßstraße, wie eine isometrische Darstellung zeigt. Acht geometrische, rechtwinklig angeordnete Baukörper mit aufgereihten Fenstern sind durch einen querliegenden Riegel zusammengefaßt und von der Schloßstraße aus erschlossen. Diese Lösung entsprach wohl konsequent dem vorgegebenen Raumprogramm der Wettbewerbsaufgabe ohne jedoch ästhetische Qualitäten zu berücksichtigen. Darüber hinaus macht der Entwurf „weder eine Aussage über den Bedeutungsgehalt einer Konzerthalle (...) noch ist er ein innovativer Beitrag zum Thema Konzerthaus" wie Katharina Beck zurecht betont.[202]

Dagegen zeigt Scharouns Lösung eine aufgelockerte vom rechten Winkel abweichende Raumstruktur im Sinne einer 'Architekturlandschaft'. Die Konzertsäle liegen im Erd- beziehungsweise Obergeschoß, wobei zwei Säle bei Bedarf zusammengelegt werden können. Der Konzertbesucher erreicht über den auf Schloßstraßen-Niveau liegenden zentralen Eingangsbereich das zweigeschossige weiträumige Foyer. Innere Wege und Straßen, die sich verengen und zu Plätzen erweitern, führen in drei Richtungen, erschließen Säle und weitere Funktionsbereiche, Treppen leiten in die Obergeschosse. Der Bewegungsablauf als entwurfsleitendes Prinzip ist offensichtlich.

Das Äußere ist durch differenzierte Stufung, Asymmetrie, unterschiedliche Dachformen (Flach- Pultdach) bestimmt. Durch Blenden geschützte

---

200 Eingeladene Wettbewerbsteilnehmer: Hans Scharoun, Berlin, Adolf Abel, München, Rolf Gutbier, Stuttgart, Eisenlohr und Pfennig, Stuttgart, Heyer, Stuttgart, Renz, Stuttgart, Baudirektor Schmidt, Stuttgart.
201 Die Wettbewerbspläne von Hans Scharoun befinden sich im Stadtarchiv Stuttgart (1013–1016). Abbildungen in: Hans SCHAROUN, Schriftenreihe der Akademie der Bildenden Künste, Bd. 10, S. 189 ff, auch abgebildet in: Architekturgalerie am Weißenhof (Hg.): Liederhalle Stuttgart. Ein Bauwerk mit Geschichte (1949–1993), Stuttgart 1994, S. 21 ff.
202 Liederhalle Stuttgart. Ein Bauwerk mit Geschichte (1949–1993) Stuttgart 1991, S. 12.

Dachgauben des Bühnenhauses – aufgrund ihrer Höhenstufung metaphorisch 'Tonleiter' genannt – sollen, so Scharoun, die Wirkung einer „Randbetonung des zwischen dem Kriegsberg und der 'Liederhalle' befindlichen Tales mit den darin geplanten Seeanlagen" hervorrufen.[203] Der nordorientierte, vielgestaltige Baukomplex öffnet sich durch großzügige Befensterung auf eine Parkanlage.

Im Gegensatz zur reinen Akkumulation geometrischer Bauformen des Entwurfs Abel/Gutbrod ist Hans Scharouns durch Auflockerung und formale Vielgestaltigkeit geprägte Lösung ein spektakuläres Konzept, das aufgrund seiner Neuartigkeit wohl eher Befremden als Zuspruch von Seiten des Liederkranzes hervorrief, so daß Abel/Gutbrod nach langwierigen Verhandlungen zwischen Stadt und Liederkranz im Jahr 1954 den Auftrag auf der Basis eines reduzierten Raumprogramms erhielten.

Das 1956 fertiggestellte Konzerthaus Liederhalle besteht im wesentlichen aus drei stark differenzierten, um ein zentrales Foyer angeordneten Sälen sowie einem Restaurant [Abb. 31]. Dieser Raumkonzeption liegt ein neuer Entwurfsansatz zugrunde:

> „[Es ist der] Versuch, den Teilen, das heißt den einzelnen Sälen eine eigene Form, eine eigene Individualität zu geben, sie voneinander zu unterscheiden und aus diesen so unterschiedlichen Teilen ein Ganzes zu bilden",

ein Entwurfsprinzip des „organhaften Bauens", auf das Jürgen Joedicke in seiner Rede vom 26. September 1990 hinweist[204] und das auch späteren Projekten wie dem Gebäude des Süddeutschen Rundfunks (1966–76) oder dem Konferenzzentrum mit Hotel in Mekka (1966–74) zugrundeliegt.

Aus den an die Aufgabe Konzertsaal gestellten speziellen Bedingungen entwickelten die Architekten eine aus einer Geraden und aus raumgreifenden Kurven bestehende freie Grundrißform für den Beethovensaal (2.000 Personen). Die Innenraumgliederung [Abb. 32] zeigt die herkömmliche Gegenüberstellung von Orchesterpodium und Zuhörersitzen. Gegenbeispiel dazu ist Scharouns Philharmonie in Berlin (Wettbewerb 1956, Fertigstellung 1963). Scharoun sah im frontalen „Gegenüber von Orchester und Zu-

---

203 Peter PFANKUCH, a. a. O., S. 189 f. (Erläuterungsbericht).
204 JOEDICKE in: GUTBROD, Bauten in Stuttgart, a. a. O., S. 15.

schauer eher eine Übernahme der traditionellen Form des Opernhauses, [die] nicht dem Vorgang des Musizierens und Erlebens der Musik" entspreche und legte das Orchesterpodium ins Zentrum des Saals.[205]

Raumdefinierendes Element des Beethovensaals ist eine aufsteigende, in freien Schwüngen über das Parkett geführte Empore. Abgehängte Deckenelemente nehmen die Kurven der Empore auf. Kurvaturen stehen in Kontrast zu orthogonalen Elementen der Bühne. Geschwungene Formen, als stilbildende Motive der 50er Jahre, finden sich in jener Zeit vor allem in Kinosälen, wie zum Beispiel in Paul Bodes Kino „Capitol" in Kassel, das ebenfalls eine ansteigende Empore zeigt, oder im „Kino am Aegidientor" in Hannover von Hans Klüppelberg, Gerd Lichtenhahn und Ernst Huhn, das einen weit geschwungenen Rang aufweist. Der Bezug zur Architektur der 20er Jahre ist deutlich: Hans Poelzigs Deli-Kino von 1926 in Breslau zum Beispiel, auf das bereits Eberhard Grunsky 1987 hinwies, zeigt eine beidseitig im Raum hochgeführte gekurvte Empore.[206]

Der Innenraumausbildung liegen ästhetische wie auch akustische Überlegungen zugrunde. Die konvex geformte Sichtbetonwand übernimmt wie ein 'Reflektor' die Verteilung des Schalls. Der Verzicht auf Symmetrie, das Hochstufen von Sitzplätzen, das „Vermeiden paralleler Wände, (die) Auflockerung der Wände und eine 'ideale Unordnung', erreicht durch Vielfältigkeit der Formen und des Materials",[207] verbessern die Akustik, was aus bau- und raumakustischen Untersuchungen zur Liederhalle hervorgeht.

Der der Kammermusik vorbehaltene Mozartsaal definiert sich durch die Grundform eines irregulären Fünfecks. Akustische Faktoren führten auch hier zum Verzicht auf parallele Wände und zur Geschlossenheit des Raumes. Für Karl Wilhelm Münchinger hatte dieser Raum „die beste Akustik des Kontinents".[208] Der in Eichenholz verkleidete Innenraum [Abb. 33] zeigt ein über Eck angelegtes Podium sowie das Prinzip der Raumgliede-

---

205 JOEDICKE, Raum und Form in der Architektur, Stuttgart 1985, S. 188.
206 Eberhard GRUNSKY, Zur Denkmalbedeutung der Stuttgarter Liederhalle, in: Denkmalpflege in Baden-Württemberg, Nachrichtenblatt des Landesdenkmalamts Baden-Württemberg, 16. Jg., April–Juni 1987, S. 106 f., auszugsweise abgedruckt in: GUTBROD, Bauten, a. a. O., S. 24 f.
207 Bau-Akustik und Raumgefühl am Beispiel der neuen 'Liederhalle', Stuttgart, in: Die Bauzeitung 6/1957, S. 260 f.
208 Konzerthaus Stuttgarter Liederhalle, Helmut POLLERT (Hg.), Stuttgart 1956, S.41.

rung in einzelne Zonen mit hochgestaffelten Sitzreihen, die die Hörer in Gruppen zusammenfassen. Erklärte Absicht Rolf Gutbrods war es, durch Gruppierung der Zuhörer eine für die „Kammermusik erwünschte Intimität"[209] zu erreichen. Der für eine Kapazität von 750 Plätzen ausgerichtete Saal kann durch Konzentration des Lichts auf den unteren Saalbereich optisch als Raum für 450 Personen abgegrenzt werden, so daß der hinter der Lichtgrenze weiterführende obere Teil nicht mehr wahrgenommen wird. Für Gutbrod ist Licht hier Mittel, um Raumbegrenzung, variable Beleuchtung und Atmosphäre herzustellen.

Die Forderung nach flexibler Nutzung (Fest-, Vortrags- und Probensaal) führte zu einer neutralen rechteckigen Grundform des Silchersaals. Dieser relativ kleine Saal für 350 Personen öffnet sich nach Norden durch nur bedingt lichtdurchlässige Glasbausteinflächen zwischen dünnen Stützen. Aus akustischen Gründen ist den Glasbausteinen eine mit Schallschluckstoff hinterlegte Holzwand gegenübergestellt, die den von der harten Glasfront reflektierten Schall absorbiert.

Das Foyer ist zweigeschossig und zeigt eine in weiten Schwüngen das offene Zentrum umfassende Galerie. Stützen sowie einzelne Wandelemente im Foyer und in den Sälen sind in Spachteltechnik, einer mehrschichtig aufgetragenen Farblasur mit strukturierter Oberfläche, ausgeführt. Die Farben Türkis, Blau und gedämpftes Rot der Stützen sowie Terrazzofußböden, hier mit weißen sich kreuzenden Marmorstreifen durchsetzt, sind typisch für die 50er Jahre.
Die Grundrißanalyse des Foyerbereichs [Abb. 36] verweist auf das entwurfsleitende Prinzip, die Wege und Plätze dem Verkehrsvorgang und der Verkehrsdichte entsprechend zu gestalten. Zugrunde liegt die Auseinandersetzung mit dem sich im Innen- und Außenraum bewegenden Besucherstrom, wie Rolf Gutbrod 1979 in knapper Form erläutert:

> „wie die Öffentlichkeit das Gebäude betritt, wie sie sich im Gebäude, im Raum und um das Gebäude bewegt (...), das interessiert mich".[210]

---

209 Ebd. S.39.
210 Rolf GUTBROD, in: Gesprächsprotokoll mit Andrew Henning Jones: „My criteria are (...) how does the public come into the building, how does it move in the space and around the building (...), that interests me". Siehe: Rolf GUTBROD: The Last of the German Mei-

Somit soll am Beispiel der Erschließung der Liederhalle exemplarisch der Bewegungsablauf analysiert werden.

Die im Außenraum schräg beziehungsweise gerade vortretenden Wandteile des Mozart- und des Silchersaals lassen eine gewollte Sogwirkung erkennen und leiten den vom Berliner Platz kommenden Besucherstrom über den Haupteingang zum Windfang mit Kassenbereich und weiter in das obere Foyer. Der Blick fällt auf den konvexen Mauerzug des Beethovensaals und schweift der Rundung entlang zu den seitlichen eingezogenen Zugängen. Rechts markiert ein breiter Wandstreifen aus Quarzit den Mozartsaal, rotbraune Klinkerfarbe kennzeichnet den Silchersaal. Die im Innern sichtbaren Formen und Farben der Säle geben eine erste Orientierung. Das schützende gekurvte Foyergeländer unterstützt den Richtungswechsel nach rechts zum Mozartsaal oder wahlweise nach links zum Silchersaal. Durchschreitet man rechterhand den durch die schräge Wandbegrenzung des Mozartsaals sich langsam erweiternden Umgang des Foyers, das durch seine Offenheit einen Blick in das Hauptfoyer erlaubt, so wird man über breite Differenzstufen zum Mosaikfoyer und nach rechts über weitere Stufen in den Garderobenraum geführt. Sorgfältig entwickelte Details, eine wellenförmig modellierte schräg abgesenkte Gipsdecke, vergleichbar mit Alvar Aaltos Deckenausbildungen, oder ein mit Milchglasplatten abgedeckter „Lichtbrunnen" von Hanns Model sind bewußt in das Blickfeld gerückt, noch ehe der Besucher über ein Zwischenpodest den Zugang zum Mozartssaal erreicht. Ähnlich, jedoch ohne Abstufung des Wegeniveaus, wird der Besucher in den Silchersaal geführt.

Vom oberen Foyer führen drei freitragende Treppen in das Hauptfoyer als Erschließungsfläche des Beethovensaals. Auch hier wird versucht, die Bewegungsrichtung durch Raumbegrenzungen vorzugeben. Ausgehend vom Eingang des Parkhauses wird der Konzertbesucher entlang gerader Wände zu den einzelnen Funktionsbereichen wie Garderobe und nischenartiger Erfrischungsbar geleitet und erreicht durch einen Richtungswechsel nach links das platzartig sich erweiternde offene Zentrum, als Ort der Begegnung und der Kommunikation. Alle Treppen sind bewußt diagonal ein-

---

sters. *A dissertation presented to the School of Architecture Kingston Polytechnik, for entry to the Postgraduate Diploma*, Stuttgart 1979. Unveröffentlichte Arbeit. Einzusehen im Privatarchiv von Peter Schenk (A. H. Jones steht in verwandtschaftlicher Beziehung zu Peter Schenk). Diese Arbeit analysiert Bauten Rolf Gutbrods weitgehend unter dem Ansatz anthroposophischer Prinzipien.

gestellt, um den Blick auf die Treppenstufen zu lenken und so zu einem Rundgang einzuladen. Im Auf und Ab über Treppen ergeben sich vielfältige Durchblicke, die Räume, ihre Details und die Besucher werden aus verschiedenen Perspektiven sukzessive wahrgenommen.

In der Gestaltung von Wegen und Plätzen wird eine weitgehende Kongruenz von Architektur- und Stadtplanung deutlich, die dem von Hugo Häring 1921 formulierten Entwurfsprinzip entspricht: „Grundriß lösen wie Stadtplan Wege Straßenführung Plätze".[211] Auch Josef Frank, der Häring kannte, verwies in der Fachzeitschrift „Der Baumeister" 1931 unter dem Thema „Das Haus als Weg und Platz" auf die parallele Konzeption von Haus und Stadt:

> „Ein gut organisiertes Haus ist wie eine Stadt anzulegen mit Straßen und Wegen, die zwangsläufig zu Plätzen führen, welche vom Verkehr ausgeschaltet sind, so daß man auf ihnen ausruhen kann."[212]

Das Konzept des räumlich offenen, durch diagonal eingestellte Treppen verbundenen zweigeschossigen Foyers zeigt eine erstaunliche Affinität zu Günter Behnischs Eingangshallen: Die Halle der Mittelpunktschule „In den Berglen" [Abb. 35] bei Oppelsbohm von 1969 oder das Foyer des 1973 realisierten Progymnasiums „Auf dem Schäfersfeld" in Lorch sind in der grundlegenden Raumgliederung fast identisch mit dem Liederhallenfoyer, unterscheiden sich von diesem jedoch in der Detailausbildung und Materialwahl. Auch in der Grundrißfigur fünfeckiger Klassenzimmer der Behnisch-Schulen wird eine bemerkenswerte Parallelität zur Grundform des Mozartsaals deutlich, was auf eine direkte Orientierung an der Architektur der Liederhalle hinweist.

Die äußere Erscheinung der Saalkörper [Abb. 34] verweist auf das Prinzip unterschiedlicher Oberflächenausbildung beziehungsweise auf das Streben, „Stahlbeton als sichtbares und in seiner konstruktiven Form ablesbares Baumaterial" anzuwenden.

---

211 JOEDICKE (Hg.), Dokumente der Modernen Architektur, Bd. 4, Hugo Häring, Schriften, Entwürfe. Bauten, Stuttgart 1965, S. 88. (Bildtext zum Empfangsgebäude Hauptbahnhof Leipzig).
212 Der Baumeister 29/1931 Heft 8, S. 316 f.

So sind die Umfassungswände des fünfeckigen Mozartsaals mit formal und farblich unterschiedlichen Quarzitplatten (aus Norwegen, Schweden, der Schweiz und Italien) verkleidet.[213] Der Kontrast von bruchrauhen und geschliffenen Platten, haptischen und glatten Materialwerten wird sichtbar. Mäanderformen und Tiermotive aus farbigen, teils vergoldeten Mosaiksteinen sind in die Oberflächengestaltung integriert, was insgesamt auf aussenräumliche Wirkung zielt.

Der Stahlbetonkonstruktion des auf dünnen Stützen aufgeständerten Silchersaals wurden rot-braun gesinterte Spaltklinkerplatten vorgeblendet. Die Anordnung beider Säle bewirkt einen räumlich zurückgesetzten Eingangsbereich, geschützt durch ein von grazilen Metallstützen getragenes Flugdach.

Ursprünglich wies der Vorplatz einen mit weitgehend gegenständlichen Motiven durchsetzten Mosaikbelag auf. Die Steine waren durch Frost unterfroren. Aus diesem Grund erhielt die Eingangsfläche später – optisch sehr zum Nachteil – einen roten Makadambelag.[214]

Von dynamisch expressiver Wirkung sind die raumgreifenden Kurven des in strukturiertem Sichtbeton ausgeführten Beethovensaals. Sie erinnern an frei geschwungene Formen der Entwurfsskizzen von Hans Scharoun und Erich Mendelsohn aus der utopischen Phase um 1920. Zweifellos hatten sich Rolf Gutbrod und Adolf Abel wie manche Architekten im Aufbruch der Nachkriegszeit an Formen des Expressionismus orientiert, was sich ansatzweise bereits an der Konkavwand für das Verwaltungsgebäude der Holzberufsgenossenschaft zeigt. Doch muß hier kritisch angefügt werden, daß Rolf Gutbrod bereits 1937 am Beispiel des Heizhauses in Friedrichshafen expressive Formen – wenn auch keine Kurven – orientiert am gestaltbildenden Beton anthroposophischer Bauten aufnahm, so daß von hier aus ebenso Anregungen in die planerische Arbeit einflossen.

---

213 Blasius Spreng hatte für die Verkleidung des Mozartsaals Vorlagen aus Karton gefertigt, die er je nach Farbe des Steinmaterials an Ort und Stelle modifizierte. Brief von Rolf Gutbrod vom 4. 9. 1988.

214 Gespräch mit Architekt Bernd Riede in Berlin am 28. 1. 1994. 1995 wurden Reststücke des künstlerisch 'hochwertigen' Mosaiks – nachdem es 30 Jahre lang verschollen war – in einem städtischen Bauhof (Gelände für das Media-Forum) wiedergefunden und sollte – so der Denkmalpfleger Wolfgang Mayer – auf einem wenig frequentierten Teil des Berliner Platzes neu verlegt werden. Stuttgarter Nachrichten Nr.16, 20. 1. 1995, S. 17 und Nr.108, 11. 5. 1995, S. 23, Stuttgarter Zeitung Nr.16 vom 20. 1. 1995, S. 15.

Auf den Rückgriff von expressionistischem Vokabular zu Beginn der 50er Jahre verwies Alfons Leitl bereits 1951 in der Fachzeitschrift „Baukunst und Werkform":

„[Die] Kohlestiftfantastik Mendelsohns, der ganze kraftmeiernde Schwung der damaligen Wettbewerbe, als zeitbedingte Mode bald verrauscht, verbarg unter all seinen Wucherungen doch ein Stück Echtes: Den Drang nach einer freieren, nicht ausschließlich an das statische Schema der Symmetrie gebundenen Ordnung. Davon ist etwas als bleibend in den architektonischen Alltag und in die städtebauliche Begriffswelt eingegangen."[215]

Gekurvte Saalkörper – als Raumschalen bereits im Finnischen Pavillon auf der Weltausstellung 1939 in New York vorweggenommen – bestimmen auch Alvar Aaltos 1955 bis 1958 realisiertes „Haus der Kultur" in Helsinki. Wie Rolf Gutbrod versucht auch Alvar Aalto „durch außergewöhnliche Formen das Charakteristische einer Bauaufgabe herauszustellen",[216] was im theoretischen Ansatz und in der praktischen Umsetzung Gemeinsamkeit offenbart.

Es sind aber nicht allein formale, konstruktive oder ästhetische Qualitäten, welche die Wirkung der Liederhalle ausmachen, sondern auch das der Architektur Rolf Gutbrods immanente Kontrastprinzip, erkennbar an Polaritäten künstlerischer Gestaltung, wobei immer das zweite Element eine Reaktion auf das erste ist: So stehen geschwungene Raumformen des Beethovensaals in spannungsvollem unausgeglichenem Gegensatz zu orthogonalen Elementen des Podiums. Das Vertikale der Stützen im Foyerbereich reagiert auf die Horizontale der raumgreifenden Galerie. Die Räume sind durch großzügige Offenheit und Geschlossenheit auf Bewegung und Ruhe ausgerichtet (Foyer und Konzertsäle). In der Detailausbildung und Farbfassung der Wand- und Bodenstrukturen werden Gegensätze ohne Ausgleich erkennbar: Kurven und Geraden, Fläche und Linearität, Schwarz und Türkis, Blau und Rot erzeugen die Spannung, die Gutbrod erreichen möchte.
Diesen der Architektur zugrundeliegenden Kontrast definieren Abel und Gutbrod mit dem Begriff des Kontrapunkts analog zur Musik, als das „Ge-

---

215 Baukunst und Werkform 5/1951, S. 16.
216 JOEDICKE, Architekturgeschichte, a. a. O., S. 47.

setz der gegensätzlichen harmonischen Bewegung".[217] Fraglich ist jedoch – und dieser Aspekt muß offenbleiben –, ob das musikalische Gesetz des Kontrapunkts als künstlerisches Gestaltungselement in den Bereich der Architektur übernommen werden kann.

In diesem Zusammenhang verweist Jürgen Joedicke in seiner Rede von 1990 auf den „Kontrast als Gestaltungsmittel oder Harmonie als Zusammenfall der Gegensätze" im Sinne von Nicolaus Cusanus, ohne die Gesetzmäßigkeit an dieser Stelle näher zu erläutern.[218] In seiner gestalttheoretischen Arbeit „Raum und Form in der Architektur" untersucht Joedicke vorwiegend an berühmten Bauwerken der Vergangenheit den „Kontrast als Gestaltungsmittel".[219] Eine Entsprechung zu diesem bipolaren Gestaltungsprinzip finde sich in den gegensätzlichen, sich aber gegenseitig bedingenden Kräften, im Yin und Yang der chinesischen Philosophie, so Joedicke. In der abendländischen Philosophie sei dieses Verhältnis unter dem Begriff des Zusammenfalls der Gegensätze (*coincidentia oppositorum*),[220] in den Gedanken von Nicolaus Cusanus charakterisiert.[221] Bereits in vorsokratischer Zeit wurde dieser Harmoniebegriff im Unterschied zur klassischen, mathematisch-musikalischen Harmonie pythagoreischer Philosophen von Heraklit formuliert. Für ihn fließt alles:

---

217 Konzerthaus, a. a. O., S. 13. Rolf Gutbrod erläutert den Begriff des Kontrapunkts in bezug auf kontrapunktische Kompositionsformen der Musik: *„Bach and those musicians of this time invented the counterpoint. They said you not only have the melody and accompaniment, but you can put two melodies against each other. For instance if they took a fugue, they then accompanied it by a reverse fugue, so when this came down the other one went up; and this we call counterpoint ..."* Gesprächsmanuskript JONES/ GUTBROD, a. a. O.

218 Unveröffentlichtes Manuskript der Rede Joedickes aus Anlaß der Ausstellungseröffnung „Rolf Gutbrod, Bauten in Stuttgart" am 26. 9. 1990 in der Architekturgalerie am Weißenhof in Stuttgart. Gekürzte Fassung veröffentlicht in: GUTBROD, Bauten in Stuttgart, a. a. O., S. 15 ff.

219 An der Entwicklung des dorischen Tempelbaus (Heratempel I und Parthenon), der Hagia Sophia, an Bauwerken der Renaissance oder an F. L. Wrights Willits Haus wird das Prinzip des Kontrasts hervorgehoben. Jürgen JOEDICKE, Raum und Form in der Architektur, Stuttgart 1985, S. 81 f.

220 „*coincidentia oppositorium*" ist ein Grundbegriff der Lehre „*Docta ignorantia*" des Nicolaus CUSANUS: „Die im Endlichen der Welt unvereinbaren Gegensätze (so etwa das Größte und Kleinste) sind hiermit in der unendlichen Einheit Gottes eins." Brockhaus 1988, Bd. 4, S. 626. Siehe auch Georgi SCHISCHKOFF (Hg,), Philosophisches Wörterbuch, Stuttgart 1982, S. 102.

221 JOEDICKE, a. a. O. S. 81.

„[Somit ist] Gott Tag und Nacht, Sommer und Winter, Krieg und Frieden, Sättigung und Hunger; gut ist schlecht und schlecht ist gut, in allem ist Gegensätzliches vereint und ist doch verborgene Harmonie, und diese unsichtbare Harmonie ist besser als die sichtbare Gegensätzlichkeit."[222]

Dieses bipolare Grundprinzip bezieht sich auf die Überwindung der Gegensätze von Subjekt und Objekt, Geist und Materie, Verstand und Intuition in „der sie beide aufhebenden Synthesis" im Sinne der Dialektik Hegels.[223]

Unverkennbar ist der bewußte Ansatz, ein Gesamtkunstwerk herzustellen. Der Architektur integriert sind Skulptur, Intarsia, Steinmetz- und Glasschleifarbeiten. Die künstlerische Leitung hatte Blasius Spreng, Maler, Radierer und Bildhauer aus München.[224] Die von Blasius Spreng[225] und dem Stuttgarter Bildhauer Eckart Mosny bearbeitete konvexe Betonwand im Innern des Beethovensaals zeigt geometrische Formen, sich überkreuzende Schräglinien sowie Holztafeln im Schwarz-Silber-Kontrast, was insgesamt auf eine Steigerung der Raumwirkung zielt.[226] Die vorwiegend im Freien

---

222 SCHISCHKOFF, a. a. O., S. 271 f.
223 Brockhaus 1988, Bd.5, S. 446.
224 Das Amtsblatt der Stadt Stuttgart Nr. 11 vom 15. 3. 1956, S. 1, berichtet über den von der Stadt ausgeschriebenen Wettbewerb für die künstlerische Gestaltung der Liederhalle.
225 Biographische Daten: Professor Blasius Spreng (1913-87), München, 1931–38 Studium an der Akademie für angewandte Kunst in München. Meisterschüler von Richard Klein. Reisen u. a. nach Frankreich, Italien, Türkei, Ägypten. 1940–41 Lehrer für freie Graphik an der Akademie in Nürnberg. Außer Entwürfen für Mosaiken, Bemalungen und Steinmetzarbeiten der Liederhalle führte Spreng u. a. formal reduzierte Wandmalereien in der „Veterinärärztlichen Untersuchungsanstalt" in Nürtingen und Aquatinta-Radierungen in der Kirche des Städtischen Altersheims in München-Schwabing aus. Siehe: Hans VOLLMER, Künstler-Lexikon des 20. Jahrhunderts, Bd. 4, Leipzig 1958, S. 333.
226 Für die Gestaltung der Konvexwand gab es einen Wettbewerb, den Blasius Spreng gewann. Auch Eckart Mosny, der später gestalterisch mitwirkte, hatte einen Vorschlag eingereicht. Rolf Gutbrod spricht von der außergewöhnlichen Leistung Sprengs, der in künstlerischer Hinsicht anregend für alle am Bau beteiligten Architekten und Handwerker gewesen sei. Blasius Spreng lebte während der Bauzeit in der sogenannten Bauhütte, dem heutigen Silchersaal, um den Fortgang der Arbeiten täglich überwachen zu können. Brief von Rolf Gutbrod vom 4. 9. 1989. Des weiteren zeigen zwei Kohlestiftzeichnungen von Blasius Spreng Grundformen der Raumgliederung des Mozart- und Beethovensaals, in: die Bauzeitung 6/1957, S. 236 f.

aufgestellten Skulpturen sowie subtil gearbeitete Wandreliefs tragen wesentlich zur Belebung des Außenraums bei.[227] Eberhard Grunsky spricht von

„[einem] der wenigen konsequent durchgeführten Versuche der jüngsten Vergangenheit, die seit dem späten 18. Jahrhundert zu völliger Autonomie auseinandergedrifteten Künste mit neuen Ausdrucksmitteln wieder zu einer lebendigen Synthese zu vereinen".[228]

Obwohl die Liederhalle Bezüge zum Expressionismus zeigt und programmatisch Prinzipien des „organhaften Bauens" im Sinne von Hugo Häring aufnimmt, muß sie wegen ihrer außergewöhnlichen Gestaltung selbst bei Architekturhistorikern eher Irritation ausgelöst haben, so daß sie in frühen Arbeiten zur Nachkriegsarchitektur kaum Beachtung fand.[229] Auch in der Öffentlichkeit war die Liederhalle umstritten. Sie wurde einerseits als „revolutionäre Neuheit", andererseits als „Musikbunker"[230] bezeichnet, eine zeitbedingte Anspielung auf Betonbauten des Zweiten Weltkriegs.

Nicht beantwortet ist die Frage, welchen Beitrag Rolf Gutbrod am dem von Abel/Gutbrod entwickelten Wettbewerb 1951 beziehungsweise am Entwurf des 1954 bis 1956 realisierten Konzerthauses geleistet hatte und ob ein direkter Einfluß von der Wettbewerbslösung Hans Scharouns von 1951 auf die Neuplanung der Liederhalle ausging.

Der 1985 publizierte Werkkatalog Adolf Abels, der 1919 bis 1921 Assistent bei Paul Bonatz an der Architektur-Abteilung der Technischen Hochschule in Stuttgart war, zeigt weitgehend traditionsgebundene Bauten,[231] so daß davon ausgegangen werden kann, daß der durch konventionelles Vokabular geprägte Wettbewerbsentwurf von 1951 wohl primär durch Adolf Abel entwickelt wurde. Obgleich zwei Ideenskizzen von Abel zur Lie-

---

227 Skulpturen stammen von Fritz Nuß (Jg. 1907), Otto Herbert Hajek (Jg. 1927), Wandreliefs von Alfred Lörcher (1875–62) und Hans Dieter Bohnet (Jg. 1926).
228 GRUNSKY, a. a. O., S. 109.
229 In Arbeiten wie z. B. Hubert HOFFMANN, Karl KASPAR, Neue deutsche Architektur, 1956 oder in Jürgen JOEDICKE, Geschichte der modernen Architektur, Stuttgart 1958 ist die Liederhalle nicht erwähnt.
230 Kurt LEIPNETZ, Stuttgart 1945 bis heute. Frankfurt 1973, S. 17.
231 Siehe: Süddeutsche Bautradition im 20. Jahrhundert. Architekten der Bayrischen Akademie der Schönen Künste. Architektursammlung der Technischen Universität München, München 1985, S. 165 f.

derhalle von 1953 im Ansatz bereits expressiv gekurvte Außenformen für den Beethovensaal zeigen,[232] kann Rolf Gutbrods Anteil an der Neuplanung aufgrund seiner fortschrittlichen Architekturauffassung zu Beginn der 50er Jahre und seiner künstlerischen Potenz als maßgebend gelten. Diese Annahme ist auch dadurch begründet, da Rolf Gutbrod nahezu zeitgleich mit der Liederhalle den großen Sendesaal des Süddeutschen Rundfunks (Fertigstellung 1957) in weitgehend gekurvter Grundform entwickelt hatte.

Richtungsweisende Impulse, die zum Verzicht auf den konventionellen, durch Orthogonalität geprägten Entwurf von 1951 zugunsten einer neuartigen Gestaltungweise beitrugen, dürften von Hans Scharouns Wettbewerb ausgegangen sein. Dabei handelt es sich nicht etwa um eine schematische Nachahmung, wie dies auch Gilbert Lupfer betont,[233] sondern um eine bewußte Orientierung an ästhetischen Prinzipien, wie Asymmetrie, das Prinzip der Wegführung sowie die Vielgestaltigkeit der Formen als Ausdruck eines auf das Wesen der Aufgabe bezogenen Entwurfsvorgangs im Sinne von Härings „organhaftem Bauen." Scharoun hatte sich auf die Theorie und Entwurfspraxis Hugo Härings zwar erst nach 1945 in Vorträgen und Vorlesungen berufen, obwohl er Häring vermutlich ab 1926 kannte und dessen Gestaltungsprinzipien bereits in Scharouns Wohnbauten ab 1934 festzumachen sind, wie detaillierte Untersuchungen durch Johann Christoph Bürkle hinreichend belegen.[234]

Von entscheidender Bedeutung für die Hinwendung zum „organhaften Bauen" dürfte jedoch die in den unmittelbaren Nachkriegsjahren stattgefundene Beschäftigung Gutbrods mit der philosophisch fundierten Doktrin Hugo Härings gewesen sein, die eine nachhaltige Wirkung hinterließ wie das Kapitel „Architekturtheoretische Aspekte" der vorliegenden Arbeit erläutert.

Unabhängig von expressionistischen Formen und den Prinzipien des „organhaften Bauens" zeigt die Liederhalle ein charakteristisches Vokabular, das heute als Ästhetik der 50er Jahre definiert wird. Im Versuch

---

232 Ebd. S. 180.
233 LUPFER, a. a. O., S. 158 ff.
234 Johann Christoph BÜRKLE, Hans Scharoun und die Moderne, Ideen, Projekte, Theaterbau. Frankfurt/Main 1986, S. 15 f., S. 74 ff.

„eine Gegenwelt zur offiziellen Baukultur des Dritten Reichs"[235] zu schaffen, so Werner Durth, der damit die zeitbedingte Haltung zahlreicher Architekten nach dem Zweiten Weltkrieg trifft, zeigt die Liederhalle typische Formen und Elemente der Nachkriegsarchitektur: so steht bewußte Asymmetrie klarer Symmetrie neoklassizistischer Bauten der Vergangenheit gegenüber, schwungvolle Formen – Dynamik vermittelnd – stehen in Gegensatz zu geraden Fronten der NS-Staatsbauten, anstelle repräsentativer Portale des Dritten Reichs zeigt sich ein einfach gestalteter, durch ein Flugdach geschützter Eingang. Zeitypische Farben und Materialen wie Türkis, Schwarz, Blau oder die Verwendung von Glasbausteinen, Keramik, von Natur- und Mosaiksteinen beleben die Wandflächen. Hinzu kommt der Anspruch ein Gesamtkunstwerk durch die Integration unterschiedlicher Kunstgattungen zu schaffen. Grundsätzlich sollten die freien Formen der Liederhalle – wie dies Adolf Abel betont – „eine Befreiung von den üblichen Raumformen (...) einer repräsentativen Architektur"[236] herstellen. Gleichzeitig sollen sie ein ausdrucksvolles Zeugnis der neuen „kulturellen Standortbestimmung" in einer neuen Republik ablegen.

Viele der oben genannten Elemente finden sich im Sendesaal des Süddeutschen Rundfunks (1957), während sich die Projekte der 60er Jahre – in ihrer formalen und ästhetischen Gestaltung neuen Tendenzen folgend – deutlich von Bauten der Nachkriegszeit abheben.

---

235 Durth/Gutschow, Architektur und Städtebau der fünfziger Jahre, Bd. 33, Bonn 1987, S. 132.
236 Amtsblatt Stadt Stuttgart, 1956? (ohne weitere Angaben), Archiv Liederkranz, Stuttgart.

GESTALTUNGSPRINZIPIEN AM BEISPIEL VON BAUTEN DER 60ER UND 70ER JAHRE

Nach Beendigung des Wiederaufbaus in den späten 50er Jahren zeichneten sich zu Beginn der 60er Jahre, bedingt durch kontinuierlich anhaltendes Wirtschaftswachstum, weitreichende sozio-ökonomische und technische Veränderungen ab, die zu neuen Architektur-Konzeptionen vor dem Hintergrund des städtebaulichen Leitbildwechsels von der „gegliederten und aufgelockerten Stadt" hin zur „Urbanität durch Dichte" führten.

Wie stellt sich nun die Architektur Rolf Gutbrods angesichts dieses tiefgreifenden Wandels dar und welche planerischen Prinzipien und ideellen Leitvorstellungen werden verfolgt? Die Klärung diesbezüglicher Fragen soll aus der Analyse und Interpretation ausgewählter Bauten der 60er beziehungsweise 70er Jahre hervorgehen, die in einer Zeit neuer Architekturtendenzen in neuem Maßstab entstanden und die zweite Phase im Werk Rolf Gutbrods einleiten. Bei der Darstellung dieser Bauten ist anzumerken, daß alle Projekte aus begrenzt beziehungsweise offen ausgelobten Wettbewerben oder Gutachterwettbewerben hervorgingen.

Verwaltungs- und Dienstleistungsbauten

Sind Rolf Gutbrods Verwaltungsbauten der 50er Jahre durch Vier- beziehungsweise Fünfgeschossigkeit determiniert, so markiert das IBM-Verwaltungsgebäude in Berlin mit seinen neun Geschossen eine unübersehbare Veränderung in der Architektur Rolf Gutbrods. In seinem Größenmaßstab und in der bevorzugten Verwendung von Stahlbeton als konstruktiver und plastischer Baustoff steht das IBM-Verwaltungsgebäude für den Beginn einer kontinuierlichen Entwicklung beziehungsweise Veränderung im Hochhausbau Rolf Gutbrods. In den 60er Jahren – einer Zeit der Kommerzialisierung bei gleichzeitig maximaler Grundstücksausnutzung und bautechnologischem Fortschritt – zeigt sich die allgemeine Tendenz zur architektonischen Großform des Hochhauses, was seinen prägnanten Ausdruck letztlich in der eher vertikal ausgerichteten Stadt findet.[237]

---

[237] Klaus VON BEYME, Werner DURTH, Niels GUTSCHOW u. a. (Hg.), Neue Städte aus Ruinen. Deutscher Städtebau der Nachkriegszeit, München 1992, S. 24.

Das IBM-VERWALTUNGSGEBÄUDE entstand von 1960–62 an exponierter Stelle im Südwesten des „Ernst-Reuter-Platzes"[238] als schmale langgestreckte Hochhausscheibe. Obwohl Höhe, Umriß und Stellung durch die städtebauliche Planung von Bernhard Hermkes bereits vorgegeben waren, blieb den Architekten für die weitere Gestaltung ein großer Spielraum.

Das Verwaltungsgebäude baut auf einem längsrechteckigen Grundriß [Abb. 37] mit tiefer Einkerbung auf der östlichen Stirnseite auf. Die Störung einer elementaren Grundform wird deutlich, ein Entwurfsansatz, der auch dem 1948 bis 1950 realisierten Gebäude der Süddeutschen Holzberufsgenossenschaft in Stuttgart zugrundeliegt. Das mit der sogenannten Dicken Decke abschließende vollverglaste Erdgeschoß zeigt eine für den Verwaltungsbau ungewöhnliche Raumausbildung – basierend auf dem Prinzip, unterschiedliche Funktionen in einzelne Bereiche zu gliedern und bewußt durch Höhendifferenzierung zu betonen. Der Eingangs- und Rezeptionsbereich befindet sich 1,50 m über dem Niveau des Ernst-Reuter-Platzes, während das im Raumprogramm geforderte Rechenzentrum 0,60 m unter Platzniveau liegt, um vom Außenraum durch raumhohe Schaufenster Einblick in die bis zu 1,70 m hohen Computeranlagen zu gewähren. Die dem Rechenzentrum zugeordneten Kundenräume liegen unmittelbar unter der Eingangszone. Das Rechenzentrum bekam eine abgehängte Schallschluckdecke (von den Architekten „Stalaktitendecke" genannt), bestehend aus quadratischen Rohren unterschiedlicher Länge (9 bis 23 cm) mit teils eingebauten Leuchten. Künstliches Licht ist hier – wie bei vielen Verwaltungsbauten – nicht allein Mittel um die Innenräume zu beleuchten, Licht macht das Gebäude bei Nacht transparent.

Innerhalb des Eingangs- und Rezeptionsbereichs zeigt sich Stahlbeton als sichtbares und konstruktives Material. So tritt eine frei im Raum aufsteigende abgewinkelte Treppe in Erscheinung, die in das erste Obergeschoß führt. Der betont voluminöse, vielfach gebrochene Beton-Unterbau der Treppenkonstruktion, strukturiert durch Fugen von diagonal angelegten

---

[238] Durch den Namen des am 29. September 1953 verstorbenen integeren Antifaschisten und ab 1951 Regierenden Oberbürgermeisters von Westberlin, Ernst Reuter, sollte der „Platz über einen Verkehrsnotenpunkt hinaus zum Ort höherer Bedeutung, zum Ort der 'Würde' und der 'Repräsentation'" werden. Dagmar GAUSMANN, Der Ernst-Reuter-Platz in Berlin. Die Geschichte eines öffentlichen Raumes der fünfziger Jahre, Münster 1992, S. 44.

Schalungsbrettern, korrespondiert mit der plastisch gestalteten 'Dicken Decke'. Auffallend sind die massiven in einem regelmäßigen Raster stehenden Stahlbetonstützen mit rechteckigen Querschnitten, deren bewußte Verengung im oberen und unteren Stützenteil die breit dimensionierten Stützen wesentlich leichter erscheinen lassen.

Der Grundriß der acht Regelgeschosse [Abb. 38] zeigt eine dreibündige Anordnung mit innenliegendem Installations- und Aufzugskern. Erstmalig setzt Rolf Gutbrod hier das Prinzip flexibler Raumnutzung um, das ab Mitte der 50er Jahre Eingang in den Büro- beziehungsweise Verwaltungsbau fand.[239] Alle Büros sind frei aufteilbar, das heißt einer flexiblen Nutzungsmöglichkeit entsprechend sind variable, an Fensterachsen anzuschließende Trennwände (Gipsmontagewände) ausgebildet. In der Anwendung dieses Prinzips wollte man sich bewußt von Großraumbüros der IBM-Bauten in Amerika distanzieren. Die anfängliche Aufteilung in Zellenbüros mit jeweils vier bis fünf Arbeitsplätzen blieb bis heute unverändert.[240]

In der äußeren Erscheinung [Abb. 39] dominiert die östliche Stirnseite durch die im stumpfen Winkel nach innen eingekerbte Wand. Ein hohes Maß an Werbewirksamkeit wird durch die additive Reihung des bereits in der Betonschalung angelegten Firmenemblems IBM erreicht, das sich in Großform – weithin sichtbar – am oberen Abschluß der Nordfassade wiederholt. Diese ungewöhnliche Außenraumbegrenzung wurde besonders lobend bei der Wettbewerbsbeurteilung 1959 hervorgehoben:

---

239 Der variierbaren Raumaufteilung mittels Trennwänden lag die durch Mies van der Rohe formulierte Forderung nach Flexiblität im Büro- und Verwaltungsbau als zeittypische Raumnutzung zugrunde, ebenso wie das Bewußtsein von einer der „raschen Veränderung unterworfenen Gesellschaft und die Erkenntnis des daraus resultierenden Nutzungswandels." Siehe z. B.: JOEDICKE, Architekturgeschichte des 20. Jahrhunderts, a. a. O., S. 65, Anm. 1.
240 Laut Mitteilung vom 1. 3. 1994 von Jürgen Alexander Hechel, der früher als Diplom-Ingenieur bei der IBM in Berlin tätig war und heute Leiter der IBM-Bauabteilung in Sindelfingen ist, sollte das Berliner Gebäude keine Parallelen zu IBM-Verwaltungsbauten in Amerika aufweisen, sondern durch eine eigenständige Architektur die IBM-Zentrale in Westberlin repräsentieren.

Städtebaulich-gestalterisch ausgezeichnet gelungen ist die Form des Bauwerks, der zugleich den Blick aus der Hardenbergstraße und vom Ernst-Reuter-Platz für den Beschauer fängt und in sinnvoller Beziehung zu den Gebäuden in der Hardenbergstraße steht."[241]

Auch das zeitgleich durch Rolf Gutbrod und Bernhard Binder realisierte IBM-Verwaltungsgebäude in Böblingen übernimmt dieses Gestaltungselement ebenso die weißen durchgehenden Horizontalbrüstungen als einprägsame Erkennungszeichen.

Die acht Regelgeschosse zeigen eine geschoßweise horizontale Dreigliederung in Brüstungen, Kämpferlamellen als ästhetisches Element, und Fensterbänder. Letztere gliedern sich durch vertikale und horizontale Aluminiumrahmen, wobei die einzelnen Lüftungsflügel als Drehflügel ausgeführt sind.[242] Das bewußte Streben Gutbrods nach plastischer Prägnanz zeigt sich hier in der 'bugförmigen' Ausbildung der Brüstungen aus weißen Aluminiumpaneelen. In seiner straffen Horizontalbänderung erinnert das IBM-Gebäude entfernt an die Fassadenausbildung der Entwürfe und Bauten Erich Mendelsohns, die analog zum IBM-Haus außer senkrechten Fenstersprossen eine Vertikalstruktur weitgehend negieren (z. B. Mendelsohns Entwurf für das Hochhaus Kemperplatz von 1922 oder das Columbushaus von 1931/32 am Potsdamer Platz). Aus einer gewissen Distanz nur ist der massive Block des Dachaufbaus erkennbar, der – blau gefaßt – in einem spannungsvollen Gegensatz zum monochromen Weiß der Brüstungspaneele und Kämpferlamellen steht und auf das Kontrastprinzip, als Konstante der Architektur Rolf Gutbrods, verweist.

In seiner langgestreckten Form, in seiner Konstruktion und Ästhetik unterscheidet sich das Gebäude des IBM-Konzerns deutlich von Bauten des Ernst-Reuter-Platzes, wie ein exemplarischer Vergleich von IBM-Haus und Osram-Haus belegt.

Als erstes Gebäude am Ernst-Reuter-Platz wurde 1956 bis 1957 das Osram-Haus (heute nach Veränderungen Eternit-Haus genannt) von Bernhard Hermkes im Norden des Platzraumes gebaut. Das Osram-Gebäude ist

---

241 „architektur wettbewerbe", 35, Stuttgart 1963, S. 81.
242 Rolf Gutbrod verweist auf sein gutes 'Einvernehmen' mit den Berliner Baubehörden. Der Leiter der Berliner Baubehörde, OBR Schmidt, habe zahlreiche Ausnahmen gewährt, z. B. eine Brüstungshöhe von nur 70 cm. Brief Rolf Gutbrods vom 5. 9. 1993.

wie das IBM-Haus eine schmale Hochhausscheibe. Die Fassaden gliedern sich durch ein konstruktives Rastergitter aus sichtbaren Vertikalstützen und Deckenplatten. In seiner strengen Horizontalgliederung unterscheidet sich das IBM-Haus eindeutig von den Rasterfassaden des Osram-Hauses. Gerade in der Dominanz der Horizontalen heben sich sowohl das IBM-Gebäude als auch diverse andere Bauten Rolf Gutbrods wie das Stuttgarter Hahn-Hochhaus, die Hahn-Fabrik in Fellbach oder das Dorland-Hochhaus in Berlin von der gängigen Rasterstruktur im Bereich der Bürohausarchitektur jener Jahre ab.

Das System des nüchternen Rasters, das den Großteil aller Büro- und Verwaltungsbauten ab Mitte der 50er beziehungsweise der 60er Jahre bestimmt, entfachte eine breite Kritik.

„Die Hauptkritikpunkte an der grassierenden 'Rasteritis' sah man in der Koppelung des Rastersystems an das Normierungs-'Unwesen', in der Vortäuschung kleiner und kleinster Raster, um durch Wiederholung eine vorgetäuschte Größe zu erzielen und in der Verschleierung des konstruktiven Aufbaus durch die Rasterfassade, indem sie tragende Elemente oft genug vortäusche."[243]

Auszugrenzen von der weitverbreiteten „Raster-Kritik" sind jedoch frühe Beispiele wie Egon Eiermanns Verwaltungsgebäude der Ciba AG in Wehr/Baden (1948–52); das Gebäude der Industrie- und Handelskammer in Stuttgart (Gutbrod/Gutbier 1950–54) oder Alvar Aaltos verkleidetes Raster der Hauptverwaltung der Enso-Gutzeit in Helsinki (1959–62), die in ihrer konstruktiven, quadratischen Struktur durchaus ästhetisch qualitätvolle Lösungen darstellen.

Die Rezeption des IBM-Verwaltungsgebäudes der Presse war durchweg positiv. Exemplarisch für viele der Zeitungsberichte soll der Kommentar von Hans Scharoun zur städtebaulich-architektonischen Wirkung des IBM-Gebäudes gekürzt wiedergegeben werden. Ungeachtet der ähnlichen Architekturauffassung beider Architekten, kann die Beurteilung Hans Scharouns als objektive fachkompetente Aussage gewertet werden:

---

243 Siehe: GAUSMANN, a. a. O., S. 129 f., ferner: HACKELSBERGER, Die aufgeschobene Moderne, a. a. O., S. 63 f.

„Der Ernst-Reuter-Platz ist durch seine Dimensionen und dadurch, daß er seinen Maßstab aus für den Autoverkehr notwendigen Abmessungen bezieht, ein Gebilde geworden, für das der Begriff 'Platz' im herkömmlichen Sinne wohl nicht mehr zutreffend ist. In keinem Falle war – bevor das IBM-Haus stand – eine räumliche Situation festzustellen, die noch eine direkte angenehme Wirkung auf den Menschen ausübte, die er zu übersehen in der Lage war und die ihm erlaubte, darin mehr als nur ein Verkehrsteilnehmer zu sein. Mit dem Bau des IBM-Hauses und der Gestaltung seiner unmittelbaren Umgebung ist das anders geworden.

Ein neuer, menschlicher Maßstab ist hinzugekommen. Mit dem IBM-Haus ist ein Ton angeschlagen, der für eine neue städtebauliche Harmonie nicht sauberer und klingender zu denken ist. Es ist ein Klang von großer Ruhe und Getragenheit und – was ihn so human macht – von einer Heiterkeit, die selbstverständlich und bezeichnend für den menschlichen Maßstab des Gebäudes ist.

Alle Bauteile sind durch ihre Linienführung aufeinander abgestimmt (...), die Schräge der Auskragungen, die bugartige Auskragung der Brüstungen, die Treppen und die Pfeiler sind so konsequent aufeinander bezogen, daß Linien, Flächen oder Räume sich zwingend aus den jeweilig anderen ergeben, vergleichbar mit einer Tonfolge, die sich fortsetzt, variiert und wieder zum Ausgangspunkt zurückführt. Im Erdgeschoß – wenn man einmal um das Haus herumgeht – ist das besonders gut am Detail, aber auch an der wechselseitigen Durchdringung von Außen- und Innenraum zu beobachten",

schreibt Hans Scharoun im Jahr 1962.[244]

Wie bei keinem anderen Projekt im Werk Gutbrods tritt am Beispiel des Verwaltungsgebäudes die unmittelbare Verflechtung von Architektur, Politik und Wirtschaft zutage. Der künftige Sitz der Hauptverwaltung des amerikanischen Großkonzerns IBM in Deutschland war als Bauvorhaben von Anfang an auch eine kalkulierte „Inszenierung" als „politische Demonstration" im westlichen Teil Berlins.[245]

Bereits die Grundsteinlegung des IBM-Verwaltungsgebäudes von 1960 stand im Zeichen der „politische(n) Willensbekundung" führender Persönlichkeiten. Da die aus diesem Anlaß gehaltenen „politisch-propagandistischen" Reden das angespannte Klima des Kalten Krieges dieser Zeit exemplarisch verdeutlichen und mit der Errichtung des Verwaltungsgebäudes

---

244 Tagesspiegel vom 2. 12. 1962, zitiert in: GAUSMANN, a. a. O., S. 153
245 GAUSMANN, a. a. O., S. 149.

in Berlin die wirtschaftspolitische Bindung an den freien Westen provokativ hervorgehoben wird, sollen Auszüge dieser Ansprachen wiedergegeben werden.

Der Regierende Bürgermeister Willy Brandt äußerte in seiner Rede:

„daß mit der Verwirklichung dieses Bauprojekts die Verbundenheit West-Berlins mit seinen amerikanischen Freunden und das Vertrauen in die Zukunft unserer Stadt erneut dokumentiert werde. Der Neubau beginne genau am ersten Jahrestag des Ablaufs des sowjetischen Berlin-Ultimatums. Berlin habe all diese Termine überstanden und werde auch weiterhin gemeinsam mit seinen amerikanischen Freunden bemüht sein, die Stadt zum geistigen, kulturellen und wirtschaftlichen Zentrum zu gestalten".

Präsident Watson von der IBM World Trade Corporation in New York nannte in seinen Ausführungen als Grund für die Entscheidung, zu diesem Zeitpunkt in Berlin zu bauen:

„die Überzeugung des Unternehmens, daß das Schicksal West-Berlins mit dem Schicksal West-Europas und dem Schicksal der ganzen freien Welt verknüpft sei. 'Wir bauen hier nicht aus Sentimentalität' (...), 'sondern aus wirtschaftlichen Überlegungen; wir bauen hier, weil unsere Produktion in dieser Stadt schon immer äußerst erfolgreich war, und weil der Fleiß und die Geschicklichkeit der Berliner diese Stadt zu einer der besten Produktionsstätten Europas macht'".[246]

Der Generaldirektor der IBM Deutschland, Borsdorf, verwies aus Anlaß des Richtfests am 7. April 1961 auf die Bindung Berlins an den freien Westen. Er betonte, daß Berlin „zur freien Welt (gehöre), und um das Vertrauen der freien Welt zu dokumentieren, werde das Haus errichtet".[247]

Mit dem Bau des HAHN-VERWALTUNGSGEBÄUDES (1960–63)[248] und dem zeitgleich realisierten Kollegiengebäude II der Universität Stuttgart

---

246 Tagesspiegel vom 28. 5. 1960, zitiert in: GAUSMANN, a. a. O., S. 191.
247 Tagesspiegel vom 8. 4. 1961, zitiert in: GAUSMANN, a. a. O., S. 192.
248 In der unmittelbaren Nachkriegszeit hatte Rolf Gutbrod für die Firma Hahn Volkswagen-Kundendienststationen realisiert, die bereits abgebrochen sind, 1953 das Wochenendhaus umgebaut, im selben Jahr zwei Mehrfamilien-Wohnhäuser realisiert, 1954 das Einfamilienhaus Fritz Hahn, 1956 das Hahn-Wohnhochhaus in Fellbach und 1952

(Architekten: Gutbier, Siegel, Wilhelm), wurden erste Zeichen für den Hochhausbau der 60er Jahre im Zentrum von Stuttgart gesetzt. Dem IBM-Verwaltungsgebäude – als einer schmalen, neungeschossigen Rechteckscheibe – gegenüber zeigt sich das Hahn-Hochhaus als Flachbau, der von einem Turm mit 13 Geschossen und zwei Staffelgeschossen überragt wird.[249] Im Gegensatz zur nahezu geometrischen Grundrißfigur des IBM-Gebäudes weist das Hahn-Hochhaus eine weit stärkere Differenzierung auf: Der komplexe Grundriß [Abb. 40] ist durch primäre geometrische Formen nicht zu determinieren. Einer geraden Gebäudekante entlang der Friedrichstraße folgen seitliche Einschnitte und abgeschrägte Wandflächen. Ein scheibenförmiger Aussteifungs- sowie ein Erschließungskern unterteilen das Gebäude. Innerhalb der Bürogeschosse läßt sich keine Bewegungsrichtung bestimmen, die Räume werden lediglich durch Vorplätze erschlossen. Wie im IBM-Verwaltungsgebäude ist die Innenraumaufteilung der Geschosse variabel, doch führen Raumformen mit teils spitzen, teils stumpfen Winkeln – wie sie häufig auch in der Architektur Scharouns vorkommen – zu verlorenen Resträumen. Sicher war hier nicht allein die spezifische Funktion Ausgang der Formsuche, sondern auch ästhetische Gesichtspunkte, das Streben nach Steigerung des Ausdrucks im Sinne des Expressionismus.

Der zweigeschossige zurückgesetzte Sockel der Hauptfront [Abb. 41] ergibt einen räumlich gestalteten Eingangsbereich, der nach vorne durch außenstehende Stützen optisch begrenzt ist. Eine beabsichtigte Sogwirkung entsteht. Während sich die Rechteckstützen des IBM-Verwaltungsgebäudes im oberen und unteren Bereich verengen, wurden hier, wie auch bei den Außenstützen der Baden-Württembergischen Bank AG (1963–68), bereits in der Stützenschalung Kerben angelegt, sogenannte 'Schwalben-

---

bzw.1957 in zwei Bauabschnitten das bereits erwähnte Industriegebäude in Fellbach. Wie Rolf Gutbrod in seinem Brief vom 26.10.1994 mitteilt, erhielt er die Aufträge durch den Leiter des städtischen Fuhramtes Scherff, der später den Posten eines Verkaufsleiters der Firma Hahn innehatte. In der unmittelbaren Nachkriegszeit hatte Rolf Gutbrod Instandsetzungsarbeiten für das Fuhramt der Stadt ausgeführt.

249 Aufgrund engagierter Verhandlungen wurde „die Ausnahmeerlaubnis erlangt, aus der im Bebauungsplan vorgesehenen fünfgeschossigen Blockbebauung auszubrechen." Ferner forderte die Bauverwaltung eine Höhenreduzierung des Hochhauses von den ursprünglich geplanten 15 auf 13 Stockwerke mit der Begründung, daß die Höhe des Turmes der Breite der Straße entsprechen müsse. Deutsche Bauzeitung 4/1966, S. 263.

schwänze', welche die Stützen schlanker erscheinen lassen und bei Sonneneinstrahlung ein Spiel von Licht und Schatten hervorrufen.

Die Regelgeschosse zeigen dem Stahlbetonskelett vorgehängte, oben nach innen geneigte plastische Betonbrüstungen analog den Brüstungen des Hahn-Industriegebäudes in Fellbach. Das Gliederungsschema der Fensterbänder des IBM-Verwaltungsgebäudes wird auch hier umgesetzt. Offensichtlich unter dem Aspekt, eine visuelle Schlankheit des Turmes zu erzielen, wurde auf lange ungebrochene Fassaden verzichtet.

Der Flachbau ist dem Hochhaus zugeordnet. Wie im Verwaltungsgebäude der Industrie- und Handelskammer (1952–54) zeigt sich das Prinzip optischer Baukörper-Durchdringung, das heißt das Hochhaus überlagert teilweise den Pavillon. Ursprünglich wurden durch das Erdgeschoß Automobile eingefahren, um sie auf den zweigeschossigen Ausstellungsflächen gut sichtbar zu präsentieren.

Das Äußere des Flachbaus ist bestimmt durch eine Stahl-Glas-Konstruktion mit geschoßhohen Schaufensterflächen, welche eine gute Einsicht und gleichmäßige Belichtung gewähren. Eine Betonplatte durchstößt visuell die Schaufensterfront, kragt als stumpfwinklig gebrochenes Vordach in den Außenraum und definiert hier einen geschützten Bewegungsbereich. Durch seine Einprägsamkeit – bestimmt durch die Merkmale einer dominierenden Baumasse, der straffen bewußt plastisch gestalteten Horizontalgliederung und expressiver Einschnitte – setzt das Hahn-Hochhaus einen Akzent in der Innenstadt und entspricht somit dem Wunsch des Bauherrn nach Werbewirksamkeit. Zusammen mit den Kollegiengebäuden I und II der Universität, dem Tagblatt-, Rathaus- und dem Bahnhofsturm sowie dem Fernsehturm bestimmt das Hahn-Hochhaus die Stadtsilhouette von Stuttgart.[250]

In Stuttgart entstanden 1952 bis 1953 das Max-Kade-Wohnhochhaus für Studenten (Architekten: Tiedje, Kresse) sowie 1956 bis 1963 die bereits erwähnten Kollegiengebäude I und II der Universität Stuttgart. Weder das auf drei Seiten durch weitgehende Geschlossenheit und einer überstehenden Dachplatte bestimmte Studenten-Wohnhochhaus, noch die nüchternen Beton-Glas-Fassaden der Universitätsbauten stellen Bezüge zum Hahn-Hochhaus dar. Eine gewisse Parallelität, wie ein kurzer Vergleich belegt,

---

250 Im März 1994 wurde das Hahn-Hochhaus unter Denkmalschutz gestellt.

zeigt sich eher zum Stuttgarter Tagblatt-Turm (1924–28) von Ernst Otto Oßwald. Der aus 18 Geschossen bestehende Tagblatt-Turm baut auf einer nahezu rechteckigen Grundform auf im Gegensatz zur polygonalen Grundrißfigur des Hahn-Hochhauses. In seiner äußeren Erscheinung bezieht sich das Hahn-Hochhaus durch straffe Horizontalgliederung mittels durchgehender über Eck geführter Fensterbänder und Stahlbetonbrüstungen auf Oßwalds Tagblatt-Turm, beschränkt sich jedoch nicht auf dessen flache Brüstungen, sondern zeigt plastische Brüstungsbänder. Starke Bedenken, „daß die typische Tallage der Stadt nivelliert" werde,[251] lösten 1929 heftige Kritik an weiteren von der Stadt favorisierten Hochhausprojekten aus. Auch heute wieder ist das Hochhaus ein sehr umstrittenes Thema im städtebaulichen Diskurs in Stuttgart.

Das hochgelegene GEBÄUDE DER BADEN-WÜRTTEMBERGISCHEN BANK AG setzt einen städtebaulichen Akzent und ist aufgrund seiner Maßstabsgerechtigkeit und plastisch differenzierten Natursteinfassaden ein formal und ästhetisch gelungenes Bauwerk der 60er Jahre in Stuttgart.

Eine kritische Auseinandersetzung mit dem Bankgebäude (1963–68) verlangt den genauen Hinweis auf seinen exponierten Standort. Das Bauareal auf dem „Kleinen Schloßplatz", im Zentrum der historischen Stadt, definiert sich durch eine erhöhte Plattform mit locker angeordneten nüchternen Ladenpavillons, die von Verkehrsstraßen unterfahren und von zwei Seiten durch relativ breite Straßen, die Königs- und die Theodor-Heuss-Straße, eingegrenzt wird.

Dem Bau des „Kleinen Schloßplatzes" gingen langwierige Auseinandersetzungen zwischen Stadt und Land unter ideologisch gegensätzlichen Leitvorstellungen voraus. Aufgrund der Tatsache, daß das ursprüngliche im Krieg zerstörte Gebäude der Bank in der Friedrichstraße 22 dem Ausbau des planerisch dominierenden Verkehrssystems weichen sollte, stellte das Land die absolute Bedingung, daß die Stadt einen Bauplatz in diesem

---

251 Rainer STOMMER, Dieter MAIER-GÜRR, Hochhaus. Der Beginn in Deutschland, Marburg 1990, S. 108. Zum Hochhaus Tagblattturm. Siehe auch: Der Schrei nach dem Turmhaus. Der Ideenwettbewerb Hochhaus am Bahnhof Friedrichstraße Berlin 1921/22, Marburg 1990, S. 191, 195.

zentralen Gebiet zur Verfügung stelle. Eine umfassende Untersuchung zu dem städtebaulichen Kompromiß „Kleiner Schloßplatz" liefert Bernhard Sterra.[252]

Das Bankgebäude entstand als sechsgeschossiger kompakter Quader mit Innenhof und zurückgesetztem Dachgeschoß. Das Bauwerk ist in seiner Stellung den übrigen Bauten gegenüber um 6 Grad verschwenkt, um optisch einen Bezug zum Schloßplatz und zur Königstraße herzustellen. Eine „städtebauliche Verbindung zum urbanen Kontext" war in der Auslobung des Gutachterwettbewerbs explizit gefordert.[253]

Das Erdgeschoss [Abb. 42] ist für den Publikumsstrom durchlässig konzipiert: Drei frei geformte 'Inseln' definieren die öffentlichen Verkehrswege, die das Restaurant, eine Bar und die Geschäfte erschließen. Das erste Geschoß zeigt im Gegensatz zu dem unschematisch gegliederten Erdgeschoß einen quadratischen Grundriß mit zentralem Lichthof. Der Wechsel von freier Grundrißform und strenger Grundrißgeometrie der Obergeschosse ist charakteristisch für den Bank- beziehungsweise Verwaltungsbau mit integrierter Ladenfläche.

Das Hauptgeschoß [Abb. 43 + 44] nimmt die weiträumige Schalterhalle mit Kundenzone, Tresen und Arbeitsbereichen auf.[254] Beim Durchschreiten der Kundenhalle wird der Repräsentationsanspruch, welcher der Bauaufgabe Bank angemessen ist, sukzessive wahrgenommen: Die Innenraumgestaltung ist geprägt durch wertvolle Materialien wie schwarz-braunes Edel-

---

252 STERRA, Das Stuttgarter Stadtzentrum im Aufbau. Architektur und Stadtplanung 1945 bis 1960, Stuttgart 1991, S.182 ff. Ferner Gespräch mit Herrn Fichtner von der BW-Bank am 27.12.1994.
253 Gutachterauftrag vom 21.12.1962 (Archiv BW-Bank): Außer Rolf Gutbrod waren die Stuttgarter Architekten Werner Gabriel, Otto Jäger, Paul Schmohl für den Gutachter-Wettbewerb des Bankgebäudes eingeladen. Das Raumprogramm forderte im Erdgeschoß vermietbare Ladengeschäfte, Erschließungsbereiche für die Geschäfte und die Bank und an verkehrsgünstiger Lage einen Autoschalter. Bankspezifische Räume sind in den Obergeschossen unterzubringen, wobei die Schalterhalle im ersten Stockwerk liegen sollte. Grundsätzlich waren keine verglasten Leichtmetallfassaden, sondern Natursteinverkleidungen vorzusehen. Siehe: Gutachterauftrag a. a. O., S. 7, Raumprogramm.
254 Zwar ist eine Anordnung der Kundenhalle im ersten Geschoß (wie auch im Gutachterprogramm gefordert) äußerst selten, hat jedoch den Vorteil, daß zwischen dem Eingangsbereich und der Kundenhalle gut kontrollierbare Zwischenzonen liegen. Gespräch mit Herrn Fichtner, a. a. O.

holz, Granit und schwarzes Leder im Bereich der Schalter. Darüber hinaus spielt das Phänomen Licht eine bedeutende Rolle: Nicht der lichtdurchflutete Raum im Sinne der Avantgarde, nicht die Polarität Hell-Dunkel, sondern fließende Übergänge von starker Helligkeit zu diffusem Halbdunkel, von Kunst- zu Tageslicht tragen zu einer eindrucksvollen Atmosphäre bei. Natürlicher Lichteinfall erfolgt durch ein sich asymmetrisch nach unten erweiterndes Stahl-Glasdach, das die Kundenzone belichtet und optisch abgrenzt, während die Arbeitsplätze weitgehend durch Fensterbänder erhellt werden. Für Gutbrod bedeutet wie für Louis I. Kahn „Räume zu schaffen" „zugleich Licht zu schaffen",[255] Raum und Licht sind Parameter des Entwerfens. Bereits 1954 verwies er in seiner Antrittsrede an der Technischen Hochschule Stuttgart auf das Phänomen Licht als ein den Ausdruck und die Atmosphäre des Raumes bestimmendes Gestaltungsmittel.[256]

Ein Umgehen des freistehenden Bauwerks macht das Streben nach differenzierter Fassadengestaltung aus Naturstein bewußt – wobei die Verwendung von Naturstein eine dezidierte Forderung der Wettbewerbsausschreibung war – darüber hinaus den Verzicht auf repräsentative Monumental-Eingänge und Säulen als eine architektonische Metapher für erfolgreiche Finanzgeschäfte [Abb. 45].

Das Erdgeschoß öffnet sich nach allen vier Seiten durch Vollverglasung, somit sind die horizontalen Raumgrenzen visuell aufgelöst. Auf öffentlichen Wegen entlang der Schaufensterfronten werden Passanten durch das Gebäude geführt, in der Absicht, die Geschäfte und damit auch den Platz zu beleben. Die Regelgeschosse zeigen als Brüstungselemente der Betonkonstruktion vorgeblendete, schräg gestellte Quarzitplatten. In unregelmäßigen Abständen überlagern spitz zulaufende Vertikalunterteilungen Fensterbänder und Brüstungen. Hier wie auch am Hahn-Hochhaus wird durch scharfen Schnitt der Fassadenelemente ein hohes Maß an gewollt plastischer Qualität erreicht. Den Eckkonflikt löst Gutbrod dahingehend, dass er die Fassadenabschlüsse mit Bronzeplatten verkleidet. Grundsätzlich variieren alle vier Schauseiten das Grundraster vertikaler und horizontaler Quarzitplatten, die etwas schwer, doch äußerst elegant wirken, der Seriosität und Solidität einer Bank angemessen.

---

255 JOEDICKE, Architekturgeschichte des 20. Jahrhunderts, a. a. O., S. 121.
256 GUTBROD, Was bleibt von 50 Jahren?, a. a. O., S. 34.

Für den jungen Stuttgarter Architekten Wolfgang Schwarz und für viele andere ist die formal und gestalterisch gelungene Bank „eines der schönsten Verwaltungsgebäude der Stadt".[257]

Kunst und Architektur als „lebendige Synthese" trägt hier, wie auch beim Konzerthaus Liederhalle, nicht unbedeutend zur ästhetischen Wirkung des Außen- und Innenraums bei. Kunstobjekte wie Reliefs und Skulpturen sind in die Eingangs- beziehungsweise Schalterhalle integriert. In Zusammenarbeit mit Handwerkern wurden die äußeren Verkehrswege für den Fußgänger attraktiv gestaltet: Mit Mosaiksteinen gepflasterte Wege erhielten gekurvte Leitlinien aus hellen Natursteinen, die auf die wenig akzentuierten Eingänge hinweisen. Ausgehend von gestaffelten Vorplätzen endet der Pflasterbelag nicht an Türschwellen, sondern setzt sich bis in die Innenräume fort, ein gestalterisches Prinzip, das auch am Eingangsbereich des Süddeutschen Rundfunk-Gebäudes realisiert wurde. Die künstlerische Leitung oblag hier wie auch bei der Liederhalle dem Maler und Bildhauer Blasius Spreng.

Bauten für die Bildung und Wissenschaft

Das Projekt UNIVERSITÄTS- UND STADTBIBLIOTHEK UND HÖRSAALGEBÄUDE DER UNIVERSITÄT KÖLN (1960–68)[258] kennzeichnet in seiner betontypischen Ästhetik, in den An- und Zuordnungsprinzipien der Bauteile prägnant die Tendenz des 'Betonbrutalismus' im Werk Rolf Gutbrods.

Die Bibliothek zeigt eine für den Bibliotheksbau klassische Gliederung in Benutzerteil, Verwaltung und Magazin [Abb. 46]. Die Bereiche Verwaltung und Magazin befinden sich in einem L-förmigen Bauteil, der das Rückgrat bildet. Getrennt durch einen Lichthof mit Wasserbecken wird dem Gebäude der Benutzerteil vorgelagert. Die Haupterschließung erfolgt an der Ecke Kerpener- Universitätsstraße über eine Betonrampe.

---

257 Ebd. S. 44.
258 Das Raumprogramm forderte für das Bibliotheksgebäude ein Büchermagazin für etwa 1,5 Mio. Bände, des weiteren Räume für die Benutzung und Verwaltung sowie ein Bibliotheks-Lehrinstitut. DFW, Jg. 26, 2/1978, S. 66 f.

Im ostorientierten Benutzertrakt liegt die durch Niveausprünge gegliederte Eingangshalle, die sich durch eine raumhohe Glas-Aluminium-Konstruktion öffnet und die im Außenraum angelegten Stein- und Wasserterrassen des Kölner Bildhauers H.-J. Grümmer optisch integriert (die Wasseranlage wies jedoch funktionelle Mängel auf, so daß die Terrassen überbaut wurden). Das Prinzip der Raumkontinuität zeigt sich sowohl in der offenen Eingangshalle als auch in den zweigeschossig angelegten Lesesälen, die sich durch versetzte Ebenen gliedern. Abgehängte Decken betonen die Raumgliederung der Lesesäle.

Der von Westen erschlossene Verwaltungstrakt ist längsgerichtet und nimmt neben Verwaltungsräumen unter anderem das Bibliothekar-Lehrinstitut mit Hörsälen und Dozentenzimmern auf.[259] In allen Geschossen des Verwaltungsbaus ist die Gliederung der Räume im Rahmen des konstruktiven Skeletts flexibel.

Das in seiner Grundform orthogonal ausgerichtete Magazin ist von den übrigen Bereichen separiert. Die Geschosse sind, der spezifischen Funktion eines Magazins entsprechend, in einzelne Bereiche unterteilt. In einem zentralen Kern befinden sich die Vertikalerschließung sowie Bücheraufzüge.

In der äußeren Erscheinung [Abb. 47] zeigt sich analog zur Liederhalle das Prinzip der unterschiedlichen Ausbildung einzelner Gebäudeteile, eine Konstante im Werk Gutbrods. Der Benutzerteil definiert sich durch eine auf Stützen ruhende, höhenmäßig und räumlich gestufte Hauptfront. Das zurückgezogene Erdgeschoß ist vollverglast, so daß der Eindruck des Schwebens entsteht. Über der leicht gezackten Kante der Erdgeschoßdecke zeigt sich eine unschematisch gegliederte Stahl-Aluminium-Konstruktion mit bedingt transparenten Glasbausteinflächen sowie in Sichthöhe Fensterbänder mit Thermopane-Verglasung. Um eine günstige Belichtung ohne Schattenwirkung zu gewährleisten, erhielt das Flachdach des Benutzerteils zahlreiche Betonsheds.

Das Äußere des sechsgeschossigen Verwaltungstraktes ist durch strukturierten Stahlbeton, in nördlicher und südlicher Richtung durch zwei herausgestellte Erschließungstürme – ein Charakteristikum des Brutalismus – determiniert, während das kompakte, achtgeschossige Magazin auf der

---

259 Ebd. S. 91.

Ost-, Süd- und Westseite ein gleichförmiges Beton-Raster aufweist: Durch eine Vielzahl versetzt übereinander gereihter Öffnungen (Länge 1,30 m, Tiefe 0,65 m, Höhe 1,10 m), sogenannter *brise-soleils*, dringt gebrochenes, eher diffuses Licht in die Räume. Die Länge der Öffnungselemente von 1,30 m entspricht dem Achsmaß der Bücherregale. *Brise-soleils*, die „Tiefe, Flächendurchdringung ins Spiel der Stereometrie"[260] bringen, das heißt funktionale, strukturale und plastische Elemente darstellen, hatte Le Corbusier bereits 1939 für das Hochhaus der *Cité d'Affaires* in Algier entworfen. Sie finden sich Variationen an einer großen Zahl seiner Bauten wieder. Wie viele Architekten in der Nachkriegszeit orientierte sich Rolf Gutbrod an der Architektur Le Corbusiers, was sich an der konsequenten Verwendung des schalungsrauhen Betons sowie der Übernahme sekundärer Elemente wie der Betonrampe oder den Betonwasserspeiern des Hörsaalgebäudes zeigt.

Kurz nach seiner Fertigstellung erhielt das Bibliotheksgebäude eine kontroverse Beurteilung: Der Studierende Peter N. schrieb an die Lokalpresse „Kölner Stadt-Anzeiger", „daß die genialen Leistungen des Architekten und der Ausführenden" durch die Presse nicht genügend gewürdigt würden.[261] Andererseits entzündete sich berechtigte Kritik an der ungünstigen Raumorientierung: Studenten bemängelten Lärmbelastung bei der Arbeit durch Ausrichtung der Lesesäle in Richtung auf die verkehrsmäßig stark frequentierte Universitätsstraße, während die Räume der Bibliotheksverwaltung nach Westen in Richtung des stillen alten Geusenfriedhofs wiesen, wie die „Kölner Rundschau" vom 9. Juni 1967, als Sprachrohr der kritisch eingestellten Studenten, hervorhebt.

Nördlich der Bibliothek, verbunden durch aufgelockerte Grünbereiche, Wasserflächen und schmale unschematisch angelegte Wege, befindet sich das HÖRSAALGEBÄUDE DER UNIVERSITÄT (1960–68), das ausschließlich Vorlesungen der geisteswissenschaftlichen Fakultäten vorbehalten ist.

Der Grundriß [Abb. 48] variiert im Ansatz das Liederhallenkonzept: Um eine zweigeschossige Eingangshalle gruppieren sich drei autonome Baukörper, die aufgrund ihrer aufgelockerten Anordnung im Außenbereich Vor-

---

260 Christoph HACKELSBERGER, Beton: Stein der Weisen?: Nachdenken über einen Baustoff, Braunschweig/Wiesbaden, 1988, S. 94.
261 Kölner Stadtanzeiger vom 31. 5. / 1. 6.1969, S.15, Archiv Büro Gutbrod, Berlin.

höfe, Nischen und Plätze bilden. Zeigen die einzelnen Säle der Liederhalle, ihrer unterschiedlichen Nutzung entsprechend, völlig differenzierte Raumausbildungen, so bleiben sich die Hörsäle bei nahezu gleicher Funktion im fächerförmigen Zuschnitt ähnlich, variieren jedoch stark in ihrer Größe und Kubatur, um den unterschiedlichen Forderungen an Sitzplätzen zu entsprechen. Somit wird auch hier Rolf Gutbrods Entwurfsansatz – die Räume ihrer spezifischen Funktion entsprechend auszubilden – deutlich.

Wie bei der Liederhalle ist auch hier das Verkehrssystem Parameter des Entwurfs. Ausgehend vom Forumsplatz führt der Weg über den vollverglasten Hauptzugang in die mit einem 25,50 m frei tragenden, konstruktiven Faltwerk überdeckte Eingangshalle als Treffpunkt und Verteilerbereich. Eine zweiläufige Betontreppe, in ihre Massivität an Walter Förderers Betontreppen der Hochschule in Sankt Gallen (1959–63) erinnernd, führt in den oberen Hallenbereich, Stufen überbrücken höhendifferenzierte Plätze, Treppen erschließen die ansteigenden introvertierten Hörsäle. In deutlichem Gegensatz zu den teils gekurvten Verkehrswegen der Liederhalle zeigt das Hörsaalgebäude ein rein orthogonales System des Bewegungsvorgangs. Das Gebäude nimmt Hörsäle für insgesamt 2.100 Plätze auf: zwei Hörsäle mit je 600, zwei mit je 300 und zwei Hörsäle mit je 150 Sitzplätzen, wobei die großen Hörsäle bei Bedarf mittels einer mobilen Wand getrennt werden können.

Die Außenform [Abb. 49] ist das Ergebnis der inneren Raumanordnung. Drei vortretende Baukörper, partiell auf Stützen geständert, treten hervor. Die schräg verlaufende mit rot gesinterten Klinkern verkleidete West- und Ostwand der Hörsäle zeigt eine gewisse Affinität zu diagonalen Stufungen an Alvars Aaltos Studentenwohnheim des M. I. T. in Cambridge. Der zweigeschossigen Eingangshalle ist im Süden eine auf Stützen ruhende Pausenterrasse vorgelagert, die intern über die obere Halle, extern über eine zweiläufige Betontreppe erschlossen wird. Gerade Bereiche wie Vorhof, Grünzonen und Pausenterrasse sind Orte, wo „soziale Lernprozesse" durch gegenseitige Kontakte stattfinden, wie dies Horst Linde in seinem am 16. November 1968 in Stuttgart gehaltenen Vortrag mit dem Thema „Strukturprobleme der Universität" eindrucksvoll darstellt.[262]

---

262 Manuskript eines Vortrages, gehalten bei der 40-Jahr-Feier des RC Stuttgart, S. 6, Universitätsbibliothek Stuttgart SA 2/1424. Linde kritisiert die an deutschen Hoch-

Weit mehr als bei der Liederhalle nutzt Rolf Gutbrod hier die großen Möglichkeiten der Oberflächengestaltung des Betons: schräge Auszonungen, gezackte Flächen mit längsrechteckigen plastischen Betonmotiven, Flächen aus *brise-soleils* sowie gerade und diagonal geführte Linien nehmen den Wänden Strenge und Massigkeit. Sekundärelemente sind hervorgehoben: Treppen werden als skulpturale Elemente eingesetzt, Wasserspeier treten überdimensioniert hervor. Ein hohes Maß an Ausdruckskraft wird erreicht. Doch zeichnet sich insgesamt ein ästhetischer Mangel ab, bedingt durch gravierende Schäden am schalungsrauhen Beton, welcher bereits Anfang der 90er Jahre eine gründliche Betonsanierung erfordert hätte.

Bei der Suche nach Vergleichsbeispielen stößt man auf die 1959 bis 1963 von James Stirling und James Gowan erbaute Ingenieurabteilung der Universität Leicester: Wie beim Kölner Hörsaalgebäude sind dort die Vorlesungssäle als plastisch vortretende Einzelbaukörper mit ansteigenden Böden außen ablesbar. Eine weitere Parallelität der Universitätsbauten Leicester und Köln zeigt sich in der Geschlossenheit introvertierter Hörsäle, die in bewußtem Kontrast zur Offenheit der Erschließungsbereiche stehen.

Im Kölner Projekt ist Stahlbeton als roh belassener Baustoff – bereits am Konzerthaus Liederhalle in Stuttgart vorweggenommen – innen und außen sichtbar herausgestellt. Erstmals treten hier massive Betonbrüstungen, Betontreppen und voluminöse Betonstützen, die den Kräfteablauf visualisieren, in Erscheinung, Elemente, die sich ähnlich in späteren Bauten, so dem Gebäude des Süddeutschen Rundfunks oder im Kunstgewerbemuseum in Berlin wiederfinden und dort nach der Eröffnung 1985 in einer Zeit veränderter Architektur-Tendenzen Anlaß heftiger Kritik waren.

Insgesamt wird an den Kölner Bauten der Trend zu lastender Schwere und zur Großstruktur, letzteres als Folge der hohen Raumforderung, offenbar. Insofern sind die Universitätsgebäude in ihrer Konstruktions- und Materialgerechtigkeit sowie in ihrer Textur prägnanter Ausdruck der in dieser Zeit vorherrschenden brutalistischen Tendenz.

schulen fehlenden sozialen Einrichtungen, wie sie auf dem Campus englischer Universitäten zur Verfügung stehen.

Zur Strömung des Brutalismus

Im folgenden soll versucht werden, die Strömung des Brutalismus in der Architektur ab den 50er Jahren im Überblick darzustellen, ohne jedoch auf die Verwendung des Betons im Bereich des Ingenieurbaus oder auf betontypische Vorläufer, Bauten des frühen 20. Jahrhunderts, mit Ausnahme von Rudolf Steiners Goetheanum in Dornach (1924–28), einzugehen.[263]

Der Begriff *Brutalismus* beziehungsweise *New Brutalism*, dem keine genaue Definition zugrundeliegt, kam Anfang der 50er Jahre in England im Kreis um Alison und Peter Smithson auf, deren theoretischer Ansatz eine spezielle Ethik (wie Verantwortung, Wahrheit, Objektivität, Material- und Konstruktionsgerechtigkeit und Ablesbarkeit) beinhaltete. Primär stellte sich die Frage nach der planerischen Umsetzung des Begriffs der Ablesbarkeit.

„Bei den Smithsons wird diese Frage reduziert auf die Forderung, daß die Logik des Entwurfsgedankens und – präziser – die räumliche Fügung, die Konstruktion und die Baustoffe außen ablesbar sein sollen. Damit dies erreicht werden kann, soll der Blick des Betrachters mit Aufdringlichkeit gereizt werden",[264]

schreibt Jürgen Joedicke. Somit war im theoretischen Ansatz auch ein kommunikativer Aspekt enthalten. Brutalistische Kategorien nahm die durch Alison und Peter Smithson bereits 1949 entworfene und in den Jahren 1952 bis 1954 realisierte *Secondary School* in Hunstanton auf, während spätere Bauten der Smithsons anderen Prinzipien folgen, die in diesem Zusammenhang nicht angesprochen werden sollen.[265]

Ende der 50er Jahre setzte sich der Brutalismus international durch. Richtungsweisendes Vorbild für viele Architekten waren die Bauten von Le Corbusier, der mit dem sogenannten *Système Hennebique*, dem ersten mo-

---

263 Bereits Anfang des 20. Jahrhunderts entstanden Betonbauten, so z. B. August Perrets Wohnhaus, Rue Franklin Nr. 25 (1902–03) in sichtbarer Skelettstruktur oder Max Bergs expressive als Rippenkonstruktion errichtete Jahrhunderthalle in Breslau (von 1912–13), doch entstanden reine Betongebäude vermehrt nach dem Zweiten Weltkrieg. Siehe: HACKELSBERGER, a. a. O., S. 81 f.
264 JOEDICKE, Architekturgeschichte, a. a. O., S. 84 f.
265 Ebd. S. 84, Kenneth FRAMPTO, Die Architektur der Moderne. Eine kritische Baugeschichte, Stuttgart 1983, S. 224.

nolithischen Stahlbetonskelett, bereits während seiner Mitarbeit bei Auguste Perret 1908 und 1909 konfrontiert wurde.[266] Bemerkenswert in diesem Zusammenhang ist, daß das 1902 bis 1903 entstandene Pariser Wohnhaus Perrets in der Rue Franklin 25 in seiner sichtbaren Betonskelettstruktur in seinem Grundriß bereits Le Corbusiers *plan libre* antizipierte.

Weitreichenden Einfluß auf die Architektur der Nachkriegszeit hatte vor allem Le Corbusiers *Unité d'Habitation* in Marseille (1947–50), die charakteristische Gestaltungsmerkmale des *béton-brut* aufweist. Brutalistische Details wie die durch Gutbrod umgesetzten *brise-soleils* nahm Le Corbusiers Hochhaus der *Cité d'Affaires* in Algier bereits 1939 vorweg. *Béton brut* in konsequenter Verwirklichung zeigt sowohl das Kloster Sainte Marie de la Tourette in Evreux (1957–60) als auch Le Corbusiers Bauten von Chandigarh (1950–60):

> „In '*La Tourette*' feiert Le Corbusier den *béton brut* zum ersten Mal als das Material dominikanischer Askese, Direktheit und Wahrheit. Der Bau ist begreifbar lapidar, Beton wird intelligent, sorgfältig, was die Textur angeht scheinbar sorglos als Material für dahinterliegende Erfahrung eingesetzt. In Chandigarh endlich tritt am Justizpalast (1950–56) Stahlbeton als ein nach genialer Disposition geformtes Material auf, das durch kein anderes ersetzbar wäre. (...) Ein weiterer, aber in der Tradition der *Unité* stehender Bau ist das Sekretariat in Chandigarh, wo Beton wieder bewußt als schalungsrauh belassener Guß eingesetzt wird. Der Baustoff hat unter den Händen Le Corbusiers zu vollem Volumen, zu ergreifender Aussage gefunden, über die Konstruktion hinaus. Das ist entscheidend",

schreibt Christoph Hackelsberger in seinem Essay „Beton: Stein der Weisen?" von 1988.[267]

Rolf Gutbrods Verwendung des schalungsrauhen Betons, die Übernahme konstruktiver Betonelemente und gestalterischer Betondetails, wie bereits angesprochen, verweist auf eine unmittelbare Rezeption der Architektur Le Corbusiers. Des weiteren dürften auch brutalistische Gestaltungsprinzipien von Alvar Aaltos Studentenwohnheim des Massachusetts Institute of Technology (M. I. T.) in Cambridge Vorbild gewesen sein.

---

266 HACKELSBERGER, Beton: Stein der Weisen?, a. a. O., S. 85 f.
267 Ebd. S. 98.

Ein frühes Beispiel im Bereich der Betonarchitektur ist Rudolf Steiners Zweites Goetheanum in Dornach bei Basel (1924–28), das als differenzierte, monumental wirkende „bauliche Plastik" entstand ohne überdimensioniert zu sein und wie Erich Mendelsohns plastisch durchgeformter Einsteinturm (1917–21) in Potsdam ein hohes Maß an Expressivität hervorruft.[268] Obgleich der Einsteinturm in Ziegelmauerwerk gebaut wurde, weil die Schalungs- und Armierungstechnik für eine geplante Betonbauweise Schwierigkeiten bereitete, erweckt er in seiner gerundeten Außengestalt den Eindruck eines Stahlbeton-Bauwerks.

Die Formbarkeit durch Betonguß hatte Rolf Gutbrod bereits als Student während seiner früheren Aufenthalte in Dornach beeindruckt, wie er betont, auch habe sein „hochverehrter" Lehrer für Baugeschichte und späteres Mitglied der „Christengemeinschaft", Ernst Robert Fiechter, die Architektur des Goetheanums, die konstruktiven und gestaltbildenden Möglichkeiten des Betons erläutert,[269] so daß mit Sicherheit davon ausgegangen werden kann, daß vom Goetheanum, neben der Rezeption der Architektur Le Corbusiers und Alvar Aaltos ein richtungsweisender Einfluß auf Gutbrods planerische Arbeit ausging.

Zeigt sich die bevorzugte Verwendung von Sichtbeton als konstruktives und ästhetisches Mittel bereits am Heizhaus der Flakkaserne in Friedrichshafen (1937), bei der Stuttgarter Liederhalle (1951–56), beim Verwaltungsgebäude der IBM in Berlin (1959–63), dem Hahn-Hochhaus in Stuttgart (1960–63) oder den Wohnhochhäusern der Gropiusstadt in Berlin (1962–68), so werden bei den Kölner Universitätsbauten nahezu alle Möglichkeiten der Betongestaltung im Sinne des Brutalismus konsequent ausgeschöpft. Für Rolf Gutbrod bleibt die Betonästhetik auch bei späteren Projekten maßgebend.

---

268 Vittorio MAGNAGO LAMPUGNANI (Hg.), Hatje/Lexikon der Architektur des 20. Jahrhunderts, Stuttgart 1983, S. 186.
269 Rolf Gutbrod war bereits in früheren Jahren häufig am Goetheanum in Dornach, wo seine Schwester, Dora Gutbrod, eine Tätigkeit als Sprachgestalterin inne hatte. Während seinen dortigen Aufenthalten hatte er in Goethes Faust gelegentlich als „Kulissenschieber" mitgewirkt wie aus dem Film-Manuskript von Gisela REICH, Rolf Gutbrod – Häuser für Menschen, Aussagen zu einer persönlichen Architektur, hervorgeht. Universitäts-Archiv Stuttgart SA 2/992, ohne Datum.

Rolf Gutbrods bewußte Hinwendung zum Brutalismus dürfte im Prinzip auch eine unmittelbare Gegenreaktion auf den sich Ende der 50er Jahre in Deutschland konsequent durchsetzenden „Internationalen Stil" sein, jenen maßgeblich an der rationalen Ästhetik Ludwig Mies van der Rohes orientierten weitgehend „entmaterialisierten" Projekten, wie sie durch zahlreiche Architekten umgesetzt wurden, so beispielsweise das von Paul Schneider-Esleben bereits 1953 bis 1955 als Stahlkonstruktion mit vorgehängter Aluminium-Fassade realisierte Mannesmann-Hochhaus in Düsseldorf, der von Kurt Viertel 1956 entworfene und durch sachlich-kühle Eleganz geprägte Landtag von Baden-Württemberg (Weiterentwicklung und Ausführung des Wettbewerbs H. Linde, E. Heinle) oder Egon Eiermanns und Sep Rufs programmatischem Deutschem Pavillon von 1959 in Brüssel sowie Helmut Hentrich und Hubert Petschniggs Düsseldorfer Thyssenhaus (1957–60) mit seiner glatten, dezent strukturierten Haut, das als weithin sichtbares „Signal des technischen Zeitalters" galt.

Dieser Standpunkt muß jedoch grundsätzlich relativiert werden, da Gutbrod ebenso die sachlich-nüchterne Stahl-Glas-Konstruktion als Vorhangfassade verwendet, doch immer – und das ist hervorzuheben – in Kohärenz mit plastischen expressiven Elementen in Sichtbeton. Konkrete Beispiele hierfür sind das Verwaltungsgebäude der Holzberufsgenossenschaft (1948–50) oder das Rundfunkgebäude (1966–76) in Stuttgart.

Dem Betonbrutalismus verpflichtet sind Architekten wie beispeilsweise James Stirling und James Gowan mit der Bebauung Langham House, Ham Common/London (1958), Kenzo Tange mit dem Kulturzentrum Nichinan von 1962 oder Helmut Striffler (Evangelische Versöhnungskirche, Konzentrationslager Dachau 1965–67), Gottfried Böhm realisierte 1963–67 das Rathaus in Bensberg. Auch Walter Förderer sei genannt, dessen Hochschule für Wirtschafts- und Sozialwissenschaften (1959–63) in Sankt Gallen ebenso wie die oben angesprochenen Betonbauten das Erlebnis plastischer Volumina vermittelt.

Als ehemaliger Waldorfschüler war Rolf Gutbrod an drei Projekten des Bundes der freien Waldorfschulen beteiligt: dem Lehrerseminar-Gebäude mit Klassentrakt der Waldorfschule Uhlandshöhe, der Aula mit Klassenbau der Kräherwaldschule in Stuttgart und der Rudolf-Steiner-Schule in Wuppertal. Von Interesse ist in diesem Zusammenhang, inwieweit an Bauten für Waldorfschulen andere Gestaltungsprinzipien als an Rolf Gutbrods übrigen Bauwerken zum Ausdruck kommen. Auf diese Andersartigkeit soll vor allem am Beispiel der WALDORFSCHULE UHLANDSHÖHE hingewiesen werden.

Das Lehrerseminar-Gebäude mit Schultrakt der Freien Waldorfschule Uhlandshöhe entstand in zwei Bauabschnitten (1965–67 und 1972–73) in Zusammenarbeit mit den Architekten Wolfgang Henning, Johannes Billing, Jens Peters und Nikolaus Ruff sowie Dietrich Esterl, als Vertreter der Lehrerschaft, die alle der anthroposophischen Lehre folgen. Jens Peters und Nikolaus Ruff hatten Anfang der 60er Jahre bei Rolf Gutbrod an der Architektur-Abteilung der Technischen Hochschule in Stuttgart das Diplom abgelegt. Darüber hinaus war Nikolaus Ruff von 1960–63 Mitarbeiter im Büro Gutbrod in Stuttgart. Im Jahr 1964 eröffneten Billing, Peters und Ruff ein gemeinsames Architekturbüro in Stuttgart.[270]

Das für das Lehrerseminar-Gebäude mit Klassentrakt vorgesehene längsrechteckige Grundstück an der Haußmannstraße 44 ist Teil eines großen Areals, das die erste Freie Waldorfschule – die Rolf Gutbrod in den 20er Jahren besucht hatte – sowie das Eurythmeum, ein Internat und weitere Einrichtungen aufnimmt und zu einem „kulturellen Zentrum der anthroposophischen Bewegung in der Region" wurde.[271]

Unter Berücksichtigung der lokalen Gegebenheiten entstand eine winkelförmige Anordnung der Gebäude. Dies ergibt im inneren Winkelbereich einen Pausenhof sowie eine räumlich geschützte Zone mit zwei Haupteingängen.

---

270 Karl Wilhelm SCHMITT (Hg.), Architektur in Baden-Württemberg nach 1945, Stuttgart 1990, S. 186.
271 a. a. O., S. 182.

Die Interpretation der Bauaufgabe führt zu zwei unterschiedlich ausgebildeten Teilen: einem Wohn- und Ausbildungsbereich für angehende Lehrer und dem später ausgeführten Klassentrakt für Schüler. Beide Teile sind zu einem architektonischen Ganzen verbunden. In den Hauptgeschossen liegen außer Büros und Wohnräumen zwei größere polygonale Gruppen- beziehungsweise Seminarräume. Aus funktionalen Gründen sind die Wohn- und die Gruppenräume um einen zentralen Installationskern mit angrenzender Teeküche gelegt. Bei gleicher Nutzfläche basieren die Wohnräume auf dem Grundschema einer geraden und einer schrägen Raumgrenze [Abb. 50]. Die bewußt abgeschrägten Wandbegrenzungen der relativ kleinen Wohnzimmer bereiten jedoch Schwierigkeiten, Mobilar zu stellen.

Das offene Dachgeschoß, das die Schrägen erlebbar macht, nimmt neben Räumen für die Bibliothek, für Eurythmie, Musik und Sprachgestaltung, den Festsaal auf. Seine Grundform ist weitgehend einem Trapez angenähert – analog der Grundrißfigur der Hörsäle der Universität in Köln. Schräg eingeschnittene Gewände des Bühnenzugang des Saales zielen auf räumlich plastische Wirkung, ein typisches Merkmal anthroposophischer Architektur. Die bevorzugte Verwendung natürlicher Materialien zeigt sich in den holzverschalten Saalwänden, die zu schrägen, vielfach gegliederten Dachflächen übergehen. Durch partielle Verglasung des Dachs wird dem introvertierten, relativ kleinen Saal Tageslicht zugeführt.

Die Wegführung ist auch hier Entwurfsprinzip: eine abgewinkelte Außentreppe verbindet zwei heterogene Räume: den vorgelagerten Pausenhof und die kleine Eingangshalle im Seminargebäude. Ein sich wechselweise verengender und erweiternder Flur, der im 90∞-Winkel abknickt, erschließt die einzelnen Räume. Durch ein in Blickrichtung liegendes breites Fenster wird Natur optisch integriert. Der Eingang zum Klassenbereich erfolgt separat über den Pausenhof.

Der bewußte Verzicht auf Symmetrie und geometrische Formen zeigt sich sowohl im Wohn- als auch im Schulbereich. So wurden die Klassenräume als polygonale auf einen Mittelpunkt zentrierte Formen ausgebildet. Die hier gewählte Grundform ermöglicht eine variable zwanglose Sitzordnung für Schüler im Kreis oder Halbkreis. Bemerkenswert ist die außergewöhnliche Farbgebung der Klassenzimmer: Die speziell auf das Alter der Unterstufenschüler abgestimmten warmen Farben (Gelb-, Rottöne) sind – dem pädagogischen Konzept folgend – keine Deckfarben mit opaker Oberfläche, sondern vielmehr 'entmaterialisierte' in mehreren Schichten aufgetragene Lasurfarben. Um ein gewisses Maß an Geborgenheit hervorzurufen wird Licht allein durch einseitige Befensterung zugeführt, entgegen der allgemeinen Forderung nach gleichmäßiger, daher zweiseitiger Belichtung von Schulräumen.

Das Äußere ist zum Teil durch Vor- und Rücksprünge gegliedert. Um plastische Qualitäten zu erreichen, sind die Fenstergewände schräg eingeschnitten. Ihre Anordnung bewirkt Rhythmus in horizontaler und vertikaler Richtung. Oberer Gebäudeabschluß bildet ein unterschiedlich weit herabgezogenes Eternit-Schieferdach, das durch Kanten und Brüche über dem darunter liegenden Musik- und dem Festsaal eine nahezu kristalline Struktur erhält. Ein differenziert ausgebildetes Holzgesims vermittelt zwischen Dach und Umfassungsmauern [Abb. 51].

Dem Gebäude liegen Gedanken und Gestaltungsprinzipien dem der Anthroposophie immanenten „Bauimpuls" zugrunde, die in diesem Zusammenhang nur ansatzweise dargestellt werden können. Nach Rudolf Steiner haben architektonische Formen semantische Bezüge, sie sind Funktions- und Aussageelement, Formen die „sprechen", wie Rudolf Steiner dies in seinem Vortrag unter dem Thema „Der Dornacher Bau – ein Haus der Sprache" vom 17. Juni 1914 ausführt.[272] So hat beispielsweise das vielfach gebrochene Schieferdach die Funktion des Gebäudeabschlusses und ruft gleichzeitig – von Süden betrachtet – Assoziationen zu kristallinen Naturformen hervor.

Für Rudolf Steiner nimmt die Wirkung von Architektur auf den Menschen eine besondere Bedeutung ein. Durch spezifische Formen und Farben der Innenräume soll eine ästhetische Umwelt entstehen, in der sich aus der Gesamtheit menschlichen Wahrnehmungsvermögens sittliche Werte ergeben. Zugrunde liegt das Rudolf Steiners Philosophie kennzeichnende dialektische Prinzip, das auf Annäherung und Vermittlung gleichberechtigter Gegensätze durch Synthese zielt. So betont Rudolf Steiner den Vorgang verstandesmäßigen Wahrnehmens und ebenso den des sinnlichen (ästhe-

---

[272] Rudolf Steiner, Wege zu einem neuen Baustil „und der Bau wird Mensch", Dornach 1982, S. 63 f.

tischen) Empfindens. Die Menschen sollten die „einzelnen Formen durchdenken durchfühlen und durchempfinden",[273] so Rudolf Steiner. Und an anderer Stelle:

> „[es gelte, die] Kunstwerke mit dem Herzen, nicht nur mit dem Verstande zu verstehen, dann werden diese Menschen ihren Mitmenschen nicht mehr Unrecht tun (...) Friede und Harmonie wird sich ergießen in die Herzen durch diese Formen. Gesetzgeber werden solche Bauten sein."[274]

Unverkennbar ist der Bezug zu Friedrich Schillers Aussagen in seinen Briefen „Über die ästhetische Erziehung des Menschen".[275] Im Sinne von Schiller – auf den sich Rudolf Steiner verschiedentlich beruft – „ist ästhetisches Verhalten Ziel der 'ästhetischen Erziehung'", es ist die „Voraussetzung für die Teilhabe des Menschen an Moralität und Freiheit." Schiller geht dabei von dem Denkschema aus, daß Kunst den sinnlichen 'Stofftrieb' im freien 'Spieltrieb' mit dem vernünftigen 'Formtrieb' verbinde und folgert, es sei die Schönheit, durch die man zu der Freiheit wandere.[276]

Auch für Gutbrod stehen architektonische Formen in Zusammenhang mit ästhetischer Wahrnehmung. In seiner Antrittsrede von 1954 spricht er über die „Gestalt des Raumes und zwar von innen her gesehen", über seine bestimmte Atmosphäre und über die „seelische Wirkung" auf den Menschen. Auch glaubt er an eine positive, das moralische Verhalten des Menschen beeinflussende Funktion von Architektur.[277]

Gestaltungsmerkmale Steiners werden auch an der 1973 durch Rolf Gutbrod und Nikolaus Ruff realisierten Aula der Freien Waldorfschule Kräherwald in Stuttgart konkret. Der in freier Form 'modellierte' kantige Baukörper aus Sichtbeton schließt mit einem abgeschrägten, flächigen Betondach ab. In der plastischen Durchformung des Sichtbeton-Baukörpers, in

---

273 a. a. O., S. 63.
274 a. a. O., S. 64.
275 Friedrich SCHILLER, Über die ästhetische Erziehung des Menschen. In einer Reihe von Briefen, 1965, S. 135 ff.
276 Brockhaus Bd. 2, Mannheim 1987, S. 219. Joachim RITTER (Hg.), Historisches Wörterbuch, Bd.1, Darmstadt 1989, S. 568.
277 Filmmanuskript „Häuser für Menschen" a. a. O., S. 20.

seiner Bildhaftigkeit und in seiner expressiven Wirkung erinnert die Stuttgarter Aula unmittelbar an Rudolf Steiners „Zweites Goetheanum"[278] in Dornach (1924–28), das zweifellos die formale Gestaltung und die Materialwahl des Stuttgarter Gebäudes beeinflußt hatte.

Bereits diese Kurzanalysen machen deutlich, daß Rolf Gutbrod in Zusammenarbeit mit den Architekten Wolfgang Henning, Johannes Billing, Jens Peters und Nikolaus Ruff für die Bauaufgabe Waldorfschule andere Formen und Farben wählt, weitgehend basierend auf Rudolf Steiners theoretischen und gestalterischen Prinzipien. Deutlich zeigt sich diese Andersartigkeit im Vergleich mit Gutbrods übrigen Bauten, die bei all ihrer Unterschiedlichkeit, völlig abweichen vom Formen- und Farbenkanon des Stuttgarter Lehrerseminar-Gebäudes und der Aula der Freien Waldorfschule am Kräherwald.

Rolf Gutbrod äußert sich im Gespräch mit Andrew Henning Jones in knapper Form über seine Auseinandersetzung mit den theoretischen Prinzipien Rudolf Steiners:

„It was much easier for me to believe his philosophy, it was most difficult to follow him in the architectural theories or so, but he has written a lot – I could not give it to you in a nutshell – that is to difficult, but certainly it impressed me very much and influenced my work and I am glad to had the chance to get in touch with it."

Und an anderer Stelle:

„Certainly I fell more keen to Haring and Scharoun and others who have worked to use Harings word."[279]

Im Rahmen dieser Arbeit ist nicht beabsichtigt auf weitere, das Denken und die Gestaltung Gutbrods determierende anthroposophischen Ansätze einzugehen. Dies muß einer anderen Untersuchung vorbehalten sein.[280]

---

278 Beat WYSS, Der Wille zur Kunst. Zur ästhetischen Mentalität der Moderne, Köln 1977, hier: Das Goetheanum: Metamorphosen eines Gedichts, S. 142–157.
279 Gesprächsmanuskript Gutbrod-Jones 1979, a. a. O.
280 Bestimmte Zahlen, wie die 3, 5, 7 oder 12, haben für Rolf Gutbrod „quantitative und qualitative Werte". Die Vorstellung von einer Ambivalenz der Zahlen deutet ebenso auf anthroposophisches Denken hin. (Siehe Gesprächsmanuskript, a. a. O.) Vermutlich hatte sich Rolf Gutbrod mit Goethes Elementarer Farbenlehre, die Rudolf Steiner be-

Städtebauliche Planung

Parallel zur Bauzeit der Bibliothek und des Hörsaalgebäudes der Universität Köln entwickelte Rolf Gutbrod die städtebauliche Planung für das Teilgebiet BRITZ-BUCKOW-RUDOW-OST (1962/63), der SOGENANNTEN GROPIUSSTADT in Berlin.[281]

Da die durch Walter Gropius-TAC (*The Architects Collaborative*) erarbeitete Gesamtplanung die Grundlage der städtebaulichen Konzeption Gutbrods bildete, soll im Überblick summarisch auf die Planungsgeschichte der Gropiusstadt eingegangen werden.

Die gesamte Großsiedlung Gropiusstadt als „Demonstrationsprogramm im sozialen Wohnungsbau" entstand auf 265 ha Fläche, die ursprünglich als Ackerland genutzt wurde. Mit einer Kapazität von 18.896 Wohnungen war die Wohnsiedlung nach ihrer Fertigstellung in den Jahren 1974/75 der größte nach 1945 gebaute Stadtteil Westberlins.[282] Die in Berlin in den 60er Jahren entstandenen Großsiedlungen wie die Gropiusstadt (ab 1962), das Märkische Viertel (ab 1963) und das Falkenhagener Feld (ab 1962), bildeten den „Endpunkt der Konzeption standardisierter Massenwohnungen für breite Schichten der Bevölkerung wie des industrialisierten Bauens".[283]

Als reine Wohnsiedlungen – gemäß der Grundforderung der konsequenten Funktionstrennung – standen die Berliner Großsiedlungen unter dem Konzept eines „sozial und städtebaulich nivellierenden, die Großstadt 'auflockernden' Massenwohnungsbaus." Die städtebauliche „Auflockerung der Innenstadt sollte durch Neubaumaßnahmen an der Peripherie kompensiert werden",[284] das heißt die Berliner Großsiedlungen sollten Wohnraum schaffen für die durch Kahlschlagsanierung der Innenstadt „verdrängten Mieter".

---

einflusste, intensiv beschäftigt, um so zu einer „Wertung der Farbwirkung zu kommen", wie er schreibt. Siehe: Rolf Gutbrod, Bauten in Stuttgart, a. a. O., S. 36.
281 Hans Bandel, Dittmar Machule, Die Gropiusstadt: Eine Untersuchung im Auftrag des Senators für Bau- und Wohnungswesen Berlin, Berlin 1974. Diese Untersuchung hält den langwierigen Prozeß der städtebaulichen Planung der gesamten Gropiusstadt fest.
282 Ebd. S. 10.
283 Harald Bodenschatz, Berlin West: Abschied von der 'steinernen Stadt'. Siehe in: Klaus von Beyme, Werner Durth, Niels Gutschow u. a. (Hg.), Neue Städte aus Ruinen. Deutscher Städtebau der Nachkriegszeit, München 1992, S. 76.
284 Berliner Wohnquartiere, Ein Führer durch 60 Siedlungen in Ost und West, Berlin 1994, Vorwort Harald Bodenschatz.

Bereits im März 1959 hatte die Abteilung II der Landes- und Stadtplanung des Senators für Bau- und Wohnungswesen „Programme für die Erschließung des gesamten Gebiets" Britz-Buckow-Rudow aufgestellt, welche die städtebaulichen Festpunkte auch für weitere Planungen vorgaben.[285] Walter Gropius-TAC (*The Architects Collaborative*) erarbeiteten im Auftrag der GEHAG – Gemeinnützige Heimstätten AG – Anfang der 60er Jahre die städtebauliche Gesamtplanung der Gropiusstadt. Wils Ebert, der 1946 an der Ausarbeitung des sogenannten Kollektivplans unter Leitung von Hans Scharoun beteiligt war, wurde beauftragt, städtebauliche Analysen und Strukturplanungen zu erarbeiten.

Am 19.5.1960 stellt Walter Gropius TAC Plan I, am 10.4.1961 Plan II vor.[286] Plan I sieht ein zentrales Band von West nach Ost (dem Konzept der Bandstadt folgend) vor, in dessen Mitte die „Führung einer zentralen Haupterschließungsstraße, die cityverbindende U-Bahntrasse und der durchgehende Grünzug" mit öffentlichen Bauten liegen. Auf beiden Seiten der Mittelachse sind höhendifferenzierte Gebäude als dreigeschossige Zeilen, als rechteckige und kreisförmige Hofbebauung und einige acht- und 14-geschossige Wohnhochhäuser angeordnet.

Auf der Grundlage des ersten Planes und aufgrund veränderter Programmforderungen wurde TAC Plan II bearbeitet. Wie der vorgelegte Plan zeigt, wurde die zentrale Haupterschließungsstraße durch eine Nordwest- und Südost-Tangente ersetzt, um eine räumliche Trennung des Siedlungsgebiets zu vermeiden. Wohnstraßen wurden korrigiert und eine direkte Erschließung der Geschäfte und Schulen durch Fußgängerwege geplant. Vorgesehen waren zweigeschossige Einfamilien-Reihenhäuser, drei- und achtgeschossige Bauten sowie einige 14-geschossige Wohnhochhäuser, und anstelle der ursprünglich kreisförmigen Gebäude entstanden drei große Kreisbauten, die die Siedlung symbolhaft kennzeichnen sollten.[287]

Der Planung liegt das städtebauliche Leitbild der „Stadtlandschaft", der gegliederten und aufgelockerten Stadt zugrunde, das der „Enge und Finsternis der Industriestadt des 19. Jahrhunderts" eine aufgelockerte „Stadt

---

285 BANDEL, MACHULE, a. a. O., S. 11.
286 Ebd. S. 35, Plan I vom 19.5.1960, Plan II vom 10.4.1961, S. 51.
287 Ebd. S. 52.

im Park" entgegensetzen sollte.[288] Das Konzept der Auflockerung und Durchgrünung der Stadtstruktur, das einen 'Minimalkonsens' unter Modernisten und Traditionalisten bildete, geht zurück auf reformerische Ansätze der Gartenstadtbewegung zu Beginn des 20. Jahrhunderts, auf Reformkonzepte der 20er Jahre unter der Forderung der Funktionstrennung (veröffentlicht 1943 als „Charta von Athen"). Selbst im Rahmen nationalsozialistischer Neugestaltungspläne Berlins Ende der 30er Jahre verwies die „Proklamation einer drastischen Senkung der Bewohnerdichte in der Innenstadt" auf das grundlegende Thema der Nachkriegszeit, die „Auflockerung der Großstadt".[289]

Die städtebaulichen Pläne von Walter Gropius bildeten die übergeordneten „Leitpläne", die die außenräumlichen und funktionellen Beziehungen vorgaben, in deren „Rahmen sich städtebauliche Detailplanungen verschiedener Architekten unterordnen sollten".[290]

1962 erfolgte die Auslobung von Gutachterwettbewerben durch die Baugesellschaften über die einzelnen Teilbereiche des Siedlungsgebiets Britz-Buckow-Rudow. Dem Wettbewerbsverfahren lag ein von Senatsbaudirektor Werner Düttmann vertretenes Auswahlkriterium zugrunde, das vorsah, nur „'hochqualifizierte' Architekten heranzuziehen, wobei die 'beispielhafte Auswahl der Besten' in der Weimarer Zeit als Vorbild gilt".

Diese Auswahl war „eine Reaktion auf die vorwiegend in formaler und ästhetischer Beziehung als unbefriedigend und unzeitgemäß bewertete Mehrzahl der Berliner Bauten des ersten Nachkriegsjahrzehnts".[291]

Der am 26. Oktober 1962 von der DeGeWo – Deutsche Gesellschaft zur Förderung des Wohnungsbaus als gemeinnütziger AG – begrenzt ausgelobte städtebauliche Gutachterwettbewerb, zu dem Rolf Gutbrod eingela-

---

288 Volker MARTIN, Karl PÄCHTER, in: Die Gropiusstadt verändert ihr Gesicht, in: Volker MARTIN, Karl PÄCHTER (Hg.), 25 Jahre Gropiusstadt. Geschichte und Zukunft der Berliner Großsiedlung, Berlin 1987, S. 26 f.
289 Harald BODENSCHATZ, in: BEYME, DURTH, GUTSCHOW a. a. O., S. 60. Siehe auch: DURTH, Die Stadtlandschaft. Zum Leitbild der gegliederten und aufgelockerten Stadt, in DURTH /GUTSCHOW, Architektur und Städtebau der fünfziger Jahre, Bd. 41, Bonn 1990, S. 24 ff., ferner DURTH/GUTSCHOW in: Träume in Trümmern, Stadtplanung 1949–1950, Oktober 1993, S. 295 ff.
290 BANDEL, MACHULE, a. a. O., S. 11.
291 Ebd. S. 12.

den war, bezog sich auf das im Besitz des Landes Berlin befindliche Teilgebiet BBR-Ost.[292] Das 678.470 m² große Gebiet sollte etwa 4.160 bis 4.600 Wohnungen für 11.000 bis 12.000 Einwohner (2,64 E/Haushalt) aufnehmen.[293] Das Planungskonzept Gutbrods geht als „beste Arbeit" aus dem Wettbewerbsverfahren hervor.[294]

Das durch Rolf Gutbrod mehrfach überarbeitete städtebauliche Gutachten für die DeGeWo vom 21. Januar 1963 [Abb. 52] zeigt eine äußere Begrenzung des Wohngebiets durch breite leistungsfähige Verkehrsstraßen. Von den Verkehrsstraßen führen schmale die Binnenstruktur gliedernde Stichstraßen mit eingezeichneten Parkzonen ab. Der durch eine weit geschwungene Straße erschlossene Zentralbereich nimmt die öffentlichen begrünten Einrichtungen, die Schule, die Kirche, Läden, City-Haus, Kino und U-Bahnstation auf. Um das Zentrum entwickeln sich ruhige Wohnbereiche, die durch eine aufgelockerte mit Grünzügen durchsetzte Bebauung bestimmt sind: Neben teppichartig angelegten, teils als Winkelbauten ausgebildeten Wohnhäusern und gegliederten Zeilen wurden insgesamt acht Hochhausensembles, bestehend aus je drei Einzelbauten (eine Zeile, zwei Punkthäuser) geplant. Im Prinzip blieb das städtebauliche Grundkonzept des Gropiusplanes, das eine zentrale bandartige Mittelachse mit öffentlichen Einrichtungen und deren beidseitige Wohnbebauung vorschlug, weitgehend erhalten.

Im Jahr 1964 wurde laut „politischer Entscheidung" eine bauliche Verdichtung aufgrund einer starken Erhöhung der Wohnungsanzahl gefordert, was in der Folge zu einem „vergrößerten Platzbedarf für Wohnfolgeeinrichtungen" führte. Hinzu kam die zusätzliche Unterbringung des ruhenden Verkehrs (der Nachweis von je einem Autostellplatz pro Wohnung). Im Zuge der Realisierung führten weitere Forderungen hinsichtlich einer bauli-

---

292 Zur Wettbewerbsteilnahme werden die Architekten Hinrichs mit H. Bandel, R. Gutbrod, W. Kreuer mit H. Schranz, K. H. Ernst mit Architekt Hönow und die Architekten Kleihues und Moldenschradt eingeladen. BANDEL, MACHULE, a. a. O., S. 72.
293 Ebd. S. 74.
294 Ebd. S. 87. Der Gutachterausschuß bestand aus Vertretern der DeGeWo, des Senats für Bauen und Wohnen (Düttmann, Fürlinger, Kuhlmann) des Bezirks Zerndt und Wils Ebert. Rolf Gutbrod und Hans Bandel werden bestimmt, die „weitere städtebauliche und koordinierende Bearbeitung dieses Rudower Teilgebiets von BBR" vorzunehmen.

chen Verdichtung rasch „zu einer bloßen Ansammlung von solitären Hochhäusern",[295] so daß das aufgelockerte Grundkonzept der Gesamtplanung letztlich nicht umgesetzt wurde.

Speziell für Gutbrods städtebaulich-architektonische Planung des Teilgebiets BBR-Ost der Gropiusstadt bedeutete die programmatische Forderung nach baulicher Verdichtung im Wohnungsbau und nach weiteren Autoabstellplätzen erneut planerische Korrekturen, die zu Gebäudeaufstockungen und zur Einplanung von Parktabletts für zweigeschossiges Parken zu Lasten vorgesehener Freiflächen führten.[296]

Die von politischer Seite geforderte Verdichtung der Gropiusstadt ist auf eine zunehmende Baulandknappheit, vor allem jedoch, wie bereits am Anfang des Kapitels angesprochen, auf eine Neubesinnung im Städtebau aufgrund starker Veränderungsprozesse der Wirtschaft und Gesellschaft zurückzuführen. Dem Leitbild der Auflockerung folgte das Konzept der „Urbanität durch Dichte", wie dies 1960 auf der 11. Hauptversammlung des Deutschen Städtetags in Augsburg maßgeblich formuliert wurde[297] und in Westberlin bereits zu Beginn der 60er Jahre umgesetzt worden ist.

Grundsätzlich unterscheidet sich die Wohnsiedlung Gropiusstadt in ihrer Größe (18.896 Wohnungen), ihrer baulichen Gestaltung und ihrer Dichte deutlich von den aufgelockerten und durchgrünten Siedlungen der 50er Jahre, die allerorts in vorwiegend einfacher Zeilenbauweise entstanden.

Im Rückblick von 1987 wurde die Gropiusstadt als eine „Großsiedlung ohne städtische, öffentliche Räume, ohne wirkliches Grün und ohne architektonische Qualität selbst des einzelnen Objekts" kritisiert, wie es in der im Jahr 1987 von Volker Martin und Karl Pächter herausgegebenen Schrift „25 Jahre Gropiusstadt" heißt. Bereits im Januar 1986 wurde durch den Senator für Bau- und Wohnungswesen in Abstimmung mit dem Bezirksamt

---

295 MARTIN, PÄCHTER, a. a. O., S. 28.
296 BANDEL, MACHULE, a. a. O., S.100 ff.: Über die Ergebnisse der Untersuchungen aufgrund der Forderung nach Verdichtung wird hier ausführlich berichtet.
297 Erneuerung unserer Städte. Vorträge, Aussprachen und Ergebnisse der 11. Hauptversammlung des Deutschen Städtetages, Stuttgart/Köln 1960, S. 37, siehe auch: BEYME, DURTH, GUTSCHOW, a. a. O., S.25 f., DURTH, Deutsche Architekten, a. a. O., S.375 ff.

Neukölln ein „Modellvorhaben" ins Leben gerufen, in dem „beispielhaft die Möglichkeit von wohnfeldverbessernden Maßnahmen für die Gropiusstadt aufgezeigt werden soll".[298]

Wohnhochhaus

Basierend auf dem mehrfach modifizierten städtebaulichen Entwurf Rolf Gutbrods entstanden zwischen 1966 und 1968 im Ostabschnitt BBR-Gropiusstadt insgesamt vier Ensembles mit je drei Hochhäusern, deren einprägsame Namen *Lindwurm* sowie *Jorinde und Joringel* eine Märchenwelt assoziieren. Allein in der langgestreckten Grundrißform der Zeile [Abb. 53] mit südlicher Kopfausbildung wird das Fabelwesen Lindwurm weitgehend konkret, während die äußere Erscheinung der Häuser keine Analogie zu Figuren der Geschichte herstellt.

Das zehn- bis 12-geschossige HOCHHAUS LINDWURM ist als Nordsüd-Zeile ausgebildet [Abb. 54]. Die Erschließung erfolgt durch fünf mittels Vordächern markierte Eingangsbereiche, die einen Aufzug- und Treppenturm aufnehmen. An internen Mittelfluren der einzelnen Geschosse liegen 1-, 3- und 3,5-Zimmerwohnungen.

Das Äußere zeigt rhythmisch gestaffelte Fassaden aus Waschbeton-Fertigteilen. Allein die zum Grünbereich orientierte Westseite erhielt Balkone. Balkonbrüstungen aus Betonfertigelementen sind durch Metallstäbe unterbrochen, um Durchsichtigkeit zu erzielen und die ästhetische Gesamtwirkung des Gebäudes zu steigern.

In einer gewissen Distanz von der 'Lindwurm-Zeile', die Durchblicke erlaubt, befinden sich die zehn- bis 18-geschossigen PUNKTHÄUSER JORINDE UND JORINGEL. Im Gegensatz zur Hochhauszeile Lindwurm basieren diese Wohntürme auf gekurvten Grundformen. Die Horizontalerschließung des Hochhauses Jorinde erfolgt durch externe Laubengänge, während das Hochhaus namens Joringel interne Geschoßkorridore zeigt. Die Gebäude nehmen funktionsgerechte Wohnungen (1- bis 3,5-Zimmer) mit

---

298 MARTIN, PÄCHTER, a. a. O., S. 28.

differenzierten Grundrissen bei minimierten inneren Flurbereichen auf und erstrecken sich teilweise über zwei Stockwerke. Aufgrund der gekurvten Grundform entstanden teils trapezförmig, größtenteils jedoch orthogonal ausgebildete Räume.

Das Äußere [Abb. 55] zeigt das Prinzip vielfältiger Fassadengliederung. Nahezu alle Wohnungen erhielten spitz vorspringende Eckbalkone. Balkon- und Fensteranordnung bewirken eine vertikale Rhythmisierung. Formenvielfalt läßt die gewaltigen Baumassen kleinteilig erscheinen. Die mehrfach geknickten oberen Staffelgeschosse der Gebäude nehmen Penthousewohnungen auf. Sowohl in der individuellen Grundriß- als auch in der Fassadengestaltung erinnern die Wohnhochhäuser entfernt an Rolf Gutbrods neungeschossige Studentenwohnheime in Stuttgart-Birkach (Wettbewerb von 1962, Fertigstellung 1974).

Die Berliner Wohnhochhäuser bieten zum einen die Auswahl unter zwei verschiedenen Hochhaustypen, zum andern besteht die Möglichkeit, zwischen unterschiedlichen Wohneinheiten zu wählen, die den verschiedenen Bedürfnissen künftiger Bewohner entsprechen sollen. Einen anderen Aspekt verwirklicht Rolf Gutbrod 1970 im Großprojekt „Berlin Opernplatz": Durch Wohnungen mit demontierbaren Trennwänden zielt er – jeweils unter der Option von vier Gliederungsvorschlägen – auf Variabilität, um die Wohnungen den jeweiligen Wünschen der Mieter anzupassen. Dieses Prinzip liegt ähnlich auch dem Planungsansatz von Architekten des 'Strukturalismus' zugrunde, die Veränderungsmöglichkeiten der Wohnung oder des Hauses anstreben, jedoch ohne „die visuelle Ordnung des Gebäudes" zu zerstören. „Ordnung und Chaos" lautet die Maxime holländischer Strukturalisten wie Aldo van Eyck oder Hermann Herzberger.[299]

Sowohl im Äußeren als auch in der Grundrißorganisation zeigen Rolf Gutbrods Hochhäuser Jorinde und Joringel [Abb. 56 + 57] eine unmittelbare Affinität zu Hans Scharouns Wohnhochhäusern Romeo und Julia [Abb. 58 + 59] in Stuttgart-Zuffenhausen (1954–59), die wohl beispielgebend für Gutbrod waren. Das stark gegliederte Punkthaus Jorinde mit seiner Erschließung durch eine *rue extérieure* kommt Scharouns Konzept Julia mit

---

299 JOEDICKE, Architekturgeschichte, a. a. O., S. 141.

spitz vorstoßenden Balkonen und Staffelgeschossen nahe, während das Joringel-Gebäude durch eine *rue intérieure* analog zum Wohnhochhaus Romeo erschlossen ist.[300]

Rolf Gutbrod, der im Grunde Wert legt auf Unverwechselbarkeit des *genius loci*, hatte denselben Entwurf für ein Ensemble von drei Wohnhochhäusern an vier Orten im Ostabschnitt der BBR-Gropiusstadt (Gesamtkapazität 4.000 Wohnungen) realisiert. Vermutlich hatte sich Gutbrod damals der „Kapitulation vor der hohen Kopfzahl" durch Bevölkerungszuwachs ausgesetzt, von der Alexander Mitscherlich in „Die Unwirtlichkeit unserer Städte, Anstiftung zum Unfrieden"[301] spricht. Rolf Gutbrod legitimiert die viermalige Umsetzung: „Vier gleiche Hochhausgruppen sollten eine visuelle Ordnungsstruktur im urbanen Umfeld herstellen".[302] Im Kontext der Hochhausmassierung in diesem Gebiet treten jedoch die Hochhausgruppen Gutbrods kaum als ordnende Faktoren in Erscheinung.

Betrachtet man jedoch das einzelne Hochhausensemble Rolf Gutbrods unter formalen und ästhetischen Gesichtspunkten, so weisen vor allem die Gebäude Jorinde und Joringel durch gekurvte Grundformen, spitz vorspringende Balkone und Staffelgeschosse spezifische Merkmale auf und erreichen damit eine gute Einprägsamkeit. Gerade durch diese Charakteristika heben sich diese Gebäude deutlich ab von zahlreichen unter dem Primat der reinen Geometrie entstandenen nüchternen Wohnhochhäusern der Gropiusstadt.[303]

---

300 Auf diese Parallelität hatte bereits Andrew Henning Jones, a. a. O., S. 51 hingewiesen.
301 Alexander MITSCHERLICH, Die Unwirtlichkeit unserer Städte. Anstiftung zum Unfrieden, Frankfurt 1965, S. 19.
302 Gespräch mit Rolf Gutbrod am 8. 8. 1992.
303 Nach ihrer Fertigstellung war die Gropiusstadt insgesamt als eines der rein technizistischen Siedlungsmodelle in Verruf geraten. Die Gropiusstadt wird als Beispiel genannt für „zahlreiche lediglich nach technisch-funktionalen Prinzipien, aber an den emotionalen Bedürfnissen vorbeigeplanten Neubausiedlungen, die als Brutstätte für psychische Krankheiten und Verwahrlosung wirken und nicht zufällig zu Brennpunkten von kindlichem Drogenhandel und Alkoholismus geworden sind." Siehe Kritik in dem Buch Christiane F., Wir Kinder vom Bahnhof Zoo, 32. Auflage, Gütersloh 1990.

Versorgungs-, Kultur- und Ausstellungsbauten

Das FUNKHAUS DES SÜDDEUTSCHEN RUNDFUNKS in Stuttgart (1966–1976) überrascht durch die Nüchternheit „technischer Perfektion" der fünf- acht- und 12-geschossigen Hochbauten.[304] Rolf Gutbrod bedient sich hier einer vorgehängten Stahl-Glas-Konstruktion. Doch handelt es sich keineswegs um die kompromißlose Verwendung der Vorhangfassade, sondern um den Versuch, deren rationaler Ästhetik die expressive Wirkung 'antirationaler' plastischer Betonelemente – wenn auch subordonierend – entgegenzusetzen. Die bewußt angestrebte Synthese ästhetisch gegensätzlichen Vokabulars gibt dem Gebäude eine unverwechselbare äußere Erscheinung und verweist auf das der Architektur Rolf Gutbrods inhärente Kontrastprinzip.

Wirkt auch der „nüchterne Technizismus der Hochbauten neu für das Stuttgarter Bauschaffen Rolf Gutbrods," wie Gilbert Lupfer bemerkt,[305] so kann nicht übersehen werden, daß sich das Verwaltungsgebäude der Holzberufsgenossenschaft (1948–50) ebenso durch eine vorgehängte Stahl-Glas-Konstruktion (allerdings mit plastischen Welleternit- anstelle glatter Alu-Brüstungen des SDR-Gebäudes) und einem Sichtbetonelement präsentiert und damit im Grunde bereits eine Antizipation dieser gelungenen Synthese darstellt.

Die programmatische Vorgabe im Wettbewerb von 1966 für das Rundfunkgebäude[306] war die Gliederung des Raumprogramms in drei ablesbare

---

304 Bereits 1957 plante und realisierte Rolf Gutbrod im Auftrag des Süddeutschen Rundfunks die Sendesäle, 1958–65 die Fernsehstudios. Wie Rolf Gutbrod in seinem Brief vom 20. 8. 1996 mitteilt, erhielt er im Wettbewerb 1948 für ein Sende- und Verwaltungsgebäude einen Preis. Der erste Preis und der Planungsauftrag ging an Egon Eiermann, der nach mehreren Varianten 1951 einen Ausführungs-Entwurf vorlegte. Das Projekt kam nicht zur Ausführung. Eiermanns Vertrag wurde in gegenseitigem Einvernehmen aufgelöst, so Rolf Gutbrod. In Absprache mit Egon Eiermann sei sein Büro zu den nächsten Wettbewerben aufgefordert worden. Zu den Entwürfen Eiermanns siehe: Wulf SCHIRMER (Hg.), Egon Eiermann 1904–1970. Bauten und Projekte. Mit Beiträgen von Klaus Lankheit, Immo Boyken u. a., 2. Auflage, Stuttgart 1988, S. 82 ff.
305 Wörner, LUPFER, Architekturführer a. a. O., S. 85: Hier wird die Vorhangfassade als 'neu' bei den Stuttgarter Bauten Gutbrods gesehen.
306 Unterlagen für den Wettbewerb des Rundfunkgebäudes befinden sich im Historischen Archiv des SDR. Das am 5. April 1966 einberufene Preisgericht kam zu keiner end-

Bereiche: erstens in den Studiobereich, zweitens in Redaktions- und Büroeinheiten für die Bereiche Programm/Produktion, Technik und Verwaltung und drittens in den Bereich Kommunikation.[307]

Der aus der Bauaufgabe von innen nach außen entwickelte Grundriß ist durch eine formale Heterogenität bestimmt: Drei fächerartig aufgegliederte Rechteckformen der Hochbauten und polygonale Raumformen bilden ein Ganzes [Abb. 60]. Eine südorientierte Eingangshalle dient als zentrale Erschließungszone, um die die publikumsintensiven Nutzungsbereiche wie der Studiosaal, das Casino und der darüberliegende kleine Sitzungssaal angeordnet sind. Die Erschließungszone erweitert sich zu Foyers und über eine Treppe zur Gemäldegalerie in der ersten Etage.

Für den Bereich Programm, Technik und Verwaltung wählt Rolf Gutbrod orthogonale Grundformen. An linearen Erschließungskorridoren reihen sich Einzel- und Gruppenbüros (Büroachse 1,80 m), denen wiederum das zeitgemäße Prinzip frei aufteilbarer Büroflächen zugrundeliegt. Bedingt durch permanente Nutzungsänderung variiert die Raumaufteilung häufig.

Auf den Ebenen 2, 4, 5 und 7 befinden sich die Produktions- und Sendestudios des Hörfunks, die sich in Richtung zur Neckar- und Werderstraße orientieren. Bewußt sind die einzelnen Studios als irreguläre Fünfecke – analog der Grundform des Mozartsaals der Liederhalle – ausgebildet, um der „Forderung von Produktion und Technik nach symmetrischer Anordnung der Sprecherräume zur Abhörachse und der weiteren Forderung, parallele Wände aus akustischen Gründen zu vermeiden" zu entsprechen.[308]

---

gültigen Entscheidung. Rolf Gutbrod, Erwin Heinle, Hille und Eberhard Rau wurden aufgefordert, ihre Entwürfe zu überarbeiten. Obwohl nach langwierigen Diskussionen eine Architektengemeinschaft Gutbrod/Heinle anvisiert war, erhielt Rolf Gutbrod letztlich u. a. wegen seiner variablen Grundrißgestaltung am 20. Juli 1968 den Zuschlag. (Wettbewerbsprotokolle v. 5. 4. 1966, 31. 10. 1966, Aktennotiz vom 12. 1. 1967 und vom 20. 6. 1968. Gespräche fanden statt mit Herrn Euler, damaliger Leiter der Bauabteilung des SDR und Herrn Hucklenbroich vom Historischen Archiv).

[307] Süddeutscher Rundfunk Stuttgart (Hg.), Funkhaus Stuttgart, Sonderdruck 1976, Stuttgart, (Selbstverlag), ohne Datum, S. 6.
[308] Süddeutscher Rundfunk, a. a. O., S. 7.

Der Kommunikationsbereich, bestehend aus Kleinem Sitzungssaal, Casino und Studiensaal, zeigt polygonale Raumformen. Unter dem Kleinen Sitzungssaal liegt das Casino, das sich durch Vollverglasung auf begrünte, kristallin geformte Terrassen als Zonen der Erholung öffnet und auf die mehrfach zitierte Erfüllung humaner Aspekte verweist. Der separat angeordnete Studiosaal (mit max. 190 Sitzplätze), bestimmt für Sitzungen und öffentliche Veranstaltungen, ist fünfeckig. Eine naturbelassene Holzvertäfelung und abgehängte Deckenelemente mit eingelassenen Beleuchtungskörpern sind typische Details der Innenraumausbildung Rolf Gutbrods.

Grundsätzlich wird in der Ausbildung orthogonaler Büroräume und nichtorthogonaler Studios beziehungsweise der Kommunikationsbereiche das Prinzip eines auf die genau definierte Funktion ausgerichteten Raumes deutlich. Rolf Gutbrod geht im Entwurfsvorgang von der Funktion des Raumes aus, das heißt er sucht die der Funktion entsprechende Form und innenräumliche Gestaltung mit ästhetischer Wirkung, ein Ansatz, der dem organhaften Bauen Hugo Härings zugrundeliegt.[309]

Die unterschiedlichen Funktionen sind im Äußeren [Abb. 61] durch spezielle Formen und Materialien ablesbar: Drei über massiven Betonsockelgeschossen aufragende rechtwinklige Hochbauten mit vorgehängter Stahl-Glas-Konstruktion – blaue Alupaneele, Wartungsbalkone und natureloxiertes Metallgitterwerk – visualisieren die Funktionen Programm, Technik und Verwaltung. Die mehrschichtige Oberflächenstruktur der Vorhangfassade ruft Assoziationen zur Fassadenstruktur von Bauten Egon Eiermanns hervor wie zum Beispiel das Olivetti-Verwaltungsgebäude in Frankfurt am Main (1972) oder das IBM-Verwaltungsgebäude in Stuttgart-Vaihingen (1967–72). Ist das Gestänge der Eiermann-Gebäude äußerst filigran ausgebildet, so zeigt das Gitterwerk der SDR-Hochbauten etwas schwer wirkende parallel geführte Stahlprofile, die durch ihre Verklammerung in der oberen Gebäudedecke einen harten Horizontalabschluß verhindern. Somit verwendet Rolf Gutbrod hier technizistische Gestaltungsmittel der rational bestimmten Ästhetik. Bemerkenswert ist in diesem Zusammenhang, daß es sich keineswegs um eine plane vorgehängte Stahl-Glas-Fassade handelt,

---

309 Rolf Gutbrod verweist verschiedentlich auf den Entwurfsansatz einer Raumbildung „im Hinblick auf den Zweck, dem die Räume dienen sollen". GUTBROD, a. a. O., S. 32, 34.

sondern um den Versuch, durch Mehrschichtigkeit einzelner Elemente ein hohes Maß an Auflockerung und damit die Wirkung von Plastizität zu erzielen.

Die rundfunktypischen Studiobereiche definieren sich nach außen durch Fünfeckformen in Sichtbeton. Im Verfahren der Stülpschalung erhielten die Betonwände im Sockelbereich diagonale Linearstrukturen. Während der Kommunikationsbereich durch vielgestaltige Formen, der partiell auf Stützen ruhende Studiosaal als fünfeckiger mit Kupfer verkleideter Baukörper in Erscheinung tritt.

Der städtebaulichen Forderung nach Grünbereichen und deren visuelle Verflechtung mit dem Park der Villa Berg und den „Unteren Anlagen" entsprechen die begrünten, vielfältig geformten Terrassen in Richtung Neckarstraße sowie die gezielte Auffächerung und Höhendifferenzierung der Hochbauten. Das Gebäude des Süddeutschen Rundfunks setzt in seiner Vertikalität und seiner primär rationalen Stringenz ein weithin sichtbares Zeichen am Eingang der Stadt und entspricht somit der Forderung der Auftraggeber, das Funkhaus als „stadtteilprägenden Akzent"[310] zu gestalten.

Der Entwurf für das Funkhaus entstand 1966, in einer Zeit als der Internationale Stil die Architektur im Bereich des Verwaltungsbaus maßgeblich bestimmte, so daß die vorherrschend technizistische Gestaltung der Hochbauten nicht unabhängig von der aktuellen Tendenz gesehen werden kann. Bereits Ende der 60er, Anfang der 70er Jahre wandte sich die Architekturkritik vehement gegen das vordergründig eindimensionale, auf bloße Funktion und Technik reduzierte Bauen, dem eine „nostalgische Rückbesinnung" und historisierende Architektur des Postmodernismus folgte und nach einer weiteren Architekturdiskussion vor allem die Tendenz einer Wiederaufnahme und formalen Weiterentwicklung von Prinzipien der Frühmoderne.

---

310 Süddeutscher Rundfunk Stuttgart, a. a. O., S. 4 f.

Das in Zusammenhang mit der Planung der STAATLICHEN MUSEEN DER STIFTUNG PREUSSISCHER KULTURBESITZ[311] in Berlin realisierte Kunstgewerbemuseum rief vor allem nach seiner Fertigstellung 1985 heftige Reaktionen hervor und fand insgesamt keine Akzeptanz. Angesichts der Tatsache, daß es sich bei dem Gesamtprojekt um eines der künftig größten und bedeutendsten Museen handelt, ferner dem Stiftungsrat als „höchster Entscheidungsinstanz der Einrichtung" der Bundesinnenminister als Vorsitzender und eine Vielzahl von Landesministern als Mitglieder angehörten, erhielten die Auseinandersetzungen implizit eine politische Brisanz. Entsprechend kritisch wurde der Planungsverlauf von der Fachwelt und von der interessierten Bevölkerung verfolgt, wie dies aus der Lokalpresse hervorgeht. Eine nachvollziehbare Darstellung mit der äußerst komplizierten, langwierigen Planungsgeschichte ist notwendig, um die vielfältigen Einflüsse und Entscheidungsfindungen, welche das Projekt determinierten, in eine sachliche Beurteilung einzubinden. Im Rahmen der Arbeit kann keine detaillierte Analyse der zahlreichen Vorentwürfe und Entwürfe geleistet werden. Dies muß einer fundierten Einzelarbeit zu diesem Thema unter Einbeziehung aller vorhandenen Planunterlagen und Korrespondenzen vorbehalten bleiben.

Für die Zusammenlegung der in den Museen Dahlem, Charlottenburg und dem Landwehr-Casino auf beengtem Raum untergebrachten Sammlungen europäischer Kunst sollten insgesamt fünf Museen – Gemäldegalerie, Skulpturenmuseum, Kunstbibliothek, Kupferstichkabinett und Kunstgewerbemuseum – entstehen. Nach langwieriger Standortdiskussion, bei der unter anderem auch das unmittelbare Umfeld von Schloß Charlottenburg vorgeschlagen wurde, fiel am 28. Oktober 1962 die Entscheidung des Stiftungsrates für die Errichtung der Museen am sogenannten Kulturforum, wo an der Philharmonie bereits gebaut wurde und die Neue Nationalgalerie sowie die Neue Staatsbibliothek ihren Standort erhalten sollten. Als expliziter Standortvorteil wurde die künftig „außerordentlich attraktive Konzentration

---

311 Die „Stiftung Preußischer Kulturbesitz" konstituierte sich offiziell am 1. April 1962 als eine „Körperschaft, welcher der Bundesgesetzgeber die durch Hitler-Zeit, Krieg und Nachkriegswirren hindurch geretteten Kulturschätze des vom Alliierten Kontrollrat aufgelösten Landes Preußen in Obhut" gab. Jahrbuch Preußischer Kulturbesitz 1971, Köln und Berlin 1972, S. 9.

von Institutionen" hervorgehoben, „die auf vergleichbarem hohem Niveau das Erleben von Kunstwerken, Musik und Literatur und auch deren wissenschaftliche und interpretatorische Durchdringung erlauben und anbieten".[312]

Auch wurde auf die günstige Verkehrserschließung hingewiesen und – unter der Perspektive einer Wiedervereinigung – auf die räumliche Nähe zu der im Ostteil gelegenen Museumsinsel.[313]

Die für die Museumsbauten bestimmten senats- und bundeseigenen Freiflächen werden begrenzt von der Tiergarten-, Stauffenberg- und Sigismundstraße und dem Matthäikirchplatz. Das gesamte Gebiet war ursprünglich ein exklusives innerstädtisches Wohnviertel, das bereits Ende der 30er Jahre, in der Phase von Albert Speers euphorischer „Neuplanung der Hauptstadt Berlin", partiell abgeräumt wurde, um Repräsentativbauten aufzunehmen. Die zweite Zerstörungswelle durch Bombenangriffe und Kämpfe am Ende des Krieges hinterließen eine trostlose Leere. Die 1948 „vollzogene politische Spaltung hatte dem Gebiet seine zentrale Stellung entzogen und es in eine marginale Position verwiesen, die das Vakuum förderte".[314] Im Rahmen des „Internationalen städtebaulichen Ideenwettbewerbs Hauptstadt Berlin" von 1957 schlug Hans Scharoun für diesen Bereich „Ansätze für eine kulturelle Bebauung" mit verkehrstechnischem Anschluß durch die Westtangente und U-Bahn vor, die sich später als 'Kulturforum' entwickeln sollte. 1960 begann mit dem Bau der Philharmonie – unter Neustrukturierung des historischen Stadtgrundrisses – die Bebauung des Berliner Kulturforums.[315]

In den Jahren 1965 und 1966 lobte die Stiftung Preußischer Kulturbesitz einen zweistufigen Wettbewerb aus. Die erste Wettbewerbsstufe war offen

---

312 Vgl. Ulrich CONRADS, Standortbestimmungen – Ein städtebaulicher Prozeß, in: Jahrbuch Preußischer Kulturbesitz 1966, Köln/Berlin 1967, S. 59.
313 Ebd. S. 55. Conrads geht auf Seite 51–68 eingehend auf die „Bauentscheidungen der Stiftung Preußischer Kulturbesitz" ein.
314 Vittorio MAGNAGO LAMPUGNANI, Architektur als Kultur, Köln 1986, S.162 f.
315 Siehe Peter PFANKUCH (Hg.), Hans Scharoun, Schriftenreihe der Akademie der Künste, Bd. 10, Berlin 1974, S. 282.

für alle Architekten Deutschlands. Gegenstand des Wettbewerbsarbeit war die Erfüllung vielfältiger Bedingungen:

> „[Erstens sollte sich] ein städtebauliches Prinzip offenbaren, das in einem ruinierten Stadtgebiet aufs neue sinnvolle und entwicklungsträchtige Zusammenhänge herstellt; solche Zusammenhänge waren indes nicht mehr frei zu erfinden, sondern bereits vorgezeichnet und angelegt durch die Bauten oder Projekte Philharmonie, Staatsbibliothek, Neue Nationalgalerie, Shell (Bewag)- Haus-Erweiterung und durch die Matthäikirche. Es durfte, zweitens, die Konfrontation zweier Architekturauffassungen an diesem Ort – für sie stehen die Namen Scharoun und Mies van der Rohe – nicht verschliffen oder verwässert werden. Eine Lösung wäre nur zu denken als etwas vollkommen Neutrales oder als Drittes im Bunde, das auf gleichem Qualitätsniveau mit gleichem Gewicht mitspielt. Eine dritte Forderung war die Bauaufgabe selbst; sie wurde in diesem Jahrhundert noch nie in dieser absoluten Größe, in dieser Vielschichtigkeit und Verflechtung gestellt: eine der ganz großen Kunstsammlungen der Welt war in neue Räume zu bringen. Es ging nicht um ein Konglomerat von Ausstellungsbauten, sondern um die bauliche Wesensbestimmung dessen, was heute für uns Museum heißt; mehr noch: es ging um die architektonische Fassung und Ausdeutung eines fest umrissenen und zu Teilen ganz unverwechselbaren Kunstschatzes höchst vielfältiger Art."[316]

Das am 15. Juni 1965 entscheidende Preisgericht der ersten Stufe des Wettbewerbs unter Vorsitz von Egon Eiermann setzte sich zusammen aus den Architekten Bakema, Rotterdam, Deilmann, Stuttgart/Münster, Senatsbaudirektor Düttmann, Berlin, Regierungsbaudirektor Mertz, Berlin, Ministerialdirektor Rossig, Bonn, Senatsdirigent Riedel, Berlin sowie den Architekten Scharoun, Berlin und Senn, Basel.[317] Daß es ungewöhnlich schwierig war, die vorgegebenen Forderungen des Wettbewerbs zu erfüllen, macht das Ergebnis der ersten Stufe deutlich: keiner der 113 eingereichten Entwürfe konnte das Wettbewerbskomitee vollständig überzeugen. Für die zweite Wettbewerbsstufe konnten sich acht Teilnehmer der ersten Stufe

---

316 Bauwelt 34–35/1966, S. 973.
317 Ebd. S. 994: Sachpreisrichter: Staatssekretär Freienstein, Düsseldorf, (Regierungsdirektor Krechel, Düsseldorf), Staatssekretär Grund, Bonn (Ministerialrat Gerber, Bonn), Staatssekretär Hölzl, Bonn, (Ministerialrat Gussone, Bonn), Staatssekretär Kohlhase, Düsseldorf, Senator Stein, Berlin (Senatsrat Wilke, Berlin), Generaldirektor Waetzoldt, Berlin, Kurator Wormit, Berlin. (Die in Klammern genannten Personen waren Vertreter der Sachpreisrichter mit vollem Stimmrecht.) Siehe auch: Jahrbuch Preußischer Kulturbesitz 1966, a. a. O., S. 60.

qualifizieren, ferner wurden vier ausländische und vier deutsche Architekten, unter ihnen Rolf Gutbrod, namentlich eingeladen.[318]

Auch in der zweiten Wettbewerbsentscheidung am 27. Juni 1966 wurde unter 15 konkurrierenden Beiträgen (ein Teilnehmer hatte keinen Entwurf abgegeben) kein erster Preis ermittelt. Zwei gleichrangige zweite Preise und drei Ankäufe, ohne Angabe einer Rangfolge, wurden vergeben. Rolf Gutbrod erzielte in Zusammenarbeit mit H. Kendel, H. Kiess und W. Fiedler einen Ankauf. Das Preisgericht bemerkte,

„daß unter den eingereichten Entwürfen sich keine Arbeit befindet, die der gestellten Aufgabe im vollen Umfang gerecht wird und als realisierbarer baureifer Entwurf anzusehen ist", und „empfiehlt dem Auslober, die Ideen der beiden Preisträger bei der Ausarbeitung eines baureifen Projektes mit den Verfassern weiter zu verfolgen und auf die Ankäufe nach Ermessen und bei Bedarf zurückzugreifen".[319]

Damit war dem Auslober, der Stiftung Preußischer Kulturbesitz, ein breiter Handlungs- und Entscheidungsspielraum gegeben.

Ulrich Conrads, Chefredakteur der „Bauwelt", der den Fortgang des Wettbewerbs kritisch begleitete, kommentierte das Scheitern der Wettbewerbsaufgabe:

„Die Jury fällte ihren Spruch als Offenbarungseid: mehr hatte sie nicht; es gab weiter nichts zu melden. Das Fazit sollte aufrichtig sein: der Wettbewerb blieb ohne Ergebnis; er warf nur ein Schlaglicht auf die Aufgabe; er bewies: sie war und ist keine Wettbewerbsaufgabe. Daß man trotzdem einen Wettbewerb wagte, ehrt den Auslober. Die Gewißheit, wie zu erfahren ist, war billiger nicht zu haben. Auch eine andere Gewißheit wurde nicht zu teuer erkauft, die nämlich, daß heute in Deutschland offensichtlich keine Architektur zu haben ist, die dem Rang der Berliner Sammlungen auch nur entfernt entspräche. Die aufs Ganze gesehen nur provinziellen Lösungen der beiden Preisträger sind nicht weiter diskutabel (...) Beide Lösungen kommen weder sachlich noch politisch, sagen wir hier ruhig: weltpolitisch – auch nur entfernt in Frage. Die Berliner Museen sind

---

318 Aldo van Eyck, Rotterdam, hatte keine Wettbewerbsarbeit abgegeben. Bauwelt 1966, S. 994.
319 Bauwelt 1966, S. 994, sowie Jahrbuch der Stiftung Preußischer Kulturbesitz, 1966, Köln/Berlin 1967, S. 16 f.

Weltmuseen. Ihr neues Gehäuse kann und darf nicht den Kriterien und dem Niveau entsprechen, auf die eine Bauverwaltung eingeübt ist."[320]

Der angekaufte Entwurf Rolf Gutbrods [Abb. 62] zeigt fünf formal unterschiedliche Bautrakte, die sich „zentrifugal" um einen offenen, polygonalen Museumsplatz mit Eingangshalle als Erschließungs- und Verteilerzone gruppieren. Die vielfach gegliederte und mit Grünbereichen durchsetzte Gesamtanlage definieren die Architekten als „gebaute Landschaft",[321] im Sinne einer aufgelockerten Baustruktur. Die sich erweiternde Kopflösung an der Peripherie der einzelnen Gebäudetrakte blockiere „notwendige Erweiterungen", kritisierte die Jury, in städtebaulicher Hinsicht führe die „Anordnung der einzelnen Museumsbereiche um einen 'Museumsplatz' zu einem mangelhaften Kontakt zur bebauten und geplanten Umgebung und der Museen untereinander".

Die Jury hebt jedoch lobend hervor, daß die „museumstechnischen und organisatorischen Belange im wesentlichen berücksichtigt" sind.[322] Aufgrund der extensiv verlaufenden Museumstrakte ist metaphorisch von einer „geplatzten Handgranate" die Rede.[323] Gleichwohl zeigt der Ankauf in seiner Grundkonzeption eine gewisse Analogie zum Wettbewerbsentwurf Rolf Gutbrods für das Mannesmann-Verwaltungsgebäude (1976) in Ratingen-Lintorf, der ebenso auf dem Grundriß mehrer radial um den Eingangsbereiche gruppierter Bauteile aufbaut. Damit wird der Versuch deutlich, eine einmal entwickelte Grundrißstruktur – wie auch das Beispiel Hörsaalgebäude der Universität Köln oder das der Studentenwohnheime in Stuttgart-Birkach zeigen – einer neuen Bauaufgabe entsprechend anzupassen beziehungsweise zu variieren.

---

320 Ulrich Conrads schlägt als einzigen für das Museumsprojekt qualifizierten Architekten Alvar Aalto vor: „Da sich für das Neue Museum nicht noch einmal ein Schinkel fand – der das Alte Museum baute –, liegt es nahe, daß man einen Mann beauftragt, der allein neben Scharoun und Mies als Dritter bestehen kann heute kraft künstlerischer Potenz, Erfahrung, Aussagekraft und Persönlichkeit (...) Der Mann, mit dem das zu wagen wäre, heißt Alvar Aalto." Bauwelt 1966, S. 973 f.
321 Jahrbuch, a. a. O., 1971, S. 49.
322 Bauwelt, 1966, S. 993 f.
323 Jahrbuch, a. a. O., 1971, S. 46.

Grundsätzlich hebt Ulrich Conrads kritisch hervor, daß die Entwürfe der gesamten Wettbewerbsteilnehmer aus Mangel an einer profunden Kenntnis der „Charakteristika der Museumsbestände, ihrer Anordnung, Verwaltung, Pflege" etc. eher zu 'Gehäusen' mit universeller Nutzung geführt haben.

„Man wurde, überschaute man das große Feld der Arbeiten, den Eindruck nicht los, daß es trotz der Bemühungen der Stiftung, die komplexe Aufgabe den Teilnehmern besonders am Beginn der zweiten Wettbewerbsstufe deutlich zu machen, durchweg an einer genaueren Kenntnis des Inhalts der Sammlungen gefehlt hat und daß allzu leichtfertig Gehäuse entworfen wurden wie für einen x-beliebigen anderen Inhalt – wurde doch vielfach noch nicht einmal der Unterschied zwischen Museum und Ausstellungsgebäude gemacht!"[324]

Am 2. beziehungsweise 3. Dezember 1966 wurden Gespräche aufgenommen zwischen einem Fachkomitee bestehend aus Kurator Wormit, Generaldirektor Waetzoldt, je einem Vertreter des Senats und der Bundesbaudirektion sowie dem Vorsitzenden der Jury, Egon Eiermann, den beiden Preisträgern und den Verfassern der Ankäufe, um „neue Gedanken und Überlegungen zu diskutieren". Wie Ulrich Conrads bemerkt, kam eine spätere Zusammenarbeit der beiden Preisträger nicht in Frage, die „beiden gleichrangig eingestuften Projekte trugen eine nicht nur absolut differierende bauliche Lösung vor (der strengen Orthogonalität des Entwurfs von Meyer, Frankfurt, stand das „freie System" der Lösung Redlich/Steinweg, Berlin, gegenüber), sondern zeigten auch in der architektonischen Auffassung keinerlei Vergleichsmöglichkeiten".[325] Die Gespräche zwischen dem Fachgremium und Gutbrod fanden auf der Grundlage des modifizierten Wettbewerbsentwurfs statt.

Rolf Gutbrod hatte nun – nach Kenntnis der prämierten Wettbewerbe und deren protokollarischer Beurteilung durch das Preisgericht – das spielerisch aufgelockerte Wettbewerbskonzept in eine Struktur starrer Geometrie [Abb. 63] gezwängt: Die einzelnen Bautrakte, welche sich jetzt partiell durch Innenhöfe öffnen, ordnen sich um eine längsrechteckig ausgebildete Platzanlage. Den Schwerpunkt bildet auch weiterhin der äußere Abschluß

---

324 Jahrbuch, a. a. O., 1966, S. 65.
325 Ebd. S. 60 f.

der einzelnen Gebäude. Detaillierte Verhandlungsergebnisse dieser Sachverständigen-Beratung bei der Rolf Gutbrod die Möglichkeit einer direkten Mitsprache hatte, sind nicht bekannt, doch offensichtlich konnte die vorgelegte Variante das verantwortliche Komitee überzeugen, wie Kurator Hans-Georg Wormit im Jahr 1967 generell erläutert:

> „In diesen Gesprächen schien der von Prof. Rolf Gutbrod, Stuttgart, nach Abschluß des Wettbewerbs weiterentwickelte Entwurf museumstechnisch, städtebaulich und architektonisch am ehesten den gestellten Anforderungen gerecht zu werden."[326]

Rolf Gutbrod wurde am 6. Juli 1967 mit der Ausarbeitung eines Vorentwurfs für die Museen beauftragt. Ungeachtet der vorgelegten, stark gestrafften Version dürfte latent wohl auch das von ihm während der Diskussion vertretene und zu jenem Zeitpunkt bereits anvisierte Konzept der innenräumlichen Flexibilität für seine Beauftragung eine Rolle gespielt haben,[327] vermutlich auch die architektonische Reputation durch die allerorts publizierten Wettbewerbserfolge (z. B. IBM-Wettbewerb 1959, Bewag-Wettbewerb, Berlin, 1961: erste Preise; Staatsbibliothek Berlin 1964: zweiter Preis, Wettbewerb zweite Stufe, 1965: Deutscher Pavillon für die Expo '67 in Montreal mit Frei Otto: erster Preis).

Voraussetzung für die weitere Planung waren fachbezogene Diskussionen mit einflußreichen Museumsfachleuten: mit Generaldirektor Stefan Waetzoldt, mit Direktoren der fünf Museen und Rolf Gutbrod, die zu einer Reihe neuer Vorstellungen und Standpunkte führten.

Es gilt im folgenden auf wesentliche Gesprächsinhalte hinzuweisen, da sie die Grundlage für die planerische Weiterentwicklung bilden. Vorrangig galt es, die umfassende Aufgabe und Organisation eines zeitgemäßen Museums zu definieren. Stephan Waetzoldt, der im Jahr 1971 unter dem Titel „Planung für die Museen am Tiergarten" den Versuch einer eher pauschalen Definition des Museum unternahm, erläuterte, daß sich das Museum des 20. Jahrhunderts nicht eindeutig darstellen lasse. Dies liege nicht nur daran, daß die Aufgabe der Institution für die Leistungs- und Massenge-

---

326 Jahrbuch, a. a. O., 1967, S. 17.
327 Gespräch mit Bernd Riede in Berlin am 28. 1. 1994.

sellschaft der Gegenwart alles andere als definiert sei, sondern auch an einem Prozeß der Differenzierung und Spezialisierung, sagte Waetzoldt, und weiter:

> „Es ist deshalb ebenso unsinnig, von ‚dem Museum wie von ‚der Museumsarchitektur schlechthin und pauschal zu sprechen. Museen sind Individuen mit besonderen Eigenschaften und einer oft langen Lebensgeschichte. Sie benötigen – leider – nicht Konfektions-, sondern Maß-Architektur. Woher aber diese Maße nehmen? Maße und Maßstäbe für den Museumsbau werden zunächst gesetzt durch eine Anzahl vorgegebener – objektiver Konstanten: Sammlungsbestand und Sammlungsauftrag, konservatorische und ausstellungstechnische Bedinungen, welche das Überleben der Kunstwerke garantieren, städtebauliche Situation und Benutzerstruktur in Ballungsräumen (...) Maße und Maßstäbe für den Museumsbau werden aber auch in entscheidender Weise durch Variabeln bestimmt, welche subjektive Analyse und Interpretation der Zukunft voraussetzen."[328]

Gerade jene Konstanten und Variabeln, wie Sammlungsbestand, Sammlungsauftrag, konservatorische und ausstellungstechnische Bedingungen und damit die „funktionellen Forderungen der einzelnen Museen an die neuen Räume", des weiteren die „Beziehungen der Bauten zueinander und die Verbindung der fünf Museumsbauten zu einem sinnvoll gegliederten Gesamtorganismus", so Kurator Hans-Georg Wormit, waren Gegenstand der Gespräche.[329] Diese insgesamt eher allgemein gehaltenen funktionellen Forderungen betrafen z. B. die Problematik der Beleuchtungsverhältnisse, der Sicherung und Klimatisierung, um das „Überleben der Kunstwerke (zu) garantieren", sie beinhalteten ferner den vieldiskutierten Aspekt einer Präsentation von gattungsreinen Kunstwerken, beziehungsweise die „gemeinsame Präsentation verschiedener Gattungen", im Sinne von Wilhelm von Bode, was spezielle Stell- und Hängeprinzipien und damit verbunden die Lösung innenräumlicher Fragen bedingt, während die explizit genannten Beziehungen der einzelnen Museen untereinander vor allem ein funktionierendes und übersichtliches Verkehrs- und Verteilersystem erfordern. Prinzipiell galt es, eine den gestellten Anforderungen entsprechende Architektur und Ästhetik zu entwickeln.

---

328 Jahrbuch, a. a. O., 1971, S. 35 f.
329 Jahrbuch, a. a. O., 1967, S. 17.

Diese museumsspezifischen Forderungen hatten eine grundlegende „Revision des Raumprogramms" zur Folge, hinzu kam der ständige Neuerwerb von Exponaten vor allem im Bereich des Kunstgewerbes sowie die Erweiterung von Zonen der Ruhe und der Bildungsarbeit, was insgesamt zur drastischen Erhöhung der Nutzfläche führte.[330]

Im Jahr 1967 wurde dem Berliner Senat der Vorentwurf II [Abb. 64] unterbreitet, welcher durch eine vom Matthäi-Kirchplatz ansteigende runde Platzanlage, umfaßt von rechtwinkligen Baukörpern und aufgelockerten Baustrukturen, bestimmt wird. Ein Fußgängersteg bildet die Verbindung zum Tiergarten, ein weiterer Übergang führt in Richtung Philharmonie. Kritik von Seiten des Senats wurde vor allem am „offenen Museumsvorplatz" vor der Matthäikirche geübt, „der den Maßstab der ganzen Umgebung störe".[331] Gespräche mit Senatsbaudirektor Hans E. Müller, ferner mit Hans Scharoun, Werner Düttmann und Walter Rossow, die sich mit städtebaulichen Aspekten des Gebiets befaßten, führten zu einer „für alle Beteiligten befriedigenden Lösung",[332] die sich im Vorentwurf III vor allem in einer veränderten Platzanlage mit räumlichem Abschluß darstellt.

1968 gab der Stiftungsrat Rolf Gutbrod den offiziellen Planungsauftrag. Im selben Jahr wurde erstmals der Vorentwurf für die Gesamtanlage publiziert. Er erhielt von der Fachwelt keinen Zuspruch. Im Grunde wird der Mangel an klar definierbaren Raumfolgen durch die „perfekte Anpassung an Bauherrenwünsche" kritisiert.

„Den Herren der Stiftung gefällt dieser Vorschlag denn auch (...) Wir aber sehen nur eine Vorarbeit ohne großen Atem, sehen zuviel, was gefällt, sehen lauter modernistische Manierismen, kurz sehen das große Mißverständnis, daß vielerlei Inhalt und Funktion auch die Baugestalt auflösen, zersetzen müsse", schreibt die Bauwelt 1968."[333]

1969 entstand der Vorentwurf IV [Abb. 65], eine überarbeitete Fassung des Vorentwurfs III von 1968, in dem sich nun die Platzanlage als querlie-

---

330 Jahrbuch, a. a. O., 1971, S. 47.
331 Ebd.
332 Ebd.
333 Bauwelt 42/1968, S. 1295.

gende 'Piazzetta' definiert, um welche die Museen als Baukörper beziehungsweise Raumstrukturen gelegt sind. Ein vor allem städtebaulich relevanter Gesichtspunkt zeigt sich in dem dem Kunstgewerbemuseum rechtwinklig angeschlossenen, zweigeschossigen Gebäude, das sowohl eine 'Platzwand' in Richtung des heutigen Kammermusiksaals als auch einen räumlichen Abschluß des abfallenden Platzes bildet, der Aktivitäten wie Happenings, Konzerte und Diskussionen ermögliche. Das von Stützen getragene rechtwinklige Gebäude nimmt ein Restaurant und Café auf. In innenräumlicher Hinsicht waren von Seiten der Architekten weitere Bemühungen im Gange, den kunsthistorischen sowie den ausstellungstechnischen Belangen durch erneute Planänderungen Rechnung zu tragen.[334]

Im Jahr 1971 aufgetretene Finanzierungsprobleme – der Stiftungshaushalt war bereits durch den Bau der Staatsbibliothek stark belastet – blockierten die Ausführung des Projekts für Jahre – ein Fiasko für das Berliner Büro: langjährige Mitarbeiter mußten entlassen werden, und nur ein „versprengter kleiner Haufen" konnte durch Aufgaben des Stuttgarter Büros weiterbeschäftigt werden, bis sich die Situation nach einer Phase ökonomischer Depression vor allem durch Aufgaben im Nahen Osten wieder konsolidiert hatte.[335]

Bedingt durch Zukunfts-Investitionsprogramme der Bundesregierung bot sich 1978 die finanzielle Möglichkeit für einen Baubeginn. Am 2. Juni 1978 wurde der Grundstein gelegt. Als erster Bauabschnitt erfolgte die Realisierung des Kunstgewerbemuseums als autonomes, über die 'Piazzetta' separat erschlossenes Bauwerk.

Die Eröffnung des KUNSTGEWERBEMUSEUMS fand am 10. Mai 1985 nach fünfjähriger Planung, siebenjähriger Unterbrechung und einer Bauzeit von sieben Jahren statt.

Das zunächst als Solitär realisierte Kunstgewerbemuseum baut auf einem Quadrat mit Innenhof auf. Die Haupterschließung erfolgt über die Eingangshalle, die auf einer erhöhten Zwischenebene liegt. Durch die Direkter-

---

334 Gespräch mit Bernd Riede am 28. 1. 1994.
335 Filmmanuskript von Gisela REICH, Rolf Gutbrod. Häuser für Menschen, Aussagen zu einer persönlichen Architektur, (ohne Datum), Archiv der Universitätsbibliothek Stuttgart SA 2/992, S. 10 f.

schließung wurde die räumliche Beziehung zur zentralen Eingangshalle, zum künftigen Restaurant und zu der aus finanziellen Gründen erst später zu realisierenden Skulpturengalerie vorerst unterbunden.

Auf Eingangsniveau [Abb. 66] befinden sich die Garderobe sowie der Didaktikbereich: Anhand moderner Kommunikationssysteme sollen den Besuchern weitreichende Informationen gegeben werden. Das Auf und Ab der Verkehrswege der offenen, acht Meter hohen Eingangshalle schafft unerwartete Durchblicke. Fünfeckstützen, unzeitgemäße Betontreppen, Brücken sowie Brüstungselemente aus Sichtbeton verweisen auf die brutalistische Tendenz der 60er Jahre, in der konstruktive Elemente bewußt herausgestellt wurden. Unterhalb der Zwischenebene, verbunden mit der Eingangshalle, liegt das Untergeschoß. Die um den Innenhof angeordneten Ausstellungsebenen von Unter- und Obergeschoß gliedern sich in je drei ineinander übergehende Raumgruppen. Im Außenbereich der Raumgruppen befindet sich die allgemein zugängliche Studiensammlung, „in der neben weiteren Beispielen der ersten auch die 'zweite Garnitur' in übersichtlicher aber gedrängterer Ausstellung ihren Platz" findet.[336] Der Studiensammlung schließt sich das museumsinterne Magazin an.

Die unartikulierten Raumzonen und der Verzicht auf eine eindeutige Erschließung der Ausstellungsbereiche birgt jedoch die Gefahr der Desorientierung, obwohl Franz Adrian Dreier (Direktor des Kunstgewerbemuseums) in „offenem Bezug" der Räume, im „Fortfall der weitertreibenden 'Führungslinie'", neben dem „Verweilen", verschiedene „Alternativen" zu einem „Weitergehen" sieht.[337] Über den Ausstellungsebenen, in einem zweigeschossigen, abgewinkelten Aufbau, befinden sich Verwaltung und Werkstätten. Das Gebäude ist weitgehend introvertiert, da sich „alle Werke der Kleinkunst (...) vollkommen nur im sorgfältig abgestimmtem Kunstlicht" erschließen, so Stephan Waetzoldt 1971.[338] Nur über den Innenhof gelangt Licht in die Ausstellungsräume.

Der einem Quadrat angenäherte Baukörper [Abb. 68] zeigt – bedingt durch beleuchtungstechnische Forderungen – nahezu hermetische Ge-

---

336 Jahrbuch, a. a. O., 1971, S. 52.
337 Ebd.
338 Ebd. S. 40.

schlossenheit. Um die gewaltigen Baumassen leichter erscheinen zu lassen, wurden die Fassaden vielfältig differenziert. Erschließungstürme – als funktionale Elemente – sind auch hier bewußt herausgestellt. Sichtbare Betondecken und Betonelemente kontrastieren mit roter Ziegelsteinausfachung, die Bezug nimmt auf die Fassade der Sankt Matthäikirche von Friedrich August Stüler (1844–46). Die Haupterschließung erfolgt über die um sechs Grad ansteigende 'Piazzetta', unter der sich ein Museumsdepot sowie eine Tiefgarage befinden.

Grundsätzlich sollte das Museum das „wenig in Erscheinung tretende Gehäuse für den kostbaren Inhalt" sein, so Rolf Gutbrod.[339] Die selbst auferlegte architektonische Zurückhaltung kann mit einem Bauvolumen von 66.000 m^2 umbauten Raumes sicher nicht erreicht werden. Mangelnde Signifikanz des Berliner Museums birgt jedoch die Gefahr des Austauschbaren und widerspricht dem von Hugo Häring ausgehenden Ansatz, dem Wesen einer Aufgabe spezifischen Ausdruck zu verleihen, auf den sich Rolf Gutbrod explizit beruft.[340]

Im Jahr 1985, zeitgleich mit dem Berliner Kunstgewerbemuseum, wird das *Museum für Kunsthandwerk* von Richard Meier in Frankfurt eröffnet. Richard Meier, dessen Ästhetik bestimmt ist durch eine Weiterentwicklung der Formensprache Gerrit Rietvelds und Le Corbusiers, legt dem Frankfurter Museum – „ein Triumph klassischer Moderne" – analog dem Berliner Gebäude, eine klar geometrische Konzeption zugrunde [Abb. 67]: Der Gründerzeitvilla Metzler werden drei einheitliche Baukörper addiert, ein offenes Konzept entsteht, das Ausblicke, Durchblicke und Orientierung erlaubt. Die äußere Erschließung erfolgt durch ein zentrales, um fünf Grad verschwenktes Wegekreuz, die interne Erschließung entlang des Innenhofs. Entgegen dem geforderten Kunstlicht im Berliner Museum erfolgt hier die Belichtung der Exponate durch den Wechsel von Kunst- und Tageslicht. Das Äußere wird bestimmt durch das monochrome Weiß der einzelnen Baukörper im Gegensatz zum Berliner Pendant, das sich als Solitär mit weiß strukturierten Ziegelsteinfassaden, insgesamt durch Kompaktheit, Formenvielfalt ohne klare Zäsuren präsentiert. Das Kunstgewerbemuseum

---

339 Ebd. S. 49.
340 Rolf Gutbrod, in: Hugo Häring in seiner Zeit – Bauen in unserer Zeit. Stuttgart 1983, S. 100.

steht tatsächlich noch eindeutig in der Tendenz der brutalistischen Ästhetik der 60er Jahre, darüber hinaus fehlt dem Gebäude eine gewisse Selbstverständlichkeit, auch ein Hauch von Extravaganz, wie sie beispielsweise die Stuttgarter Liederhalle ausstrahlt.

Entzündete bereits die Planung des Museums heftige Kritik, so sprach die Presse nach der Eröffnung insgesamt ein abwertendes Urteil aus, auf das punktuell hingewiesen werden soll. Manfred Sack bezeichnete in „Die Zeit" vom 15. Mai 1985 das Kunstgewerbemuseum nach seiner Fertigstellung als eine „verblüffend uninspirierte, zur Eröffnung schon veraltete Kompromißarchitektur" und hebt mit Recht als Ursache vor allem die langwierige Planungszeit sowie die Vielzahl der am Projekt Beteiligten hervor, da der Bauherr Stiftung Preußischer Kulturbesitz „in Wahrheit ein Konglomerat von Geldgebern und Mitsprechern aus Bonn, Berlin und gut einen halben Dutzend Länderregierungen" sei.[341] Zu einem wirklichen Ärgernis sei unter anderem die Detaillierung geraten, so Wolfgang Pehnt in der FAZ vom 11. Mai 1985:

> „Wenn fünfeckige Stützen aus einem rechtwinklig geschnittenen Granit- oder Tonplatten-Belag aufsteigen und in achteckigen Ausschnitten der untergehängten Decken verschwinden, kann nichts anderes als Dissonanz die Folge sein".[342]

Provozierten die „massigen, mit Ziegelsteinen verkleideten Fassaden (...), die tragende Funktionen vortäuschen, aber in Wirklichkeit der Stahlbetonkonstruktion nur vorgeblendet sind",[343] allgemeinen Unmut, so sind die Wände, die im Prinzip einen direkten Bezug zur Matthäikirche herstellen sollten, durch partielle Begrünung heute zum Teil kaschiert.

Grundsätzlich erreicht das Kunstgewerbemuseum formal und ästhetisch nicht das Niveau der durch Rolf Gutbrod zeitgleich geplanten Bauten. Das Berliner Kunstgewerbemuseum basiert noch weitgehend auf den Grundprinzipien der in strenge Rechtwinkligkeit gebrachten Version der Wettbewerbsüberarbeitung aus dem Jahr 1966, die – wie bereits ausgeführt – die

---

341 Manfred Sack, So große Häuser für so kleine Dinge, in: Die Zeit Nr. 21, 17. 5. 1985, S. 61.
342 Wolfgang Pehnt, Ein schwieriger Nachbar, in: Frankfurter Allgemeine Zeitung Nr.109, vom 11. 5. 1985, S. 25.
343 Gerhard Ullmann, in: Glasforum 3/1985, S. 17.

Akzeptanz der Sachverständigen-Kommission fand. Es ist bemerkenswert, daß sich die sukzessiven Änderungen während der Phase der Planung und Bauzeit vorwiegend auf innere Strukturen bezogen, während die äußeren Formen trotz des Versuchs vielfältiger Gliederung in ihrem Ansatz eher konstant blieben.

Obwohl der Betonbrutalismus zu Beginn der 70er Jahre bereits seine „ursprüngliche Kraft" verloren hatte,[344] fand wohl von Seiten der Architekten keine Überprüfung des eigenen Standortes statt, vermutlich auch kein Versuch, anstelle des aufkommenden historisierenden Formenvokabulars einen den Bedingungen der späteren Jahre entsprechenden architektonischen Ansatz zu suchen.

Im Rückblick von 1985 macht die „Bauwelt" auf signifikante Weise das Zusammenwirken der Hauptbeteiligten – das taktische Vorgehen des Architekten, die Passivität und Inkompetenz maßgeblicher behördlicher Entscheidungsträger – für die „fatale Entwicklung" mitverantwortlich:

> „Kunst, Kultur, Handwerk – nichts davon atmet das Objekt. Allenfalls Zeitzeuge ist es: für eine hilflose Baukultur, die an diesem doch so unverwechselbaren Ort in Deutschland nach 20 Jahren Planung kaum mehr als ein unwürdiges Lagerhaus zusammenbetoniert hat. Hier wirkten einmal wieder alle Beteiligten in scheinbar zwangsläufiger Verflechtung zum unguten Ende zusammen: ein Architekt, der nicht den Mut hatte, von einem zwecks Acquisition schnell hingeworfenen Konzept abzurücken; ein Bauherr, der aus Angst vor Verzögerungen oder gar Dispensierung zugesagter Baugelder wider besseres Wissen und eigenen Anspruch nicht aufbegehrte; Politiker, die sich unter dem Deckmantel der Unzuständigkeit verkrochen und der fatalen Entwicklung freien Lauf ließen; Museumsfachleute, die, nach langen Jahrzehnten schwer erträglicher Provisorien, lieber die Augen zumachten, als weiter auf Stell- und Hängeflächen zu verzichten, und das Beste zu machen suchten."[345]

---

344 Christoph Hackelsberger nennt wesentliche Punkte der Ablehnung von Beton. „Unsinnige Verwendung, Einfallslosigkeit und Gechäftemacherei haben die Krise und die Verurteilung des Baustoffs bewirkt. Das eigentliche Versagen, das man nun einem Baustoff zuschiebt, liegt aber in der Ideologisierung rational bestimmter Vorgänge. Eine sorgfältige Industrialisierung des Bauwesens hätte sicherlich sämtliche physiologischen und psychologischen Bedürfnisse erfüllen können, ohne Verletzung der Gestaltssphäre. HACKELSBERGER, a. a. O., S. 110.

345 Bauwelt vom 31. 5. 1985, Heft 20/21, S. 808 (ohne Angabe des Autors).

Trotz der von unterschiedlichen Interessenshaltungen begleiteten Planungs- und Bauzeit bleibt die Tatsache: die Bauaufgabe Museum verlangt grundsätzlich konstruktiv, formal und ästhetisch eine andere Konzeption. Angesichts der herausragenden Qualität der nahezu zeitgleich durch Rolf Gutbrod entworfenen Bauten wie beispielsweise der Baden-Württembergischen Bank (1963) oder des Gebäudes des Süddeutschen Rundfunks (1966) in Stuttgart gibt es aus der heutigen Perspektive noch keine eindeutige Erklärung für den Qualitätsmangel des Kunstgewerbemuseums in Berlin.

Bereits 1980 wurde das Bauprogramm für den zweiten Bauabschnitt der Museen durch den Stiftungsrat bewilligt, das die Ausführung der Eingangshalle, der Gemäldegalerie und der Tiefgarage vorsah. In einem dritten Bauabschnitt sollten die restlichen Teilprojekte realisiert werden. Im Jahr 1983, nach Beginn der Erweiterungsbauten, wurde der Bauablauf nach „Protesten aus der Bevölkerung" hinausgezögert.[346] Die 1984 in gemeinsamer Beratung mit Vertretern der Bundesbaudirektion, der Staatlichen Museen und Rolf Gutbrod erfolgten „Umplanungsversuche" entsprachen nicht den Forderungen hinsichtlich einer besseren Erschließung und Belichtung der Gemäldegalerie.[347]

„Die Stiftung trennt sich einvernehmlich von ihrem Architekten und beschließt am 18. November 1985 die Pläne für die Neubauten der Staatlichen Museen für die Europäische Kunst grundlegend zu ändern".[348]

Nachzutragen bleibt: Im Juni 1986 lobt die Bundesbaudirektion, befürwortet durch Generaldirektor Wolf-Dieter Dube, der 1983 berufen wurde, einen beschränkten internationalen Wettbewerb unter acht Architekten aus. Die Wettbewerbsaufgabe bezog sich auf die Neuplanung der „Gemäldegalerie, die Erweiterung der Generalverwaltung, die Cafeteria sowie Vorschläge für die Gestaltung der Fassaden der im Bau befindlichen Bauteile für

---

346 Katalog anläßlich der Ausstellung „Standorte – Standpunkte. Staatliche Museen zu Berlin", Berlin 1994, S. 74 f. Gerd Löffler geht hier auf die bauliche Entwicklung der Staatlichen Museen Preußischer Kulturbesitz ein.
347 Ebd. S. 78.
348 Ebd. S. 77 f.

das Kupferstichkabinett und die Kunstbibliothek".[349] Im Jahr 1987 erhielten die Architekten Heinz Hilmer und Christoph Sattler den Auftrag, die Planung beziehungsweise die Ausführung der im Wettbewerb geforderten Aufgaben zu übernehmen.

Als konstruktiv neuartiges Experiment entstand der DEUTSCHE PAVILLON DER EXPO '67 in Montreal unter dem Thema „*terre des hommes* – die Welt der Menschen".[350] Die Verwendung leichter Flächentragwerke, eine erste Vorwegnahme der technologisch weiterentwickelten Konstruktionen für arabische Projekte, kennzeichnet den Übergang in die dritte Phase im Werk Rolf Gutbrods.

Als Standort für den Deutschen Pavillon war eine 10.000 m² große Fläche auf der künstlich geschaffenen Insel „Notre Dame" im Sankt-Lorenz-Strom vorgesehen. Zwei Brücken stellen die Verbindung der Stadt Montreal und der Insel her. Die topographische Besonderheit – als bestimmender Faktor der formal-ästhetischen Entwicklung des Pavillons – wurde 1965 in einem umfassenden Bericht zum Wettbewerb näher definiert:[351]

„Die Insel Notre Dame geht von dem der Bundesrepublik zugewiesenen Platz nach Süden und Osten in eine künstliche, lagunenartige Seeanlage über, die zu dem das Stromschnellengebiet des St.-Lorenz-Stroms umgehenden Hochseekanal führt (...) Die Aufschüttung der Insel Notre Dame, die für den Bau des deutschen Pavillons besondere Gründungsmaßnahmen erfordern wird, erhebt sich etwa 6 Meter über die künstliche Seeanlage. Nach Süden ist dem Grundstück der Bundesrepublik eine kleine Insel vor-

---

349 Ebd. S. 78 f.
350 Das Motto der Ausstellung bezieht sich auf den Titel des gleichnamigen Buches von Antoine de Saint Exupérie.
351 Im Dezember 1964 lobte die Bundesbaudirektion Berlin einen zweistufigen Ideenwettbewerb für den Deutschen Pavillon der Expo '67 aus. Das Raumprogramm sah einen Pavillonbau für eine Ausstellungsfläche von 7.000 bis 8.000 m² vor, der im wesentlichen einen Informationsstand, einen Versammlungsraum für Konferenzen etc. mit 250 Sitzplätzen, ein Restaurant (für 300 Personen), ein Café und Geschäftsräume aufnehmen sollte. Die Wettbewerbsentscheidung erfolgte am 12.2.1965 unter Vorsitz von Egon Eiermann. Das Preisgericht zeichnete unter 117 eingereichten Lösungen zwölf Entwürfe aus, deren Verfasser mit fünf weiteren namentlich aufgeforderten Architekten, darunter Rolf Gutbrod, zur zweiten Stufe eingeladen wurden. Den Wettbewerb der zweiten Stufe konnte Rolf Gutbrod in Zusammenarbeit mit Frei Otto für sich entscheiden. Siehe: Die Bauverwaltung 9/1965, S. 547 f.

gelagert, die als Erholungsfläche in die Planung einbezogen werden sollte. Eine zweispurige Hochbahn umzieht (...) das deutsche Grundstück auf einer Pfeilertrasse in 11 Meter Höhe über dem Wasser."[352]

Aufgrund der kurzen Frist von 14 Monaten bis zur Eröffnung und der großen Distanz zur Baustelle sollten Konstruktionen entwickelt werden, die „schnell, transportsicher, leicht montierbar und ohne besondere Schwierigkeiten zu realisieren sind".[353]

Der Deutsche Pavillon wurde als temporärer Zeltbau von 1965 bis 1967 von Rolf Gutbrod und Frei Otto[354] unter der Projektleitung von Hermann Kendel entwickelt [Abb. 69]. Erstmals wurde eine 7.730 m² große Fläche mit einem leichten auf Zug beanspruchten Flächentragwerk überdeckt: Eine sattelförmig gekrümmte Seilnetzkonstruktion mit untergehängter transluzenter Dachhaut aus glasfaserverstärktem Polyestergewebe wurde über acht verschieden hohe, in ein strenges Raster gestellte Stahlmasten geführt, und überdeckte orthogonale Ausstellungsterrassen als „Raumtragwerk aus I-Stahlprofilen mit dreieckigem Längsprofil".[355] Im spannungsvollen Gegensatz gekrümmter Formen und Orthogonalstrukturen wird auch

---

352 Ebd.
353 Ebd. S. 549.
354 Biographische Daten: Frei Otto, geboren im 1925 in Siegmar/Sachsen. 1948–52 Studium der Architektur an der TU Berlin-Charlottenburg bei H. Freese, H. Birkenbach sowie bei G. Jobst. 1950/51 anläßlich einer Studienreise durch die USA erhielt Frei Otto Anregungen durch Matthew Nowickis, William Deitricks und Fred Severuds Entwurf für die Arena in Raleigh/North Carolina, sich intensiv dem Problem der Zugkonstruktionen zuzuwenden.1952 begann er seine Arbeit als freier Architekt. 1954 Abschluß der Promotion zum Thema „Das hängende Dach". 1957 Gründung der Entwicklungsstätte für den Leichtbau in Berlin. Die enge Zusammenarbeit mit Peter Strohmeyer (Zeltersteller) bei der Realisierung der frühen Projekte bot Frei Otto die Möglichkeit, seine Kenntnisse auf dem Gebiet der Zeltkonstruktion zu erweitern.1964 erfolgte die Berufung an die Technische Hochschule in Stuttgart und die Gründung des Instituts für leichte Flächentragwerke (IL) an der TH Stuttgart, das zur Abteilung für Bauingenieurwesen gehörte. 1965 Ernennung zum Honorarprofessor. 1973 Ehrendoktor der Washington University, St. Louis. Zahlreiche hohe Auszeichnungen seiner Leistungen auf dem Gebiet des experimentellen Leichtbaus. Zusammenarbeit mit Gutbrod ab dem Jahr 1965 bis in die 80er Jahre. In den 70er Jahren beschäftigte sich Frei Otto zunehmend mit der Analyse biologischer Phänomene und Leichtbaukonstruktionen in der Natur. Siehe: Philip DREW, Frei Otto. Form und Konstruktion. Stuttgart 1976, S. 6 ff.
355 Ebd. S. 74.

hier das Gestaltungsprinzip des Kontrasts deutlich. Der Pavillon war seitlich zwischen Zeltdach und Unterbau offen, somit war eine natürliche Lüftung gegeben.

Der westliche Eingangsbereich bildete das Foyer eines Auditoriums für 250 Personen. Zwei auf Druck beanspruchte, mit Sperrholz abgedeckte Gitterschalen aus kanadischen Hemlock-Pine-Latten (5 × 3 cm) und einer segeltuchbeschichteter Dachhaut, formal als gleichsinnig zweifach gekrümmte Kuppeln ausgebildet, überwölbten den Vortragssaal (17 × 13 m) und das Foyer (20 × 4,5 m). Am Randträger aus Stahlbeton installierte Lichtkörper erhellten indirekt die Innenräume und hoben gleichzeitig die geometrische Kuppelstruktur hervor:

> „Die Kuppeln vermittelten den Eindruck umhüllender, schützender Häute, wie er sich mit Hohlräumen im organischen Bereich verbindet. Dies überrascht nicht, wenn man sich vor Augen hält, daß die Konzeption von organischen Formen inspiriert wurde",[356]

schreibt Philip Drew und betont sowohl die Wirkung der Gitterschalen als auch ihre durch die Natur angeregte Konstruktion.

Die Ausstellungsflächen des Pavillons befanden sich auf verschiedenen Ebenen [Abb. 70]. Das Verkehrssystem war auch hier Entwurfsprinzip: Von einem zentralen Platz kommend betrat man einen ansteigenden Steg und erreichte den Informationsbereich auf Hauptniveau. Hier befand sich ein Ausläufer, der einen weiten Ausblick auf die Lagune, die Insel und den Sankt-Lorenz-Strom-Kanal mit Hochseeschiffen bot. Eine frei eingestellte Wendeltreppe führte nach unten in das Foyer mit Auditorium. Die Verkehrselemente waren so angelegt, daß ein Rundgang entstand. Der Weg führte um einen zentralen Tiefpunkt, in dessen Zentrum ein Wasserbecken lag. Über Treppen und Podeste mit freiem Blick auf die niveaudifferenzierten, sich teils überlagernden, 'schwebenden' Ausstellungplattformen gelangte der Besucher ein Geschoß höher zum Ausgang und Abgangssteg. Der lichtdurchflutete Raum in seiner Bewegtheit wirkte phantasievoll. In sei-

---

[356] Ebd. S. 46.

ner äußeren Erscheinung assoziierte der Pavillon eine Gebirgssilhouette und läßt an Bruno Tauts Vision von einer „Alpinen Architektur" aus der utopischen Phase um 1920 denken.[357]

Der Pavillon setzte ein politisches Zeichen: Er repräsentierte Deutschland nicht durch geometrische Bauformen, Pfeilerreihen, insgesamt durch Stereometrie und schwer wirkende Volumen wie der neoklassizistische Pavillon der Weltausstellung 1937 in Paris von Albert Speer,[358] sondern durch Verve, Transparenz und Heiterkeit. Rolf Gutbrod und Frei Otto verstanden es, das „großspurig angelegte Konzept des 'Made in Germany' zu einem freundlichen 'Swinging Germany', zu einem Ort der Bewegung, der Undramatik, der Freundlichkeit zu bringen. Dies dort gezeigte Deutschland wurde endlich von der Welt akzeptiert, das war ein Weg, der zurück in die kulturelle Gemeinschaft der Völker führen konnte".[359]

Der Deutsche Pavillon der Expo '67 stellt einen Kulminationspunkt im Werk von Rolf Gutbrod wie von Frei Otto dar und fand wie der programmatische Deutsche Pavillon der Weltausstellung in Barcelona (1928–30) von Mies van der Rohe oder in dessen Nachfolge Egon Eiermanns und Sep Rufs großartiger Pavillon der Weltausstellung in Brüssel (1956–58) weltweite Beachtung. Letztere definieren sich im Grunde ebenso durch Merkmale wie Transparenz, fließende Räume, Leichtigkeit und hohe technische Perfektion, erlauben jedoch im Formenkanon, der Materialwahl und der dezidiert kühlen Rationalität keinerlei Vergleichsmöglichkeiten.

Obwohl dem „verführerisch schönen" Pavillon von Montreal bereits während des Wettbewerbsverfahrens aufgrund seiner innovativen Konstruktion mit ausgesprochener Skepsis begegnet wurde, fand er nach Fertigstellung sowohl bei der Öffentlichkeit als auch auf professioneller Seite ungeteilt positive Resonanz, wie Johannes Galandi, ein am Projekt beteiligter Ingenieur im Rückblick von 1976 hervorhebt:

---

357 Siehe Bruno TAUT, Alpine Architektur, Hagen 1919, z. B. Blatt 10, 17 f. Siehe auch: Ulrich CONRADS, Hans SPERLICH, Phantastische Architektur, Stuttgart 1960, S. 11 bzw. S. 109: Bereits in einer Zeichnung vor 1917 stellt Bruno Taut acht Spitzzelte auf das Kap Arkona (Rügen), während Tauts Volkshaus-Entwurf von 1920 eine bemerkenswerte Ähnlichkeit zum Projekt Olympiastadion München aufweist.
358 Siehe Albert SPEER, Erinnerungen, Berlin/Franfurt am Main/Wien, 1969, S. 94 f.
359 Frei OTTO, in: Stuttgarter Nachrichten Nr. 213/1989, S. 31.

„In Montreal ist ein (...) Dach-Bau-System vorgestellt worden, das in großem oder kleinem Maßstab ungezählte Möglichkeiten der Variation und Anwendung hat und fast unbegrenzte Verwendung finden könnte. Die internationale Fachwelt hat es vorbehaltlos anerkannt. In Montreal (...) waren ungezählte Besucher begeistert."[360]

Vorbild für den Deutschen Pavillon der Expo '67 waren die fünf höhengleichen temporären Spitzzelte *Neige et Rocs* der Schweizer Nationalausstellung von 1963 in Lausanne (Entwurf Marc Saugey, konstruktive Beratung Frei Otto) [Abb. 71 + 72]. Jene Pavillonbauten in monochromem Gelb, Weiß und Rot, bestehend aus einer „strukturell aktiven" Seilnetzkonstruktion und darüberliegender Membran aus Tuch, wurden von 24 m hohen Gittermasten aus Stahlrohr getragen.[361] Außer den Form- und Konstruktionsprinzipien des Pavillons von Lausanne flossen die Ergebnisse umfassender theoretischer Untersuchungen seit dem Jahr 1964 in die Ausführung des Deutschen Pavillons für Montreal ein, der Prototyp für stationäre arabische Zeltbauten und das permanente Zeltdach für die Spiele der XX. Olympiade 1972 in München war (Günter Behnisch und Partner sowie Jürgen Joedicke, Frei Otto mit Ewald Bubner und Fritz Leonhardt und Partner).

Einen spannungsvollen Gegensatz zu dem in freien Formen, durch Hoch- und Tiefpunkte bestimmten Großzeltdach von Gutbrod/Otto zeigt der als zweiter Preis ausgezeichnete Entwurf der Stuttgarter Architektengruppe F. Augst, P. Faller, C. Schmidt, H. Schröder und B. Brandstetter, das strenge Schema eines „großen Sheds".

„[Im Innern wird der Shed] durch einseitig eingehängte Decks in niedere und hohe Ausstellungsbereiche gegliedert. Der Hallenboden selbst verknüpft durch seine Terrassierung das Innere des Pavillons mit dem Außenbereich",

so die Verfasser des Wettbewerbs. Das Preisgericht hob lobend die in „konstruktiver Beziehung eindeutige, einwandfreie und wirtschaftliche Lösung" hervor, bemängelte jedoch:

---

360 Johannes GALANDI, Dächer in Montreal und München. Erinnerungen und Gedanken, in: IL 16, Mitteilungen des Instituts für leichte Flächentragwerke, Universität Stuttgart, Stuttgart 1976, S. 72 f.
361 Philip DREW, a. a. O., S. 35.

„Die eingebauten Ränge bilden übereinanderliegende Stockwerke und erschweren durch die gebundene Festlegung der Größen der einzelnen Geschosse die unerläßlich notwendige Verflechtung der Ausstellungsflächen."[362]

1966 hatte das Institut für leichte Flächentragwerke der Universität Stuttgart (IL) ein Versuchszelt errichtet, um die vorgespannte zugbelastete Seilnetzkonstruktion und die Membran aus transluzentem Polyestergewebe zu erproben und um systematisch Untersuchungen vorzunehmen. 1967/68 wurde das Stuttgarter Versuchszelt verlegt und zu einem permanenten Bau umgerüstet, um auf 460 m² das Forschungsinstitut für leichte Flächentragwerke aufzunehmen.[363] Für Philip Drew zählt der Versuchsbau, „diese schöne, schiffsschnabelförmige Konstruktion (...) zu Ottos einfachsten und poetischsten baulichen Aussagen".[364]

Da das Gebiet in Montreal als Regattastrecke für die XXI. Olympiade 1976 zur Verfügung stehen sollte, wurde der temporäre Pavillon 1973, sechs Jahre nach seiner Montage demontiert. Angesichts des bereits anvisierten Abbruchs wurde die notwendige Wartung und Heizung unterlassen, was zwangsläufig zur Folge hatte, daß unter der Last schwerer Schneemassen im Winter 1972/73 ein Mast geknickt war und einen partiellen Einsturz verursacht hatte.[365]

Im folgenden stellt sich die Frage nach der gestalterischen Tradition des Pavillons beziehungsweise die Frage nach konkreten Vorläufern. Aufschluß hierüber gibt ein kurz gefaßter Bericht von Berthold Burkhardt mit dem Titel „Der Zeltzirkus und das IL-Zelt" von 1976.[366] Wie Berthold Burkhardt anschaulich nachweist, steht der Deutsche Pavillon in einem direktem Bezug zu dem im 18. Jahrhundert entwickelten Zirkuszelt, dem *Chapiteau*. Das erste stationäre Zirkuszelt mit Leinendach wurde 1770 an der Westminsterbridge in London durch den englischen Kunstreiter Philip Ast-

---

362 Abbildung in: Die Bauverwaltung a. a. O., S.552.
363 DREW, a. a. O. S. 35 f., S. 92.
364 Ebd. S. 7.
365 Siehe: IL 8, a. a. O., 1975, S. 114 u.118, sowie Mitteilung von Hermann Kendel vom 8. 2. 1999.
366 Berthold BURKHARD, Der Zeltzirkus und das IL Zelt, in: IL 16, a. a. O., S. 74.

ley aufgestellt, das als stationärer Zeltbau nach neun Jahren abgebrochen und durch einen „festen Hallenbau, ein Amphitheater" ersetzt worden ist.
Eine Weiterentwicklung der stationären Version ist das transportable Zirkuszelt, mit dem der Amerikaner A. Turner 1830 erstmals auf Tournee ging. Das mobile, rasch montierbare Zirkuszelt nahm somit seinen Ausgang in Amerika und war Ende des 19. Jahrhunderts sowohl in Frankreich als auch in Deutschland attraktive Neuheit. In unterschiedlichen Größen wurde das mobile *Chapiteau* unentbehrlicher Bestandteil großer Zirkusunternehmen. Gehörte auch die Entwicklung und Herstellung eines Großzeltes, als leichte Baukonstruktion, zur Domaine des Handwerks, war Aufgabe erfahrener Sattlermeister in Zeltbaufabriken, so wurde die Konstruktion von sogenannten leichten Flächentragwerken, ab den 50er Jahren zunehmend eine weitgehend mathematisch- ingenieurwissenschaftliche Disziplin.
Leichte Flächentragwerke, zu denen auch pneumatische Konstruktionen zählen, werden als Konstruktionssysteme definiert, „die leicht sind, auf Zug beansprucht werden und deren Fläche gekrümmt ist". Sie erlauben ein breites Spektrum diverser Nutzungsmöglichkeiten und sind noch heute „Experimentierstätten" neuer Materialien und Technologien, wie Jürgen Joedicke in seinem Kapitel „Weitgespannte Hallenbauten" anschaulich erläutert.[367]

Exemplarisch soll auf eine Reihe wichtiger, in jüngerer Zeit entstandenen Beispiele hingewiesen werden. Bereits 1950 entwickelten Matthew Nowicki und Fred N. Severud (Fertigstellung 1953–54) die Arena von Raleigh/North Carolina, die aus einem durch paraboloide Randbögen begrenzten Seilnetz und einer Dachhaut aus Wellblech und Bitumen besteht. Dieses Projekt, das Frei Otto anläßlich einer Studienreise durch die USA (1950–51) besichtigt hatte, war Anstoß, sich konsequent auf die Erforschung von Zugkonstruktionen zu konzentrieren.
Fred N. Severud baute 1957–1958 die Yale Hockey Rink in New Haven (Architekt Eero Saarinen), René Sarger den Französischen Pavillon der Weltausstellung in Brüssel (1958), der eine Weiterentwicklung von Bernhard Laffailles Konstruktionen aus den 30er Jahren darstellt. Heinz Islers konstruierte 1971 das spielerisch leichte Garten-Einkaufszentrum in Brügi.

---

367 JOEDICKE, Architekturgeschichte, a. a. O., S. 179 ff.

Für Jürgen Joedicke zählen vor allem die von Kenzo Tange, Uichi Inoue und Yoshikatsu Tsuboi entwickelten olympischen Sporthallen in Tokio (1963–64), in ihrer „städtebaulichen Anordnung, in der Raumbildung und in der Materialverwendung (...) zu den besten Werken unserer Epoche".

Die große Sporthalle von Tokio überdeckt eine Konstruktion aus „einem über zwei Stützen gespannten, hängenden Doppelseil und zwei korrespondierenden Randbögen aus Stahlbeton, zwischen denen sich eine doppelt gekrümmte Sattelfläche spannt".

Gottfried Mutschler errichtete zusammen mit Frei Otto die Multihalle in Mannheim (1975), als räumlich gekrümmtes Stabwerk aus Latten in kanadischer Hemlock-Pine mit einer Dachhaut aus lichtdurchlässigem Polyestergewebe.[368]

Da die Entwicklung experimenteller Leichtbau-Konstruktionen eine primär mathematisch-ingenieurwissenschaftliche Disziplin darstellt, richtet sich im folgenden das Interesse auf *die partnerschaftliche Beziehung zwischen Frei Otto und Rolf Gutbrod*, im besonderen jedoch auf den Beitrag Rolf Gutbrods zum Entwurf.

Anlaß einer ersten, wohl tastenden Begegnung Rolf Gutbrods und Frei Ottos war 1960 die Montage eines einfachen Stoffsegels, einem flach gespannten weißen Baumwolltuch mit einem Hoch- und Tiefpunkt, als Wetterschutz für die offizielle Grundsteinlegung des IBM-Verwaltungsgebäudes in Berlin. Ein weiterer Kontakt der künftigen Partner, vermittelt durch Horst Linde, der Rolf Gutbrod freundschaftlich verbunden war,[369] fand 1963 im Büro Gutbrod während des Wettbewerbs für das Auditorium Maximum und der Mensa der Universität Stuttgart-Hohenheim statt, als für dieses Projekt das sogenannte 'Schneewittchen-Modell' in Leichtbauästhetik durch Frei Otto und Hermann Kendel entwickelt wurde.

Aufgrund seiner herausragenden Leistungen auf dem Gebiet hochentwickelter Technologie erhielt Frei Otto 1964 durch maßgebliche Unterstützung von Gutbrod und dem damaligen Rektor der Technischen Hochschu-

---

368 Ebd. S. 180 f.
369 Brief von Rolf Gutbrod vom 20. 8. 1996. Mitteilung von Hermann Kendel am 8. 2. 1999.

le, Fritz Leonhardt, einen Ruf, um das Institut für leichte Flächentragwerke (IL) an der Technischen Hochschule Stuttgart zu gründen.[370]

Während einer Besichtigung der experimentellen Forschungsarbeiten Frei Ottos hatte Rolf Gutbrod die entscheidende Idee, den Entwurf für den Wettbewerb der Expo '67 nach dem Vorbild der Pavillonbauten *Neige et Rocs*, jedoch höhendifferenziert, zu entwickeln. Eine kooperative Arbeit unter interdisziplinärer Besetzung begann. Gutbrods Anteil reduzierte sich nicht allein auf die Vorgabe einer konstruktiv-ästhetischen Richtung. An der Entwicklung des Wettbewerbsentwurfs, federführend unter Hermann Kendel, Richard Larry Medlin sowie Hermann Kies, nahmen in Form wechselseitiger, kritischer Beeinflussung Rolf Gutbrod, Frei Otto, Fritz Leonhardt und Peter Strohmeyer, der damals wohl bekannteste Zelthersteller teil, der zweifellos seine bei Zeltfabrikationen im besonderen bei den Lausanner Großbauten von 1963 erworbenen praktischen Erfahrungen mit einbrachte.[371]

Grundsätzlich jedoch kann der exakte Beitrag Rolf Gutbrods zum Entwurf des Pavillons nicht eindeutig festgestellt werden. Auch ist nicht genau rekonstruierbar, welche Impulse von Seiten Frei Ottos einflossen. Doch waren mit Sicherheit dessen jahrelangen Erfahrungen durch den Bau einfacher Zeltkonstruktionen der 50er Jahre in Kassel, Köln, Berlin, wie sie in wichtigen Publikationen[372] dargestellt sind, sowie seine theoretischen Erkenntnisse, erworben durch Forschungsarbeiten auf dem Gebiet unterschiedlicher Konstruktionssysteme, grundlegend für die Entwicklung des Pavillons.

Tatsächlich ergab sich durch die enge Kooperation bei der Ausführung des Deutschen Pavillons eine kongeniale Partnerschaft zwischen Architekt und Konstrukteur, die sich bei der Planung und Realisierung arabischer

---

370 JOEDICKE, in: FEHN, a. a. O., S. 27. Hierzu auch Rolf GUTBROD, in: Baukultur 1–2/1995, S. 113.
371 Frei OTTO, Nach Montreal zur Weltausstellung, in: IL 16, a. a. O., S. 58.
372 Philip Drew nennt als wichtige Veröffentlichungen über die Arbeit von Frei Otto folgende Werke: Conrad ROLAND, Frei Otto – Spannweiten, Ideen, Versuche zum Leichtbau, Berlin/Frankfurt-M./Wien, 1965, ROLAND, Frei Ottos *pneumatic structures*, *Architectural Design* (London), Jg.36, 1966, S. 341–360. ROLAND, Frei Otto *at work*. *Architectural Design* (London), Jg. 41, 1971, 3, S. 137–167. Philip DREW, Frei Otto. Die dritte Generation. Architektur zwischen Produkt und Prozeß, Stuttgart 1972, S. 114–129.

Projekte in Mekka, in Jeddah und in Riyadh bewähren sollte. Im Rückblick von 1985 mißt Frei Otto wohl der fachlichen Erfahrung, der konzilianten Haltung und ebenso der künstlerischen Potenz Rolf Gutbrods ein hohes Gewicht bei der Projektentwicklung bei, wenn er – ohne seine Aussage weiter zu differenzieren – schreibt: „Ohne ihn hätte ich (im Wettbewerb Mekka) nie eine Chance gehabt",[373] und an anderer Textstelle spricht Frei Otto ebenso pauschal und unumwunden Rolf Gutbrods Einfluß an, den er als maßgeblich empfindet: „Rolf Gutbrod verdanke ich meinen heutigen internationalen Ruf. Er ist für mich der unbestechliche Lehrer."[374]

Da für Frei Otto der rationale Konstruktionsprozeß grundsätzlich Vorrang vor architektonisch-ästhetischen Kriterien hatte, erfolgte bei nahezu allen Aufträgen die er erhielt, eine Kooperation mit weiteren Architekten.[375]

GESTALTUNGSPRINZIPIEN
AM BEISPIEL VON BAUTEN IN SAUDI-ARABIEN

Konferenz-, Regierungszentrum und Kultbauten

Die Verwendung leichter Flächentragwerke, die das Neuartige der Architektur Rolf Gutbrods vor Augen führen, zeigte sich bereits beim Deutschen Pavillon der Expo '67 in Montreal. Der Pavillon antizipierte bereits ästhetische und konstruktiv-technische Prinzipien von Projekten in Saudi-Arabien, welche die dritte Phase im Werk Rolf Gutbrods kennzeichnen.

Planen und Bauen auf der arabischen Halbinsel verlangte von den Architekten eine intensive Auseinandersetzung mit klimatischen Extremen, der Topographie und mit islamischer Bautradition im Kontext der geistig-religiösen Lehre des Islams. Diese grundlegenden, das Bauen in Saudi-Arabien bestimmenden Determinanten, sollen im Zusammenhang mit der Gebäudeanalyse Berücksichtigung finden. Des weiteren bedarf die kritische Dar-

---

373 Karin WILHELM, Portrait Frei Otto. Architekten heute, Bd. 2, Berlin 1985, S. 143
374 Ebd. S. 143.
375 Philip DREW, a. a. O., S. 8.

stellung des Projekts Konferenzzentrum mit Hotel in Mekka kurze Hinweise auf die Wettbewerbs-Entscheidung, die zu einem Standortwechsel und dadurch zu einer Modifikation des Entwurfs führte.

Am Ende des Kapitels sollen Gestaltungsprinzipien des Regierungszentrums KOKOMMAS in Riyadh angesprochen werden sowie die wesentlichen zum Scheitern des Projekts führenden Ursachen.

Die Regierung von Saudi-Arabien lobte zusammen mit der UIA (*Union Internationale des Architectes*) im Mai 1966 einen begrenzten Wettbewerb für den Neubau eines KONFERENZZENTRUMS MIT HOTEL IN RIYADH aus. Eingeladen waren insgesamt sechs Architekten aus fünf Nationen, unter ihnen der Konstrukteur Frei Otto, der in interdisziplinärer Zusammenarbeit mit Rolf Gutbrod den Wettbewerbsentwurf entwickelte.

Der Entwurf [Abb. 73] schlägt ein Großschattenzelt als leichte, auf Zug beanspruchte Seilnetzkonstruktion vor, die von einem 60 m hohen zentralen Mast mit abschließendem Wasserturm gestützt wird. Der untere Teil des Netzes sollte mit „hellen Aluminiumplatten verkleidet werden, die Ausfachung der oberen Radialseile war in Form regulierbarer Jalousien vorgesehen, um die natürliche Lüftung zu erleichtern", erläutert Philip Drew.[376] Somit ist das Großzelt „Hülle und Großklimat" der als Konferenzzentrum mit Hotel ausgebildeten Architekturlandschaft.

Im Gegensatz zur technologischen Großform des Zeltdachs Otto/Gutbrod basiert die Lösung der englischen Architekten Trevor Dannatt und Edmund Happold auf dem Konzept von zwei getrennten, durch einen verschatteten Steg verbundener Einzelbauten. Das Konferenzzentrum ist westorientiert, während der Hotelbereich im Osten der Anlage liegt. Beide Gebäude werden separat erschlossen: die Hotelanlage mittels zweispuriger Autovorfahrt, das Konferenzgebäude durch einen überdachten Weg.

Als primäre Entscheidungsinstanz im Wettbewerbsverfahren fungierten Vertreter der UIA. Das im Oktober 1966 an die saudi-arabische Regierung übergebene Wettbewerbsprotokoll favorisiert eindeutig diese beiden Projekte, wobei in bezug auf die Lösung von Frei Otto und Rolf Gutbrod explizit auf die niederen Kosten und die kurzen Montagezeiten des „konstruktiv revolutionären" Zeltdachs der Expo '67 in Montreal verwiesen wird.

---

376 Philip DREW, Frei Otto: Form und Konstruktion, Stuttgart 1976, S. 40.

Nach dem Wettbewerb sollten – laut Beschluß der durch Erdölförderung finanzstarken saudi-arabischen Regierung – zwei Zentren realisiert werden. Der Vorschlag Dannatt/Happold sollte am vorgesehenen Standort in Riyadh umgesetzt werden, während der Entwurf von Frei Otto und Rolf Gutbrod in Mekka zu realisieren war.[377]

Der neue Standort im peripheren Bereich von Mekka liegt in einem Wadi an der Straße nach Jeddah und ist gekennzeichnet durch eine Wüstenzone vor dem Hintergrund stark reliefierter Berge aus Granit und metamorphem Gestein. Mekka wird von einem semi-ariden bis semi-humiden Berglandklima bei jahreszeitlichen Temperaturen von 45,3°C im Sommer und 4.0° C im Winter beherrscht sowie von hohen Tages- und niedrigen Nachttemperaturen, ferner durch teils schwache, teils starke Luftzirkulationen und Sandstürme. Allein im Bereich der Wadis und am Rande der Höhenzüge treten sporadisch Starkregen auf, welche die trockenen Wadis kurzzeitig überfluten.[378]

Der Bauplatz ist nur 6 km vom höchsten Heiligtum des Islam, der Grossen Moschee und der Schwarzen Kaaba, als Ort der Verehrung Allahs, entfernt. Für Nichtmuslime ist das Gebiet von Mekka gesperrt. Allein Rolf Gutbrod und Projektleiter Hermann Kendel hatten die Erlaubnis, die Baustelle mit einem befristeten Passierschein zu betreten.[379]

Die Bedeutung des Ortes forderte ein hohes Maß an Einfühlung in den *genius loci* und eine formal äußerst zurückhaltende Architektur. Das große Schattenzelt entsprach nicht mehr dem neuen Standort in Mekka. Der ursprüngliche Wettbewerbsentwurf wurde deshalb überarbeitet. Eine völlig modifizierte Version, vor allem hinsichtlich der Verschattung und somit der Klimatisierung, entstand. Neu hinzugekommen war außerdem die Bauaufgabe Moschee.

---

377 Siehe: Wettbewerbsunterlagen für das Konferenzzentrum mit Hotel in Saudi-Arabien, Archiv Büro Gutbrod, Berlin.
378 K. H. BARTH, Landesnatur, in: Helmut BLUME (Hg.), Saudi-Arabien. Natur, Geschichte, Mensch und Wirtschaft, Tübingen/Basel 1976, S. 34 ff. (Klimadiagramm).
379 Gespräch vom 28. 1. 1994 mit Bernd Riede in Berlin.

Das KONFERENZZENTRUM MIT HOTEL IN MEKKA (1966–74) ist für internationale Kongresse bestimmt, darüber hinaus sollen nationale Wissenschaftsseminare stattfinden, die sich geistig-kulturellen Fragen widmen.[380] Die Gesamtanlage besteht aus relativ niedrigen Bauformen, die sich harmonisch in die Wüstenzone einordnen und die Fähigkeit der Architekten zeigen, äußerst sensibel auf Topographie und Kontext einzugehen.

Die spezifische Bauaufgabe führte zu einer vielgestaltigen um zwei Innenhöfe gruppierten Baustruktur, die das Hotel mit einem gegenüberliegenden Konferenzbereich und separat angeordneter Moschee aufnimmt [Abb. 74]. Das mittig angelegte Restaurant mit 600 Plätzen ist Verbindungselement beider Zonen, dem eine räumlich tief eingeschnittene Autovorfahrt vorgelagert ist. Der abgewinkelte in vier orthogonale Bautrakte gegliederte Hotelbereich (160 Zimmer, 20 Suiten) definiert sich durch terrassierte, drei- bis viergeschossige, auf einen verschatteten Innenhof orientierte Bautrakte. In den 'Gelenken' der einzelnen Hotelflügel liegen wuchtige, oben schräg abschließende Erschließungstürme. Sie finden sich als bewußt herausgestellte betonbrutalistische Sekundärelemente an zahlreichen Bauwerken Rolf Gutbrods.

Einen spannungsvollen Gegensatz zur Orthogonalstruktur des Hotelbereichs mit Restaurant bilden die vielgestaltigen Formen des Konferenzzentrums, das ein Auditorium für 2.000 Personen und zwei Seminarräume für je 200 Personen aufnimmt.

In der Innenraumausbildung des Auditoriums lassen sich charakteristische Gestaltungsmerkmale Rolf Gutbrods festmachen: In der Verengung des Raumes zur Bühne, der Gliederung sowie der Hochstaffelung der Sitze wird eine Ähnlichkeit zum Beethovensaal der Liederhalle in Stuttgart ebenso zum variablen Hauptsaal des Kulturzentrums in Lüdenscheid deutlich.[381] Andersartig hingegen wirken die sichtbare Konstruktion eines Hängedachs und die Belichtung durch von der Decke abgehängte, kreisförmi-

---

380 Siehe: Bericht „*A construction of international conference centres & hotels in both Mecca and Riyadh*", (ohne Datum), unveröffentlichtes Manuskript, Archiv Büro Gutbrod, Berlin,
381 Karsten KRÜGER-HEYDEN, Tradition behutsam interpretiert, in: Der Architekt 4/1980, S. 215. Krüger-Heyden wies bereits auf die Ähnlichkeit zum Beethovensaal der Liederhalle hin.

ge Gestänge mit Lichtkörpern, ein traditionelles Beleuchtungselement islamischer Moscheen, das den oberen Raumteil weitgehend in diffuses Halbdunkel hüllt.

In der Konzentration beider Bereiche um zwei Innenhöfe konkretisiert sich der Bezug zur Architektur des Islam, die sich gerade durch den Innenhof, begrenzt von Mauern, Bogen und Arkaden, definiert. Der Innenhof, ein bereits in der Zeit der Sumerer vorhandenes Element, ist Lichthof beziehungsweise Lichtquelle. Als Innen- und Außenraum erschließt er alle Bautypen: die Moschee, die Medrese (islamische Moschee-Hochschule oder theologische Lehranstalt), den Funduq (Gasthof) und das Wohnhaus.[382] Die Gesamtanlage ist introvertiert. Ihre Ummauerung vermittelt das Prinzip des Eingrenzens eines Raumes innerhalb der Landschaft, ein traditioneller Ansatz aus der Zeit des seßhaft werdenden Nomadentums. Ursprünglich bot die Ummauerung wirkungsvollen Schutz vor Witterung und Feinden.[383]

Sichtbare Zeichen behutsamer Interpretation tradierter Elemente und ihrer Transformation in eine moderne Formensprache sind, neben dem Grundschema des Innenhofs, vor allem die Verschattungskonstruktionen. Zur Klimatisierung der Konferenzsäle wurden erstmals im vorderen Orient „biegeunsteife" Schwergewichts-Hängedächer, formal Beduinenzelte assoziierend, erstellt, darüber hinaus Sonnenschutzelemente, sogenannte *Kafesse*, auch *Mashrabiyyas* genannt [Abb. 75 + 76].[384] Bei den Schwergewichts-Hängedächern wird die Stabilität gegen Windsog durch Eigengewicht und nicht durch Vorspannung gewährleistet, ihre Konstruktion besteht aus Tragseilen, auf denen verzinkte Stahlwinkel ruhen, in die eine

---

382 Institut für Orts- und Regionalplanung der Eidgenössischen Technischen Hochschule (ETH) Zürich (Hg.), Städtebau in islamischen Ländern, Zürich 1978, S 164.
383 Ebd. S. 37.
384 Hans-Thomas Gosciniak erläutert im Glossar seines Buches über die islamische Kunst das Holzgitterwerk mit dem Fachbegriff *Mashrabiyya*, während die Architekten den Begriff *Kafess* als ein anderes Wort für dasselbe Element verwenden. Siehe: Hans-Thomas GOSCINIAK (Hg.), Kleine Geschichte der islamischen Kunst, Köln 1991, S. 416.

Holzschalung eingelegt ist; die Wärmedämmschicht besteht aus 18 cm dicken Glaswollplatten, die Dachhaut aus Wellaluminiumblech.[385]

Das *Kafess*, ein alter arabischer, hier modern umgesetzter Sonnenschutz aus Holzrostelementen ist senkrechten Glasflächen vorgehängt. Horizontal ausgerichtet bedecken die partiell verstellbaren *Kafesse* die Hotelzimmerterrassen, die an der Autovorfahrt liegenden Haupteingänge sowie jene als Oasen angelegten Innenhöfe des Hotel- und Konferenzbereichs, dabei ruhen die die Roste unterstützenden Balken auf 'Trage- und Vorspannseilen', die zwischen die umgebenden Gebäude und zentrale Radialseile gespannt sind.[386] Durch ihre rechtwinklig durchbrochene Struktur bewirken die *Kafesse* vor allem in den locker begrünten Oasen oszillierende Licht- und Schattenspiele, die sich je nach Sonnenstand verändern und im Zusammenwirken mit Pflanzen, Wasser und der Bodenausbildung die Poesie alter arabischer Innenhöfe vermitteln. *Kafesse* bedecken als Filter der sengenden Sonne die örtlichen Bazare. Vor Fenstern alter arabischer Häuser bilden sie Schutz vor Hitze und Einblick und ermöglichen der arabischen Frau Ausblicke, ohne daß sie gesehen wird.

Des weiteren sind in großformatigen, in der Hotel-Oase aufgehängten Holztafeln Texte in arabischer Kalligraphie vor verschiedenfarbigem Hintergrund flächendeckend eingeschnitten. Diese Holztafeln wurden von einem alten arabischen Holzschnitzer ausgeführt. Keramikarbeiten sowie Schrifttafeln aus Aluminium entstanden in Zusammenarbeit mit dem syrischen Architekten Munir Jundi, so Hermann Kendel, der die Planung und Ausführung des Projekts leitete.[387]

Die Gesamtanlage [Abb. 77] basiert auf dem Gestaltungsprinzip des Kontrasts, als Konstante der Architektur Gutbrods, das sich in der unausgeglichenen Spannung von Gegensätzen wie Leichtigkeit und Schwere, Kurvatur und Gerade, Technologie und traditionelle Elemente zeigt.

---

385 DREW, a. a. O., S. 40 u.110.
386 Ebd. (Anstelle von Seilträgern bei Philip Drew sind es Trage- und Vorspannseile). Ausführliche Darstellung siehe auch Kapitel: Hängekonstruktionen, S. 40 f. Des weiteren: Mit-Teilungen des Instituts für leichte Flächentragwerke (IL), Universität Stuttgart, IL 7, 1972, S. 68 ff.
387 Siehe: Bauen und Wohnen 7/8, 1976, S. 264. Ferner Gespräch mit Hermann Kendel in Berlin im September 1992.

Ein in Tours im französischen *Département Indre-et-Loire* erstellter Versuchsbau mit originalen Details bot die Möglichkeit, Aufbaumethoden zu erproben und die mit der Ausführung beauftragten arabischen Fachleute in die neuartigen Konstruktionssysteme einzuführen.[388]

Im peripheren Bereich der Anlage liegt die kleine MOSCHEE, als „Ort des sich Niederwerfens".

Die Moschee des Konferenzzentrums, an wesentliche tradierte Grundsätze von Hof-Hallen-Moscheen gebunden [Abb. 78], besteht aus einem von Stützenreihen u-förmig umfaßten Innenhof mit nur optisch abgetrenntem, nach Osten orientiertem Betraum und eckig ausgebildetem Mihrab (Gebetsnische) in der auf das Kultzentrum Mekka ausgerichteten Wand. Im Islam kommt weniger dem ehemals christlichen Element, der Nische, als vielmehr ihrer nach Mekka weisenden Gebetsrichtung eine übergeordnete Bedeutung zu.[389]

Analog zur traditionellen Moschee fehlt eine axiale Ausrichtung. Der Verzicht auf Bestuhlung und festgelegte Gehlinie lädt zu freier Benutzung, die absolute Ruhe zu kontemplativer Versenkung ein. Der hölzerne, zum Teil in dekorativen Ornamenten gearbeitete Minbar (Kanzel) in der Moschee,[390] von welchem aus der Imam die Freitagsliturgie hält und religiöse, politische sowie gesellschaftliche Themen anspricht, ist geradezu „dualistisches Symbol für die im Islam gewahrte Einheit von religiöser und säkularer Macht".[391]

Die in rhythmischer Sequenz angeordneten Stahlstützen des Innenhofs sowie die Beton-Pilzstützen des zweigeschossigen Umgangs verweisen auf das Prinzip der „endlosen Wiederholung" von Säulen beziehungsweise Pfeilern in der arabischen Moschee. Verschleiert das Ornament in der traditionellen Moschee an Stellen des Zusammentreffens von Tragen und Lasten der Säule das Spiel der Kräfte, so wird im Bereich der Betonstützen

---

388 DREW, a. a. O., S. 41.
389 GOSCINIAK, a. a. O., S. 52.
390 Die Architekten erhielten außer einem Stück der Abdeckung der Kaaba eine alte Minbar aus Holz. Siehe: Hermann KENDEL, Konferenzzentrum und Hotel in Mekka in Saudi-Arabien, in: Bauen und Wohnen 7/8, 1976, S. 263 f.
391 GOSCINIAK, a. a. O., S. 54.

jegliche Ornamentik negiert, Gewicht und Gegengewicht sind differenziert ablesbar. Dagegen zeigt das den Innenhof der Moschee überdeckende Schattendach, bei dem „die Balken an in einem orthogonalen Raster angeordneten Stahlrohrstützen" hängen, geometrisch-ornamentale Strukturen in diversen Variationen.[392]

Im Gegensatz zum christlichen Sakralraum fehlen figürliche Darstellungen in der Moschee. Die bewußte Ablehnung der figuralen Kunst geht zurück auf die Anfänge des islamisch-religiösen Kultes. Im Streben nach absoluter Gültigkeit eines Monotheismus (keine Götter außer Gott) nahm die Bilderfeindlichkeit ihren Ausgang. Gerade im religiös fundierten Bilderverbot des Islams, wie Hans-Thomas Gosciniak ausführt, liegt die eigentliche Ursache für die Entwicklung und Verbreitung der islamischen Ornamentik, die – wie deren Verwendung in Rolf Gutbrods Moschee verdeutlicht – trotz vielfältiger Variationen „stets der Geometrie und dem Gesetz der gefüllten Fläche" folgt. Als ästhetische Ausdrucksform findet sich das Ornament im architektonischen, künstlerischen und handwerklichen Bereich, beispielsweise in der Sakral- und Profanarchitektur, der Web-, Knüpf- und Töpferkunst, der Metall- oder Schnitztechnik.[393]

Die als Kubus ausgebildete Moschee [Abb. 79] wird akzentuiert durch die Vertikalität des im oberen Bereich geknickten Minaretts – Ort des Muezzin, des Gebetsausrufers –, das aus einer Natursteinwand hervorgeht, auf „Höheres"[394] verweist und in der „Tradition antiker Grab- und Wachtürme, Leuchttürme und christlicher Kirchtürme"[395] steht. Den oberen Abschluß des Minaretts bildet eine von Munir Jundi entwickelte kleine Halbkuppel, die auf dem Tambour ruht und durch die Filigranität der Aluminium-Konstruktion spielerische Leichtigkeit suggeriert.

Das Konferenzzentrum mit Hotel in Mekka ist bestimmt durch die Interpretation tradierter arabischer Bauformen und Funktionselemente und deren Umsetzung in eine moderne Formensprache. Diese Prinzipien liegen

---

392 Drew, a. a. O., S. 110.
393 Gosciniak, a. a. O., S. 22 ff.
394 Ulya Vogt-Göknil, Die Moschee. Grundformen sakraler Baukunst, Zürich 1978, S. 164.
395 Gosciniac, a. a. O., S. 55.

auch Folgeprojekten wie beispielsweise dem Entwurf für Pilgerunterkünfte in Muna oder dem Projekt der Sporthalle *Roi-Abdul-Aziz* zugrunde, auf die im folgenden kurz eingegangen wird.

Im Jahr 1974 schrieb das Königtum von Saudi-Arabien einen begrenzten internationalen Wettbewerb für PILGERUNTERKÜNFTE IN MUNA aus. Das Gebiet für Pilgerquartiere ist räumlich begrenzt. Jährlich steigt jedoch die Zahl der Pilger, die im zehnten Monat (Dulhijja) des Lunarkalenders in die Heiligen Städte kommen. Betrug in den 50er Jahren der Pilgerstrom nach Mekka und Medina jährlich noch 200.000 Muslime, so ist die Pilgerzahl in den 70er und 80er Jahren nahezu sprunghaft auf mehr als 900.000 Gläubige pro Jahr gestiegen.[396] Die vorgeschriebene Pilgerfahrt, die *Hadj*, an der sich jeder Muslim (der es sich leisten kann) einmal im Leben beteiligen sollte, mit ihrem orthodox festgelegten Ritual, trägt nicht unbedeutend zur Nivellierung politischer, sozialer und ethnischer Unterschiede bei.[397]

Die Ebene zwischen den Bergen des engen Muna-Tales, innerhalb des religiösen Pilgerbereichs, nimmt nur noch bedingt Zelte während der *Hadj* auf. Deshalb schlug der Wettbewerb [Abb. 80] vor, Zeltunterkünfte auch am Hang zu installieren: Aufgeständerte Podeste aus Metalltragwerken als dauerhafte Elemente staffeln sich einer großen Treppe vergleichbar den Hang hinauf. In der Zeit der *Hadj* werden transportable Paneele (200 × 66 cm) als Schlafmöglichkeit in die Tragwerke eingelegt und mit leichten zweifach gekrümmten Zeltplanen als bergende Hüllen überspannt. Die Erschließung der Anlage erfolgt durch Straßen beziehungsweise überdeckte schattenspendende Fußgängerzonen und durch Treppenaufgänge.

Damit sollte versucht werden, das Problem mangelnder Fläche für Pilgerquartiere durch eine Ausweitung der Zeltstadt in die Hanggebiete hinein zu lösen, um den traditionsbeladenen Standort Muna als Pilgerstadt zu erhalten. Diese temporären Aufbauten stellen eine Transformation tradierter

---

396 Helmut BLUME, Saudi-Arabiens Weltverflechtung, in: BLUME (Hg.), a. a. O., S. 322, hier: „Die Zahl der ausländischen Meccapilger, die in den 1950er Jahren erst ca. 200.000 betrug, hatte gewaltig zugenommen und erreichte 1972 eine Spitze von 645.182, fiel 1973 auf 607.755 ab und stieg 1974 auf 918.777 an."
397 GOSCINIAK, a. a. O., S. 13 f.

arabischer Nomadenzelte dar, basierend auf der Grundlage von Technik und Konstruktion. Der Entwurf wurde nicht ausgeführt.

Konstruktion und Technik als ästhetische Ausdrucksform zeigt auch das Zeltdach der SPORTANLAGE DER UNIVERSITÄT ROI-ABDUL-AZIZ IN JEDDAH (1977–80, Projektleitung W. Henning). Das Zeltdach überspannt die Sportanlage [Abb. 81] in der Größe von drei Handballfeldern sowie die an den Längsseiten angeordneten Tribünen (Fläche 7.500 m^2). In weitem Bogen sind der Anlage Flachbauten in nördlicher Richtung vorgelagert, die Räume für Sport, Unterricht und Verwaltung aufnehmen. Die Gesamtanlage ist achsensymmetrisch angelegt.

Über acht Stahlrohrmasten bis zu einer Höhe von 30 Metern ist ein gleichmaschiges Seilnetz mit einer doppelten Membran gespannt. Die Mastspitzen werden von pagodenartigen Laternen gekrönt, die der Belüftung und Klimatisierung dienen. Die äußere Erscheinung [Abb. 82] des Zeltdachs mit seinen Flächenkrümmungen ruft Assoziationen zu einem gigantischen Beduinenzelt hervor. Der Innenraum erhält trotz seiner nahezu völligen Geschlossenheit durch die bedingt lichtdurchlässige Großmembran aus Polyester-Gewebe Helligkeit.

Der Ausführung des Zeltdachs gingen intensive Untersuchungen anhand von Entwurfsmodellen voraus. Sie führten „vom Seifenhaut-Minimalflächenmodell über einen Kettennetzversuch bis zu einem Modell aus feinster Polyesterseide, in dem auch die architektonische Einbindung in die Umgebung dargestellt ist", wie Mitarbeiter des Instituts für leichte Flächentragwerke der Universität Stuttgart den dem Projekt zugrundeliegenden Entwurfsvorgang in der Veröffentlichung „Natürliche Konstruktionen: Formen und Konstruktionen in Natur und Technik und Prozesse ihrer Entstehung" von 1982 in knapper Form erläutern.[398]

---

398 Karl Wilhelm Schmitt (Hg.), Natürliche Konstruktionen: Formen u. Konstruktionen in Natur u. Technik u. Prozesse ihrer Entstehung (Eine Gemeinschaftsveröffentlichung der Mitarbeiter des IL), Stuttgart 1982, S. 72.

Regierungszentrum *KOCOMMAS*, Riyadh:
*The King's Office, Council of Ministers' Building,
Majlis al-Shura*[399]

Über die einzelnen Planungsstufen des Regierungszentrums informieren die von den Büros Rolf Gutbrod in Berlin, Ove Arup & Partners in London und Burr Happold in Bath (England), im Zeitraum von 1975 bis 1980 herausgegebenen internen Berichte, die der Regierung Saudi-Arabiens vorgelegt wurden. Sie enthalten Entwürfe, Modelle und projektbezogene Erläuterungen. Das Regierungsprojekt wurde vermutlich aus Sicherheitsvorkehrungen auf Grund eines vertraglich festgehaltenen Veröffentlichungsverbotes bislang nicht publiziert.[400]

Da allein die im Zusammenhang mit dem Großprojekt KOCOMMAS geplanten Sekundärbauten, so die Headquarters und Quartiere der *Royal Guards* sowie das Wohnquartier der „Staff-Villas" in einer ersten Realisierungsphase gebaut wurden, sollen die Gestaltungsprinzipien des nicht ausgeführten Regierungszentrums im Rahmen dieser Arbeit summarisch nachvollzogen werden.

Im Jahr 1974 wurde Rolf Gutbrod auf persönliche Veranlassung König Faisals beauftragt, erste Studien für ein eigenes Regierungsgebäude und für ein Ministerratsgebäude konzeptionell zu erarbeiten. Da das Regierungssystem Saudi-Arabiens seinen architektonischen Ausdruck im künftigen KOKOMMAS-Projekt finden sollte, gilt es im folgenden, auf die religiös fundierte Staatsform hinzuweisen.

Saudi-Arabien ist eine „islamische arabische Monarchie", das heißt es gibt weder ein Parlament noch politische Parteien und keine geschriebene Verfassung. Der König als absoluter Monarch regiert auf der Grundlage des islamischen Rechts, der „Scharia". Er ernennt den Ministerrat, dem er selbst vorsteht. Der Ministerrat als „königliches Regierungsgremium" trifft Entscheidungen mehrheitlich und in Abstimmung mit dem König. Die im April 1975 durch Kronprinz Fahd im Namen des Königs angekündigte „Ausarbeitung eines Regierungsstatuts" sah die Einrichtung eines Konsultativ-

---

399 *Majlis al-Shura* bedeutet Konsultativrat, Brockhaus Bd. 19, 1992, S. 219.
400 Schriftliche Mitteilung von Hermann Kendel vom 11. 2. 1999.

rates (*Majlis al-Shura*) vor.[401] Unter der Autorität des Königs, als dem Staatsoberhaupt und als 'Hüter des Islams', folgen 90 % der Bevölkerung dem sunnitischen Islam, eine religiöse Minderheit bilden Ismailiten und Schiiten.

Rolf Gutbrod kannte mit Sicherheit die staatliche Grundordnung Saudi-Arabiens, und vermutlich hatte er die angekündigte Einrichtung eines Konsultativrates als einen ersten Schritt in Richtung einer konstitutioneller Monarchie befürwortet.[402] Wichtig hierbei ist vor allem die Tatsache, daß nach Vorlage der ersten sieben durch das qualifizierte Entwurfsteam unter der Leitung von Hermann Kendel ausgearbeiteten Planskizzen eine Erweiterung der Bauaufgabe erfolgte: Dem königlichen Regierungsgebäude und dem Ministerratsgebäude sollte ein drittes Bauwerk für den künftigen *Majlis al-Shura* zugeordnet werden.

Im Februar 1975 wurden erweiterte Studien vorgelegt, die Ende Juli zur Unterzeichnung eines Vertrages zwischen der Regierung Saudi-Arabiens und Rolf Gutbrod sowie Ove Arup & Partners über die Ausführung eines Vorentwurfs für das gesamte Regierungszentrum KOCOMMAS führten.

König Faisal und Hohe Würdenträger billigten den Entwurf im November 1975. Überraschend entschloß sich die saudi-arabische Regierung im Juli 1976, den vorgesehenen Standort, der in direkter Nachbarschaft zu Trevor Danatts Hotel- und Konferenzzentrum an der Ma'thar-Straße lag, zu verändern. Die Pläne wurden daraufhin der topographischen Besonderheit des neuen Standortes angepaßt und im November 1976 beziehungsweise im Februar 1977 der Regierung erneut vorgelegt.[403]

Das neue Baugebiet liegt im Süden der Kreuzung Ring- und Mekka-Straße ungefähr acht Kilometer vom Stadtzentrum entfernt auf einem Höhenniveau von 645 m ü. M., so daß der topographisch exponierte Standort

---

401 A. BIRKEN, Regierungsform und Verfassung, in: BLUME (Hg.), a. a. O., S. 152 ff. Siehe auch: Brockhaus a. a. O., S. 219.
402 Frei Otto spricht von detaillierten Kenntnissen Rolf Gutbrods über die saudi-arabische Regierungsform auch von Gesprächen mit Regierungsmitgliedern, bei denen sich Rolf Gutbrod entschieden für die Einrichtung eines Konsultativrates in Saudi-Arabien ausgesprochen habe. Gespräch am 8. 3. 1994.
403 Gespräch mit Bernd Riede am 28. 1. 1994.

die Voraussetzung bot, ein Regierungszentrum als weithin sichtbares Wahrzeichen der Hauptstadt Riyadh zu konzipieren. Im Sinne Rolf Gutbrods sollte das KOKOMMAS-Projekt eine „Stadtkrone" bilden,[404] ein Motiv, das er nicht näher erläutert. Auf den bereits anachronistischen Terminus der Stadtkrone, den schon Theodor Fischer verwandte, berief man sich vor allem im Kreis der Brüder Max und Bruno Taut während der „utopischen Phase". Für sie sollte es „die Krone der Stadt sein, der Höhepunkt der städtischen architektonischen Aussage und sollte ungefähr dieselbe Bedeutung haben wie die gotische Kathedrale in der mittelalterlichen Stadt".[405]

Der Lageplan vom Januar 1977 [Abb. 83] zeigt das traditionelle Prinzip des Ausgrenzens eines 1 km² umfassenden Areals durch eine hohe, mit Lehm verputzte Mauer, die ursprünglich wirkungsvollen Schutz vor Witterung und Feinden bot. Die politisch repräsentative Bauaufgabe führte zu einem Komplex hierarchisch angeordneter Bauten: Im Zentrum liegt das für König Faisal 'Abd al-'Azîz Ibn Sa'ûd bestimmte Regierungsgebäude, dem sich rechts (NO) das Ministerratsgebäude und links in südlicher Richtung die runde *Majlis-al-Shura*-Versammlungshalle mittels langestreckter Flügelbauten anschließen. Die Gesamtanlage baut auf dem ordnenden Prinzip der Axialsymmetrie auf, wobei die in den Randbereichen angeordneten Bauten individuell gestaltet sind.

Das zentrale Regierungsgebäude des Königs ist als heptagonaler 'Ring' angelegt und durch sieben Konkavelemente, welche die Vertikalerschliessung aufnehmen, gegliedert. Neben der konventionellen Bauweise spielt auch hier die Ästhetik des Leichtbaus eine zentrale Rolle. Über dem Hauptniveau erheben sich zwei für die Verwaltung bestimmte Obergeschosse, getragen von filigran strukturierten Stahlstützen, die Bäume assoziieren und eine Vorwegnahme der später unter der konstruktiven Bera-

---

404 GUTBROD, Was bleibt von 50 Jahren?, a. a. O., S.12.
405 Peter BLUNDELL JONES, Hans Scharoun. Eine Monographie, Stuttgart 1980, S. 61. Bereits während des Ersten Weltkriegs hatte Bruno Taut Schriften verfaßt, die später unter den Titeln „Die Stadtkrone" und „Alpine Architektur" publiziert wurden. Siehe: Vittorio MAGNAGO LAMPUGNANI (Hg.), Hatje/Lexikon der Architektur des 20. Jahrhunderts, Stuttgart 1983, S. 312.

tung Frei Ottos entwickelten baumartigen Stahlstützen in Meinhard von Gerkans Stuttgarter Flughalle (1986–91) darstellen.

Im Mittelpunkt der Hauptebene befindet sich das durch eine transluzente Kuppel überspannte polygonale Foyer. Sonnenreflektoren schützen die Kuppelkonstruktion vor klimatischen Extremen, die aus einem hexagonalen Stahlrohrnetz (Rohrlänge ca. 1,50 m) mit darüber befestigten bruchsicheren Drahtglaselementen besteht. Dieses neuartige Konstruktionssystem liegt allen Kuppelformen des Großprojekts KOCOMMAS zugrunde.

Um das Foyer gruppieren sich im Halbkreis die repräsentativen, dem König, dem Kronprinzen und den Prinzen vorbehaltenen fächerförmigen Büros mit teils privaten Salons sowie die Empfangshallen, die durch ihre schräg abschließenden Wandelemente und hängenden Textilien assoziativ auf traditionelle Beduinenzelte verweisen. Dabei handelt es sich hier analog zum Mekka-Projekt um Schwergewichts-Hängedächer: einem in Betonrippen eingegossenen Stahlseilnetz mit zwischen die Rippen eingelegten Holzelementen sollte ein großer Wollteppich (25 mm dick), oberseitig mit Stahlfadengewebe und Entlüftungsöffnungen, untergehängt werden, wie Entwurfsskizzen Frei Ottos verdeutlichen.[406] Wie bereits im Projekt des Konferenzzentrums in Mekka oder bei der Sportanlage der Universität *Roi-Abdul-Aziz* in Jeddah gaben auch hier transportable Zelte arabischer Nomadenstämme das Vorbild ab.

Um den einem arabischen Herrscher adäquaten Repräsentationsanspruch wirkungsvoll zum Ausdruck zu bringen, sollten kostbare Materialien zur Anwendung kommen, wie Detailstudien zeigen: prachtvolle Marmorintarsien, edle Naturhölzer, aber auch Kalligraphien als gleichermaßen dekorative wie aussagekräftige Schriftformen, die von Blasius Spreng, dem bereits die künstlerische Leitung der Stuttgarter Liederhalle oblag, entworfen wurden.

Im peripheren Bereich des Bauwerks liegen aufgelockert die pavillonartigen Büros mit Vorraum, bestimmt für König Faisals *Chief Officials*. Die Haupterschließung erfolgt von Osten über einen breiten Ring und weiter über eine kreisförmig angelegte Auffahrtsrampe zur zentralen Eingangszo-

---

406 Unveröffentlichte Studien Frei Ottos, einzusehen im Atelier Frei Otto, Stuttgart-Warmbronn.

ne, welche sich bis hin zum südwestorientierten Balkon König Faisals – mit freiem Blick über das Panorama der Stadt Riyadh – erstreckt. Angeichts des politischen Anspruchs, der Größe des arabischen Staates visuellen Ausdruck zu geben, sollte das Hauptportal das saudi-arabische Staatswappen, als einprägsames Herrschaftssymbol, in Großformat aufnehmen: Zwei unter einer Palme gekreuzte Krummschwerter stehen für die Vereinigung der Landesteile Hijas und Najd im Jahr 1932.

Das unmittelbar unter dem Hauptniveau liegende Geschoß nimmt König Faisals kuppelüberwölbten Privat-Speisesaal, sowie Räume für Ärzte, Berater und den offiziellen Mitarbeiterstab des Kronprinzen auf.

Das Bürogebäude des Monarchen ist strengsten Sicherheitsvorkehrungen unterworfen. So befindet sich zum Beispiel im Untergeschoß – unmittelbar unter Faisals Speisesaal – das sogenannte *Control-Centre*, als eine Schutzzone für König und Berater, das direkt von deren Büros aus zugänglich ist und durch einen unterirdischen Gang mit dem geplanten Helikopter-Landeplatz in Verbindung steht.

Das königliche Regierungsgebäude ist durch einen querliegenden Flügel mit dem formal als Pentagon ausgebildeten Ministerratsgebäude mit zentralem Innenhof verbunden, das Büroräume der Minister und der Verwaltung beherbergt. Ausgehend von den im zweiten Geschoß liegenden Büros der Minister führen drei Stege zum repräsentativen hochgelegenen Ministerratssaal, darunter befindet sich der Empfangsraum, der eingebettet einen weiträumigen Innengarten mit Sukkulenten, Steinen, Wasserflächen eindrucksvoll eine typisch arabische Atmosphäre vermitteln sollte. Den zentral angelegten Ministerratssaal überspannt gleichfalls eine transluzente Kuppelkonstruktion mit darüber liegender Dachmembran (Durchmesser 70 m), die von fünf sich verzweigenden Stahlstützen getragen wird [Abb. 84]. Während alle Kuppeln ein konstruktiv identisches Leichtbausystem aufweisen, wurden hier zur individuellen Ausgestaltung flaschengrün getönte Glaselemente vorgesehen.

Für die *Majlis-al-Shura*-Versammlungshalle [Abb. 85 + 86] schlägt der Entwurf vom Juli 1977 eine Kuppelkonstruktion als Hülle und Großklima mit einem Durchmesser von 100 Metern vor. Diese monumentale Kuppelform schließt im unteren Bereich arkadenartig ab. Im Zenit befinden sich Laternen, die der Belüftung und Klimakontrolle dienen. Als Sonnenreflektoren wurden Metallschirme [Abb. 87] von vier Meter Spannweite entwikkelt,[407] die bewußt so angeordnet werden sollten, daß das Nordlicht, jedoch keine Sonne eindringen kann, wie Konstruktionsmodelle Frei Ottos anschaulich vor Augen führen.[408]

Das Innere der Versammlungshalle zeigt das Prinzip der differenzierten Raumgliederung: Auf Erdgeschoßniveau befindet sich das durch eine Galerie verbundene „Große Foyer". Die hochgelegene Ebene mit umlaufender Empore ist der *Majlis al-Shura* vorbehalten. Baumartige Stützen – analog zum königlichen Bürogebäude – tragen ein Stahlrohrnetz, diese die Betonschale, die die Grundfläche des 'arenaartig' ausgebildeten Versammlungsraumes für 337 Personen bildet (Premier, 36 Minister und 300 Mitglieder), der in seiner rangartigen Hochstufung der Sitze mit Günter Behnischs späterem Plenarsaal des Deutschen Bundestags von 1992 in Bonn vergleichbar ist.

Wie das Ministerratsgebäude konzentriert sich die *Majlis-al-Shura*-Versammlungshalle durch einen dem Ministerratsflügel entsprechenden Verbindungstrakt auf das zentrale Regierungsgebäude König Faisals, der um Innenhöfe angeordnete Büroräume für Abgeordnete aufnimmt. Hauptachse beider Flügel und gleichzeitig interne Erschließung der Büros bilden offene zweigeschossige Innengärten mit Galerien. Metallschirme über den Glasdächern dienen auch hier der Verschattung und Klimatisierung.

Der sichtbare Ausdruck der engen „Verbindung von Politik und Religion" sind die dem Regierungskomplex zugeordneten Kultbauten. Westlich der Versammlungshalle liegt die orthogonal ausgebildete *Majlis-al-Shura*-Moschee, die formal Analogien zur Moschee des Konferenzzentrums in Mekka aufweist, deren Innenhof jedoch bei besonderen Anlässen mit dem Foyer der Versammlungshalle verbunden werden kann. Allein König Faisal und seinen offiziellen Ratgebern ist die westlich des königlichen Regierungsgebäudes situierte kleine Moschee vorbehalten.

Um innerhalb moderner Architektur assoziativ auf Überliefertes zu verwiesen, war beispielsweise an Koranzitate in arabischer Kalligraphie ge-

---

407 Alternativ wurden Sonnenreflektoren als abstrakte vogelartige Gebilde mit eingeschnittenen Metallflügeln von insgesamt 4 m Spannweite entworfen. Photos Atelier Frei Otto.
408 Alle Konstruktionsmodelle befinden sich im Ausstellungsraum Frei Ottos in Warmbronn.

dacht. Als Träger religiöser Texte sind Keramikfliesen an der Qiblawand der *Majlis-al-Shura*-Moschee vorgesehen und unmittelbar im Mihrab die zentralen Worte „Allah und Mohammed". Im Islam hat die Kalligraphie als Schrift des Korans, des 'Heiligen Buches', eine besondere Bedeutung und in ihrer Metrik und dekorativen Ausdrucksform eine eindringliche Wirkung auf den Gläubigen wie Hans-Thomas Gosciniak in seinem Beitrag über die „Typologie der islamischen Kunst" formuliert:

> „Die Komposition der Buchstaben in der Kalligraphie baut die Zeile zu einem kontrapunktischen Rhythmus auf, läßt sie schwingen und über ihre Aufgabe als Informationsträger hinaus zu einem eigenen dekorativen Element – und für den Betrachter zu einer visuellen Erfahrung – werden."[409]

Unverkennbar ist auch hier die Absicht, Plastizität der Gebäudeform und des Baudetails zu erreichen. Diesem konstanten Gestaltungsprinzip folgend sollten die Außenfassaden der Gebäude König Faisals und des Ministerrats samt Flügelbauten eine dem Stahlbetonskelett vorgehängte Stahlrahmenkonstruktion mit schuppenartig, sich überlappenden Platten, (Höhe 40 cm, Stärke 1 cm) in bedingt lichtdurchlässigem saudi-arabischen Marmor erhalten. Auf Wunsch des Finanzministers Abal Khail sollte spezieller Marmor Verwendung finden, der durch unterschiedlich helle Töne strukturiert, Assoziationen zu Sanddünen hervorrufe, wie Hermann Kendel mitteilt [Abb. 88].[410] Traditionelle Ornamentik zeigt sich in Zickzackformen, dünne aufgeklappte Marmorbänder schützen Öffnungen in Augenhöhe vor direkter Sonneneinstrahlung.

Grundsätzlich zeigt sich auch hier der Versuch, durch Interpretation und Transformation traditioneller Elemente in eine moderne Formensprache eine typisch arabisch-islamische Atmosphäre erkennen zu lassen. Gleichzeitig wird in der bewußten Inszenierung der bereits erwähnten architektonischen Prinzipien wie Hierarchie, Symmetrie, Monumentalisierung, in der Kostbarkeit der Materialien und der offiziellen Insignien das Bestreben sichtbar,

---

409 GOSCINIAK, a. a. O., S. 27: Die Kalligraphie unterscheidet sich durch unterschiedliche Hauptschriftformen (Kufi, Naskhi, Taliq, magrebinisch-andalusischer Stil, zoomorphe Schrift).
410 Mitteilung von Hermann Kendel vom 11. 2. 1999.

den Machtanspruch des prosperierenden Ölstaates und die Würde der saudischen Monarchie zum Ausdruck zu bringen.

Unmittelbar an der Nordwest-Grenze beziehungsweise der Nordost-Grenze des Regierungsareals liegen die bereits ab 1975 realisierten QUARTIERE UND HEADQUARTERS DER ROYAL GUARDS, parallel der Südostgrenze entstand ein Wohnquartier mit 16 STAFF-VILLAS sowie ein Service-Zentrum und eine überdachte „Pflanzschule".

Grundlegend für die Quartiere der *Royal Guards* [Abb. 89] ist wiederum das Innenhof-Schema: Über schmale von zwei Büroräumen flankierte Eingänge erreicht man einen zentralen 15 × 15 m großen halböffentlichen Innenhof als Treffpunkt, um den sich sechs identische Schlafräume für Wachsoldaten gruppieren. Allen Schlafeinheiten ist ein kleiner peripher angeordneter 'privater' Gartenhof angeschlossen. Im Zentrum der Anlage befindet sich der Küchenbereich mit Speisesaal, dem eine verschattete nach Mekka ausgerichtete Gebetszone vorgeordnet ist. Im Islam kann prinzipiell jeder abgegrenzte Raum per se die Funktion einer Moschee übernehmen, bereits „ein Teppich, der in Richtung der Kaaba gelegt wird, genügt den essentiellen Anforderungen, um so mehr, wenn er zum Ausdruck seines liturgischen Zweckes auch noch eine Mihrab-Darstellung trägt", so Gosciniak in seinem Kapitel „Die Moschee" in „Kleine Geschichte der islamischen Kunst" von 1991.[411]

Das den *Royal-Guards*-Quartieren zugeordnete Headquarter [Abb. 90] baut auf dem Konzept eines in Richtung auf die königlichen Büros geöffneten Innenhofs auf. In dessen Mitte befindet sich ein Kontrollzentrum als vertikale Dominante, mit direkter Sicht auf den Privateingang, die Büros und den Helikopter-Landeplatz König Faisals. Umfaßt wird der Innenhof mit Räumen für „officers in charge", für „commanding" und „administration" sowie mit Bereichen der „lounge". Rechts des Headquarters schließt sich das Waffenlager, links ein Zwinger für Wachhunde an.

Außerhalb des Mauerwalls befinden sich die 16 „Staff Villas" sowie kleine Geschäfte (*Suqs*) [Abb. 91]. Auch hier zeigt sich die Aufnahme des von identischen Raumeinheiten umfaßten traditionellen Innenhofschemas,

---

[411] Gosciniak, a. a. O., S. 52.

das durch allseitige Addition von Bauten eine Erweiterung zum autonomen städtischen Quartier ermöglicht. Dieses Konzept ist eine genaue Umsetzung islamischer Häuser mit orthogonalen Innenhöfen, während das Konferenzzentrum mit Hotel in Mekka wie auch die geplanten Regierungsgebäude eher polygonale Innenhöfe zeigen. „Die Möglichkeit, ein Bauwerk in alle Richtungen durch Anbauten beliebiger Gestalt zu erweitern, ohne sich einer ausgerichteten Originalform anpassen zu müssen", definiert Gosciniac als das charakteristische Merkmal der islamischen Architektur.[412]

Funktionale Elemente mit übergeordneter Bedeutung sind die Zugänge der „Villas": Zwei vortretende, durch Mauern umfaßte kleine Gartenhöfe flankieren den vor Einblick schützenden engen Zugang. Diese räumlich minimierte Eingangszone führt in den erweiterten, halböffentlichen Innenhof Abb. 92]. Das den sozialen Normen des Korans inhärente Gebot der Trennung des Wohnteils der weiblichen Familienmitglieder von den Räumen des Hausherrn findet hier seine konsequente Umsetzung. Zwei Zugangsbereiche erschließen die separaten Zonen: Ein nahe des Eingangstors liegender Zugang führt in einen größeren, dem Hausherrn und Gastgeber vorbehaltenen Raum. Der Zutritt ist der arabischen Frau untersagt.[413] Der zweite Zugang erschließt die eher kleinteilige Raumstruktur des Familienbereichs, meist ausgestattet mit einem „Minimum an Einrichtungsgegenständen", was auf die einfache Lebensweise der Muslime hinweist.[414]

Sind auch die Zugänge vom Innenhof zum Wohnbereich eng, teils verwinkelt angelegt, so öffnen sich alle Räume durch kleine Fenster auf peripher angelegte Gartenhöfe.

Die Wände der Häuser erhielten eine einfach strukturierte Oberfläche analog der ursprünglich in Lehmputz – dem Schwung der Armbewegung entsprechenden – gerieften Kurven primitiver Häuser, in die gleichschenklige Dreiecke als Fenster in Augenhöhe eingeschnitten sind. Der geometrische Dekor der emaillierten Türen erinnert an gleichförmige Strukturen arabischer Holztüren. Den oberen Gebäudeabschluß bilden begehbare Terras-

---

412 Ebd. S. 51.
413 Ebd. S. 61.
414 Stefano BIANCA, Architektur und Lebensform im islamischen Stadtwesen, Zürich 1979, S. 58.

sendächer, die an den Ecken konisch ausgebildete der Tradition nachempfundene 'Zinnen' aus weißen Betonfertigteilen erhielten. Die bewußte Umsetzung von tradierten Bauformen, Anordnungsprinzipien und Funktionselementen mit neuen Mitteln stellt den Versuch dar, den „wirklich-unwirklichen Charakter der alten islamischen Stadt"[415] hervorzurufen [Abb. 93 + 94]. Diese kubischen Hofhäuser, eine Architektur des Innenraums mit spezifischer Funktion, bilden geradezu ein Gegenmodell zu den repräsentativen, nach außen orientierten 'westlichen' Villen, wie sie in jener Zeit in Riyadh und anderen Großstädten Saudi-Arabiens entstanden.

Um klimatischen Extremen entgegenzuwirken, wurden außer dem Einsatz schattenspendender *Kafesse* Dachterrassen bepflanzt und Windtürme gebaut, die bei aufkommender Brise eine vertikale Luftzirkulation bewirken. Die Innenhöfe sind wie im Projekt Mekka als Oasen mit artenreicher, gegen Trockenperioden resistenter Vegetation bepflanzt. Auch wurden Springbrunnen gebaut und Wasserflächen angelegt.[416]

Bereits im Vorfeld der Planung hatten sich die Architekten mit primitiven Baustrukturen der Lehmziegelbauweise in der Provinz Najd, mit tradierten Elementen alter Wohnhäuser in Jeddah, mit der schütteren Vegetation der Wüste sowie mit den durch Windschliff bizarr geformten Sand- und Steinreliefs auseinandergesetzt, wie eine Fotodokumentation von Bernd Winner und Bernd Riede eindrucksvoll zeigt.[417]

Zu Beginn der Planung des Regierungszentrums war die Arbeit durch vertrauensvolle Kontakte zwischen König Faisal, zahlreichen Regierungs-

---

415 Ebd. S. 127.
416 Eine rein funktionale Baumaßnahme ist z. B. die *„trees plants nursery"*, eine verschattete, durch Natursteinmauern abgegrenzte Freifläche, wo für Innen- und Außenräume Sukkulenten gepflanzt wurden. Hochbehälter als Wasserreservoirs wurden erstellt, um den sporadisch niedergehenden Starkregen zu fassen und durch moderne Bewässerungssysteme (Dripirrigation) zu versprühen.
417 Unveröffentlichte Fotodokumentation *„Photographic Report"* von Bernd Winner und Bernd Riede, edited by WINNER/RIEDE, Berlin/Riyadh/Braunschweig 1977. Archiv Büro Gutbrod, Berlin.

vertretern und Rolf Gutbrod bestimmt, mehr noch: Gutbrod hatte in Planungsfragen einen erheblichen Einfluß auf offizielle Entscheidungen.[418]

Am 23. März 1975 wurde König Faisal ermordet. Unter seinem Nachfolger Khalid 'Abd al-'Azîz Ibn Sa'ûd wurde das Projekt planerisch weiterentwickelt. Bei Abgabe der Pläne am 20. Februar 1980 forderte der damalige Kronprinz Fahd (ab 1982 König Fahd 'Abd al-'Azîz Ibn Sa'ûd) für die Realisierung des Regierungszentrums eine garantierte Bauzeit von drei Jahren. Die Architekten konnten, vorausgesetzt, daß 'weltbeste' Unternehmen herangezogen würden, lediglich eine Bauzeitgarantie von fünf Jahren für das Projekt (vier Milliarden DM) abgeben.419 Nachdem in der ersten Realisierungsstufe Teilbereiche wie die Quartiere der *Royal Guards*, das Headquarter und die „Staff-Villas" bereits ausgeführt waren, wurde das Bauvorhaben längere Zeit auf Eis gelegt. Aus zeitlichen, vermutlich aber auch aus gestalterischen Gründen wurde Rolf Gutbrod die Weiterbearbeitung des Regierungs-Projekts aus der Hand genommen. Anstelle seiner auf islamischen Bauprinzipien basierenden modernen Architektur wurde für die Erstellung der Regierungsgebäude ein in europäischer Tradition stehender Eklektizismus im Sinne der Postmoderne favorisiert, ein Konzept, das von einem französischen Unternehmen in Fertigbauweise innerhalb von zwei Jahren umgesetzt wurde.

---

418 Gespräche mit Frei Otto am 8. 3. 1994 und mit Bernd Riede am 28. 1. 1994. Bernd Riede war administrativer Leiter des Gutbrod-Büros in Riyadh.
419 Siehe: GUTBROD, a. a. O., S. 20. Gespräch mit Bernd Riede am 28. 2. 1994. Telefongespräch mit Hermann Kendel am 11. 2. 1999.

Architekturtheoretische Aspekte

ORIENTIERUNG

Rolf Gutbrod hat keine Architektur-Theorie formuliert. Es gibt nur wenige Selbstäußerungen, die Aufschluß über seine Auffassung von Architektur geben, und selbst diese knappen Aussagen sind zum Teil nicht eindeutig oder frei von Widersprüchen. Neben ontologisch fundierten Äußerungen finden sich von ihm auch präzise Angaben zur Entwurfspraxis. Diese Aussagen sollen im folgenden als Quellen herangezogen werden.

1945, nach Jahren der Isolation vom internationalen Baugeschehen, in einer Zeit der gestalterischen und geistigen Neuorientierung, informierte sich Rolf Gutbrod über die Architekturentwicklung im In- und Ausland. Intensiv setzte er sich mit dem Werk deutscher Emigranten in den USA wie Ludwig Mies van der Rohe und Walter Gropius auseinander, deren nüchterne „Perfektion und Vollkommenheit" ihn langfristig nicht beeinflussen konnte. Die Bauhausarchitektur der 20er Jahre, die er als Student geradezu begeistert aufnahm, war für ihn „eine notwendige Durchgangsstation",[420] wie er bemerkt. Anregungen gingen vielmehr von der humanen, formal eher differenzierten Architektur Skandinaviens, im besonderen von Bauwerken Alvar Aaltos, aus sowie von der Architektur Hans Scharouns.

In der unmittelbaren Nachkriegszeit hörte Rolf Gutbrod in Stuttgart einen Vortrag von Hugo Häring zum Thema „organhaftes Bauen". Durch Richard Döcker hatte er Gelegenheit, Hugo Häring persönlich kennenzulernen. Auch setzte sich Rolf Gutbrod mit einzelnen in jener Zeit publizierten Schriften von Hugo Häring auseinander, wie er mitteilt. Doch äußert er sich nicht näher, welche Aufsätze die Grundlage seiner damaligen Auseinandersetzung bildeten.[421]

---

420 Reinhard SEIFFERT, Menschlich Bauen, Gesprächsmanuskript, S. 44, Archiv Büro Gutbrod, Berlin.
421 Mitteilung Rolf Gutbrods vom 20. 8. 1996.

Deshalb soll im folgenden auf die zentralen Prinzipien der Theorie Härings, die Gutbrods Denken wohl beeinflußt haben, eingegangen werden.

Zur Theorie des „organhaften Bauens" von Hugo Häring

Hugo Häring (1882–1959) hatte unter anderem an der „Stuttgarter Schule" bei Theodor Fischer studiert. Er war in den 20er Jahren als „Sekretär der führende Kopf" der Berliner Architektenvereinigung „Der Ring", einer Gruppierung von Architekten der Avantgarde.[422] Häring trat weniger durch seine gebauten Projekte als durch seine Architektur-Theorie hervor.

Diese ontologisch fundierte Doktrin,[423] bereits in den 20er Jahren formuliert, erweiterte Hugo Häring in der „inneren Emigration" während des Dritten Reichs und bis in die 50er Jahre hinein. In Anbetracht der philosophischen Dimension der Thesen Hugo Härings beziehe ich mich weitge-

---

422 Hugo Häring, 1882 in Biberach an der Riß geboren und 1958 in Göppingen gestorben. Er studierte 1899–1903 an der Technischen Hochschule in Stuttgart und mit Unterbrechung (1901–02) bei Fritz Schumacher und Paul Wallot in Dresden. Nach dem Studium arbeitete er 1903–04 als Architekt in Ulm, 1904–14 in Hamburg. 1914, nach kurzer Militärzeit, Tätigkeit beim Wiederaufbau in Ostpreußen. Ab 1921 arbeitete Hugo Häring in Berlin, Beteiligung am Wettbewerb Hochhaus Friedrichstraße. Mitglied der Novembergruppe. Kontakt zu Ludwig Mies van der Rohe, in dessen Büro er einen Arbeitsraum bezog. 1923/24 entstand der „Zehnerring", 1926 „Der Ring", dessen Sekretär Hugo Häring wurde und dem Mitglieder wie O. Bartning, W. C. Behrendt, L. Hilbersheimer, E. Mendelsohn, L. Mies van der Rohe, H. Poelzig, B. und M. Taut angehörten. Von Hugo Häring ging 1926 die Aufforderung an Hans Scharoun, dieser Architektenvereinigung beizutreten, so daß sich die beiden Architekten wohl seit dieser Zeit gekannt haben (Bürkle S. 15). Als Vertreter des „Rings" Teilnahme Härings am ersten Treffen 1928 der CIAM in La Sarraz. 1935–43 Leiter einer privaten Kunstschule in Berlin. 1943 Rückkehr nach Biberach. 1950 wurde Häring die Ehrendoktorwürde der Universität Stuttgart verliehen. Von Härings Bauten wurden außer dem Gut Garkau bei Lübeck die Wohnbauten in Berlin-Siemensstadt (1929–31) sowie die Wohnhäuser Guido und Werner Schmitz (1949–52) in Biberach bekannt. Siehe: Jürgen JOEDICKE (Hg.), Hugo Häring, Schriften, Entwürfe, Bauten. Dokumente der Modernen Architektur. Beiträge zur Interpretation und Dokumentation der Baukunst, Bd. 4, Stuttgart 1965, S. 9 ff.
423 Ontologisch bezieht sich auf Ontologie und ist „die philosophische Grunddisziplin der allgemeinen Metaphysik oder Lehre vom Sein", bzw. die Lehre vom Wesen einer Sache. Siehe: Brockhaus, Bd. 16, 1991, S. 200.

hend auf die Interpretation von Jürgen Joedicke, der als Verfasser von Beiträgen zur Architektur-Theorie Hugo Härings und als Mitherausgeber der „Schriften, Entwürfe, Bauten" Härings vielfach Anleitungen zum Verständnis des theoretischen Ansatzes gibt.[424]

Härings Kritik zielt auf eine rein von subjektiven Geschmackspräferenzen bestimmte Architektur. Er wendet sich ebenso gegen die Verabsolutierung objektiver Gesetzmäßigkeiten,[425] das heißt gegen die im Rationalismus „a priori als schön erkannten geometrischen Formen". Hugo Häring tritt für das Prinzip der Formfindung ein – die „Ermittlung der Form aus der Wesenheit des Objekts" im eher intuitiven Gestaltungsvorgang. Dieses Prinzip hatte Hugo Häring bereits 1925 in seiner ersten Schrift „wege zur form" mit den Worten formuliert:

„Wir wollen die dinge aufsuchen und sie ihre eigene gestalt entfalten lassen. Es widerspricht uns, ihnen eine form zu geben, sie von außen her zu bestimmen, irgendwelche abgeleiteten gesetzhaftigkeiten auf sie zu übertragen, ihnen gewalt anzutun".[426]

Hugo Häring verweist in diesem Zusammenhang auf die schöpferischen Vorgänge, die Triebkräfte in der Natur, in denen er eine direkte Übereinstimmung mit seiner Auffassung erkennt:

„in der natur ist die gestalt das ergebnis einer ordnung vieler einzelner dinge im raum in hinsicht auf eine lebensentfaltung und leistungserfüllung sowohl des einzelnen wie des ganzen",

schreibt Hugo Häring,

---

[424] Siehe: Jürgen JOEDICKE: Anmerkungen zur Theorie des organhaften Bauens bei Hugo Häring in: Bauen + Wohnen, Jg. 24, 2/1969, S. 69–72. Ders.: Zur Theorie des organhaften Bauens, in: Bauen + Wohnen, 1960, S. 419–422. Ders.: in: Hugo Häring in seiner Zeit – Bauen in unserer Zeit. Symposion und Ausstellung Biberach a. d. Riss, Stuttgart 1983, S. 10 f. und S. 52 ff.
[425] JOEDICKE, in: Hugo Häring in seiner Zeit, a. a. O., S. 13.
[426] Hugo HÄRING, Wege zur form, in Schriften, a. a. O., S. 14.

"Wollen wir also formfindung, nicht zwangsform, gestaltfindung, nicht gestaltgebung, so befinden wir uns damit im einklange mit der natur."[427]

Diesen inhaltlichen Ansatz, wenn auch in unterschiedlicher Formulierung, vertrat ebenso Hans Scharoun, er war in ähnlicher Aussage auch für Alvar Aalto und für Louis I. Kahn bestimmend und mußte auf einen Architekten wie Rolf Gutbrod, dessen Denken sich nicht allein im Zweckrationalen erschließt, eine nachhaltige Wirkung ausüben.[428]

Den Prozeß des Erfassens der Wesenheit eines Objekts zeigt Häring 1951 in der Schrift „geometrie und organik" am Beispiel von Hans Scharouns Wettbewerbsentwurf von 1951 für die Volksschule in Darmstadt auf:

"Der erste akt der planung galt hier einer eingehenden erforschung der wesenheit dieses baues, der erforschung dessen, was in diesem bau vor sich gehen soll, wie er der erziehung zu dienen hat. Er galt nicht nur der üblichen erforschung der äußeren technischen raumansprüche, sondern den zu setzenden zielen der erzieherischen arbeit. In der erforschung der wesenheit wuchs die gestalt der bauanlage heran."[429]

Hugo Härings Aussagen zur Wesensermittlung sind nicht so konkret formuliert, daß sie eindeutig zu interpretieren wären. Jürgen Joedicke weist in

---

427 Ebd. S. 13.
428 Die Theorie Hugo Härings geht zurück auf Thesen des amerikanischen Bildhauers Horatio Greenough (1805–1852). Im Streben nach Überwindung des Historismus verwies er auf die Analogie von Architektur und Natur. Ähnlich argumentiert Louis M. Sullivan, indem er schreibt: „Ich bin überzeugt, daß einem Naturgesetz zufolge jedes Problem wesensgemäß seine eigene Lösung in sich enthält und anbietet". Der Ansatz Architektur analog zur Natur führte zum Funktionalismus (Sullivan: Form folgt der Funktion). Die funktionale und materialgerechte Formgebung wurde bereits von M. Morris formuliert und der Arts- und Crafts-Bewegung. Hermann Muthesius (1861–1927) der die englische Entwicklung auf dem Gebiet der Architektur und des Kunsthandwerks in Deutschland verbreitete, schreibt, ähnlich wie Hugo Häring, „daß die äußere Form nur dazu diene, das innere Wesen widerzuspiegeln." Eckehard Janofske führt im Kapitel „Ideengeschichtliche Vorläufer der Theorie Hugo Härings" weitere Parallelitäten zwischen Hermann Muthesius und Hugo Häring auf und verweist grundsätzlich auf die „Denktradition", in der Hugo Häring steht. Eckehard JANOFSKE, Architektur-Räume. Idee und Gestalt bei Hans Scharoun, Braunschweig/Wiesbaden 1984, S. 25 ff.
429 Hugo HÄRING: geometrie und organik, in Schriften, a. a. O., S. 69.

diesem Zusammenhang auf „eine besondere Art der Interpretation der Aufgabenstellung" hin,

> „die sicher auch das umfaßt was als Zweck bezeichnet werden kann, jedoch weit darüber hinausgreift. Es handelt sich also um eine subjektive Interpretation, aber – und das dürfte wohl das Entscheidende sein – diese Subjektivität bezieht sich nicht auf die Person, sondern auf die Aufgabe".[430]

Demnach stellt das Wesenhafte den durch Interpretation der Bauaufgabe erfaßten Zweck dar.

Bezogen auf das Beispiel der Volksschule von Hans Scharoun ist der Zweck im erweiterten Sinne synonym mit dem Vorgang der Erziehung. Hans Scharoun bemerkt am 14. März 1964 am Schluß seines Vortrags im Sender Freies Berlin:

> „Statt 'Gestaltsetzung' geht es hierbei um 'Gestaltfindung'. Statt der Voraussetzung architektonischer Elemente geht es um strukturelle Ordnung – um wesenheitliche Darstellung eines 'Vorgangs' in funktioneller und geistiger Hinsicht."[431]

Hans Scharoun, der Hugo Häring vermutlich bereits seit 1926 kannte, auf den sich auch Rolf Gutbrod beruft, erläutert die Zweckbestimmung am Beispiel des Wohnungsbaus.

> „Wenn wir zum Beispiel Wohnung sagen, meinen wir das Wohnen, den Wohnvorgang also, der einem bestimmten und bestimmbaren Individuum zugeeignet ist."[432]

Somit bestimmt der Zweck einer Aufgabe beziehungsweise der spezielle Vorgang die Form und die Gestaltung des Bauwerks. Die Umsetzung des Zwecks im erweiterten Sinn ist primäres Ziel der Vertreter des organhaften Bauens. Sowohl Hugo Häring als auch Hans Scharoum machen keinerlei

---

430 JOEDICKE, in: Hugo Häring in seiner Zeit, a. a. O., S. 14.
431 Peter PFANKUCH (Hg.), Hans Scharoun, Bauten, Entwürfe, Texte. Schriftenreihe der Akademie der Künste, Bd.10, Berlin 1963, S.15.
432 Hans SCHAROUN, Struktur in Raum und Zeit, in: Reinhard JASPERT (Hg.), Handbuch moderner Architektur, Berlin 1957, S. 15.

Angaben über eine konkrete Formensprache, vielmehr wird auf die Auslegung der speziellen Bauaufgabe verwiesen. Mit welchen baulichen Gestaltungsmitteln die Erkenntnisse der Aufgabe umzusetzen sind, unterliegt ausschließlich der Entscheidung des entwerfenden Architekten. Eckehard Janofske weist in seinem Buch „Architektur-Räume. Idee und Gestalt bei Hans Scharoun" ebenso darauf hin:

> „Grundsätzlich besteht Offenheit gegenüber allen formalen Umsetzungsmitteln; ein vorgewußtes formales Vokabular existiert für den Architekten nicht. Die Frage, mit welchen Formen sich die Deutung umsetzen läßt, ist allein das Kriterium für ihre Auswahl."[433]

Ergänzend zum Prinzip der Gestaltung aus dem Zweck der Aufgabe kommt ein weiteres Merkmal hinzu, das sich auf „das Verhältnis der Teile zum Ganzen und die Identität der Teile"[434] bezieht. Grundsätzlich soll der spezielle Zweck seinen Ausdruck sowohl in den einzelnen Teilen als auch im Ganzen finden. Im Prozeß des Entwerfens von innen nach außen (wobei innen und außen stets in wechselseitiger Beziehung gesehen werden) ergibt sich die Gestaltung allein aus dem Zweck der Aufgabe. Somit ist das gesamte Gebäude das Resultat eines auf den Zweck bezogenen Bauens.

Hugo Härings Auffassung immanent – ein Merkmal auch der Lehre an der „Stuttgarter Schule" – ist die Gestaltung des „Bauwerk(s) als individuelle Lösung, das auf einen bestimmten Ort bezogen ist".[435]

Einen grundlegenden Entwurfsansatz im Sinne Härings bildet das Prinzip des Bewegungsablaufs im Gebäude, wie aus seinen frühen Planungsarbeiten hervorgeht. Ausgehend von dem zu erwartenden Verkehrsstrom entwickelt Hugo Häring räumlich unterschiedlich ausgebildete Verkehrswege und Plätze. Sabine Kremer, die sich intensiv mit der „Theorie und Praxis" bei Hugo Häring befaßt, erläutert diesen Ansatz mit folgenden Worten: Häring will „die menschlichen Bewegungsabläufe in dem Gebäude baulich artikulieren. Er schafft keine anonyme Raumgestalt, sondern für jeden Vor-

---

433 JANOFSKE a. a. O., S. 23.
434 JOEDICKE, in: Hugo Häring in seiner Zeit, a. a. O., S. 12.
435 Ebd. S. 12.

gang, für jeden Bewegungsablauf den passenden individuell gestalteten Raum".[436] Jürgen Joedicke spricht in diesem Zusammenhang von der „fiktiven Bewegung" als entwurfsleitenden Ansatz, den er anhand von Zeichnungen Härings für das Empfangsgebäude Hauptbahnhof Leipzig (1921) erklärt:

> „Analysiert man die Zeichnungen 5/01 bis 5/03, so läßt sich das Bemühen erkennen, die Verkehrswege innerhalb des Gebäudes – die Eingänge, Hallen und Flure – so zu formen, daß sie einen möglichst reibungslosen Ablauf einer sich in Bewegung gedachten Menschenmenge gestatten: die fikitive Bewegung wird zum primären Gestaltungsprinzip erhoben."[437]

Häufig jedoch wird „organhaftes Bauen" in Verbindung gebracht mit einer bewußten Orientierung an Formen der Natur. Die geschwungenen Raumformen der Liederhalle zum Beispiel werden in Analogie mit natürlichen Formen gesehen und mit dem „organhaften Bauen" gleichgesetzt. Sowohl gekurvtes als auch geometrisches Vokabular kann seine Umsetzung finden. Die Form geht ausschließlich aus der Aufgabenstellung hervor.[438] Dazu äußert sich Hugo Häring in seiner Studie „geometrie und organik" 1951:

> „Organhaftes Bauen hat natürlich gar nichts mit der nachahmung von organwerken der geschöpflichen welt zu tun. Die entscheidende forderung, die man vom standpunkt der organik aus stellt, ist die, daß die gestalt der dinge nicht mehr von außen her bestimmt wird, daß sie in der wesenheit des objekts gesucht werden muß. Deshalb steht hier die frage nach der wesenheit eines objekts im vordergrund."[439]

---

436 Sabine KREMER, Hugo Häring (1882–1958), Wohnungsbau. Theorie und Praxis, Stuttgart 1985, S. 250.
437 Jürgen JOEDICKE, Anmerkungen zum Werk Hugo Härings, in: Schriften, a. a. O., S. 149.
438 Dies geht aus gelegentlichen Gesprächen über die Architektur der Liederhalle hervor. In bezug auf die gekurvten Formen von Hans Scharouns Haus in der Weißenhofsiedlung (1927) ist ebenfalls von „organhaften Formen" die Rede. Siehe: Andreas BRUNOLD und Bernhard STERRA (Hg.), „Stuttgart – Von der Residenz zur modernen Großstadt. Architektur und Städtebau im Wandel der Zeiten", Stuttgart 1994, S. 46.
439 HÄRING, in Schriften, a. a. O., S. 67.

Zur Architekturauffassung von Rolf Gutbrod

Nachfolgend soll versucht werden, eine gewisse Affinität zwischen dem theoretischen Ansatz von Hugo Häring und den in verschiedenen Beiträgen formulierten knappen Aussagen Rolf Gutbrods herauszufinden.

In seinen Reden wie auch in seiner kurzen Argumentation „Zur Lösung architektonischer Aufgaben unserer Zeit" publiziert in „Hugo Häring in seiner Zeit – Bauen in unserer Zeit, Symposion und Ausstellung" in Biberach an der Riß, aus Anlaß des 100. Geburtstags Hugo Härings, verweist Gutbrod auf den Vorrang des „künstlerischen Elements" und meint damit den Vorrang schöpferischer Phantasie vor rationalem Denken. Unter diesem Primat versucht Rolf Gutbrod „das Wesen der Aufgabe zu erfühlen", wie er schreibt, gleichsam Anregungen aus der „Umgebung wie auch aus der Topographie"[440] einzubeziehen und aus dieser Erkenntnis heraus die Form zu entwickeln. Dieser Ansatz schließt die Methode einer „Determinierung der Form" durch festgelegte formale Vorstellungen aus, wie Gutbrod explizit auch immer wieder betont. In seiner Rede unter dem Titel „Was bleibt von 50 Jahren?" bemerkt er im Rückblick von 1985: „Ich hatte keine feste Formvorstellung" – im Gegensatz zu Mies van der Rohe oder Egon Eiermann – und an anderer Textstelle betont er: „Nicht das Fertige, sondern der Weg dahin war und ist mir wichtig."[441]

Rolf Gutbrod äußert sich verschiedentlich zum Topos der Ortsbezogenheit von Architektur:

„sich mit der Topographie beschäftigen im weitesten Sinn: z. B. was ist bedeutend in der Umgebung, wie ist das Klima, wo sind andere Bauten, die man berücksichtigen muß, wie ergibt sich daraus die Materialwahl",[442]

ein Ansatz, der Rolf Gutbrod seit seinem Studium an der Stuttgarter Schule bewußt ist.

---

440 GUTBROD, in: Hugo Häring in seiner Zeit, a. a. O., S. 100.
441 GUTBROD, Was bleibt von 50 Jahren?, a. a. O., S. 8.
442 Ebd. S. 10.

Das Prinzip der Gestaltfindung, als Antithese zur a priori festgelegten Form, bestimmt auch das Denken des Anthroposophen Heinrich Lauterbach, der Hugo Häring als Freund nahestand. Heinrich Lauterbach spricht in bezug auf sein eigenes Werk dieses grundlegende Kriterium an:

> „Es ist notwendig, die Aufgabe ihrem Wesen gemäß zu behandeln – das Ganze wie jedes Detail –, damit der Bau die geforderte Leistung erfülle. Das Ergebnis ist wohl persönlichkeitsbedingt – wie eine Handschrift; das Verfahren aber schließt die Überordnung einer Ideologie aus."[443]

Heinrich Lauterbach hatte zusammen mit Jürgen Joedicke 1964 Hugo Härings „Schriften, Entwürfe, Bauten" als „Beiträge zur Interpretation und Dokumentation der Baukunst" herausgegeben und darüber hinaus weitere Abhandlungen über den Denkansatz Hugo Härings in Fachzeitschriften publiziert.[444]

Rolf Gutbrod war mit Heinrich Lauterbach während dessen Lehrtätigkeit an der Architektur-Abteilung der Technischen Hochschule Stuttgart (1947–1950) in engem Kontakt und brachte Lauterbach, diesem „feinfühligen, engagierten Kämpferischen", so Rolf Gutbrod, eine hohe Wertschätzung entgegen. Ein reger Gedankenaustausch zum Thema des „organhaften Bauens" hatte stattgefunden, wie er mitteilt,[445] was wohl den gemeinsamen Ansatz hinsichtlich des auf das Wesen beziehungsweise auf den Zweck im erweiterten Sinn bezogenen Bauens untermauert haben dürfte.

In diesem Zusammenhang muß jedoch kritisch angemerkt werden, daß die Festlegung auf einen bestimmten Zweck und damit die Ausbildung des Raums auf eine spezielle Nutzung häufig keine Nutzungsänderung erlaubt und spätere Kritik hervorruft.[446]

---

443 Heinrich LAUTERBACH, Bauten 1925–1965, Berlin 1972, S. 7.
444 Zum Beispiel: Heinrich LAUTERBACH, „Die Welt ist noch nicht ganz fertig". Zu Hugo Härings 70. Geburtstag, am 22. 5. 1952, in: Die neue Stadt, 6/1952, S. 177–180. Ders.: Nachruf für Hugo Häring, in: Die Bauwelt 1958, S. 875 f. Ders.: Zur Genesis des neuen Bauens, Hugo HÄRING, in: Die Bauwelt 27/1960, S. 763–787.
445 Brief von Rolf Gutbrod vom 3. 4. 1994.
446 Diese Kritik wurde beispielsweise durch die Firma Werner & Pfleiderer (Bauabteilung) ausgesprochen. Aufgrund der späteren Produktionsänderung entsprach die Werkhalle von 1957 nicht mehr den neuen Anforderungen. Gespräch mit Herrn Stutz im März 1991.

Parallelen zu ontologischen Thesen Härings zeigen nicht allein verbale und schriftliche Äußerungen Rolf Gutbrods. Auch an seinen Bauten werden Grundsätze des „organhaften Bauens" anschaulich. Daß Gutbrod das Entwerfen als Prozeß der Formfindung im Sinne von Hugo Häring auffaßt, soll vor allem am Beispiel der Stuttgarter Liederhalle aufgezeigt werden. Rolf Gutbrod und Adolf Abel deuten den Zweck der Bauaufgabe Konzerthaus als das im Bauwerk stattfindende Geschehen. Für sie sind die „Darbietung (von Musik) und der Widerhall beim Publikum das Entscheidende", wie es in dem 1956 unter Mitwirkung von Gutbrod herausgegebenen Buch „Konzerthaus Stuttgarter Liederhalle"[447] heißt. Die Architekten gehen im Entwurfsprozeß von der Musikdarbietung und der Musikrezeption und damit implizit von akustischen Aspekten aus, was zur Anordnung von erhöhtem Orchesterpodium und frontal gegenüberliegendem Auditorium führt. Hier zeigt sich eine Analogie zum Entwurfsansatz für die Philharmonie in Berlin. Hans Scharoun ging ebenso vom „Vorgang des Musizierens" aus, doch führte die subjektive Interpretation der Musikdarbietung, die für ihn „räumlich und optisch" im Zentrum stattfinden sollte, zu einer „arenaartigen" Anordnung der Sitzplätze.[448]

Wie die Beispiele Industrie- und Handelskammer (1950–67) oder der Süddeutsche Rundfunk (1966–76) in Stuttgart, selbst das Konferenzzentrum mit Hotel in Mekka (1966–74) belegen, verwendet Rolf Gutbrod entsprechend der subjektiven Deutung der Bauaufgabe für die Bereiche Verwaltung und Hotel konsequent geometrische Grundformen, während beispielsweise Konferenzräume, Musik- oder Fernsehstudios oder Auditorien als freie Raumformen entstehen, die Gutbrod als Kontrast der rechtwinklig rationalen Raumstruktur kooptiert.

Das Prinzip der Berücksichtigung des Ortes, des *genius loci* und des Umfelds kommt durch die auf den Ort und den Kontext bezogene Bauweise der Gutbrod-Bauten zum Tragen.

---

[447] Konzerthaus Stuttgarter Liederhalle, a. a. O., S. 13.
[448] Beim Entwurf der Philharmonie in Berlin (1956–63) sah Hans Scharoun, wie bereits bei der Darstellung der Liederhalle erwähnt, im „Gegenüber von Orchester und Zuschauer eher eine Übernahme des Opernhauses". Sein Ansatz die „Musik im Mittelpunkt" führte zu einem polygonalen Konzertsaal, in dem das Orchester allseitig von Zuhörersitzen umgeben ist. Siehe: JOEDICKE, Raum und Form in der Architektur, Stuttgart 1985, S.188.

Analog zu einem weiteren Prinzip Hugo Härings spielt der Bewegungsvorgang im Entwurfsprozeß Rolf Gutbrods eine wichtige Rolle: das heißt die Wegräume werden entsprechend dem voraussehbaren Bewegungsablauf gestaltet. Für jeden Bewegungsvorgang entsteht ein der Verkehrsdichte entsprechender und damit in seiner Breite und Höhe differenzierter Wegraum. Das in der Arbeit beschriebene Erschließungsprinzip im Verwaltungsgebäude der Industrie- und Handelskammer in Stuttgart beispielsweise, das individuelle Wegesystem im Konzerthaus Liederhalle oder im temporären Pavillon der Expo '67 in Montreal belegen das vom künftigen Verkehrsstrom ausgehende Entwerfen. Die planerische Festlegung von Verkehrswegen als grundlegendes Entwurfsprinzip liegt Bauten zahlreicher Architekten, wie Josef Frank, Oskar Strnad,[449] Hans Scharoun oder der Planungsgruppe Billing, Peters, Ruff zugrunde.

Grundsätzlich muß jedoch der ausschließliche Einfluß der Theorie von Hugo Häring hinsichtlich des durch primär intuitive Komponenten bestimmten Schaffens-Prozesses relativiert werden. Gutbrod wurde bereits während seiner Waldorf-Schulzeit in den Jahren 1920 bis 1929 mit dem Ansatz des intuitiven künstlerischen Vorgehens konfrontiert, so daß er von daher bewußt oder unbewußt schon eine Prägung erfuhr.[450]

Zeigen sich sowohl in den Äußerungen Rolf Gutbrods wie auch in seinen gebauten Projekten eindeutig Parallelen zur Theorie des „organhaften Bauens" im Sinne von Hugo Häring, so kann wohl von einer prägenden Wirkung, aber kaum von einer unmittelbaren „Häring-Nachfolge" gesprochen werden. Rolf Gutbrods Architektur zeichnet sich durch eine eigenständige, individuelle Formensprache und damit durch Unverwechselbarkeit aus. Sie ist Ausdruck der Persönlichkeit Gutbrod mit ganzheitlicher Auffassungsweise, die rationales Denken und Phantasie gleichermaßen beinhaltet. Darüber hinaus werden in seiner Architektur tendenziell bedingte, der zeitlichen Entwicklung entsprechende Strömungen anschaulich.

---

449 Das Prinzip wurde bereits um 1910 von Josef Frank, der mit Häring befreundet war und Oskar Strnad in Wien formuliert und umgesetzt. Strnad hatte in seinen Grundrissen sogar die Gehlinien eingezeichnet. Siehe: unveröffentlichte Magisterarbeit von Iris Meder: Josef Franks Wiener Einfamilienhäuser, Universität Stuttgart 1993.

450 Im Anhang II wird auf die Lehre der Waldorfschule sowie auf Gestaltungsprinzipien am Beispiel des Lehrerseminargebäudes des Waldorfschule Uhlandshöhe in Stuttgart eingegangen.

Zusammenfassung

Rolf Gutbrod versteht sich als Anthroposoph. Sein Weltbild ist ontologisch fundiert. In seiner Architekturauffassung steht er dem „organhaften Bauen" nahe, wie es Hugo Häring, Hans Scharoun und unter ähnlichem Ansatz auch Alvar Aalto und Louis I. Kahn vertraten. Die Übernahme und Transformation formaler Elemente aus der Tendenz des *béton brut* verweist auf seine Orientierung an der Architektur von Le Corbusier.

Rolf Gutbrod, der am 13. September 1910 in Stuttgart geboren und am 5. Januar 1999 in Dornach bei Basel gestorben ist, zählt wie Eero Saarinen oder Frei Otto zur dritten Architektengeneration der Moderne. Als Schüler der 1919 neu gegründeten Waldorfschule Uhlandshöhe in Stuttgart (von 1920 bis 1929) wurde er durch die anthroposophischen Ziele Rudolf Steiners geprägt. Hatte auch das Architekturstudium von 1929 bis 1930 an der Technischen Hochschule in Berlin-Charlottenburg wenig Einfluß auf Rolf Gutbrods Ausbildung, so bot ihm das Studium von 1930 bis 1935 an der Architektur-Abteilung der Technischen Hochschule in Stuttgart, der sogenannten Stuttgarter Schule, die Chance einer Auseinandersetzung mit ästhetisch unterschiedlichen Positionen: Wurde er durch die Lehre Hugo Keuerlebers mit der 'Moderne' am Beispiel der damals „revolutionär neuen Architektur" der Weißenhofsiedlung konfrontiert, so lag der Schwerpunkt der Stuttgarter Schule in der konkreten Vermittlung der eher traditionsorientierten landschaftsgebundenen Gestaltung durch die Hochschullehrer Paul Schmitthenner, Paul Bonatz und Heinz Wetzel. Trotz der weitgehend traditionsgebundenen Ausbildung war Rolf Gutbrods Architekturauffassung in dieser Phase primär durch ästhetische Konzepte des Neuen Bauens bestimmt.

Unmittelbar nach dem Studium war Gutbrod Mitarbeiter im Büro Günter Willhelm, der die rationale Version des Neuen Bauens vertrat, um beim Bau des Graf-Zeppelin-Instituts in Ruit mitzuarbeiten. Konnte er noch von 1937 bis 1939 in einer Zeit stürmischer Kriegsrüstung im Bereich der Luftwaffe in Friedrichshafen sogenannte Zweckbauten realisieren, so hatte er im Zweiten Weltkrieg ab 1939 vorwiegend administrative Funktionen in Belgien, auf Sizilien, in Tripolis und Rom inne. Das noch erhaltene, 1937 gebaute plastisch geformte Heizhaus der Flakkaserne Friedrichshafen weist durch rationale und expressive Elemente bereits voraus auf Gestaltungsprinzipien späterer Bauten. Ab 1944/45 wurde Rolf Gutbrod – ohne daß er Mitglied in der Partei war – die Position des Chefreferenten von Xaver Dorsch in der Zentrale der „Organisation Todt" in Berlin übertragen.

Nach Kriegsende zu Beginn des Jahres 1946 eröffnete er ein Architekturbüro in Stuttgart, 1961 ein Zweigbüro in Berlin und in den 70er Jahren ein Büro in Riyadh in Saudi-Arabien.

Im Jahr 1947 erhielt Rolf Gutbrod einen Ruf als Lehrbeauftragter für Entwerfen an die Architektur-Abteilung der Technischen Hochschule Stuttgart, 1954 wurde er zum außerordentlichen Professor, 1961 zum ordentlichen Professor ernannt. Er gehörte zu den Lehrern der ersten Stunde an der in unmittelbarer Nachkriegszeit unter einem erneuerten Konzept des Neuen Bauens konsolidierten Architektur-Abteilung der Technischen Hochschule in Stuttgart. Rolf Gutbrod war neben Richard Döcker, Rolf Gutbier und Günter Wilhelm maßgebender Lehrer und „nicht nur den Studierenden ein Vorbild". Sein Interesse galt dem Vorderen Orient. In den Sommersemestern 1957, 1958 und 1959 war Gutbrod Gastprofessor an der Technischen Hochschule in Istanbul, im Jahr 1963 Walker-Ames-Professor an der Universität Washington/Seattle, USA. Er setzte sich ab dem Jahr 1966 mit der traditionellen arabischen Bauweise, mit klimatischen Extremen sowie mit dem intellektuell-religiösen Dogma des Islam auseinander und konvertierte zum muslimischen Glauben. Er erlangte hohe Anerkennung für seine von sozialem Impetus getragenen Arbeit. Vor allem in den 80er Jahren war Rolf Gutbrod im Zusammenhang mit den Staatlichen Museen der Stiftung Preußischer Kulturbesitz in Berlin heftiger Kritik ausgesetzt.

Im Jahr 1978 erfolgte der Generationswechsel. Rolf Gutbrod übergab die Büros Stuttgart und Berlin der Architektensozietät Wolfgang Henning, Hermann Kendel und Bernd Riede. Doch schon lange vorher folgten ehemalige Studenten und Mitarbeiter, eine neue Generation, allen voran Günther Behnisch, seinen Prinzipien.

Betrachtet man das breite Spektrum seines architektonischen Werkes, das Industrie-, Verwaltungsgebäude, Kultur-, Hotel-, Kult- und Wohnungsbauten umfaßt, so zeigt sich vor dem Hintergrund sozialer, ökonomischer und politischer Veränderungsprozesse ein Wandel in formaler, konstruktiver und ästhetischer Hinsicht:

Unter dem Druck materieller Not und akutem Wohnungsmangel der unmittelbaren Nachkriegszeit waren Rolf Gutbrods Aufgaben zunächst auf

Reparaturen und auf die Herstellung notdürftiger Provisorien im Raum Stuttgart beschränkt. Bereits 1947 realisierte er die ersten Wohnbauten, die eine an der Tradition des Neuen Bauens orientierte schlichte orthogonale Architektursprache vor Augen führen und zum Teil dezidiert traditionelle Architekturmotive (Dacherker, Schleppdach) aufnehmen, wie beispielsweise das 1947 entstandene Einfamilienwohnhaus Erwin Behr. Um 1950, einer Phase des ökonomischen Aufschwungs, vermehrter Planungsaufgaben und gestalterisch breiter Orientierung, vollzieht Rolf Gutbrod die markante Wende hin zu einer eindeutig 'zeitgemäßen' individuellen Architektur, basierend auf Prämissen des „organhaften Bauens". Grundprinzipien wie leichte Konstruktionen, Differenzierung, optimale Belichtung, auskragende teils schräge Dachformen bestimmen die Mehrfamilienhäuser, während den Ein- und Zweifamilienhäusern das Prinzip des offenen durch Niveauversetzung determinierten Raumes zugrundeliegt (Haus Wörnle, Haus Gutbrod), maßgeblich orientiert an der Architktur von Hans Scharoun und Alvar Aalto.

Parallel zum Wohnungsbau entsteht die Milchbar sowie die ersten Verwaltungs- und Industriebauten unter Verwendung technologisch innovativer Konstruktionen. Die Gebäude kennzeichnet das sichere Gefühl für plastische Raumbegrenzung, Proportion und die Aufnahme zeittypischer Materialien (Welleternit, Glasbausteine, Naturstein) wie dies die Porschefabrik (1950–53), das Verwaltungsgebäude der Süddeutschen Holzberufsgenossenschaft (1948–50) oder die Milchbar (1950) vor Augen führen, die in ihrer Unkonventionalität, konstruktiven Leichtigkeit und in ihren Wellblechdächern richtungsweisend für die Architektur von Günter Behnisch waren.

Neben dem Verwaltungsgebäude der Süddeutschen Holzberufsgenossenschaft, auch „Loba-Haus" genannt, nimmt das Konzerthaus Stuttgarter Liederhalle (1951–56) eine herausragende Bedeutung ein, das in der Aufnahme expressiver und zeittypischer Formen, in Asymmetrien und in seiner kontrastierenden Farb- und Materialwahl weitgehend der Ästhetik der 50er Jahre folgt.

Ab Beginn der 60er Jahre plante und realisierte Rolf Gutbrod Bauaufgaben auch außerhalb Stuttgarts. Mit dem Übergang zur architektonischen Großform und Großstruktur beginnt eine neue Phase im Werk Rolf Gutbrods. Zwei Gestaltungstendenzen sind erkennbar: Die Ästhetik des sogenannten 'Betonbrutalismus', wie zum Beispiel bei der Universitäts- und

Stadtbibliothek, sowie dem Hörsaalgebäude der Universität Köln (1960–68) oder dem Hahn-Hochhaus in Stuttgart (1960–63), wobei Sichtbeton im „Spiel der Volumina unter dem Licht" bereits in der Stuttgarter Liederhalle (1951–56) eingesetzt wird, und parallel dazu die Ästhetik „Technischer Perfektion": Gebäude, welche die rationale vorgehängte Stahl-Glas-Fassade zeigen, ohne jedoch auf „brutalistische" Elemente zu verzichten und im Maßstab und in der Erscheinung Ausdruck „repräsentativer Selbstdarstellung" der Auftraggeber sind. Exemplarisch hierfür stehen das Haus der Werbung in Berlin (1963–66), oder das Gebäude des Süddeutschen Rundfunks in Stuttgart (1966–76). Die umstrittene Gestaltung des Kunstgewerbemuseums (1966–85), das als einziges von insgesamt fünf zusammenhängenden Staatlichen Museen des Preußischen Kulturbesitzes am Kulturforum in Berlin realisiert wurde, ist das sichtbare Resultat von zielgerichteter Interessensverfolgung der Museumsfachleute und der Passivität maßgeblicher Politiker einerseits und von dem unbeirrten Festhalten der Architekten an einer einmal festgelegten „brutalistischen" Gestaltungswiese andererseits; während die je nach Bauaufgabe unterschiedlich gelösten Projekte (Hahn-Hochhaus, Baden-Württ. Bank, Gebäude des SDR) qualitätvolle Unikate der 60er Jahre darstellen.

Das Konzept leichter Flächentragwerke in interdisziplinärer Zusammenarbeit mit Frei Otto, Fritz Leonhardt & Andrä sowie Ove Arup & Partners, London, erstmals umgesetzt am Pavillon der Bundesrepublik Deutschland auf der Expo '67 in Montreal, leitet die dritte Phase im Werk Rolf Gutbrods ein: Konstruktion ist Vehikel einer neuen Formensprache. Diese das Kräftespiel visualisierenden, freien Formen stehen in bewußtem Gegensatz zu orthogonalen Strukturen. Die technologische Weiterentwicklung von Tragwerkskonstruktionen, formal Beduinenzelte assoziierend, und die Transformation traditioneller arabischer Verschattungselemente in ein modernes Vokabular charakterisieren Projekte im Nahen Osten wie das Konferenzzentrum mit Hotel in Mekka (1966–74) oder das Zeltdach der Sportanlage der Universität „Roi-Abdul-Aziz" in Jeddah (1977–81).

Schlußfolgernd kann festgehalten werden, daß die Wohnbauten der 50er Jahre durch ihr schlichtes einprägsames Vokabular als „typische Gutbrodbauten" gesehen werden können. Das sogenannte Loba-Haus und das Konzerthaus Liederhalle sind als epocheprägende Bauwerke geradezu „Inkunabeln" der Nachkriegsarchitektur. Bauten wie der temporäre Pavillon der Expo '67 in Montreal, der weltweit Anerkennung fand, das IBM-Haus in

Berlin, die oben erwähnten Stuttgarter Gebäude oder das Mekka-Projekt sind letzte Höhepunkte der Architektur Gutbrods der 60er und 70er Jahre. Die übrigen Projekte dieser Zeit verbleiben weitgehend in der Tendenz des „Brutalismus".

Für Rolf Gutbrod ist Architektur Kunst und nicht allein die Lösung technisch-konstruktiver sowie funktioneller Probleme. Seiner Architektur liegt kein Dogma zugrunde. Sie ist vorwiegend Ausdruck der individuellen, philosophisch fundierten Haltung von Gutbrod. Entwurfsmaxime ist das Prinzip der prozesshaften Formfindung, die Ermittlung des Wesens der Aufgabe, um aus dieser Erkenntnis heraus sowohl die einzelnen Teile als auch das Ganze individuell auszubilden, im Sinne von Hugo Häring.

Rolf Gutbrods Äußerung aus dem Jahr 1990 kann als Kernthese seiner Architekturauffassung gelten:

> „Obwohl unsere Arbeit mit Technik verbunden und durch Technik bestimmt ist, muß unser Beruf Kunst bleiben, muß geistige Werte berücksichtigen, muß Raum für Eingebung lassen, muß Philosophie widerspiegeln."[451]

---

451 Zitiert nach Falk JÄGER: Im Einklang mit Topographie und Kultur. Der Stuttgarter Architekt Rolf Gutbrod feiert morgen seinen 80. Geburtstag, in: Stuttgarter Nachrichten Nr. 211 vom 12.9.1990, S. 16.

Werkverzeichnis

Während der Entstehung der Arbeit war – wie bereits in der Einleitung erwähnt – ein Zugang zu den Archiven der Gutbrod-Büros in Stuttgart und Berlin nicht möglich, so daß kein Gesamtverzeichnis erarbeitet werden konnte. Das Südwestdeutsche Archiv für Architektur und Ingenieurbau (SAAI) in Karlsruhe, das heute im Besitz aller Unterlagen ist, wird einen dokumentierten Katalog erstellen.

Das nachfolgende Werkverzeichnis umfaßt die mir bekannten und nach Baugattungen unterteilten Projekte einschließlich der Baudaten. Die Gebäude sind durch eine Kurzbeschreibung dargestellt. Die in der Arbeit bereits analysierten Bauten wurden mit aufgenommen, doch nicht beschrieben. Um jedoch einen Überblick über das Gesamtwerk zu erhalten, werden im Anschluß die im Karlsruher Archiv bislang inventarisierten rund 270 Projekte in chronologischer Folge genannt.

WOHNBAUTEN

Projekt:	Einfamilienhaus
Bauherr:	Erwin Behr, Möbelfabrikant, Stuttgart
Realisierung:	1947, R. Gutbrod, O. Hofstetter
Standort:	70619 Stuttgart, Eduard-Steinle-Straße 19
Pläne:	Baurechtsamt Stuttgart

Projekt:	Zweifamilienhaus
Bauherr:	H. Walz
Realisierung :	1949–1951, R. Gutbrod, A. Claar, W. Henning
Standort:	70192 Stuttgart, Am Bismarckturm 17
Pläne:	Baurechtsamt Stuttgart

Kurzbeschreibung: Wiederaufbau des im Zweiten Weltkrieg durch Fliegerangriffe zerstörten Wohnhauses. Das Gebäude besteht aus zwei Wohneinheiten in unterschiedlicher Größe und Grundrißorganisation. Beide Wohnungen erstrecken sich über zwei Geschosse und sind separat erschlossen. Das einfache Wohnhaus zeigt einen Gebäudeanbau und Balkone, die durch ein schräg nach oben weisendes Vordach geschützt sind.

Projekt: Notwohnung

Bauherr: Prof. Dr.-Ing. h.c. F. Porsche
Realisierung: 1949
Standort: 70192 Stuttgart, Feuerbacher Weg
Literatur: Kunst 1949/1, S. 353
Die Bauzeitschrift 12/1953, S. 440

Kurzbeschreibung: Die 'Einraum-Wohnung' erhielt in der Mitte der Wand einen Spiegel, der den Raum optisch vergrößert. Die Wohnung gliedert sich in einen Arbeits- und Wohnbereich. Das Mobiliar zeigt die typischen Merkmale der 50er Jahre: offenes raumhohes Bücherregal mit eingebauter Bar, Tisch mit schräggestellten Füßen, Sideboard, Freischwingerstühle und eine Eckcouch. Bis auf den Boden reichende Vorhänge vermitteln den Eindruck eines hohen Raumes.

Projekt: Einfamilienhaus

Bauherr: Dr.-Ing. Rolf Wörnle
Realisierung: 1950–1951, R. Gutbrod, D. Holder
Standort: 70569 Stuttgart, Hessenlauweg 10
Seit 1989 unter Denkmalschutz
Pläne: Baurechtsamt Stuttgart
Literatur: Architektur und Wohnform 2/1951–52, S. 43 ff.
Bruno E. WERNER, Neues Bauen in Deutschland, München 1952, S. 35
Die Bauzeitung 10/1952, S. 381
Der Architekt 5/1955, S. 172

Bei den folgenden Bauten in der Parlerstraße handelt es sich um den Wiederaufbau von drei kriegszerstörten Einfamilienhäusern. Die nebeneinanderstehenden zweigeschossigen Wohnhäuser – sie sind vom Straßenraum unterschiedlich weit zurückgesetzt – wurden als einfache Kuben mit eher traditionellem Walmdach ausgebildet und von der Parlerstraße aus erschlossen.

Projekt: Einfamilienhaus

Bauherr: A. Scherff
Realisierung: Ab 1949, R. Gutbrod, W. Henning
Standort: 70192 Stuttgart, Parlerstr. 12
Pläne: Baurechtsamt Stuttgart

Kurzbeschreibung: Im Erdgeschoß des Einfamilienhauses befindet sich der Wohnbereich. Ein zwischengeschalteter Wandteil trennt Wohn- und Eßzimmer. Das Eßzimmer öffnet sich durch großzügige Verglasung auf eine Loggia. Die Erschließung des im ersten Stockwerk liegenden Schlafbereichs erfolgt über einer einläufigen Treppe von der Erdgeschoßdiele aus.

Projekt: Einfamilienhaus

Bauherr: Prof. Dr. Albert Prinzing
Realisierung: 1951, R. Gutbrod, W. Henning
Standort: 70192 Stuttgart, Parlerstr. 10
Pläne: Baurechtsamt Stuttgart

Kurzbeschreibung: Eine zentrale Treppe führt vom Erdgeschoß in das erste Stockwerk. Um die Treppe entwickelt sich ein Raumkontinuum mit Vorhalle, Küche und Wohnraum, der sich durch eine Pergola erweitert. Der Schlafbereich befindet sich im Obergeschoß.

Projekt:	Einfamilienhaus

Bauherr:	Rupert Mayer
Entwurf:	1952, R. Gutbrod, W. Henning, B. Binder
Standort:	70192 Stuttgart, Parlerstr. 8
Pläne:	Baurechtsamt Stuttgart

Kurzbeschreibung: Das Erdgeschoß mit Wohn- und Eßraum, Küche und Wirtschaftsraum ist als Wohnung nutzbar und separat erschlossen. Das Obergeschoß nimmt einen durchgehenden Wohn- Eßbereich, ein Schlaf- und ein Mädchenzimmer auf. Erschlossen wird das Obergeschoß durch eine dezentral angelegte Treppe.

Projekt:	Einfamilienhaus

Bauherr:	Rolf Gutbrod
Realisierung:	1951, R. Gutbrod, D. Holder
Standort:	70192 Stuttgart, Robert-Bosch-Str. 108
Pläne:	Baurechtsamt Stuttgart
Literatur:	Architektur und Wohnform 2/1952-53, S. 37–46
	Die Kunst und das schöne Heim, Sonderdruck, S. 472 f.
	Bauspiegel 4/55

Projekt:	Zweifamilienhaus mit Büros

Bauherr:	Walter Gruber
Realisierung:	1953 und 1955/56, R. Gutbrod, B. Binder
Standort:	70192 Stuttgart, Robert-Bosch-Str. 37
Pläne:	Baurechtsamt Stuttgart

Projekt:	Einfamilienhaus

Bauherr:	Fritz Hahn
Realisierung:	1954, R. Gutbrod, B. Binder
Standort:	70374 Stuttgart, Winterbacherstr. 37
Pläne:	Baurechtsamt Stuttgart

Kurzbeschreibung: Im Erdgeschoß des Einfamilienhauses liegt ein durchgehender Wohn-Eßraum, der sich auf eine Südterrasse öffnet, sowie ein Arbeitszimmer. Das Obergeschoß nimmt den Schlafbereich, ein Damen- und ein Gastzimmer auf, während im Dachgeschoß die Personalräume liegen. Das vorwiegend durch Bruchsteinmauerwerk bestimmte Äußere zeigt auf der Eingangsseite schräge Raumkanten und eine abgeschrägte Dachform. Die Erschließung erfolgt von Norden. Größe des Wohnhauses (24 × 14 m) und Materialwahl verweisen auf einen repräsentativen Anspruch.

Projekt: Wohnhaus mit Büros

Bauherr: Aufbaugemeinschaft Schoderstraße
Realisierung: 1954, R. Gutbrod, B. Binder, W. Henning
Standort: 70192 Stuttgart, Schoderstr. 10
Pläne: Baurechtsamt Stuttgart

Kurzbeschreibung: Die Grundrisse des dreigeschossigen Gebäudes erweitern sich entsprechend dem Straßenverlauf. Die Räume sind um ein zentrales Treppenhaus angelegt. Das Walmdach ist regelmäßig im Gegensatz zu den verschwenkten Grundrißformen. Abgesehen von der Dachverdrehung ist die Gesamterscheinung des Gebäudes eher konventionell.

Projekt: Zweifamilienhaus

Bauherr: Hedwig Rümmelin
Realisierung: 1955
Standort: 70174 Stuttgart, Relenbergstr. 71
Pläne: Baurechtsamt Stuttgart

Kurzbeschreibung: Das kriegszerstörte Wohnhaus wurde 1955 wieder aufgebaut. Das dreigeschossige Gebäude ist nach Süden orientiert. Eine diagonale Mittelwand trennt die Grundfläche der Geschosse in zwei Wohneinheiten. Dadurch ergeben sich Räume mit schrägen und geraden Raumkanten. Die Süd- bzw. Ostseite ist durch Fassadenstaffelung und auskragende Balkone bestimmt. Bemerkenswert ist das ursprünglich geplante, sich nach oben verjüngende Dachgeschoß, das mit einem nach innen geneigten dünnen Dach aus Welleternit abschloß. 1955 wurden die Pläne – sehr zum Nachteil der äußeren Erscheinung – geändert. Das Wohnhaus erhielt gerade verlaufende Dachgeschoßwände und ein konventionelles Walmdach.

Projekt:	Zweifamilienhaus
Bauherr:	Eduard Gutbrod
Realisierung:	1955–1957 und 1961, R. Gutbrod, B. Binder
Standort:	70839 Gerlingen, Finkenweg 6
Pläne:	Baurechtsamt Gerlingen

Kurzbeschreibung: Das Gebäude ist ein Doppelhaus mit zwei Wohnungen unterschiedlicher Größe und Grundrißorganisation unter einer freien Dachform. Auffallend sind auch hier die Schrägstellung der Wände sowie die großzügige Öffnung zum Garten. Der Flucht aus der Orthogonalität wird auch in der äußeren Erscheinung deutlich.

MEHRFAMILIEN-WOHNHÄUSER

Projekt:	Wohn- und Geschäftshaus „Versuchswohnblock"
Bauherr:	Bauherrengemeinschaft: Starcker, Matthaes, Kaulla, Veesenmayer, Bauträger: Treuhand-Wohnbau-GmbH, Stuttgart, Werastr. 21
Realisierung:	1947–1951, R. Gutbrod, O. Hofstetter
Standort:	70182 Stuttgart, Moserstraße 18–26
Pläne:	Baurechtsamt Stuttgart
Literatur:	Bauen und Wohnen 2/1947, 10–11, S. 301 ff. Die Bauzeitung, 4/1953, S. 127 ff.

Projekt:	Wohn- und Geschäftshaus
Bauherr:	Otto Ehmann
Realisierung:	1949–1951, R. Gutbrod, O. Hofstetter,
Standort:	70374 Stuttgart, Moserstraße 16
Pläne:	Baurechtsamt Stuttgart

Kurzbeschreibung: Das in Schüttbeton ausgeführte Wohn- und Bürogebäude schließt den Blockrand an der Moserstraße. Das vier- bzw. fünfgeschossige Gebäude nimmt an linearen Fluren angeordnete Büroräume auf, ferner einzelne Dreizimmer-Wohnungen. Im Erdgeschoß befindet sich ein Geschäft. Es entstand eine Mischung unterschiedlicher Funktionen auf engem Raum. Die Haupterschließung erfolgt von der Eugenstraße aus (von 1949–1959 befand sich in diesem Gebäude das Büro Gutbrod).

Projekt:	Wohn- und Geschäftshaus
Bauherr:	Dr. Josef Brönner
Realisierung:	1950–1952, R. Gutbrod, B. Binder
Standort:	70182 Stuttgart, Eugenstraße 11A, 11B, 12
Pläne:	Baurechtsamt Stuttgart
Literatur:	Die Bauzeitung, 4/1953, S. 135 ff.

Kurzbeschreibung: In direkter Nachbarschaft zum Versuchswohnblock Moserstraße entstand 1952/53 das viergeschossige Wohn- und Geschäftshaus Dr. Josef Brönner. Das Erdgeschoß nimmt einen Laden, die Obergeschosse Zwei- und Dreizimmerwohnungen auf. Durch Staffelung und Auffächerung der Wohnungen werden eine gute Belichtung und Ausblick in den Talkessel erreicht. Den Dachabschluß bildet ein Satteldach mit Welleternit-Deckung mit einer Dachneigung von 15∞.

Projekt:	Mehrfamilienhaus
Bauherr:	Firma Hahn Automobile GmbH, Stuttgart
Realisierung:	1950, R. Gutbrod, O. Hofstetter
Standort:	70372 Stuttgart, Erbsenbrunnengasse 9–11
Pläne:	Baurechtsamt Stuttgart

Kurzbeschreibung: Das 1950 erstellte Gebäude nimmt in Größe und Zuschnitt unterschiedliche Wohnungen auf. Das Gebäude zeigt auf der Rückseite größere Fenster sowie Balkone und schließt mit einem 48∞-Satteldach ab. Aus heutiger Sicht ist das Gebäude nicht allzu aufregend. In seiner Einfachheit ist das Mehrfamilienhaus typisch für das sparsame Bauen in der unmittelbaren Nachkriegszeit. Das Gebäude befindet sich heute nicht mehr im Besitz der Firma Hahn.

Projekt:	Wohn- und Geschäftshaus
Bauherr:	Dr. Walter Wiedmann
Realisierung:	1953–1957, R. Gutbrod, B. Binder
Standort:	70178 Stuttgart, Rotebühlstraße 84
Pläne:	Baurechtsamt Stuttgart

Kurzbeschreibung: Der Wiederaufbau des fünfgeschossigen Wohn- und Geschäftshauses schloß eine der zahlreichen Bombenlücken in Stuttgart. Der an sich symmetrische Grundriß wird bewußt gestört. Die Störung ergibt sich nicht aus der Funktion, sie zielt auf Auflockerung der äußeren Raumbegrenzung. Den Gebäudeabschluß bildet ein Flachdach mit einer Dachterrasse, zugänglich für alle Bewohner.

Projekt:	Wohnhochhaus und Mehrfamilienwohnhaus
Bauherr:	Firma Hahn Automobile GmbH, Stuttgart
Realisierung:	Ab 1953, R. Gutbrod, B. Binder
Standort:	Fellbach, Bruckwiesenstraße 4–8
Pläne:	Baurechtsamt Fellbach

Kurzbeschreibung: Über einem zum Teil offenen Erdgeschoß erhebt sich der neungeschossige Wohnturm. Die Grundrisse der einzelnen Geschosse gliedern sich in Zwei- bzw. Dreizimmerwohnungen. Der ursprünglich offene Erdgeschoßbereich wurde später durch den Einbau von Geschäften geschlossen. Auffallend ist hier das auskragende dünne Flachdach, das vom Schema der reinen Geometrie abweicht. Ein Zwischenbau im ersten Geschoß verbindet das Wohnhochhaus mit einem sechsgeschossigen Mehrfamilienhaus in aufgelockerter Bauweise. Die Wohnungen beider Gebäude wurden in neuerer Zeit als Eigentumswohnungen verkauft.

Projekt:	Mehrfamilienhaus
Bauherr:	Firma Christian Bossert KG, Stuttgart
Realisierung:	1956, R. Gutbrod, B. Binder
Standort:	70190 Stuttgart, Landhausstraße 63/ Schubertstraße 31
Pläne:	Baurechtsamt Stuttgart

Kurzbeschreibung: Die durch Vor- und Rücksprünge gegliederte Blockrandbebauung schafft aufgelockerte Straßenräume und im inneren Bereich eine geschützte Hofsituation. Das Erdgeschoß nimmt Geschäfte auf, die drei Obergeschosse Zwei- bis Dreizimmerwohnungen. Dachform: Satteldach mit abgeschrägten Kanten. Das Gebäude ist heute nicht mehr im Besitz der Firma Christian Bossert KG.

Projekt:	Mehrfamilienhaus
Bauherr:	Dr. Walter Wiedmann
Realisierung:	1956–1957, R. Gutbrod, B. Binder
Standort:	70180 Stuttgart, Strohberg 42–44
Pläne:	Baurechtsamt Stuttgart

Kurzbeschreibung: Das Mehrfamilienhaus nimmt individuelle Zwei- bis Dreizimmerwohnungen auf. Auffallend ist die gut durchdachte Versetzung der Wohneinheiten, um Licht, Luft und Sonne einzufangen. Eine über die Norm hinausgehende Wohnqualität wird durch starke Befensterung und Innenausbau mit Feuerstelle erreicht. Charakteristisch für Rolf Gutbrods Architektur sind die abgeschrägten Kanten des auskragenden Satteldachs.

Projekt:	Studentenwohnheim und Studentenklubhaus
Realisierung:	1953–1956 und 1961, Gutachter-Wettbewerb 1953, 1. Preis R. Gutbrod, B. Binder Staatliches Hochbauamt Tübingen
Standort:	72074 Tübingen, Wilhelm-Str. 30, 30/1
Pläne:	Baurechtsamt Tübingen
Literatur:	Architektur und Wohnform, 7/1958, S. 273–279

Kurzbeschreibung: Die Architekten ordnen beide Gebäude in Parallelstellung an, so daß ein begrünter Zwischenraum als 'stiller Gartenhof' entsteht. Der Eingang in das Klubgebäude führt in eine weiträumige Halle. Sie ist Treffpunkt und Erschließungsbereich. Das Erdgeschoß nimmt den Klubraum I und einen Tagungsraum, das Obergeschoß Musik- und Ausstellungsräume, den Klubraum II und Büros für das Studentenwerk auf. Das Studentenwohnheim zeigt im Grundriß eine Addition orthogonaler Studentenzimmer, erschlossen durch einen sich verengenden Korridor. Das Treppenhaus trennt Studentenzimmer und Hausmeisterwohnung.

Projekt:	Wohn- und Geschäftshaus
Bauherr:	Klaus Obermiller, Heinrich Obermiller
Realisierung:	Ab 1958, R. Gutbrod, A. Schneider-Obermiller
Standort:	70372 Stuttgart, König-Karl-Str. 34, 34a
Pläne:	A. Schneider-Obermiller, Stuttgart, Verdistraße 51

Kurzbeschreibung: Das im Zweiten Weltkrieg zerstörte Gebäude wurde 1958 neu aufgebaut. Das auf einem Stützenraster geständerte Gebäude besteht aus einem nahezu vollverglasten Sockelgeschoß und vier Regelgeschossen. Im Erdgeschoß befindet sich die Apotheke Dr. C. Obermiller. Die Obergeschosse nehmen individuelle Wohnungen auf. Durch Staffelung der Hauptfassaden werden Auflockerung und gute Belichtung erreicht. Den Dachabschluß bildet eine auskragende gestufte Betondachplatte.

Projekt:	Wohn- und Geschäftshaus
Bauherr:	Aufbaugemeinschaft Parlerstr. 12 (Scherff/Gutbrod)
Realisierung:	1958–1960, R. Gutbrod, B. Binder
Standort:	70174 Stuttgart, Lerchenstraße 7 B
Pläne:	Baurechtsamt Stuttgart

Kurzbeschreibung: Das fünfgeschossige Geäude nimmt im Erdgeschoß Läden, in den Obergeschossen Zwei- und Dreizimmerwohnungen auf. Die Räume zeigen eine Schrägstellung von Wänden, selbst Balkone sind abgeschrägt. Die Erschließung erfolgt zentral über eine zweiläufige Treppe und Aufzug. Das Äußere ist bestimmt durch verputztes Bimshohlblockmauerwerk, blaue Quadrate sowie ein vorkragendes, gestuftes Satteldach.

Projekt:	Lehrerwohnheim und Kindergarten
Bauherr:	Freie Waldorfschule am Kräherwald
Realisierung:	1959–1962/63, R. Gutbrod, H. Kiess
Standort:	70192 Stuttgart, Rudolf-Steiner-Weg 13
Pläne:	Baurechtsamt Stuttgart

Kurzbeschreibung: Bergseitig ist das Gebäude ein-, talseitig dreigeschossig angelegt. Im tiefer liegenden Erdgeschoß befindet sich ein Kindergarten mit Aufenthaltsraum und Gruppenbastelraum. Die einzelnen Wohnungen der Obergeschosse orientieren sich in drei Richtungen und sind durch ein zentrales Treppenhaus erschlossen. Die Haupterschließung erfolgt vom Rudolf-Steiner-Weg aus. Das Äußere ist geprägt durch eine tief herabgezogene, freie Dachform.

Projekt:	Studenten-Wohnheime
Bauherr:	Verein Internationaler Studentenwohnheime e. V.
Realisierung:	1962–1969 und bis 1974, Wettbewerb 1962, 1. Preis Büro Gutbrod, Stuttgart: R. Gutbrod, F. Brehler, W. Duder, M. Edelmann, H. Kendel und N. Ruff
Standort:	70599 Stuttgart, Schwerzstr. 1
Pläne:	Baurechtsamt Stuttgart

Baudaten: Umbauter Raum 8.735 m², Nutzfläche 2.600 m²
Literatur: Deutsche Bauzeitung 1/1963, S. 75–78
Die Bauverwaltung 2/73

Kurzbeschreibung: Am Rande von Stuttgart-Birkach entstand ein Hochhaus-Ensemble, bestehend aus drei Wohntürmen. Die Vertikalerschließung der Gebäude erfolgt zentral durch Treppenturm und Aufzug. Die Untergeschosse nehmen Gemeinschaftsräume, die Regelgeschosse Ein- sowie Zweibettzimmer für Studenten auf. Im stark gegliederten Grundriß und in der äußeren Erscheinung verweisen die Studentenwohnheime auf Gutbrods Wohntürme Jorinde und Joringel in der Gropiusstadt, Berlin. Die Planung enthielt, der Wettbewerbsausschreibung entsprechend, neben den Studentenwohnheimen ein Auditorium Maximum und eine Mensa. Nur die Wohnheime wurden realisiert.

Projekt:	Wohnhochhäuser Gropiusstadt
Bauherr:	DeGeWo – Deutsche Gesellschaft zur Förderung des Wohnungsbaus
Realisierung:	1962–1968, Gutachter-Wettbewerb 1962, Büro Gutbrod, Berlin und Stuttgart: R. Gutbrod, H. Kiess, H. P.Wirth, Mitarbeiter: V. Beck, R. Derenbach
Standort:	Gropiusstadt (Britz-Buckow-Rudow-Ost), Berlin, Wutzky-Allee, Fritz-Erler-Allee, Friedrich-Kraysler-Weg, Theodor-Loos-Weg
Pläne:	Archiv Büro Gutbrod, Berlin, Archiv DeGeWo, Berlin
Baudaten:	Umbauter Raum 357.000 m², Wohnfläche 83.000 m² Bauwelt 1/1962, S. 7 ff. Bauwelt 16–17/1968, S. 437 ff. RAVE, KNÖFEL, Bauen seit 1900 in Berlin, Berlin 1968, Obj. Nr. 82 RAVE, KNÖFEL, Berlin und seine Bauten, Teil IV, A, Berlin/München/Düsseldorf, 1970, Obj.Nr. 492 RAVE, KNÖFEL, Berlin und seine Bauten, Teil IV, B, Berlin/München/Düsseldorf, 1974, Obj. Nr. 1416 Berlin Forum 4/72

Projekt:	Wohnanlage am Dreipfuhlpark, Berlin-Dahlem
Bauherr:	Stiftung Volkswagenwerk, Hannover-Döhren
Realisierung:	Wettbewerb 1965, 1. Preis, Ausführung Wohnanlage bis 1972, Einfamilienhäuser bis 1969/70 R. Gutbrod, D. Dörschner, G. Fligg und H. Schwaderer
Standort:	14195 Berlin-Dahlem, 1. Bauabschnitt Lützelsteiner-Weg 35–45, 2. Bauabschnitt Lützelsteiner-Weg 26–52, Leichardstr. 59–61
Pläne:	Archiv Büro Gutbrod, Berlin
Literatur:	Bauwelt 41/1965 Architektur-Wettbewerbe 53/1970 RAVE, KNÖFEL, Berlin und seine Bauten, Teil IV, B, Berlin/München/Düsseldorf 1974, Obj. Nr. 1321

Kurzbeschreibung: Vier gestaffelte Hauszeilen ordnen sich um einen Hofbereich. Die dreigeschossigen Gebäude nehmen insgesamt 64 Wohneinheiten, ausgebildet als Einzimmerwohnungen mit ca. 39 m² und Vier- bis Fünfzimmerwohnungen mit rd. 110 m², auf. Die Wohnungen in den Obergeschossen führen über zwei Stockwerke mit Galerien, die das Pultdach erlebbar machen. Diese Wohnungen werden über Laubengänge erschlossen. Weißes Sichtmauerwerk, anthrazitfarbene Welleternitplatten und eingezogene Loggien bestimmen das Äußere. Darüberhinaus entstanden Gebäude als eingeschossige Winkeltypen. Jedes Haus nimmt fünf Räume auf.

Projekt:	Geschäfts- und Wohnhaus „Haus am Opernplatz"
Bauherr:	Geschäfts- und Wohnhaus-Bauverwaltungs GmbH, Opernplatz KG, Berlin
Realisierung:	1964–1970, R. Gutbrod, H. Schwaderer, S. Vogt, Mitarbeiter: V. Beck, R. Franzmann, M. Jäger, M. Mews, H. Rebel, B. Riede
Standort:	10627 Berlin, Bismarckstraße 86–90
Pläne:	Archiv Büro Gutbrod, Berlin
Baudaten:	Umbauter Raum 68.000 m², Nutzfläche 18.000 m²

Literatur: Bauwelt 6–7/1967, S. 143
RAVE, KNÖFEL, Bauen seit 1900 in Berlin, Berlin 1969,
Obj. Nr. 33
Bauwelt 41/1970, S. 1536 ff.
Bauen und Wohnen 1/1970
Detail 2/1972
Die Bauzeitung 6/1972, S. 1035 f.
RAVE, KNÖFEL, Berlin und seine Bauten, Teil IV, A. 401,
Berlin/München/ Düsseldorf 1974 und Teil IV, B, 622

Kurzbeschreibung: Firmenschrift Büro Gutbrod

„[Die im Stadterneuerungsgebiet entstandene] Gebäudegruppe schließt an die vorhandene Bebauung an, überbrückt auf 22 m eine Nebenstraße mit einem fünfgeschossigen Bauteil und steigt danach auf 13 Geschosse an, bevor sie in einem Winkel auf einen ursprünglich geplanten großen Opernplatz einschwenkt. (In neuerer Zeit wurde der Opernplatz bzw. Shakespeareplatz angelegt). Die Wohneinheiten unterschiedlicher Größe reichen von einem Arbeitnehmerwohnheim als Mittelflurtyp bis zu zwei- und eineinhalbgeschossigen Dachterrassen-Wohnungen. Für die großen Wohnungen wurde für individuelle Wohnwünsche eine gewisse Flexibilität und Variabilität angestrebt. Die nichttragenden Zwischenwände können die Mieter nach vier verschiedenen Vorschlägen aufstellen lassen."

Im Erdgeschoß bzw. im ersten Stock liegen verschiedene Versorgungseinrichtungen: teils über zwei Geschosse gehende Geschäfte, Arztpraxen, Restaurants und Räume für Freizeit und Sport. Die Konstruktion besteht aus Stahlbeton-Schottenwänden. Vor die Bimssteinausfachung der Außenwände wurde eine belüftete Außenhaut aus Weiß-Asbestzement-Tafeln auf Holzlatten montiert. Kehlen und Außenecken erhielten abgerundete Winkelformstücke.

VERWALTUNGSBAUTEN

Projekt:	Verwaltungsgebäude
Bauherr:	Süddeutsche Holzberufsgenossenschaft Stuttgart
Realisierung:	1948–1950, R. Gutbrod, G. Karrer, O. Besenfelder
Standort:	70182 Stuttgart, Charlottenstraße 29
	Seit 1987 unter Denkmalschutz
Pläne:	Baurechtsamt Stuttgart
Literatur:	Baukunst und Werkform 5/1951, S. 9–16, 49–50
	Die Bauzeitung 10/1952, Nr. 10, S. 371.
	Bruno E. WERNER, Neues Bauen in Deutschland, München 1952, S. 46
	Bund Deutscher Architekten (Hg.), Planen und Bauen im neuen Deutschland, Köln/Obladen 1960, S. 302
	Bauforum 1/1984, S. 19

Projekt:	Verwaltungsgebäude
Bauherr:	Industrie- und Handelskammer AG
Realisierung:	1950–1954 und bis 1967, Gutachter-Wettbewerb 1950, 1. Preis R. Gutbrod, H. Kiess, R. Gutbier, Mitarbeit: G. Behnisch
Standort:	70174 Stuttgart, Jägerstr. 30
Pläne:	Baurechtsamt Stuttgart
Literatur:	Bund Deutscher Architekten (Hg.), Planen und Bauen im neuen Deutschland, Köln/Obladen 1960, S. 282
	Der Architekt 4/1955, Nr. 5, S. 174
	Industrie- und Handelsblatt der I + H Stuttgart, Nr. 13 vom 1. 7. 1954, S. 249 ff.
	Die Bauzeitung 6/1954, S. 199 f.

Projekt: Buchhandlung, Appartement- und Wohngebäude

Bauherr: Josef Rieck
Entwurf: 1953–1955, Erweiterung Wohnhaus 1961 R. Gutbrod, D. Holder, B. Riede
Standort: 88326 Aulendorf-Bändel, Stockweg
Pläne: E. Rieck, Eckstraße 63 A, Aulendorf

Kurzbeschreibung: Pavillonartige Bauten, die eine Buchhandlung und Appartements aufnehmen, sowie ein Wohnhaus durchdringen das leicht abfallende Grundstück in aufgelockerter Anordnung. Im Erdgeschoß des Gebäudes der Buchhandlung befindet sich eine Druckerei. Das erste Stockwerk nimmt Büros auf. Dem Gebäude vorgelagert ist ein kleines Pförtnerhaus mit Pförtnerwohnung. Das Appartementhaus nimmt im Obergeschoß südorientierte Räume auf. Im Erdgeschoß befindet sich ein Konferenzsaal. Dem Wohnhaus Rieck liegt das Konzept des offenen Innenraums und der optischen Raumerweiterung durch Vollverglasung zugrunde. Die Gebäude bestehen aus einem Stahlbetonskelett und Kalksandstein- bzw. Tuffsteinausfachung. Dachformen: Das Gebäude der Buchhandlung und das Appartementgebäude zeigen versetzte Satteldächer, das Wohnhaus eine nach innen geneigte Dachform (Dachdeckung: Welleternit).
Die Firma Josef Rieck wurde 1989 an die Firma Editio-Cantor verkauft. Das auf zwei Personen zugeschnittene Einfamilienhaus wurde abgebrochen und an dieser Stelle ein großes Wohngebäude errichtet.

Projekt: Büro- und Geschäftsgebäude

Bauherr: H. D.
Realisierung: 1959, R. Gutbrod, H. Kiess, B. Binder
Standort: Stuttgart, Kronenstraße 36
Pläne: Baurechtsamt Stuttgart

Kurzbeschreibung: Das fünfgeschossige Gebäude nimmt im Erd- und im ersten Untergeschoß Geschäfte, in den Obergeschossen Büros auf. Der Erdgeschoßgrundriß zeigt versetzte Ebenen. Eine Treppe verbindet Erdgeschoß und erstes Untergeschoß. Die Büroräume der Obergeschosse definieren sich durch gerade und schräge Raumkanten. Bemerkenswert ist die zackenförmig gestaltete Hauptfassade mit differenzierten Fensterteilungen und Klinkerausfachung. Das Gebäude schließt mit einem schräg auskragenden Dach ab.

Projekt:	Verwaltungsgebäude
Bauherr:	IBM Deutschland
Realisierung:	1959–1963, Wettbewerb 1959, 1. Preis Büro Gutbrod, Stuttgart und Berlin: R. Gutbrod, Dr.-Ing. B. Binder, H. Bätzner, H. Holch, H. Schwaderer (Kontaktarchitekt H. Plarre, Berlin)
Standort:	10587 Berlin, Ernst-Reuter-Platz
Pläne:	Archiv Büro Gutbrod, Berlin
Baudaten:	Umbauter Raum 32.500 m^2 Bruttogeschoßfläche 8.600 m^2
Literatur:	Deutsche Bauzeitung 4/1960, 65, S. 275 Bauwelt Nr. 25/1962, S. 703–707 Deutsche Bauzeitung, Sonderdruck aus Heft 9, Jg. 67, 1962 Beton 10/1962 Alfred SIMON, Bauen in Deutschland 1945–1963, Hamburg 1963, S. 51 Der Aufbau 3–4/1966 RAVE, KNÖFEL, Berlin und seine Bauten, Teil VIII, Berlin 1971, S. 175 Architektur-Wettbewerbe 35, S. 80 ff Dagmar GAUSMANN, Der Ernst-Reuter-Platz in Berlin. Die Geschichte eines öffentlichen Raumes der fünfziger Jahre, Münster 1992 Der Architekt 12/1996, S. 764–768

Projekt:	Verwaltungsgebäude
Bauherr:	IBM Hauptverwaltung Stuttgart
Realisierung:	1961–1964, Büro Stuttgart, R. Gutbrod, B. Binder
Standort:	71032 Böblingen, Sindelfinger Str. 57
Pläne:	Baurechtsamt Böblingen

Kurzbeschreibung: Das Gebäude baut auf einem rechteckigen Grundriß auf. Die straffe Horizontalgliederung durch Bandfenster und Betonbrüstungen wird durch vertikale Erschließungstürme durchbrochen. Das fast vollverglaste zurückgesetzte Sockelgeschoß nimmt Eingangshalle und Repräsentationsräume auf, die Regelgeschosse Büro- und Verwaltungsräume. Wie am IBM-Verwaltungsgebäude in Berlin wird Werbewirksamkeit durch ein Wandelement mit IBM-Emblem erreicht.

Bereits 1959/60 wurde die alte Fabrik Klemm in Böblingen als IBM Verwaltungsgebäude umgebaut, das an der neu gestalteten Stirnseite ebenfalls ein Wandelement mit IBM-Emblem zeigt.

Projekt:	Verwaltungsgebäude
Bauherr:	BEWAG Berlin
Entwurf:	Wettbewerb 1962, 1. Preis, nicht ausgeführt
	Büro Gutbrod, Stuttgart, B. Binder
Vorgeseh. Standort:	10785 Berlin, Stauffenbergstr. 27–34, Ecke Sigismundstraße/Hitzigallee 16
Pläne:	Archiv Büro Gutbrod, Berlin
Baudaten:	Umbauter Raum 101.207,95 m^2
	Geschoßfläche 17.510,93 m^2,
	Nutzfläche 16.668,89 m^2
Literatur:	RAVE, KNÖFEL, Berlin und seine Bauten, Teil IX, Berlin/München/Düsseldorf 1971, S. 181

Kurzbeschreibung: Um die an verschiedenen Stellen im Berliner Stadtgebiet untergebrachten Abteilungen zu zentralisieren, schrieb die BEWAG 1962 einen Wettbewerb aus, den Rolf Gutbrod für sich entscheiden konnte. Gutbrods Wettbewerbsentwurf schlägt einen vielgestaltigen von sieben auf vier Geschosse gestaffelten Baukomplex vor. Das Projekt schließt sich dem von der BEWAG übernommenen früheren „Shellhaus" (1930/31 E. Fahrenkamp) an.

Projekt:	Verwaltungsgebäude
Bauherr:	Dorland Werbeagentur, Haus der Werbung GmbH & Co., KG
Realisierung:	1963–1966, Büro Gutbrod, Stuttgart und Berlin: R. Gutbrod, H. Kiess, H. Schwaderer, Mitarbeiter: P. Anders, L. Stahnke, W. Teetz
Standort:	10787 Berlin, An der Urania 20–22
Pläne:	Archiv Büro Gutbrod, Berlin
Baudaten:	Umbauter Raum 23.700 m^2 Bruttogeschoßfläche 6.500 m^2
Literatur:	Deutsche Bauzeitung 10/1964, S. 801 ff. Detail 2/1966, S. 244 Edelstahl Rostfrei 4/1966, S. 58 ff. RAVE, KNÖFEL, Bauen seit 1900 in Berlin, Berlin 1968, C 6 RAVE, KNÖFEL, Berlin und seine Bauten, Teil IX, Berlin/München/Düsseldorf 1971, S. 176–178

Kurzbeschreibung: Über Flachbauten erhebt sich ein auf Stützen geständerter 13-geschossiger Turm, der konstruktiv als Mittelkernhaus konzipiert ist. Um den Dreieckskern legen sich die einzelnen Gebäudeschenkel, die mit einer geknickten Stirnwand abschließen. Dem Betonskelett ist eine Stahlkonstruktion aus Edelstahl-Elementen vorgehängt. In seiner dreigeteilten Stockwerksgliederung verweist der Bau auf das IBM-Verwaltungsgebäude, zeigt jedoch anstelle dessen plastischer Prägnanz eine plane Fassadenabwicklung. Durch seine dominierende Baumasse und die strenge Horizontalgliederung im Kontrast zur Vertikalität der Stirnwände setzt das Dorland-Hochhaus einen Akzent im städtischen Kontext.

Projekt:	Verwaltungsgebäude und Ausstellungspavillon (Hahn-Hochhaus)
Bauherr:	Firma Hahn Automobile GmbH, Stuttgart
Realisierung:	1960–1963, R. Gutbrod, H. Kiess, W. Kleß, R. Schleicher, P. Schneider, W. Jung
Standort:	70174 Stuttgart, Friedrichstraße 10
Pläne:	Baurechtsamt Stuttgart Seit 1994 unter Denkmalschutz

Literatur:	Deutsche Bauzeitung 4/1966, S. 263–267
	Deutsche Bauzeitung 1/1967, S. 47–49
	Deutsche Bauzeitung 3/1998 S. 104–108

Projekt:	**Bankgebäude**
Bauherr:	Baden-Württembergische Bank
Realisierung:	1963–1968, Gutachter-Wettbewerb 1963, 1. Preis, Büro Gutbrod, Stuttgart: R.Gutbrod, H. Kiess, W. Fiedler, Mitarbeiter: E. Paetz, I. Grimm, W. Kenntner, W. Wendt, Schleicher, M. Edelmann, H. Wilhelm
Künstl. Gestaltung:	Blasius Spreng, München
	1971 Paul-Bonatz-Preis,
	1972 Hugo-Häring-Preis
Standort:	70173 Stuttgart, Kleiner Schloßplatz
Pläne:	Baurechtsamt Stuttgart
Baudaten:	Umbauter Raum 75.000 m^2
	Bruttogeschoßfläche 20.000 m^2
Literatur:	Bauwelt 9/1966, S. 1018
	Glasforum 4/1969, S. 18–26
	Deutsche Bauzeitung 5/1970, S. 859–862
	sowie Sonderdruck Architektur-Wettbewerbe 43, Die City, S. 80–87

Projekt:	**Verwaltungsgebäude**
Bauherr:	Zentraleuropäische Versicherung – Sparkassen-Versicherung AG
Realisierung:	1969–1975, Wettbewerb 1. Preis,
	Büro Gutbrod, Stuttgart: R. Gutbrod, W. Duder, H. Kiess, Mitarbeiter:T. Aydt, H.J. Collmer, E. Eckle, M. Edelmann, J. Kiess, A. Kolbitz, D. Mailänder, S. Schulze, T. Stadler
Standort:	70376 Stuttgart, Löwentorstraße 65
Pläne:	Baurechtsamt Stuttgart
Baudaten:	Umbauter Raum: 146.000 m^2
	Bürofläche 12.000 m^2
Literatur:	DLW-Nachrichten 58/1974
	Baumeister 10/1977, S. 913–916

Kurzbeschreibung: Durch Aufgliederung des sechsgeschossigen Baukörpers ergibt sich optisch eine Verzahnung von Bauwerk und Weinberggebiet. Die Konstruktion basiert auf Stahlbetonstützen im Dreiecksraster von 10 m Spannweite und Stahlbetondecken. Die Fassaden zeigen eine vorgehängte Stahlkonstruktion mit Alupaneelen z. T. mit Wartungsumgängen und außenliegendem Sonnenschutz mittels Alu-Jalousetten. Die Erschliessung erfolgt zentral durch einen Hauptschließungskern sowie dezentral durch herausgestellte Erschließungstürme, welche in ihrer Vertikalität einen Gegensatz zur Horizontalgliederung bilden. Die beiden Untergeschosse nehmen Lager, Technikraum und Sportbereich auf, die Regelgeschosse Großraumbüros; das zurückgesetzte Dachgeschoß Konferenzräume und Kasino.

Projekt: Verwaltungsgebäude

Bauherr: Mannesmann AG, Düsseldorf
Entwurf: Gutachter-Wettbewerb, 1976, 3 Stufen, nicht ausgeführt
Büro Gutbrod, Stuttgart: G. Dreyer, W. Duder, E. Eckle, J. Fritz, M. Held, D. Merz, H. Scherg, W. Sommer
Vorgeseh. Standort: 40880 Ratingen-Lintorf
Baudaten: Umbauter Raum 212.000 m^2
Bruttogeschoßfläche 47.000 m^2

Kurzbeschreibung: Der für das Verwaltungsgebäude vorgesehene Standort grenzt an ein Landschaftsschutzgebiet. Der Eingangshalle als zentrale Verteilerzone sind fünf gegliederte drei- bzw. viergeschossige Gebäudetrakte radial angeschlossen. Die halbgeschossig versetzten Büroflächen der einzelnen Trakte werden durch Erschließungsflure flankiert. In den Gelenken befinden sich Servicekerne, die je zwei Regelgeschosse erschließen. Für die Fassaden waren Bandfenster in Alu-Konstruktion mit reflektierendem Sonnenschutzglas, für die Brüstungen Edelstahl-Fassadenbleche, Wartungsgänge und Stahlrohrgestänge vorgesehen.
Die Grundrißdisposition von fünf um einen zentralen Eingangsbereich herum gruppierten Gebäudetrakte erinnert im Ansatz an das aufgelockerte

Wettbewerbskonzept (Ankauf im Jahr 1966) für die Staatlichen Museen „Stiftung Preußischer Kulturbesitz" in Berlin.

INDUSTRIEGEBÄUDE

Projekt: Heizwerk

Bauherr: „Deutsches Luftgau", Friedrichshaufen
Realisierung: 1937
Standort: ehemalige Flakkaserne, Friedrichshafen

Projekt: Fabrikgebäude und Bürogebäude

Bauherr: Firma Rössler & Weissenberger
Realisierung: 1947–1965, R. Gutbrod, E. Enderle, H. Deilmann
Standort: 70376 Stuttgart, Krefelderstraße 156
Pläne: Firma Rössler & Weissenberger

Kurzbeschreibung: Anstelle der im Krieg stark zerstörten Fabrikanlage entstand ab 1947 ein neues Gebäude für die Herstellung von Fernseh- und Radiogehäuse sowie ein Bürogebäude. Das viergeschossige Fabrikgebäude erhebt sich über einem L-förmigen Grundriß. Hallen für die Produktion und Auslieferung sind im Erdgeschoß. Die Obergeschosse nehmen Büros auf. Das Äußere ist bestimmt durch Vertikalgliederung mittels Achsen und additiv angeordnete Fenster. Den Gebäudeabschluß bildet ein auskragendes Flachdach. Parallel zur Krefelderstraße steht das zweigeschossige, durch Bandfenster großzügig belichtete Bürogebäude. Im Erdgeschoß befindet sich eine Pförtnerloge, die sich durch eine starke Befensterung und gekurvte Raumkanten auszeichnet. 1958 entstand das Kesselhaus mit mehreren Trockenkammern. Das Untergeschoß nimmt einen Lagerraum, das erste Stockwerk die Holz-Trockenkammern auf, darüber liegen Sekundärräume. Lüftungsrohre an der Außenfront setzen Vertikalakzente des längsrechteckigen und schlichten Gebäudes. Im Jahr 1965 wurde die Fabrikanlage durch eine Fertigungshalle erweitert. Stahlsheds sowie schmale Fensterbänder belichten die Produktionshalle.

Projekt:	Verkaufsraum der Volkswagenwerke
Bauherr:	Firma Hahn Automobile GmbH, Stuttgart
Entwurf:	1949, R. Gutbrod, R. Frey
Standort:	70190 Stuttgart, Hauffstraße 9 (Gebäude bereits abgebrochen)
Pläne:	Im Baurechtsamt Stuttgart aussortiert
Literatur:	Baukunst und Werkform 5/1951, S. 13 Die Kunst und das schöne Heim, Sonderdruck, S. 116–119

Kurzbeschreibung: 1949 entstand der kleine Verkaufspavillon mit Bar und Werkstatt, welcher in späterer Zeit einem Bürogebäude weichen mußte. Die Ausstellungsfläche und der Arbeitsraum wurden durch ein zwischengeschaltetes Stahlrohrgitter optisch getrennt. Die äußere Erscheinung definierte sich durch raumhohe Verglasung, Plattenverkleidung und ein Welleternit-Pultdach.

Projekt:	Lagerhalle, mit Werkstatt und Büros
Bauherr:	Firma Dr.-Ing. h.c. F. Porsche KG
Realisierung:	1949, Rolf Gutbrod, O. Besenfelder
Standort:	Stuttgart-Zuffenhausen, Schwieberdingerstr. 130
Pläne:	Firma Porsche, Bauabteilung

Kurzbeschreibung: Der Grundriß der 16,60 × 30,00 m großen einfachen Halle zeigt einen 4 m breiten Mittelgang, der ein Lager, Büros und eine Reparaturwerkstatt erschließt. Die Umfassungswände bestehen aus Holzfachwerk, das flache Satteldach aus einem freitragenden Fachwerkbinder. Die Belichtung erfolgt durch ein Mittelshed, Fenster und Fensterbänder.

Projekt:	Volkswagen-Kundendienststation
Bauherr:	Firma Hahn Automobile GmbH, Stuttgart
Realisierung:	1950, R. Gutbrod, O. Jäger
Standort:	Stuttgart (Friedrichstraße ?)
	Gebäude abgebrochen
Pläne:	Im Baurechtsamt Stuttgart aussortiert
Literatur:	Die Neue Stadt, 11–12/1950, S. 457–461
	R. VAHLEFELD, F. JACQUES: Garagen- und Tankstellenbau, München 1953, S. 238

Kurzbeschreibung: Um einen Hof ordnen sich ein Ausstellungspavillon, eine Schnelldienststation für Wagenwäsche, eine Montagehalle mit eingeschossigem Bürotrakt und eine Tankstelle. Eine stützenfreie Gartner-Stahlkonstruktion (Spannweite 26 m) überdeckte die 600 m² große Montagehalle. Farben belebten das Innere. An die Montagehalle schlossen sich eine durch Herta-Maria Witzemann zeittypisch gestaltete Werkkantine und eine Cafébar für Kunden an.

Projekt:	Industriehalle mit Bürotrakt, Werk I
Bauherr:	Firma Dr.-Ing. h.c. F. Porsche KG
Realisierung:	1951–1953, R. Gutbrod, E. Enderle
	Seit 1992 unter Denkmalschutz
Standort:	70435 Stuttgart-Zuffenhausen, Moritz-Horkheimer-Str. 2
Pläne:	Firma Porsche, Bauabteilung
Literatur:	Bauen und Wohnen 10/1955, Nr. 7, S. 353 ff.
	Bauwelt 17/1998, S. 970 ff.

Projekt:	Industriehalle mit Bürotrakt, Werk II
Bauherr:	Firma Dr.-Ing. h.c. F. Porsche KG
Realisierung:	1958–1959, R. Gutbrod, E. Enderle
Standort:	70435 Stuttgart-Zuffenhausen, Porschestr. 40
Pläne:	Firma Porsche, Bauabteilung

Projekt:	Industriegebäude
Bauherr:	Firma Hahn-Automobile GmbH
Realisierung:	1. Bauabschnitt 1951/52, 2. Bauabschnitt 1957
Standort:	70736 Fellbach, Ringstraße 15
Pläne:	Baurechtsamt Fellbach
Literatur:	db 3/1991, S. 9 ff.

Projekt:	Industriegebäude mit Großkantine
Bauherr:	Firma Werner und Pfleiderer GmbH, Stuttgart
Realisierung:	1956–1958, R. Gutbrod, B. Binder, H. Schwaderer, B. Riede
Standort:	70469 Stuttgart, Theodorstraße 10
Pläne:	Bauabteilung der Firma Werner und Pfleiderer

Kurzbeschreibung: Die unterschiedlichen Funktionen des Gesamtprojekts sind außen ablesbar. Die zweigeschossige Werkhalle zeigt einen längsrechteckigen Gebäudeteil mit zwei flachen Satteldächern und Oberlicht, während der Kantinenbereich als auskragender Kubus in Erscheinung tritt und eine Pförtnerloge überragt. Das Gebäude besteht aus einer Stahlkonstruktion mit Klinkerausfachung und Bandfenstern. Die Verladerampe wird durch ein 'Flugdach' geschützt.

1968 plante Rolf Gutbrod die Erweiterung eines Bürogebäudes mit dreigeschossiger Parkpalette in Fertigbauweise, die nicht realisiert wurde.

BAUTEN FÜR KULTUR, BILDUNG UND WISSENSCHAFT

Projekt:	Neuwiesenschule Ravensburg
Bauherr:	Stadt Ravensburg
Realisierung:	1950–1952 und 1952–64, Wettbewerb 1950 2. Preis, Hans Riempp Ausführung Büro Gutbrod, Stuttgart, H. Riempp, R. Gutbrod, H. Deilmann Seit 1992 unter Denkmalschutz

Standort:	88214 Ravensburg, Ziegelweinbergstraße
Pläne:	Baurechtsamt Ravensburg
Literatur:	Bauen und Wohnen 5/1950, Nr. 12, S. 709–712
	Architektur und Wohnform 6/1952–53, S. 183–191
	Bauen und Wohnen 8/1953, Nr. 4, S. 164 ff.
	Schwäbische Zeitung vom 13. 8. 1992

Kurzbeschreibung: Das Projekt zeigt das Konzept einbündiger Pavillonbauten. Vier zweigeschossige Gebäude durchdringen in lockerer Anordnung eine weiträumige Parklandschaft. Die Nord- bzw. Südfront der Klassenbauten bilden die Raumgrenze für Schulgärten als Unterrichtsmöglichkeit im Freien. Gerade die Anordnung von 'Freiluftklassen' versinnbildlichte in jener Zeit eine „Befreiung von Zwängen" und das Ideal „des Dranges ins Grüne", (Durth/Gutschow, 1987).
Die Grundrisse zeigen quadratische Klassenzimmer. Diesen liegt die in den 20er-Jahren erarbeitete und in der Nachkriegszeit wieder aufgenommene Forderung nach freier, flexibler Tischordnung zugrunde, im Gegensatz zum traditionellen starren System des Aufreihens von Tischen in längsgerichteten Klassenräumen. Die konstruktiv als Stahlbetonskelett mit Ziegelsteinausfachung ausgeführten Klassenbauten schließen mit versetzten Satteldächern ab. Die Erschließung erfolgt über Laubengänge.

Projekt:	Konzerthaus Liederhalle
Bauherr:	Stadt Stuttgart
Entwurf:	Wettbewerb 1951, zwei 1. Preise: A. Abel, München,
	Mitarbeit: R. Gutbrod sowie Hans Scharoun, Berlin
	Wettbewerbsauslober: Liederkranz Stuttgart
Realisierung:	1954–1956 A. Abel, R. Gutbrod, Teamleiter: H. Kiess,
	Mitarbeiter: H. Bätzner, B. Binder, V. Gmelich, E. Hübner, R. Keyler, H.W. Merkle, B. Riede, E. Schmöger, A. Schneider, H. Weik
Künstl. Gestaltung:	Blasius Spreng, München
	Seit 1987 unter Denkmalschutz
Standort:	70174 Stuttgart, Berliner Platz 1
Pläne:	Baurechtsamt Stuttgart
Baudaten:	Umbauter Raum 121.000 m^2
Literatur:	Amtsblatt der Stadt Stuttgart Nr. 7 vom 18. 2. 1954

und Nr. 31 vom 2. 8. 1956
Konzerthaus Stuttgarter Liederhalle, Dr. Pollert-Verlag,
Stuttgart 1956
Bauherr Stadt Stuttgart, Bd. 2, Stuttgart 1956, S. 20–27
Deutsche Bauzeitung 5/1956, S. 173
Deutsche Bauzeitung 6/1957, S. 232–237
Bouw 12/1957, Nr. 46, S. 1158–1161
Bauwirtschaft 11/1957 Nr.15, S. 408 f.
Architecture d'aujourd'hui 71/1957, S. 82–87
Acustica Nr. 4, 9/1959, S. 289–303
Der Architekt 9/1960, S. 320–324
Bauwelt 22/1962, S. 622 f.
Bund Deutscher Architekten (Hg.), Planen und Bauen im neuen Deutschland, Köln/Obladen 1960, S. 217 ff.
Denkmalpflege in Baden-Württemberg, 2/1987,
S. 91 ff.
Jahrbuch 1994 Berlin, Ernst und Sohn 1996,
S. 221 ff., 237 ff.,
Hg.: Universität Karlsruhe, Sonderforschungsbereich 315
Deutsche Bauzeitung 5/1989, S. 102–118.
Stuttgarter Zeitung vom 29. 7. 1996, Nr. 173,
S. 19
Stuttgarter Nachrichten vom 29. 7. 1996, Nr. 173, S. 18
Amtsblatt der Landeshauptstadt Stuttgart,
Nr. 31, v. 1. 8. 1996, S. 10

Projekt:	Konzerthaus Philharmonie
Bauherr:	Bundesbauministerium Berlin
Entwurf:	Wettbewerb 1954, 1956, 2 Stufen, nicht ausgeführt A. Abel, R. Gutbrod, V. Gmelich
Vorgeseh. Standort:	10719 Berlin, Bundesallee 1, 1959 wurde als neuer Standort das Gebiet zwischen Kemper- und Matthäikirchplatz bestimmt.
Literatur:	Bauwelt 48/1954, S. 956 Bauwelt 36/1956, S. 859 Bauwelt 4/1957, S. 76 Von Schinkel bis Mies van der Rohe, Katalog der Kunstbibliothek Berlin, Berlin 1974, S. 147, Abb. 202 (Kat. 287)

Kurzbeschreibung: Die Wettbewerbsausschreibung sah als Standort das Grundstück hinter dem Joachimsthalschen Gymnasium an der Bundesallee vor und forderte, das 1875–79 erbaute Gymnasiums in die Neuplanung einzubeziehen. Der Entwurf Abel/Gutbrod schlägt einen polygonalen Konzertsaal vor, der lose an den Eingangsbereich des Gymnasiums angebunden ist. Der Innenraum des Konzertsaals ist bestimmt durch eine raumgreifende, abgewinkelte Empore. Dem Konzertsaal vorgelagert ist ein zweigeschossiges Foyer. Eine freitragende Treppe verbindet beide Ebenen. Das untere Foyer bildet die Erschließungszone für das Parterre, während das obere Foyer die Empore des Konzertsaals erschließt. Das Erdgeschoßfoyer öffnet sich auf einen Konzertgarten, um den sich Sekundärräume gruppieren. Der Konzertgarten variiert formal das Polygon des Saales. Im Jahr 1956 entschied sich das Preisgericht für den Entwurf von Scharoun, der 1960–1963 am sogenannten Kulturforum ausgeführt wurde.

Projekt:	Hörsaalgebäude der Technischen Hochschule Stuttgart
Bauherr:	Stadt Stuttgart
Entwurf:	Wettbewerb 1959, 1. Preis, nicht ausgeführt
	R. Gutbrod, H. Kiess, R. Bryan, H. P. Faller, B. Riede, E. Hübner
Vorgeseh. Standort:	70174 Stuttgart, Ecke Holzgarten-/Schellingstraße
Pläne:	Büro Gutbrod, Stuttgart
Literatur:	Bauwelt 22/1962, S. 622 f.

Kurzbeschreibung: Die Grundform des Hörsaalgebäudes ist ein dem Kreis angenähertes Polygon. Insgesamt neun Hörsäle ordnen sich konzentrisch um einen heptagonalen Innenhof. Die Erschließung erfolgt über den Haupteingang und den Foyerbereich. Eine Treppe, konzipiert als raumgreifende Linksspirale, führt in sieben Stufen zum Anschluß eines Stegs als Verbindung zum Max-Kade-Haus mit Mensa. Das ansteigende Foyer ist im Äußeren als transparente Glaswand ablesbar, darunterliegende Nebenräume als 'Betonsockel', die auskragenden Hörsäle als geschlossene autonome Baukörper. Sekundärelemente sind hervorgehoben: Fluchttreppen und voluminöse Rundstützen werden als Gestaltungselemente eingesetzt. Das Hörsaalgebäude wurde aus verkehrstechnischen Gründen nicht realisiert.

Projekt:	Hörsaalgebäude der Universität Köln Universitäts- und Stadtbibliothek
Bauherr:	Universität Köln, Land Nordrhein-Westfalen
Realisierung:	Wettbewerb 1960, 1. Preis, Hörsaalgebäude: 1960–1968 Bibliotheksgebäude: 1960–1967 R. Gutbrod, H. Bätzner, B. Riede, M. Gentges Mitarbeiter: L. Buhe, R. Gentges, U. Knickenberg, I. Schmidt, J. Schulte-Frolinde, M. Wuitschik
Künstl.Gestaltung:	H.J. Grümmer, Köln
Gartenarchitekt:	Gottfried Kühn, Köln
Geschäft.Oberleitg.:	Staatshochbauamt für die Universität Köln
Standort:	50931 Köln-Lindenthal, Albertus-Magnus-Platz
Pläne:	Archiv Büro Gutbrod, Berlin
Baudaten:	Hörsaalgebäude: Umbauter Raum 46.000 m^2, Bruttogeschoßfläche: 6.500 m^2 Bibliothek: Umbauter Raum 86.000 m^2, Bruttogeschoßfläche: 23.400 m^2
Literatur:	Die Bauverwaltung 6/1960, S. 241–248 Jahrbuch der Universität Köln, 1966, S. 59–62 VON LIEBERS (Hg.), Bibliotheksneubauten in der BRD Deutschland, Frankfurt/M. 1968, Sonderheft 9, S. 217–226 Die Bauverwaltung 11/1968, S. 602–609 Architect and Building News 2/1969, S. 52 ff. Vierteljahresschrift für Freunde der Stadt (Köln), 1969, S. 218–227 Deutsche Bauzeitung 2/1969, S. 114 Deutsche Bauzeitung 3/1972, S. 403–406 Detail 5/1972, S. 1029 Deutsche Bauzeitung 7/1973, S. 1375 f. Architektur-Wettbewerbe 38, S. 17–21

Projekt:	Gebäude der Deutschen Botschaft in Wien
Bauherr:	Bundesrepublik Deutschland - Bundesbaudirektion Berlin, (Reg.-Baudir. Carl Mertz)
Realisierung:	1959–1965, Wettbewerb 1959, 1. Preis, Büro Gutbrod, Stuttgart: R. Gutbrod, H. Kiess, H. Bätzner, A. Claar,

	W. Fiedler, W. Kentner, H. Schwaderer
	Kontaktarchitekten G. Lippert, O. Schottenberger, Wien
Bauüberwachung:	Bundesbaudirektion: H. F. Noltensmeyer
Künstlerischer Beirat:	Clemens Holzmeister, Wien
Standort:	Wien 11, Metternichgasse 3
Pläne:	Archiv Büro Gutbrod, Berlin
Baudaten:	Umbauter Raum 28.000 m^2
Literatur:	Die Welt vom 28. 7. 1964
	Stuttgarter Nachrichten Nr. 239 vom 9. 10. 1965, S. 25
	Planen, Bauen, Wohnen, Wien, 19/1967, S. 11 ff.
	Osram Beleuchtungsanregungen D 19

Kurzbeschreibung: Ein Terrassenhof mit Wasserflächen und Grünbereichen wird umfaßt von dem fünf- bis siebengeschossigen Kanzleigebäude, der dreigeschossigen Residenz sowie dem sechsgeschossigen Wohnhaus für Angestellte. Firmenschrift Büro Gutbrod, Berlin:

„Alle drei Trakte sind Stahlbetonskelettbauten mit Ziegelsteinausfachung, die konstruktiven Glieder Sichtbeton. Die Fassade der Kanzlei erhielt eine Natursteinverkleidung aus Muschelkalk, die Residenz eine an Nirostabügeln frei vorgehängte sehr rustikale Monte-Rosa-Quarzit-Fassade."

Projekt:	**Staatsbibliothek Berlin-Tiergarten**
Bauherr:	Stiftung Preußischer Kulturbesitz, Berlin
Entwurf:	Wettbewerb 1964, 2. Preis, nicht ausgeführt
	Büro Gutbrod, Berlin: R. Gutbrod, H. Kiess, H. Kendel, B. Riede
Vorges. Standort:	10785 Berlin, Kulturforum (Kemperplatz)
Literatur:	Bauwelt 29–30 und 40–41/1963
	Bauwelt 40–41/1964, S. 1074 f.
	Bauwelt 10/1973, S. 413–418
	Die Bauverwaltung 10/1964, S. 644
	Interbuild 2/6, Jan.1965, S. 13

Kurzbeschreibung: Um die seit 1945 verteilten Bibliotheksbereiche zu zentralisieren, wurde 1963 ein Wettbewerb ausgelobt. Die Bibliothek sollte zusammen mit der Nationalgalerie, der Philharmonie und den künftigen Museen das Kulturforum bilden. Der Entwurf Rolf Gutbrods schlägt eine 60 × 70 m große, ansteigende U-förmige Grünzone vor, um die sich die Bereiche Lesesaal, Magazin und Verwaltung ordnen. Durch die Aufgliederung und Stufung der horizontal ausgerichteten Baumasse ergab sich eine gute städtebauliche Integration. Die Erschließung der Bereiche Lesesaal, Katalogteil, Verwaltung und Restaurant erfolgt über die Haupteingangszone, während das Lehrinstitut und die Magazine separat erschlossen werden. Das Projekt wurde durch Hans Scharoun (1. Preis) ausgeführt.

Projekt:	Museen Europäischer Kunst, Berlin
Bauherr:	Stiftung Preußischer Kulturbesitz, Berlin
	Bundesbaudirektion Berlin
Entwurf:	Wettbewerb 2. Stufe 1966, Ankauf, H. Kiess, H. Kendel,
	W. Fiedler K. Barzantny, W. Kless, H. Rebel, B. Riede
Realisierung:	Kunstgewerbemuseum 1966–85: D. Dörschner, M. Gentges,
	H. Kendel, W. Kless, S. Magos, H. Rebel, B. Riede
Standort:	10785 Berlin, Kulturforum, Bereich Matthäikirchplatz-Tiergarten
Pläne:	Archiv Büro Gutbrod, Berlin
Baudaten:	Umbauter Raum 66.000 m^2, Ausstellungsfläche 7.000 m^2
Literatur:	Jahrbuch Preußischer Kulturbesitz 1966, Berlin 1967, S. 60 f.
	Bauwelt 34–35/1966, S. 981–966
	Bauwelt 50/1967, S. 1311
	Bauwelt 42/1968, S.1296–1299
	Jahrbuch Preußischer Kulturbesitz 1971, Berlin 1972, S. 35–71
	Bauwelt 69/1978, 24, S. 94
	Baumeister 3/1979, S. 260 f.
	Bauwelt 28/1980, S. 1210 f.
	Bauwelt 46–47/1983, S. 1843–1852
	The Architectural Review 842/1967, S. 247
	RAVE, KNÖFEL, Berlin und seine Bauten, Teil V, A, Bauten für die Kunst, Berlin/München 1983, S. 47 ff.
	Frankfurter Allgemeine Zeitung Nr. 109 vom 11. 5. 1985, S. 25
	Die Zeit Nr. 21 vom 17. 8. 1985, S. 61
	Glasforum Nr. 3, 35/1985, S. 17 f.
	Art 5/1985, S. 10

Bauwelt 20–21/1985, S. 808 f.
Baumeister 6/1987, S. 24 ff.
Die Bauverwaltung 58, 11/1985, S. 471 f.
Die Bauverwaltung 60, 10/1987, S. 448 f.
Lotus International 23 1988/55, S. 68 ff.
Berlins Museen, Geschichte und Zukunft, Zentralinstitut für Kunstgeschichte München (Hg.), Berlin/München 1994
Standorte – Standpunkte, Katalog der Staatlichen Museen Berlin, Berlin 1994

Projekt:	Sendesäle des Süddeutschen Rundfunks
Bauherr:	Süddeutscher Rundfunk, Stuttgart
Realisierung:	1957, R. Gutbrod, H. Weber, H.-M. Witzemann
Standort:	70190 Stuttgart, Park der Villa Berg
Pläne:	Baurechtsamt Stuttgart
Literatur:	Die Bauzeitung 10/1967, S. 785 ff.

Kurzbeschreibung: Das Gebäude baut auf der Grundrißgeometrie eines Rechtecks auf, dem über Eck der einer Parabel angenäherte große Sendesaal eingeschoben ist. Zwei trapezförmige Studios und Serviceräume liegen im Mittelteil, flankiert von beidseitig angeordneten Büros und Sekundärräumen. Akustische Faktoren führten zur Geschlossenheit der Sendesäle. Das Gebäude besteht aus rotem Sandstein und gegliedertem Sichtbeton. Es steht unmittelbar neben der von Ch. F. Leins in Formen der italienischen Spätrenaissance erbauten Villa Berg. Alt und Neu stehen in einem spannungsvollem Kontrast. Eine Anpassung des Gebäudes an den historischen Kontext erfolgt nicht.

Projekt:	Fernsehstudios des Süddeutschen Rundfunks
Bauherr:	Süddeutscher Rundfunk, Stuttgart
Realisierung:	1958–1965, Büro Gutbrod, Stuttgart: R. Gutbrod, H. Kiess, H. Rauh, E. Hübner, Mitarbeiter: M. Fastnacht, J. Frenzel, H. Holch, H. Knödler, R. Krämer, B. Riede.
Standort:	70190 Stuttgart, Park der Villa Berg

Pläne:	Baurechtsamt Stuttgart
Baudaten:	Umbauter Raum: 98.000 m^2
Literatur:	Deutsche Bauzeitung 10/1967, S. 785 ff.
	Deutsche Bauzeitung 5/1968, S. 689 ff.

Kurzbeschreibung: Die Forderung nach weitgehender Erhaltung der großräumigen Grünfläche mit altem Baumbestand führte zu der Lösung,

„zwei Drittel des Baukomplexes unter die Erde zu verlegen. Dem kam einmal das starke Gefälle des Geländes entgegen, das es ermöglicht, drei im Hang liegenden Geschossen von einer Seite direkte Belichtung zu geben, zum andern die Tatsache, daß für zahlreiche Räume des Fernsehstudios eine indirekte Belichtung sogar erwünscht ist"

(Firmenschrift Büro Gutbrod Berlin).
Die beiden unteren Geschosse nehmen Räume wie Werkstätten, Magazine sowie einen Ballettproberaum, die beiden oberirdischen Geschosse das Abendschaustudio und die Redaktionsräume auf. Getrennt vom Fernsehstudio liegt der durch großzügige Verglasung bestimmte Kanntinenneubau. Beide Gebäude schließen mit Flachdach und Kupferabdeckung ab.

Projekt: Funkhaus Stuttgart

Bauherr:	Süddeutscher Rundfunk, Stuttgart
Entwurf:	Gutachter-Wettbewerb 1966, 1. Preis, Büro Gutbrod, Stuttgart: R. Gutbrod, M. Anthony, W. Bosse, D. Merz, Mitarbeiter: T. Aydt, D. McAlister, M. Greiner, H. Heinrich, U. Jerrentrup, H. Karababa, C. Krüger, H. Menn, I. Osthus, F. Simko, A. Su, H. P. Wirth
Realisierung:	1970-1976, Bauleitung SDR, Leitung: E. Euler, Zentraltechnik SDR, Leitung: H. Neuhäußer
Standort:	70190 Stuttgart, Neckarstraße 230
Pläne:	Baurechtsamt Stuttgart
Baudaten:	Umbauter Raum 223.000 m^2, Nutzfläche 48.000 m^2
Literatur:	Stuttgarter Zeitung vom 17. 8. 1973
	Sonderdruck des Südd. Rundfunks: Funkhaus Stuttgart, Stuttgart 1976, (Selbstverlag)
	Stuttgarter Zeitung vom 9. 3. 1976
	Stuttgarter Zeitung vom 11. 3. 1976

Stuttgarter Nachrichten vom 6. 3. 1976, S. 3
DLW-Nachrichten 41/1977, S. 54 ff.
Deutsche Bauzeitung 10/1981, S. 1503-1506

Projekt:	Max-Planck-Institut für molekulare Genetik
Bauherr:	Max-Planck-Gesellschaft zur Förderung der Wissenschaften e. V., München
Entwurf:	1965-1973, Wettbewerb 1965, 1. Preis, Büro Gutbrod, Berlin: R. Gutbrod, K. Barzantny, L. Buhe, M. Gentges, H. Kendel, B. Riede, G. Rogalla, H. Schwaderer, W. Teschner, M. Veit
Realisierung:	Büro Gutbrod, Berlin, in Zusammenarbeit mit der Bauleitung der Max-Planck-Gesellschaft, Leitung: Otto Meitinger, Berater des Bauherrn: Dr. K. Thies
Standort:	14195 Berlin-Dahlem, Ihnestraße 63–73
Pläne:	Archiv Büro Gutbrod, Berlin
Baudaten:	Umbauter Raum 46.000 m^2, Bruttogeschoßfläche 11.300 m^2
Literatur:	Architektur-Wettbewerbe 53, S. 12 ff. Baumeister 12/1965, S. 87–94 Bauwelt 41/1965, S. 1144 ff. Deutsche Bauzeitung 11/1972, S. 2171 ff. Deutsche Bauzeitung 4/1973, S. 657 ff.

Kurzbeschreibung: Das Institutsgebäude ist der Forschung im Bereich der Biologie vorbehalten. Vier selbständige Abteilungen sollten räumlich verbunden werden, so die Wettbewerbsforderung. Die Lösung zeigt zwei versetzte, einem Quadrat angenäherte Grundrisse, die durch ein 'Gelenk' miteinander verbunden sind. Je zwei natürlich belichtete Laborabteilungen sind U-förmig um zwei zentrale Kerne gelegt, die Kühl-, Brut-, Zentrifugen- und Meßräume aufnehmen. Das kompakte Äußere ist bestimmt durch eine sichtbare Stahlbetonkonstruktion, durch rhythmisch gegliederte Fensterbänder, vorgehängte Stahlgestänge und Wartungsbalkone. Wie die Sparkassenversicherung in Stuttgart z. B. nehmen die Institutsbauten in der bewußten Herausstellung der Erschließungstürme, im roh belassenen Beton und im Streben nach lastender Schwere Tendenzen des „Beton-Brutalismus" auf.

Projekt:	Lehrerseminargebäude mit Klassenbau
Bauherr:	Verein für freies Schulwesen e. V. (Waldorfschule Uhlandshöhe)
Entwurf:	1965, Büro Gutbrod, Stuttgart: R. Gutbrod, W. Henning, N. Ruff Ausführungsplanung: J. Billing, J. Peters, N. Ruff, B. C. von Widdern
Realisierung:	Bauabschnitt I Lehrerseminargebäude 1965–67 Bauabschnitt II Klassenbau 1972–73 1967 Paul-Bonatz-Preis für Bauteil I
Standort:	70188 Stuttgart, Haußmannstr. 44
Pläne:	Baurechtsamt Stuttgart
Literatur:	Stuttgarter Nachrichten vom 4.12.1967, S. 11 Deutsche Bauzeitung 11/1971, S. 2245 f. Bauwelt 28/1974, S. 696 ff. Rex Raab, Die Waldorfschule baut. 60 Jahre Architektur der Waldorfschulen, Stuttgart 1982 Erziehungskunst 11/1973

Projekt:	Aula und Klassenbau
Bauherr:	Freie Waldorfschule e. V., Am Kräherwald, Stuttgart
Entwurf:	1963–1966, R. Gutbrod, N. Ruff
Standort:	70192 Stuttgart, Rudolf-Steiner-Weg 10
Pläne:	Baurechtsamt Stuttgart
Literatur:	Rex Raab, Die Waldorfschule baut. 60 Jahre Architektur der Waldorfschulen, Stuttgart 1982

Kurzbeschreibung: Im Hauptgeschoß des in freier Grundform erstellten Gebäudes befindet sich die Aula, nutzbar als Festsaal und Sporthalle. Der Saal (Gesamtkapazität: 427 Sitzplätze) gliedert sich in eine Parterre-Ebene und eine Galerie. Das Untergeschoß I nimmt Sekundärbereiche, das Untergeschoß II ein Schwimmbecken auf. Die Haupterschließung erfolgt von Westen.

Der plastisch 'modellierte' Baukörper ruft weitgehend Assoziationen zur bildhaften, plastischen Gestaltung des „Zweiten Goetheanums" in Dornach (1924–28) hervor. Der Aula wurde 1968 ein streng orthogonaler Klassenbau in Sichtbeton zugeordnet (Rolf Gutbrod in Zusammenarbeit mit den Architekten Lauer und Ender).

Projekt:	Deutscher Pavillon auf der Expo '67, Montreal
Bauherr:	Bundesrepublik Deutschland
Realisierung:	1965–1967, Wettbewerb, 2 Stufen, 1. Preis, Büro Gutbrod, Stuttgart: H. Kendel, H. Kiess, E. Baur, B. Bryan, H. J. Collmer, E. Eckle, D. Mailänder, P. Netzer, G. Schneider, S. Schulze
	Büro Frei Otto, Berlin und Stuttgart: F. Otto, L. Medlin, B. Burkhardt, E. Haug, J. Schilling, D. Gray, G. Minke
Kontaktarchitekten:	G. F. Eber, O. Tarnowski, Montreal
Statik:	Fritz Leonhardt, Stuttgart
	Büro Manniche, Vancouver
	Steffens und Nölle GmbH, Berlin (Masten)
	L. Stromeyer + Co. (Seil, Netz, Haut)
Standort:	Montreal (Insel Notre Dame im St.-Lorenz-Strom)
Pläne:	Büro Gutbrod Stuttgart und Berlin
Baudaten:	Überdachte Fläche 7.730 m^2
Demontage:	1974
Literatur:	Auguste-Perret-Preis 1967 (UIA) Paris
	Bauverwaltung 14/1965, Nr. 9, S. 547–553
	Baumeister, 68/1965, Nr.10, S. 19–24
	Werk 52/1965, Nr. 3, S. 51 f.
	Architektur und Wohnform 74/1966, Nr. 1, S. 3–6
	Baumeister 11/1966, S. 1356 ff
	Bauen und Wohnen 22/1967, Nr. 6, S. 239–250
	Baumeister 64/1967, Nr. 2, S. 212 f.
	Deutsche Bauzeitung, 8/1967, S. 656 ff.
	Interbuild 14/1967, Nr. 1, S. 12–16, Nr. 2, S. 12–15
	Der Architekt 16/1967, Nr. 7, S. 217–229, 236–248
	Baumeister 64/1967, Nr. 7, S. 851–897
	Bautechnik 44/1967, Nr. 12, S. 428
	Stahlbau 37/1968, Nr. 4, S. 97–106, Nr. 5, S. 138–145
	Philip DREW, Frei Otto. Form und Konstruktion,

Stuttgart 1976, S. 74 ff.
IL 16, 1977, Institut für Leichte Flächentragwerke der Universität Stuttgart
Stahlbau 37/1968, Nr. 4, S. 97–106, Nr. 5, S. 138–145
Der Architekt 12/1998, S. 583
Stuttgarter Zeitung Nr. 124, vom 31. 5. 1995, S. 25

Projekt:	Sprengelmuseum Hannover
Bauherr:	Landeshauptstadt Hannover, Land Niedersachsen
Entwurf:	Wettbewerb 1974, 2 Stufen, nicht ausgeführt
	Büro Gutbrod, Berlin: R. Gutbrod, B. Kazanski, B. Riede
Vorges. Standort:	30169 Hannover, Kurt-Schwitters-Platz
Pläne:	Archiv Büro Gutbrod, Berlin
Literatur:	Bauen und Wohnen 29/1974, Nr. 5, S. 217–220
	Bauwelt 39/1979, S. 1585 ff. (Sonderdruck)

Kurzbeschreibung: „Nur durch eine städtebauliche Neuordnung kann aus Museum, See und Maschpark eine Einheit werden", heißt es im Erläuterungsbericht des Gutbrod-Entwurfs. Für diese städtebauliche Neuordnung schlagen die Verfasser vor:

„1. Die Schaffung einer neuen Fußgängererlebnisebene auf der Höhe 5.00 über Straßenhöhe. Auf dieser Höhe liegen a. der Haupteingang der Museen, b. Fußgängerstege, c. eine Promenade auf einem sogenannten Deich, der einen Überblick über Uferbereich und Maschpark erlaubt. 2. Belebung der Uferzone durch pontonartige Einbauten (...), die Bezüge zum Museum, zum Pylon der Fußgängerbrücken, ja zum Stadtkern Hannover herstellen."

Entwurf Sprengel-Museum: Fußgängerbrücken erschließen das horizontal ausgerichtete Museum vom Maschpark und Nordufer her. Drei vielgestaltige Bauteile und zwei Rotunden sind intern durch eine lineare Museumsstraße und Stichflure erschlossen. Die Rotunden sind transparent und bieten sich als Schaufenster und möglicher Schauplatz experimenteller Ereigniskunst an. Im spannungsvollen Kontrast zur Offenheit der Rotunden stehen die geschlossenen polygonalen Sammlungsbereiche.

Projekt: Kulturhaus Lüdenscheid

Bauherr:	Stadt Lüdenscheid
Realisierung:	1973–1981, Wettbewerb 1973, 4. Preis,
	R. Gutbrod, W. Henning, J. Billing, J. Peters, N. Ruff
Standort:	58511 Lüdenscheid, Freiherr-vom-Stein-Straße
Pläne:	Baurechtsamt Lüdenscheid
Baudaten:	Umbauter Raum 42.292 m^2, Nutzfläche 8.826 m^2
Literatur:	Deutsche Bauzeitung 1/1982, S. 12–17
	AIT Nr. 4, 90/1982, S. 310–313
	Deutsche Bauzeitung 5/1983, S. 609–612
	Deutsches Architektenblatt 11/1983, S. 1204
	Detail 23/1983, Nr. 4, S. 368

Kurzbeschreibung: Das Kulturhaus liegt in der Innenstadt von Lüdenscheid. Durch die differenzierte Höhenstufung des Gebäudes wird eine gute städtebauliche Einbindung erreicht. Rhythmische Fassadengliederung läßt die Baumassen kleinteilig erscheinen. Zentrum des Baus ist der große Theatersaal, der für unterschiedliche Nutzungen variiert werden kann. Eine einläufige Treppe in der Garderobenhalle führt Besucher in das obere Foyer als Erschließungsfläche für die weiteren Säle (Roter, Violetter, Grüner und Gelber Saal). Das Äußere des in Sichtbeton ausgeführten Kulturhauses ist durch kühles Blau geprägt. Dach und Teile des oberen Wandbereichs erhielten eine Kupferblechabdeckung. Das aufsteigende Dach des Baus erinnert entfernt an Alvar Aaltos Dachform des Rathauses und der Bibliothek in Seinäjoki (1961–65, 1963–65).

Projekt: Staatliches Museum für Naturkunde

Bauherr:	Land Baden-Württemberg, vertreten durch das Staatliche Hochbauamt Ludwigsburg
Entwurf:	Wettbewerb 1973/74 nicht ausgeführt
	Büro Gutbrod, Berlin: R. Gutbrod, H. Kendel, B. Riede,
	Atelier Frei Otto, Warmbronn
Vorgeseh. Standort:	70191 Stuttgart, Nordbahnhofstraße 190
Pläne:	Archiv Büro Gutbrod, Berlin
Literatur:	Bauverwaltung 59/1986, Nr. 11, S. 459–463
	Deutsches Architektenblatt 19/1987, Nr. 9, S. 995 f.

Kurzbeschreibung: Die geforderte Integration des Museums in die Parklandschaft wird durch Auflockerung der Baustruktur erreicht. Um drei Innenhöfe gruppiert sich ein Baukomplex, der mit einem Leichtflächentragwerk überdeckt ist. Eine Seilnetzkonstruktion mit untergehängter transluzenter Membran überspannt viergeschossige, vielfach aufgegliederte Bautrakte und führt in zeltartige Pavillonbauten über. Die Museumsbauten nehmen Ausstellungsräume, Vortragssaal, Magazin, ein Schulmuseum und ein Café auf. Die Erschließung erfolgt über einen räumlich gestalteten Museumshof. Einen deutlichen Kontrast zur Vielgestaltigkeit des Museums bilden die streng orthogonalen Baukörper für Verwaltung und Werkstätten.

GEBÄUDE FÜR FREIZEIT UND ERHOLUNG

Projekt: Gaststätte Milchbar

Bauherr: Stadt Stuttgart
Realisierung: 1950, R. Gutbrod, D. Holder
Standort: Stuttgart, Höhenpark Killesberg, Thomas-Straße 111
Pläne: Baurechtsamt Stuttgart
Literatur: Die Bauzeitung 9/1950, S. 377 ff.
Die Neue Stadt, Sonderheft 5/1950, S. 26–30
Bruno E. WERNER, Neues Bauen in Deutschland, München 1952, S. 71
Bauherr Stadt Stuttgart, Bd.1, Stuttgart 1954, S. 94 f.
Glaswelt 13/1957
Bund Deutscher Architekten (Hg.), Planen und Bauen im neuen Deutschland, Köln/Obladen 1960, S. 323
Deutsche Bauzeitung 4/1991, S. 150 f.
Bauwelt 2/1998
Deutsche Bauzeitung 4/1998, S. 118 f.

Projekt: **Eingangsbereich des Höhenparks Killesberg**

Bauherr: Stadt Stuttgart
Realisierung: 1950, R. Gutbrod, D. Holder:
Standort: Stuttgart, Eingang: Am Kochenhof
1988/89 abgebrochen
Pläne: Baurechtsamt Stuttgart bzw. Stadtarchiv Stuttgart

Kurzbeschreibung: Aus Anlaß der Deutschen Bundesgartenschau 1950 wurden sowohl die pavillonartige Milchbar als auch der Eingangsbereich des Höhenparks realisiert. Die Eingangszone besteht aus kubischen Kassenbauten, geschützt durch ein langgestrecktes Welleternitdach, das den Eindruck des Schwebens hervorruft. Im Gegensatz zur Schwere von Eingangsportalen des Dritten Reichs wurde diese Zone hier bewußt leicht gestaltet. Im Zuge der Erstellung einer neuen Messehalle wurde der Eingang 1988/89 abgebrochen.

Projekt: **Thermen in Baden-Baden**

Bauherr: Bäder- und Kurverwaltung Baden-Baden
Neue Heimat Städtebau Baden-Württemberg GmbH
Entwurf: Gutachten 1974, nicht ausgeführt
Büro Gutbrod, Berlin: R. Gutbrod, L. Buhe, D. Dörschner, M. Gentges, H. Kendel, B. Riede
Atelier Frei Otto, Warmbronn: F. Otto, M. Banz, E. Bubner, J. Goedert, G. Papakostas
Konstrukt. Beratung: Ove Arup & Partners, London, Structures 3 – Edmund Happold
Vorgeseh. Standort: Baden-Baden, a) Alte Polizeidirektion, b) Bertholdsbad
Pläne: Archiv Büro Gutbrod, Berlin
Baudaten: Grundfläche: a) 5.500 m^2, b) 9.200 m^2
Umbauter Raum: a) 80.000 m^2, b) 97.000 m^2
Literatur: Philip Drew, Frei Otto. Form und Konstruktion, Stuttgart 1976, S. 148

Kurzbeschreibung: Verschiedene Ebenen staffeln sich terrassenartig den Hang hinauf und nehmen Freizeitfunktionen wie Kegeln, Rollschuhfahren,

Baden, Erholen sowie ein Hotel, Restaurant und Café auf. Die zum Teil flexiblen, in Leichtbauweise konstruierten Raumhüllen sind entsprechend den Besonnungs- und Belüftungsverhältnissen veränderbar. Die Länge der weiträumigen Freizeit-, Erholungs- und Badelandschaft beträgt 170 m.

STÄDTEBAU

Projekt: Stadtplanung Marstallgelände

Bauherr:	Stadt Stuttgart
Entwurf:	1947, Wettbewerb 3. Preis, nicht ausgeführt Rolf Gutbrod, O. Besenfelder, E. Enderle,
Gebiet:	Ecke König- und Schillerstraße
Pläne:	Stadtarchiv Stuttgart (Nr. 572–575)
Literatur:	Bauen und Wohnen 1/1947

Kurzbeschreibung: Das historische Marstallgebäude sowie Bauten im Umfeld waren durch Luftangriffe im Zweiten Weltkrieg stark zerstört. Begrenzt war das Marstallgelände durch die Schillerstraße im NO, die Königstraße im NW und die Marstallstraße in südwestlicher Richtung. Das Gelände tangiert im SO den Schloßgarten. Der Bebauungsvorschlag zeigt einen senkrecht zur Schillerstraße gerichteten langgestreckten Hotelbau (acht Geschosse) mit Orientierung auf den Schloßgarten. Der eingeschossige Eingangsbereich ist von der Schillerstraße zurückgesetzt. Entlang der Königstraße sind zwei eingeschossige und zwei viergeschossige Gebäude in geschlossener Bauweise angeordnet: Alle Gebäude nehmen das Schema des weiträumigen Innenhofs analog dem ursprünglichen Marstallgebäude auf. Den Dachabschluß bilden auskragende Flachdächer.

Projekt:	Stadtplanung – Britz-Buckow-Rudow, Teilgebiet der Gropiusstadt
Bauherr:	„DeGeWo" – Deutsche Gesellschaft zur Förderung des Wohnungsbaus
Entwurf:	1962 Wettbewerb-Gutachten, Büro Gutbrod Berlin und Stuttgart: R. Gutbrod, H. Kiess, H.P. Wirth, Mitarbeiter: V. Beck, R. Derenbach: Aus diesem Wettbewerb gingen vier Wohnhochhaus-Ensembles hervor („Jorinde", „Joringel" sowie „Lindwurm").
Bauzeit:	1962–68
Gebiet:	Britz-Buckow-Rudow-Ost (Gropiusstadt)
Pläne:	Archiv Büro Gutbrod, Berlin
Literatur:	Bauwelt 1/1962, S. 7 ff. Bauwelt 16–17/1968 RAVE, KNÖFEL, Bauen seit 1900 in Berlin, Berlin 1968, Ob. Nr.82 Berlin Forum 4/1972 BANDEL, MACHULE, Die Gropiusstadt. Der städtebauliche Planungs- und Entscheidungsvorgang. Eine Untersuchung im Auftrag des Senators für Bau- und Wohnungswesen Berlin, Berlin 1974 RAVE, KNÖFEL, Berlin und seine Bauten, Teil V, A, Berlin/ München/Düsseldorf, 1970, Obj.Nr. 492, S. 437 f.

Projekt:	Zentralbereich der Technischen Hochschule, Aachen
Bauherr:	Stadt Aachen, Land Nordrhein-Westfalen
Entwurf:	1966, Ideenwettbewerb, 3. Preis, nicht ausgeführt Büro Gutbrod, Berlin: R. Gutbrod, M. Gentges, B. Riede
Gebiet:	Zentralbereich der TH Aachen und Annuntiantenbach
Pläne:	Archiv Büro Gutbrod, Berlin
Literatur:	Baumeister 64/1967, Nr.4, S. 451 ff. Die Bauzeitung 2/1967, S. 90

Kurzbeschreibung: Baumeister 64/1967, Nr. 4, S. 451:

„Zwischen dem Hauptgebäude (der TH Aachen) im Nordwesten und dem Annuntiatenbach soll ein zentraler Hochschulbereich entstehen, der mit dem alten Markt im Südosten in Beziehung stehen soll (...). Unter Berücksichtigung der Bedeutung dieses Bereiches als Übergangszone zwischen städtischem und Hochschulgelände war ein Bebauungsvorschlag als Baumassenuntersuchung auszuarbeiten. Wohnungen für Gastprofessoren, Studentenehepaare, Studenten (...) sowie Geschäfte konnten vorgesehen werden."

Das Raumprogramm forderte ein Hörsaalgebäude mit fünf Hörsälen sowie ein Institut für Erziehungswissenschaften als größere Gebäude. Aus der Beurteilung des Gutbrod-Entwurfs durch das Preisgericht, Informationsschrift Büro Gutbrod Berlin:

„Der durch Treppen und Mauern mehrfach gegliederte Raum zwischen Hauptgebäude und Annuntiatenbach ist großzügig gedacht. Das Gegenüber von Großem Hörsaal und Institut für Erziehungswissenschaften wird besonders hervorgehoben. Der Übergangssteg zur Altstadt wird auch als Baukörper wirksam. Erziehungswissenschaft und Gebäude der Fakultät stehen in guter Beziehung zueinander. Der Anschluß des Hörsaalgebäudes am Templergraben ist dem Verfasser besonders gut gelungen. Das gilt auch für die Plastik des hier vorgeschlagenen Steges auf dem Gelände südlich des Templergrabens."

Projekt:	**ZDF-Sendezentrum Mainz (3. Bauabschnitt)**
Bauherr:	Zweites Deutsches Fernsehen, Mainz
Entwurf:	Gutachten 1974, 3 Stufen, nicht ausgeführt
	R. Gutbrod, W. Bosse, L. Buhe, M. Gentges, H. Heinrich,
	W. Henning, H. Kendel, B. Riede
Gebiet:	55128 Mainz-Lerchenberg, Essenheimer Landstraße
Pläne:	Archiv Büro Gutbrod, Berlin
Baudaten:	Umbauter Raum 170.000 m^2, Nutzfläche 26.000 m^2
Literatur:	Von Schinkel bis Mies van der Rohe, Katalog der
	Kunstbibliothek Berlin, Berlin 1974, Nr. 289
	Stern vom 27. 6. 1974
	Spiegel vom 11. 11. 1974

Kurzbeschreibung: Die bereits bestehende und von J. Krahn realisierte Baugruppe mit städtebaulich vorherrschendem Verwaltungshochhaus wird durch eine differenzierte und aufgelockerte Bebauung ergänzt. Die zu einem Park in Richtung Taunus ausgerichtete Baustruktur nimmt Räume für die Redaktion, für Fernsehtechnik sowie Studios auf. Die Sockelgeschosse sind als begehbare bepflanzte Terrassen ausgebildet und verbinden optisch Architektur und Landschaft.

Projekt:	Sanierungsgebiet Opernviertel, Berlin-Charlottenburg
Bauherr:	Land Berlin, vertreten durch den Senator für Bau- und Wohnungswesen
Entwurf:	1975, Gutachten, nicht ausgeführt
	Büro Gutbrod, Berlin: R. Gutbrod, B. Riede, D. Dörschner
Gebiet:	Berlin-Charlottenburg, Bismarckstraße, Schillerstraße, Krumme Straße, Sessenheimerstraße
Pläne:	Archiv Büro Gutbrod, Berlin
Baudaten:	Grundfläche Phase 1: 7.575 m^2
	Phase 2: 8.000 m^2

Kurzbeschreibung: Informationsschrift Büro Gutbrod Berlin (Aus diesem Gutachten ging das Großprojekt „Haus am Opernplatz", Bauzeit 1967–1970, hervor):

„Das Sanierungsgebiet liegt gegenüber der Deutschen Oper im citynahen Bereich. Im Anschluß an eine Bausubstanzuntersuchung sollten Möglichkeiten von Sanierung, Modernisierung und Neuplanung antizipiert werden. Die Durcharbeitung der 1. Phase ergab 63 modernisierte Altbauwohnungen, 129 Neubauwohnungen, 7 Gewerbebetriebe und Räume für eine kirchliche Gemeinde, die im Zentrum der Anlage angeordnet wurde. Die Neuplanung nimmt die typische Berliner Blockbebauung in modifizierter Form auf, wobei die Höhe der Baukörper zum Opernplatz hin ansteigt und mit den bereits bestehenden beiden Hochhäusern raumbildend korrespondiert. Ein von der Spree verlaufender Grünzug wird über den Opernplatz und durch den geplanten, auch für die Öffentlichkeit zugänglichen Innenhof geführt. Die durch die Gebäudestellung vorgesehene Platzausweitung, die Bepflanzung und eine abgesenkte Rollschuhbahn sollen den bisher von den Anwohnern nicht angenommenen Opernplatz aktivieren helfen."

Projekt:	Stadtplanung Kurfürstendamm, Berlin
Bauherr:	Günter Schmidt, Immobilien, Ring Deutscher Makler (RDM), Berlin
Entwurf:	1971, Gutachten, nicht ausgeführt
	Büro Berlin: R. Gutbrod, B. Kazanski, H. Rebel, B. Riede
Gebiet:	Kurfürstendamm, Uhlandstraße, Kantstraße, Fasanenstraße
Pläne:	Archiv Büro Gutbrod, Berlin
Baudaten:	Umbauter Raum 220.000 m^2

Kurzbeschreibung: Informationsschrift des Büro Gutbrod Berlin:

„Das für ein Teilgrundstück an der Fasanenstraße in Auftrag gegebene Gutachten wurde durch Vorschläge für das ganze Gebiet zwischen Bahnhof Zoo und Ku'damm erweitert. Da die jetzige Verbindung zwischen Geschäftszentrum und Zoo über die Joachimstaler Straße wenig attraktiv ist, wurde ein diagonales Wegesystem entwickelt. Vom Bahnhof Zoo führt ein Fußgängerplateau mit neuem Eingang für das Theater des Westens über die Kantstraße. Unter den freigelegten Bögen der Stadtautobahn ist ein System von Läden, Restaurants und Durchgängen bis zum Savignyplatz geplant; von hier führen Passagen zum U-Bahnhof Uhlandstraße durch das begutachtete Grundstück. Auf diesem sollen ca. 400 Wohnungen, 18.000 m^2 Gewerbeflächen mit Hotels, Läden und Büros sowie 1.400 Einstellplätze in Parkhäusern entstehen."

Projekt:	Sanierung Gebiet Rollberg, Berlin-Neukölln
Bauherr:	Stadt Berlin, vertreten durch den Senator für Bau- und Wohnungswesen
Entwurf:	1971, Gutachten, nicht ausgeführt Büro Gutbrod, Berlin: R. Gutbrod, K. Barzantny, H. Rebel, Mitarbeit: H. Kendel, M. Mews
Gebiet:	13158 Berlin-Neukölln, Rollberg (zwischen Morus- und Falkstraße) Regenerierungsphase 5
Pläne:	Archiv Büro Gutbrod, Berlin
Literatur:	Bauwelt 6–7/1967, S. 143
	Bauwelt 41/1970, S. 1536–1542
	Deutsche Bauzeitschrift 2/1972, S. 18
	RAVE, KNÖFEL, Berlin und seine Bauten, Teil IV, B, Wohnungsbau, Berlin 1974, S. 622

Kurzbeschreibung: Vorhandene Gebäude werden durch rechtwinklig angeordnete Baustrukturen ergänzt, so daß sich halböffentliche Innenbereiche ergeben, die als Freizeitflächen oder auch als Parkmöglichkeiten ausgebildet sind. Eine linear angelegte Fußgänger- und Spielstraße erweitert sich zu einem Markt als öffentlichen Platzraum. Die Gebäude nehmen Wohneinheiten auf, die durch demontable Wände variierbar sind. Ein Gemeindezentrum, Altenwohnungen und Schule sind der Anlage integriert.

PROJEKTE IM NAHEN OSTEN

Projekt:	Konferenzzentrum mit Hotel in Mekka
Bauherr:	Regierung des Königreichs Saudi-Arabien unter König Faisal 'Abd al-'Azîz Ibn Sa'ûd
Realisierung:	1966–1974, Wettbewerb, 1966, 1. Preis, Büro Gutbrod, Berlin und Stuttgart: F. Otto, R. Gutbrod, E. Baur, A. Charif, A. Claar, H. J. Collmer, H. Dannenberg, I. Grimm, H. Kiess, V. Keckstein, D. Mailänder, P. Netzer, S. Schulze, Teamleiter: H. Kendel
Standort:	Mekka, Straße nach Jeddah
Pläne:	Büro Gutbrod, Berlin
Baudaten:	Bruttogeschoßfläche Hotel 22.600 m^2 Konferenzbereich 9.000 m^2
Resident Architects:	Amine Charif, Armin Claar, A. M. Evrenol, Islamic Decor: Munir Jundi
Konstrukt. Beratung:	Ove Arup & Partners, London, Structures 3 – Edmund Happold, P. Rice, T. Au
Resident Engineers:	P. Woodward, S. Kudsi, M. Dharamsi, B. Duck
Literatur:	The Arup Journal, September 1971 Institut für Leichte Flächentragwerke der Universität Stuttgart (Hg.), IL7, 1972, Schatten in der Wüste, IL 10, 1974, Gitterschalen *Architecture française*, 1976, Nr. 400, S. 56–63 Philip DREW: Frei Otto. Form und Konstruktion, Stuttgart 1976, S. 110 ff. Bauen und Wohnen 7–8/1976, S. 263 ff.

Deutsche Bauzeitung 1/1976
Domus 1979, Nr. 595, S. 8 f.
Der Architekt 4/1980, S. 211–218
arcus 5/1983, S. 215–218

Projekt:	Schattendächer in der Wüste
Bauherr:	Farbwerke Hoechst AG, Frankfurt/M.
Entwurf:	1972, nicht ausgeführt
	Atelier Frei Otto, Warmbronn: F. Otto, E. Bubner mit
	A. Bienhaus, W. Bienhaus, D. Hadjidimos, A. von Lieven
	Büro Gutbrod, Berlin: R. Gutbrod, H. Kendel
Statik:	Ove Arup & Partners, London, P. Rice
Pläne:	Atelier Frei Otto
Literatur:	Philip DREW, Frei Otto. Form und Konstruktion, Stuttgart
	1976, S. 63, 132
	IL 7, 1972, Schatten in der Wüste, Institut für Leichte
	Flächentragwerke der Universität Stuttgart

Kurzbeschreibung: Die in ihrer Konstruktion unterschiedlichen Flächentragwerke stellen einen Versuch dar, landwirtschaftliche Anbauflächen, Wege, Plätze und Wohnsiedlungen zu verschatten und klimatische Extreme auszugleichen.

Projekt:	Kulturzentrum mit Markt in Abidjan, Elfenbeinküste
Bauherr:	Voyer Tours (France)
Entwurf:	1972/73, Gutachten, nicht ausgeführt
	Büro Gutbrod, Berlin: M. Gentges, H. Kendel, B. Riede
	Atelier Frei Otto, Warmbronn: F. Otto, M. Banz, E. Bubner,
	J. Goedert, A. von Lieven
Konstrukt. Beratung:	Ove Arup & Partners, London, Structures 3
Vorgeseh. Standort:	Abidjan/Elfenbeinküste
Pläne:	Büro Gutbrod, Berlin
Baudaten:	Überdachte Fläche 10.760 m^2
Literatur:	IL 5, 1972, Wandelbare Dächer, Institut für Leichte
	Flächentragwerke der Universität Stuttgart

Philip DREW, Frei Otto. Form und Konstruktion, Stuttgart 1976, S. 134 ff.

Kurzbeschreibung: Der Entwurf schlägt eine 10.760 m² große 'Architekturlandschaft' vor, die mit einer Seilnetz-Konstruktion sowie luftdurchlässiger Aluminiumhülle überspannt ist. Auf versetzten Ebenen befinden sich ein Theater, ein Museum für afrikanische und europäische Kunst, ein Restaurant sowie Läden. Als Innenhülle des 'arenaartig' angeordneten Theaters wurde ein wandelbares Membrandach aus transluzentem PVC-beschichtetem Polyestergewebe vorgesehen.

Projekt:	**Pilgerunterkünfte in Muna**
Bauherr:	Regierung des Königreichs von Saudi-Arabien unter König Faisal 'Abd al-'Azîz Ibn Sa'ûd
Entwurf:	1974, Wettbewerb, nicht ausgeführt
	Büro Gutbrod, Berlin: H. Kendel mit L. Buhe, A. Charif, D. Dörschner, M. Gentges, M. Greiner, B. Riede, O. Tarnowski Amine Charif, Sami Angawi (*Socio-religious matters*)
Realisierung:	Entwurf nicht ausgeführt
Vorges. Standort:	Muna, Saudi-Arabien
Pläne:	Büro Gutbrod, Berlin
Literatur:	IL 14, 1976, Anpassungsfähig Bauen, Institut für Leichte Flächentragwerke der Universität Stuttgart IL 29, 1980, Institut für Leichte Flächentragwerkes der Universität Stuttgart, S. 27 ff.

Projekt:	**Regierungszentrum KOCOMMAS**
Bauherr:	Regierung des Königreichs Saudi-Arabien unter König Faisal 'Abd al-'Azîz Ibn Sa'ûd
Entwurf:	1974–76, Büro Gutbrod, Berlin und Stuttgart, Teamleiter: H. Kendel
	Atelier Frei Otto, Warmbronn
Realisierung:	1975–1980 Quartiere und Headquarters der *Royal Guards* und „Staff-Villas", Regierungsgebäude nicht ausgeführt

Statik:	Ove Arup & Partners, London, Structures 3
Standort:	Riyadh, Ring- und Mekkastraße
Pläne:	Archiv Büro Gutbrod, Berlin und Büro Frei Otto, Warmbronn
Baudaten:	Quartiere und Headquarters 4.057 m^2
	„Staff-Villas" 2.231 m^2
	Regierungszentrum *The King's Office* 20.050 m^2
	Council of Ministers' Building 33.162 m^2
	Majlis al-Shura 72.018 m^2
Pläne:	Archiv Büro Gutbrod, Berlin
Literatur:	„KOCOMMAS Reports" der Büros R. Gutbrod, Berlin und Ove Arup & Partners, London, 1976 bis 1980. (Unveröffentliche Berichte für die saudi-arabische Regierung, die Pläne, Erläuterungen und Modelle des Projekts enthalten. Archiv Büro Gutbrod, Berlin) Axel MENGES (Hg.), Frei Otto, Bodo Rasch: Finding Form. Towards an Architecture of the Minimal, Ausstellungskatalog der Villa Stuck, München 1995, S. 143.

Projekt:	**Ministry of Industry & Electricity Riyadh**
Bauherr:	Minister of Industry and Electricity in Riyadh
Entwurf:	1976, Gutachten, nicht ausgeführt
	Büro Gutbrod, Stuttgart: R. Gutbrod, W. Henning. W. Duder, Mitarbeiter: H. Held, U. Jerrentrup, H. Menn, D. Merz, I. Milarch
Vorgeseh. Standort:	Riyadh, Saudi-Arabien
Pläne:	Archiv Büro Gutbrod, Berlin
Baudaten:	Umbauter Raum 166.000 m^2, Geschoßfläche 41.000 m^2

Kurzbeschreibung: Gelegentlich variiert Rolf Gutbrod Formen aus dem früheren Repertoire. So baut der Entwurf für das Ministry of Industry & Electricity auf einem der Sparkassenversicherung in Stuttgart angenäherten Grundkonzept auf. Hier wurde die auf einem Dreiecksraster basierende Gebäudestruktur des Stuttgarter Projekts zu einer W-Form weitergeführt. Der Bau ist axialsymmetrisch angelegt, so daß eine monumentale Wirkung entsteht. Auf der Mittelachse liegt ein als Fünfeck angelegter Pavillon, der die Eingangshalle und im ersten Stock Büroräume des Ministers aufnimmt. Fimenschrift:

„Hinter beweglichen vertikalen Sonnenschutzelementen sollen die – von kaltem Wasser durchflossenen – Fassadenprofile den größten Teil der Sonnenwärme abhalten. Zusätzlich sind Hoch- und Niederdruckklimaanlagen vorgesehen."

Projekt: Sporthalle der Universität Roi Abdul-Aziz

Bauherr:	Regierung des Königreichs von Saudi-Arabien unter König Faisal 'Abd al-'Azîz Ibn Sa'ûd
Realisierung:	1977–80, Büro Gutbrod, Berlin: H. Kendel, A. Claar Atelier Frei Otto, Warmbronn
Standort:	Jeddah, Saudi-Arabien
Pläne:	Archiv Büro Gutbrod, Berlin Atelier Frei Otto, Warmbronn
Literatur:	Bauen und Wohnen 9/1978, S. 351 Deutsche Bauzeitung 6/1980, S. 26 ff. Bauen und Wohnen 36/1981, Nr. 1/2, S. 38–41 Deutsche Bauzeitung 7/1982, S. 19 ff. L'Architecture d'aujourd'hui Nr. 223/1982. S. 52 f. Karl Wilhelm SCHMITT (Hg.), Natürliche Konstruktionen. Formen und Konstruktionen in Natur und Technik und Prozesse ihrer Entstehung, Stuttgart 1982

Gesamtwerkverzeichnis

Alle Datierungen der im SAAI erfaßten Bestände sind noch als vorläufig zu betrachten, die im Laufe der weiteren Bearbeitung mit Sicherheit zum Teil korrigiert werden müssen. Angegeben wurden die am frühesten nachweisbaren Daten. Jahreszahlen in Klammern beziehen sich auf die Fertigstellung des Projekts beziehungsweise auf spätere Umbauten oder Erweiterungen.

1933
Studienarbeit Siedlung, Weil im Dorf (Foto)

1934
Studienarbeit Gemeindehaus der Gedächtnisgemeinde, Stuttgart (Foto)

1935
Studienarbeit Restaurant, Hotel und Unterkunftshaus an der Reichsautobahn auf der Schwäb. Alb (Foto)

1937
Heizhaus Flakkaserne, Friedrichshafen (Foto)

1946
Landhaus Gutmann, o. O.
Wiederaufbau Wohnhaus Wirth, Stuttgart, Gänswaldweg
Umsetzung Schuppen Wich, Stuttgart, Talstraße
Sargtischlerei, Holz- und Sarglager Wich, Stuttgart, Talstraße
Wettbewerb Altstadt, Stuttgart
Entwurfsskizze Verkehrsführung, Innenstadt Stuttgart
Wiederaufbau Wohnhaus Böhde, Stuttgart, Birkenwaldstraße
(Umbau/Erweiterung 1952)

1947
Vorentwurf Verlagshaus Belser, Stuttgart, Augustenstraße
Instandsetzung Wohnhaus Harsch, Stuttgart, Feuerbacher Heide
Wiederaufbau/Umbau Landhaus Reisser, Stuttgart, Hasenbergsteige

Wiederaufbau Haus Mollenkopf, Stuttgart, Stafflenbergstraße
Büro- und Wohnhaus Rall, Stuttgart, Stafflenbergstraße
Sargtischlerei Wich, Stuttgart, Talstraße
Wettbewerb Marstallgelände, Stuttgart
Wohnhaus Behr, Stuttgart, Eduard-Steinle-Straße
Wiederaufbau der Krankenkasse für Handwerk, Handel & Gewerbe, Stuttgart, Moserstraße
Fabrik- und Verwaltungsgebäude Rössler & Weissenberger, Stuttgart, Krefelder Straße
„Versuchswohnblock" Wohn- u. Geschäftshaus Matthaes, Stuttgart, Moserstraße (bis 1950)
    Veesenmayer, Erben, Moserstraße (bis 1950)
    Starcker, Stuttgart, Moserstraße (bis 1950)
    Kaulla, Stuttgart, Moserstraße (bis 1951)
Instandsetzung Mehrfamilienhaus, Stuttgart, Olgastraße (bis 1951)

1948
Werkswohnungen Bossert, Stuttgart, Lehenstraße
Behelfsmäßiger Wiederaufbau Geschäftshaus Doertenbach, Stuttgart (bis 1950 und 1958–59)
Verwaltungsgebäude der Süddeutschen Holzberufsgenossenschaft Stuttgart (bis 1950)
Bürogebäude Erbengemeinschaft Veesenmayer, Stuttgart, Moserstraße (bis 1950)

1949
Wohnungsbau/Inneneinrichtung Notwohnung Prof. Dr. h.c. F. Porsche, Stuttgart, Feuerbacher Weg
Werkstatt, Bar- und Verkaufspavillon Hahn, Stuttgart, Hauffstraße
Ladenausbau, Stuttgart, Königstraße
Instandsetzung Schaufensterfronten Schöpp, Stuttgart, Königstraße
Wohnhausgruppe Scherff, Prinzing, Mayer, Stuttgart, Parlerstraße 8–12 (bis 1964)
Wiederaufbau Wohnhaus Walz, Stuttgart, Am Bismarckturm 17 (bis 1951)
Wohn- und Geschäftshaus Ehmann, Stuttgart, Moserstraße 16 (bis 1951)

Lagerhalle, Werkstatt und Büros, Firma Dr.-Ing. h.c. F. Porsche KG, Suttgart-Zuffenhausen, Schwieberdingerstr.130

1950
Milchbar am Flamingosee, Höhenpark Killesberg, Stuttgart
Eingangsbereich, Höhenpark Killesberg, Am Kochenhof
Wettbewerb Wiederaufbau Rathaus, Stuttgart
Entwurf Deutsche Beamtenversicherung, Stuttgart
Umbau Wohnhaus Hammer, Stuttgart, Hauptmannsreute
Mehrfamilienhaus Stuttgart, Hölderlinstraße 23
Wohnhaus Oderich, Stuttgart, Rottannenweg
Entwurf Wohnhaus Jendges, Stuttgart
Werkstatt Hahn, Stuttgart, Kühlbrunnengasse (bis 1952)
Mehrfamilienhaus Hahn, Stuttgart, Erbsenbrunnengasse 9–11
Wohnhaus Wörnle, Stuttgart, Hessenlauweg 10 (bis 1952)
Mehrfamilienwohnhaus Brönner, Stuttgart, Eugenstraße 11/12 (bis 1952)
Wohnhaus Reisch, Stuttgart (bis 1953)
Verwaltungsgebäude der Industrie- und Handelskammer, Stuttgart, Jägerstraße (Ausführung bis 1953 und 1967)
Wiederaufbau Mehrfamilienhaus Walz, Stuttgart, Lenzhalde
Neuwiesenschule, Ravensburg, Ziegelweinbergstraße
(bis 1952 und 1952–1964)

1951
Wettbewerb Schule, Rottweil
Umbau und Erweiterung Fabrikanalge Benger & Söhne, Stuttgart, Böblinger Straße
Gartenhaus Reisser, Stuttgart, Hasenbergsteige
Wohnhaus Gutbrod, Stuttgart, Robert-Bosch-Straße 108
Fabrikgebäude Hahn Automobile GmbH, Fellbach, Ringstraße 15
ECA-Entwicklungsbauten, Stuttgart-Feuerbach
Konzerthaus Liederhalle, Stuttgart, Berliner Platz 1, (Ausführung bis 1956)
Wohnanlage Bossert Erben, Stuttgart, Zeller- Lehen- Tulpenstraße (auch 1956–58)
Mehrfamilienhaus Brenner, Stuttgart, Moserstraße
Ladenumbau Waldbauer-Lenz, Stuttgart, Königstraße (bis 1958)

Fabrik Firma Dr.-Ing. h.c. F. Porsche, Stuttgart-Zuffenhausen
(bis 1953 und 1958–59)

1952
Pförtnerhaus der Firma Dr.-Ing. h.c.F. Porsche, Stuttgart-Zuffenhausen, Schwieberdingerstraße
Wohnhaus Hahn, Stuttgart, Am Burgholzhof

1953
Wochenendhaus Hahn, Ebersberg
Wettbewerb Schule, Metzingen
Umbau Wohnhaus Ziegenbein, Stuttgart, Feuerbacher Heide 67
Fabrikerweiterung Firma Behr, Wendlingen/Neckar
Buchhandlung, Appartementhaus und Wohnhaus Rieck, Aulendorf-Bändel, Stockweg (bis 1955)
Gartenhaus Keller, Stuttgart, Steingrubenweg (bis 1956)
Studentenwohnheim und Klubhaus, Tübingen, Wilhelmstr. 30, 31/1 (bis 1956 und 1961)
Mehrfamilienhaus Walter Wiedmann, Stuttgart, Rotebühlstraße 84 (bis 1957)
Wohnhaus Gruber, Stuttgart, Robert-Bosch-Straße 37 (auch 1955/56)
Wohnhochhaus und Mehrfamilienhaus Hahn, Fellbach, Bruckwiesenstraße 4–8

1954
Wohnhaus Hahn, Stuttgart, Winterbacherstr. 37
Erweiterung Freie Waldorfschule, Stuttgart, Am Kräherwald
Umbau Scheune Koch, Trossingen, Schurthalde
Wohnhaus Kaiser/Pfister, Stuttgart, Münsheimerstraße
Autowerkstatt, Wohngebäude und Tankstelle, Göppinger
Autohandelsgesellschaft, Göppingen, Heiningerstraße
Wohnhaus Aufbaugemeinschaft Schoderstraße, Stuttgart, Schoderstraße 10

1955
Wohn- und Geschäftshaus, Martz, Stuttgart, Kronenstraße
Wohnhaus Rümmelin, Stuttgart, Relenbergstraße 71

Mehrfamilienhaus Gutbrod/Brenner, Stuttgart, Schoderstraße
Großgarage Breitscheidstraße, Stuttgart
Wohnhaus Gutbrod, Gerlingen, Finkenweg 6 (bis 1957 und 1961)
Umbau und Innenausbau, Mehrfamilienhaus Bossert Erben, Stuttgart (bis 1960)

1956
Wettbewerb Philharmonie, Berlin
Mehrfamilienhaus Christian Bossert KG, Stuttgart, Landhausstr. 63/Schubertstr. 31
Mehrfamilienhaus Walter Wiedmann, Stuttgart, Strohberg 42–44
Vorprojekt Sitzungssaal und Kantine der Industrie- und Handelskammer, Stuttgart, Jägerstraße 30

1957
Sendesäle des SDR, Stuttgart, Park Villa Berg
Vorentwurf Kulturhaus Merzig/Saar
Wohn- und Geschäftshaus Schmäh, Stuttgart, Nordbahnhofstraße
Industriegebäude mit Großkantine, Werner & Pfleiderer GmbH, Stuttgart, Theodorstraße 10 (bis 1970)
Schulgebäude der Freien Waldorfschule, Stuttgart, Am Kräherwald (bis 1960)

1958
Wohnhaus Bendix, Dülmen
Klassengebäude der Industrie- und Handelskammer, Stuttgart, Jägerstraße
Bebauungsvorschläge Waldbauer/Lenz, Stuttgart, Auf dem Haigst (bis 1962 und 1960–63)
Verwaltungsgebäude mit Laden, Werkstätten und Hochgarage Hahn, Stuttgart, Friedrichstraße, Kronenstraße, Kriegsbergstraße (bis 1959 und 1960–63)
Fernsehstudios des SDR, Stuttgart, Park Villa Berg, (bis 1965)
Wohn- und Geschäftshaus Aufbaugemeinschaft Parlerstraße, Stuttgart, Lerchenstraße 7
Wohn- und Geschäftshaus Obermiller, Stuttgart, König-Karl-Str. 34, 34a

1959
Erweiterung Gedok-Haus, Stuttgart
Vorentwurf Umbau IBM-Verwaltung Deutschland, Berlin
Wettbewerb Theater, Saarbrücken
Wettbewerb Konzerthaus, Saarbrücken
Büro und Geschäftshaus H. Deiss, Stuttgart, Kronenstraße 36
Deutsche Botschaft, Wien, Metternichgasse 3 (Ausführung bis 1965)
IBM Verwaltungsgebäude, Berlin, Ernst-Reuter-Platz
(Ausführung bis 1963)
Wettbewerb Badisches Staatstheater, Karlsruhe
Wettbewerb Hörsaalgebäude der TH Stuttgart, Ecke Holzgarten-/
Schellingstraße
Lehrerwohnheim und Kindergarten der Freien Waldorfschule, Stuttgart,
Rudolf-Steiner-Weg 13 (bis 1962/63)

1960
Wettbewerb Pfalzbau, Ludwigshafen/Rhein
Wettbewerb Goethe-Institut, Paris
Wettbewerb Haus der Saarwirtschaft, Saarbrücken
Universitäts- und Stadtbibliothek Köln (Ausführung bis 1967)
Hörsaalgebäude der Universität Köln (Ausführung bis 1968)
Entwurf Verwaltungsgebäude Baresel, Stuttgart, Breitwiesenstraße
IBM Verwaltungsgebäude, Böblingen (Umbau Fabrik Klemm)

1961
Entwurf Autobahnraststätte und Tankstelle, Freiburg-Nord
Wettbewerb Konzerthaus Saalbau „Rosengarten", Mannheim
Wettbewerb Stadttheater, Köln
Wettbewerb, Stadttheater, Ulm
IBM Verwaltungsgebäude Böblingen, Sindelfinger Str. 57 (bis 1964)

1962
Wettbewerb-Gutachten, Saalbau am Parkhaus Bochum
Wettbewerb Verwaltungsgebäude der Vereinigung Deutscher
Maschinenanstalten (VDMA) Frankfurt/Main, Zeppelinallee
Wettbewerb Brucknerhalle, Linz, Österreich

Gutachterentwurf Landesversicherungsanstalt Berlin,
Königin-Elisabeth-Straße
Wettbewerb Erweiterung BEWAG Berlin, Stauffenberg-, Sigismundstraße/Hitzigallee
Wettbewerb (Städtebau) Gropiusstadt, Berlin-Neukölln
Wohnhochhäuser Gropiusstadt-Britz-Buckow-Rudow-Ost, Wutzky-Allee, Fritz-Erler-Allee, Friedrich-Krayser-Weg, Theodor-Loos-Weg
(Ausführung bis 1968)
Wettbewerb Landwirtschaftliche Hochschule, Stuttgart-Hohenheim
Studentenwohnheime S6, S7, S8, Stuttgart, Schwerzstraße 1
(Ausführung bis 1969 und bis 1974)

1963
Wettbewerb Saalbau, Pforzheim
Entwurf Technische Versorgungszentrale, Universität Stuttgart-Hohenheim
Baden-Württembergische Bank AG, Stuttgart, Kleiner-Schloßplatz
(Ausführung bis 1968)
Umbau Wohnhaus Goeser, Stuttgart, Rottannenweg (auch 1969–70)
Wettbewerb Mensa, Universität Stuttgart-Hohenheim
Wettbewerb Auditorium Maximum, Universität Stuttgart-Hohenheim
Dorland – Haus der Werbung, Berlin, An der Urania 20–22 (bis 1966)
Schulgebäude mit Aula der Freien Waldorfschule Stuttgart,
Am Kräherwald, Rudolf-Steiner-Weg 10 (bis 1966)
Vorentwurf Kurhaus und Theater, Wildbad (bis 1966)

1964
Wettbewerb Staatsbibliothek, Berlin, Tiergarten
Gutachterentwurf Rathaus, Leverkusen
Haus am Opernplatz Berlin, Bismarckstraße (bis 1970)

1965
Wettbewerb Landschaftliche Brandkasse, Hannover
Entwurf Universitätsforum, Heidelberg
Wettbewerb Haus der Max-Planck-Gesellschaft, Heidelberg,
Gerhart-Hauptmann-Straße
Wettbewerb Kleiner Schloßplatz, Stuttgart

Wettbewerb Städtische Girokasse, Stuttgart, Konrad-Witwer und
Königstraße
Bebauungsvorschläge für Wohnbebauung und Lehrlingswohnheim,
Werner & Pfleiderer, Stuttgart, Löwentorstraße
Deutscher Pavillon der Expo '67, Montreal, Kanada
(Ausführung bis 1967)
Einfamilienhäuser, Berlin-Dahlem, Lützelsteiner Weg
(Ausführung bis 1969)
Wohnanlage, Berlin-Dahlem, Lützelsteiner Weg (Ausführung bis 1972)
Waldorfschule, Rudolf-Steiner-Schule, Wuppertal, Schulstraße
(Ausführung bis 1972)
Max-Planck-Institut für molekulare Genetik, Berlin-Dahlem, Ihnestraße
63–73 (Ausführung bis 1973
Lehrerseminargebäude mit Klassenbau der Freien Waldorfschule,
Stuttgart-Uhlandshöhe, Haussmannstraße 44 (bis 1967 und 1972–73).

1966
Ideenwettbewerb Zentralbereich der TH Aachen, Annuntiantenbach
Wettbewerb Mensa, Universität, Köln
Wettbewerb Konferenzzentrum mit Hotel, Riyadh, Saudi-Arabien
Gutachter-Wettbewerb Landeszentralbank, Stuttgart
Funkhaus des Süddeutschen Rundfunks, Stuttgart (Ausführung bis 1976)
Konferenzzentrum mit Hotel, Mekka, Saudi-Arabien (bis 1974)
Wettbewerb Museen Europäischer Kunst, Preußischer Kulturbesitz,
Berlin, Am Tiergarten (Ausführung Kunstgewerbemuseum bis 1985)

1967
Wettbewerb Deutsche Schillergesellschaft und Deutsches
Literaturarchiv, Marbach/Neckar
Pförtnerhaus und Sozialgebäude sowie Beratung zur Außenverkleidung
der Keksfabrik Bahlsen, Berlin, Oberlandstraße
Gutachterentwurf Wiederaufbau Lister Kirche, Hannover, Wöhlerstraße

1968
Wettbewerb Verwaltungsbau der WBK, Berlin, Hohenzollerndamm
Entwurf Hotel, Bonn, Poppelsdorfer Allee
Wettbewerb Bahlsen, Zentralverwaltung Hannover, Podbielskistraße

Wettbewerb Verwaltungsgebäude Deutscher Herold, Bonn,
Poppelsdorfer Allee
Mehrfamilienhaus Lafrentz, Hamburg, Leinpfad

1969
Wettbewerb Oberpostdirektion, Freiburg
Wettbewerb Sendekomplex Deutsche Welle, Köln
Wettbewerb Verwaltungsgebäude Bausparkasse, Gemeinschaft der
Freunde Wüstenrot (GDF), Ludwigsburg, Hohenzollernstraße
Sparkassenversicherung AG, Stuttgart, Löwentorstraße 65
(Ausführung bis 1975)

1970
Wettbewerb Appartementhaus Bellevue- und Gellertstraße, Hamburg
Wettbewerb Kommunikationszentrum Groß Stankt Martin, Köln,
Mühlengasse
Wettbewerb Stadthalle, Krefeld
Wettbewerb Württembergische Landessparkasse, Stuttgart,
Kronprinzenstraße
Fabrikhalle Behr, Wendlingen

1971
Städtebauliches Gutachten Kurfürstendamm, Berlin, Uhland-, Kant-
Fasanenstraße
Gutachten Sanierungsgebiet Rollberg, Berlin-Neukölln, zwischen Morus-
und Falkstraße
Appartementhaus Hofmann, Stuttgart, Claudiusstraße

1972
Yapi ve Kredi, Istanbul, Türkei
Entwürfe Kleiner Schloßplatz, Stuttgart
Gutachterwettbewerb Verwaltungsgebäude EVS, Stuttgart

1973
Gutachten für Kulturzentrum in Abidjan, Elfenbeinküste
Aula und Klassenbau der Freien Waldorfschule, Stuttgart,
Am Kräherwald, Rudolf-Steiner-Weg 10

Kulturhaus Lüdenscheid, Lüdenscheid, Freiherr-vom-Stein-Straße (Ausführung bis 1981)
Villa Sugair, Riyadh, Saudi-Arabien
Industrial Credit Bank, Teheran, Iran (bis 1975)
Wettbewerb Staatliches Museum für Naturkunde, Stuttgart, Nordbahnhofstraße 190

1974
Gutachten Thermen, Baden-Baden
Wettbewerb Sprengel-Museum, Hannover
Städtebauliches Gutachten ZDF Sendezentrum, Mainz-Lerchenberg, Essenheimer-Landstraße
Wettbewerb Pilgerunterkünfte in Muna, Saudi-Arabien
Planung Regierungszentrum KOCOMMAS, *The King's Office, Council of Ministers Buildings, Majlis al-Shura-Building, Riyadh*, Saudi-Arabien
(Ausführung Sekundärbauten bis 1980)
Wettbewerb Bebauung Königstraße – Ecke Kronprinzenstraße, Stuttgart

1975
Gutachten Sanierung Opernviertel, Berlin-Charlottenburg
Wettbewerb Landesgalerie Nordrhein-Westfalen, Düsseldorf
Entwurf *Monarto Hub* beim Monarto Lake, Australien
Wettbewerb Geschäftshaus Stuttgarter Hofbräu, Stuttgart, Königstraße
Entwurf Park- und Bürogebäude Mahle-Rentenverein, Stuttgart, Königstraße

1976
Gutachten *Ministry of Industry & Electricity Riyadh*, Saudi-Arabien
Planung Wohnhaus Gutbrod, Riyadh, Saudi-Arabien
Wettbewerb Verwaltungsgebäude Mannesmann, Düsseldorf (Ratingen-Lintorf)

1977
Entwurf *College of Engineering*, Riyadh, Saudi-Arabien
Gutachten Umbau Haus der Technik (HdT), Essen, Hollestraße
Sporthalle *Roi-Abdul-Aziz*, Universität Jeddah, Saudi-Arabien
(Ausführung bis 1980)

1978
Städtebauliches Gutachten Kernerplatz, Neckarstraße, Stuttgart

1979
Hotel- und Konferenzzentrum Riyadh, Saudi-Arabien (bis 1983)

1980
Studentensiedlung, Universität Riyadh, Saudi-Arabien (bis 1983)
Entwurf *Diplomatic Club*, Riyadh, Saudi-Arabien
Planungsvorschläge Islamic University of Medina, Almunawara, Saudi-Arabien

1981
Wettbewerb Stadt- und Festhalle, Ludwigsburg, Stuttgarter Straße
Wettbewerb Botschaftsgebäude der Bundesrepublik Deutschland, Riyadh, Saudi-Arabien
Wettbewerb *International Conferences Hall,* Abu Dhabi, Vereinigte Arabische Emirate
Ministry of Finance and National Economy, Riyadh, Saudi-Arabien (bis 1985)
Kultur- und Kongreßzentrum Liederhalle, Berliner Platz 1–3

1982
Ice Skating Ring, Abu Dhabi, Vereinigte Arabische Emirate
Entwurf Kulturzentrum Bagdad, Irak
Entwurf Internationale Messe, Kuwait City, Kuwait
Entwurf *Community Center, Diplomatic Quarter*, Riyadh, Main-Road, Saudi-Arabien
Wettbewerb Deutsche Bibliothek, Frankfurt/Main
Planungsvorschlag *Ministry of Communications Building*, Riyadh, Saudi-Arabien
Umbau Fernsehturm, Stuttgart
Wettbewerb Verwaltungsgebäude der Daimler-Benz AG, Stuttgart

1983
Wettbewerbsentwurf, Museum für Moderne Kunst, Frankfurt/Main

1984
Wettbewerbsentwurf Theater und Bücherei, Itzehoe

Noch undatierte Bestände:
Studie zu einem Regierungsprogramm für den Bau von Moscheen in Saudi-Arabien
Bewegliche Fußgängerbrücke, o. O.
Grand Prix Park, o. O.
Wettbewerb *Aged Care Projects*, Abu Dhabi, Vereinigte Arabische Emigrate
Wettbewerb Historisches Museum, Berlin
Wettbewerb ZV, Berlin
Wettbewerb Verwaltungsakademie, Berlin
Städtehaus, Berlin
U-Bahn-Station vor dem IBM Verwaltungsgebäude am Ernst-Reuter-Platz, Berlin-Charlottenburg
Wettbewerb Bundespräsidialamt, Bonn
Wettbewerb Verwaltung der Versicherungsgruppe, Hannover
Wettbewerb Bereich Café Kröpcke, Hannover
Mehrfamilienhaus in Jeddah, Saudi-Arabien
Wallraf-Richartz-Museum, Köln
Wettbewerb Botschaft der Bundesrepublik Deutschland in Moskau
Wettbewerb Außenministerium in Riyadh, Saudi-Arabien
Wohnhaus Porsche, Stuttgart
Wohnhaus Bossert/Hahn, Stuttgart
Wettbewerb Verwaltungsgebäude der Straßenbahn AG, Stuttgart
Bebauungsvorschlag Zellerstraße, Stuttgart
Wohnhaus Trossingen
Ideenwettbewerb Neckartor, Tübingen
Gutachten Hotel Petersburg, Bonn

Bibliographie

AALTO, Alvar, 1922–62. Bd. I, Zürich 1963

AALTO, Alvar, 1963–70. Bd. II, Zürich 1971

AALTO, Alvar, Projekte und letzte Zeichnungen. Bd. III, Zürich 1978

ABELSHAUSER, Werner, Die Langen Fünfziger Jahre. Wirtschaft und Gesellschaft der Bundesrepublik Deutschland 1946–1966, Düsseldorf 1987

ADORNO, Theodor W., Ohne Leitbild. Parva Aesthetica, Frankfurt/M. 1978

Akademie der Künste (Hg.), „Kunstpreis Berlin" 1983, Jubiläumsstiftung 1848/1948, Berlin 1983

ACKERMANN, Kurt, Industriebau, Stuttgart, 1984

Architektur-Galerie am Weißenhof (Hg.), Paul-Bonatz-Preis damals und heute, Stuttgart 1986

Architektur-Galerie am Weißenhof (Hg.), Rolf Gutbrod. Bauten in Stuttgart, Stuttgart 1991

Architektur-Galerie am Weißenhof (Hg.), Ein Bauwerk mit Geschichte (1949–1993), Stuttgart 1994

BÄNSCH, Dieter, Die 50er Jahre. Beiträge zu Politik und Kultur, Tübingen 1985

BANDEL, Hans, Dittmar Machule, Die Gropiusstadt. Eine Untersuchung im Auftrag des Senators für Bau- und Wohnungswesen Berlin, Berlin 1974

BECKER, Kurt E., F. HIEBEL, H.-P. SCHREINER (Hg.), Rudolf Steiner. Praktizierte Anthroposophie. Frankfurt/M. 1983

BECKER, Kurt E., F. HIEBEL, H.-P. SCHREINER (Hg.), Rudolf Steiner. Der anthroposophische Weg. Frankfurt/M. 1989

Behnisch & Partner, Bauten und Entwürfe 1952–1974, Stuttgart 1975

Behnisch & Partner, Arbeiten aus den Jahren 1952–1987, Stuttgart 1987

Behnisch & Partner, Bauten und Entwürfe 1952–1992, Stuttgart 1992

BENEVOLO, Leonardo, Geschichte der Architektur des 19. und 20. Jahrhunderts, 2 Bde., München 1988

BERNDT, Heide, Alfred LORENZER, Klaus HORN, Architektur als Ideologie, Frankfurt/M. 1968

BERNDT, Heide, Das Gesellschaftsbild bei Stadtplanern, Stuttgart/Bern 1968

BEYME, Klaus von, Der Wiederaufbau. Architektur und Städtebaupolitik in beiden deutschen Staaten, München 1987

BEYME, Klaus von, Werner DURTH, Niels GUTSCHOW, u. a. (Hg.), Neue Städte aus Ruinen. Deutscher Städtebau der Nachkriegszeit, München 1992

BIANCA, Stefano, Architektur und Lebensform im islamischen Stadtwesen, Zürich 1979

BIESANTZ, Hagen, Arne KLINGBORG u. a., Das Goetheanum. Der Bau-Impuls Rudolf Steiners, Dornach 1987

BLASER, Werner, Mies van der Rohe. Die Kunst der Struktur, Zürich 1972

BLUME, Helmut (Hg.), Saudi-Arabien. Natur, Geschichte, Mensch und Wirtschaft, Tübingen 1976

BONATZ, Paul, Leben und Bauen, Stuttgart 1950

BONGARTZ, Norbert, Peter DÜBBERS, Frank WERNER, Paul Bonatz, 1877–1956, Stuttgarter Beiträge 13, Stuttgart 1977

BORNGRÄBER, Christian, Stil novo. Design in den 50er Jahren, Berlin 1978

BROSZAT, Martin, Der Staat Hitlers, München 1979

BRUNHOLD, Andreas und Bernhard Sterra (Hg.), Von der Residenz zur modernen Großstadt, Architektur und Städtebau im Wandel der Zeiten, Stuttgart 1994

BÜRKLE, Johann Christoph, Hans Scharoun und die Moderne. Ideen, Projekte, Theaterbau, Frankfurt/M. 1986

Bund Deutscher Architekten (Hg.), Planen und Bauen im neuen Deutschland, Köln/ Obladen 1960

CAMPBELL, Joan, Der Deutsche Werkbund 1907–1934, Stuttgart 1981

Christiane F., Wir Kinder vom Bahnhof Zoo, 32. Auflage, Gütersloh 1990

CONRADS, Ulrich, Hans G. SPERLICH, Phantastische Architektur, Stuttgart 1960

CONRADS, Ulrich, Programme und Manifeste zur Architektur des 20. Jahrhunderts, Braunschweig 1981

CONRADS, Ulrich (Hg.), Le Corbusier. Ausblick auf eine Architektur. Bauweltfundamente 2. 4. Auflage, Braunschweig/Wiesbaden 1982

DREW, Philip, Die dritte Generation. Architektur zwischen Produkt und Prozeß, Stuttgart 1972

DREW, Philip, Frei Otto. Form und Konstruktion, Stuttgart 1976

DURTH, Werner, Die Inszenierung der Alltagswelt – Zur Kritik der Stadtgestaltung, Braunschweig/Wiesbaden 1977

DURTH, Werner, Deutsche Architekten – Biographische Verflechtungen 1990–1970, München 1992

DURTH Werner, Friedmann GSCHWIND, Stuttgart – Wettbewerbe um Zukunftsbilder, in, ARCH + 72/1983, S. 70–74

DURTH, Werner, Niels GUTSCHOW, Architektur und Städtebau der fünfziger Jahre. Schriftenreihe des Deutschen Nationalkomitees für Denkmalschutz, Bd. 33, Bonn 1987

DURTH, Werner, Niels Gutschow, Architektur und Städtebau der fünfziger Jahre. Ergebnisse der Fachtagung in Hannover 1990. Schriftenreihe des Deutschen Nationalkomitees für Denkmalschutz, Bd. 41, Bonn 1990

DURTH, Werner, Niels GUTSCHOW, Träume in Trümmern, Stadtplanung 1940–1950, München 1993

Fakultät für Architektur und Stadtplanung der Universität Stuttgart (Hg.), Paul Schmitthenner-Kolloquium zum 100. Geburtstag, Stuttgart 1985

FEHN, Lothar (Hg.), Stuttgarter Architekturschule, Vielfalt als Konzept (Fachschaft Architektur, Universität Stuttgart), Stuttgart 1992

Festschrift, 140 Jahre Liederkranz, Stuttgart 1964

Festschrift, 150 Jahre Liederkranz, Stuttgart 1974

FISCHER, Theodor, Sechs Vorträge über Stadtbaukunst, München/Berlin 1922

FRAMPTON, Kenneth, Die Architektur der Moderne. Eine kritische Baugeschichte, Stuttgart 1991

FRANK Hartmut (Hg.), Faschistische Architekturen, Planen und Bauen in Europa 1930 bis 1945, Hamburg 1985

GAUSMANN, Dagmar, Der Ernst-Reuter-Platz in Berlin. Die Geschichte eines öffentlichen Raumes der 50er Jahre, Münster/Hamburg 1992

GLASER, Hermann, Kleine Kulturgeschichte der Bundesrepublik Deutschland, 1945–1989, München/Wien 1991

GÖDERITZ Johannes, Roland RAINER, Hubert HOFFMANN, Die gegliederte und aufgelockerte Stadt, Tübingen 1957

GOSCINIAK, Hans-Thomas, Kleine Geschichte der islamischen Kunst, Köln 1991

GRUNSKY, Eberhard, Zur Denkmalbedeutung der Stuttgarter Liederhalle, in, Denkmalpflege in Baden-Württemberg, Nachrichtenblatt des Landesdenkmalamts Baden-Württemberg, 16. Jg., April – Juni 1987, S. 91–111

GUTBIER, Rolf, Erlebnisse – Die Stuttgarter Architekturschule 1945–1970, in, Wechselwirkungen. Jahrbuch 1986. Aus Lehre und Forschung der Universität Stuttgart, Presse und Informationsstelle der Universität Stuttgart (Hg.), Stuttgart 1987, S. 38–44

GUTBROD, Rolf, Was bleibt von 50 Jahren?, in, Wechselwirkungen. Jahrbuch 1986. Aus Lehre und Forschung der Universität Stuttgart, Presse- und Informationsstelle der Universität Stuttgart Hg.), Stuttgart 1987, S. 31–37, abgedruckt in Architektur-Galerie am Weißenhof (Hg.), Rolf Gutbrod, Bauten in Stuttgart, Stuttgart 1990, S. 6–12

HACKELSBERGER, Christoph, Die aufgeschobene Moderne. Ein Versuch zur Einordnung der Architektur der fünfziger Jahre, München 1985

HACKELSBERGER, Christoph, Architektur eines labilen Jahrhunderts. Kritische Beiträge aus zwei Jahrzehnten, München 1991

Häring in seiner Zeit – Bauen in unserer Zeit. Symposion und Ausstellung Biberach a. d. Riss, Mai 1982, Stadt Biberach a. d. Riss (Hg.), Stuttgart 1983

HANSMANN Otto (Hg.), Pro und Contra Waldorfpädagogik, Akademische Pädagogik in der Auseinandersetzung mit der Rudolf Steiner-Pädagogik, Würzburg 1987

HERMAND, Jost, Kultur im Wiederaufbau. Die Bundesrepublik Deutschland 1945–1965, München 1986

HIRSCHFELL, Marc, Der Königin-Olga-Bau von Paul Schmitthenner, Stuttgart 1994

HOFFMANN, Hubert, Karl KASPAR, Neue deutsche Architektur, Stuttgart 1955

Institut für Leichte Flächentragwerke (Hg.), IL 7, Schatten in der Wüste, Stuttgart 1972

Institut für Leichte Flächentragwerke (Hg.), IL 14, Anpassungsfähiges Bauen, Stuttgart 1976

Institut für Leichte Flächentragwerke (Hg.), IL 16, Zelte, Stuttgart 1976

Institut für Ort- und Regionalplanung der Eidgenössischen Technischen Hochschule (ETH) Zürich (Hg.), Städtebau in islamischen Ländern, Zürich 1978

Jahrbuch der Stiftung Preußischer Kulturbesitz 1966, Köln/Berlin 1967

Jahrbuch der Stiftung Preußischer Kulturbesitz 1967, Köln/Berlin 1968

Jahrbuch der Stiftung Preußischer Kulturbesitz 1971, Köln/Berlin 1972

JANOFSKE, Eckehard, Architekturräume. Idee und Gestalt bei Hans Scharoun, Braunschweig/ Wiesbaden 1984

JASPERT, Reinhard (Hg.), Handbuch moderner Architektur, Berlin 1957

JOEDICKE, Jürgen, Geschichte der modernen Architektur. Synthese aus Form, Funktion und Konstruktion, Stuttgart 1958

JOEDICKE, Jürgen, Strömungen in der Architektur der Gegenwart, in, Bauen und Wohnen 14/1959, S. 326–332

JOEDICKE, Jürgen, Utopisten der zwanziger Jahre in Deutschland, in, Bauen und Wohnen, 5/1967, S. 193–196

JOEDICKE, Jürgen, Zur Theorie des organhaften Bauens bei Hugo Häring, in, Bauen und Wohnen, 2/1969, S. 69–72

JOEDICKE, Jürgen, Die Stuttgarter Schule. Die Entwicklung der Architekturabteilung zwischen 1918 und 1945, in, Johannes H. VOIGT (Hg.), Festschrift zum 150jährigen Bestehen der Universität Stuttgart, Stuttgart 1979, S. 438–451

JOEDICKE, Jürgen, Raum und Form in der Architektur, Stuttgart 1985

JOEDICKE, Jürgen, Weißenhofsiedlung Stuttgart, Stuttgart 1989

JOEDICKE, Jürgen, Architekturgeschichte des 20. Jahrhunderts, Stuttgart/ Zürich 1990

JOEDICKE, Jürgen, Heinrich LAUTERBACH (Hg.), Hugo Häring, Schriften, Entwürfe, Bauten, Dokumente der modernen Architektur, 4, Beiträge zur Interpretation und Dokumentation der Baukunst, Stuttgart/Bern 1965

JOEDICKE, Jürgen, Christian PLATH, Die Weißenhofsiedlung, Stuttgarter Beiträge 4, Stuttgart 1968

JONES, Andrew Henning, Rolf GUTBROD. *The Last of the German Meisters. A dissertation presented to the School of Architecture Kingston Polytechnic, for entry to the Post-Graduate Diploma in Architecture,* Stuttgart Juni 1979. Unveröffentlichte Arbeit. Einzusehen im Privat-Archiv Peter Schenk, Stuttgart.

KLOTZ, Heinrich, Architektur in der Bundesrepublik, Frankfurt/M./Berlin/Wien 1977

KLOTZ Heinrich, Moderne und Postmoderne. Architektur der Gegenwart 1960–1980, Braunschweig 1984

Konzerthaus Stuttgarter Liederhalle, Helmut POLLERT (Hg.), Stuttgart 1956

KREMER, Sabine, Hugo Häring (1882–1952) – Wohnungsbau. Theorie und Praxis, Stuttgart 1985

LAMPUGNANI, Vittorio Magnago (Hg.), Architektur und Städtebau des 20. Jahrhunderts, Stuttgart 1980

LAMPUGNANI, Vittorio Magnago, Architektur als Kultur, Köln 1986

LAMPUGNANI, Vittorio Magnago (Hg.), Hatje/Lexikon der Architektur des 20. Jahrhunderts, Stuttgart 1983

LAMPUGNANI, Vittorio Magnago, Romana SCHNEIDER (Hg.), Moderne Architektur in Deutschland 1900 bis 1950. Reform und Tradition, Stuttgart 1992

LANE, Barbara Miller, *Architecture and Politics in Germany 1918–1945*, Cambridge, Mass. 1968, deutsche Ausgabe Braunschweig/Wiesbaden 1986

LAUTERBACH, Heinrich, Bauten 1962–1965, Berlin 1972

LE CORBUSIER, Ausblick auf eine Architektur, Berlin/Frankfurt/M./Wien 1963

LEIPNER, Kurt, Stuttgart 1945 bis heute, Frankfurt/M.1973

LUPFER, Gilbert, Architektur der fünfziger Jahre in Stuttgart, Stuttgart 1997

MEHLAU-WIEBKING, Friedericke, Richard Döcker. Ein Architekt im Aufbruch zur Moderne, Braunschweig 1989

MARKELIN, Antero, Rainer MÜLLER, Stadtbaugeschichte Stuttgart, Stuttgart/ Zürich 1991

MITSCHERLICH, Alexander, Die Unwirtlichkeit unserer Städte. Anstiftung zum Unfrieden, Frankfurt/M. 1965

MOOS, Stanislaus von, Le Corbusier. Elemente einer Synthese, Frauenfeld/ Stuttgart 1968

MÜLLER-MENCKENS, Gerhard (Hg.), Schönheit ruht in der Ordnung. Paul Schmitthenner zum 100. Geburtstag, Bremen 1984

OTTO, Frei, Das hängende Dach. Gestalt und Struktur, Berlin 1954

OTTO, Frei (Hg.), Zugbeanspruchte Konstruktionen. Gestalt, Struktur und Berechnung von Bauten aus Seilen, Netzen und Membranen, 2 Bde. Frankfurt/M./Berlin 1962

PAUL, Jürgen, Kulturgeschichtliche Betrachtungen zur deutschen Nachkriegsarchitektur, in, Das Kunstwerk 2–3/1979, S.13–15, 143–147

PEHNT, Wolfgang, Die Architektur des Expressionismus, Stuttgart 1973

PETERS, Paulhans, Wohnhäuser. Punkthäuser, München 1958

PETSCH, Joachim, Baukunst im Dritten Reich, München/Wien 1976

PETSCH, Joachim und Wiltrud, Bundesrepublik – eine Neue Heimat? Architektur und Städtebau nach '45, Berlin 1983

PFANKUCH, Peter (Hg.), Hans Scharoun. Bauten, Entwürfe, Berlin 1967

POSENER, Julius, Anfänge des Funktionalismus. Von Arts und Crafts zum Deutschen Werkbund. Bauweltfundamente 11, Berlin/Frankfurt/M./Wien 1964

RABELER, Gerhard, Wiederaufbau und Expansion westdeutscher Städte 1945–1960 im Spannungsfeld von Reformideen und Wirklichkeit. Schriftenreihe des Deutschen Nationalkomitees für Denkmalschutz, Bd. 39, Köln/Bonn 1990

REICH, Gisela, Rolf Gutbrod. Häuser für Menschen, Filmmanuskript, Archiv Universitätsbibliothek Stuttgart (SA 2/992)

REICHERT, Horst, Die Verstädterung der Eastern Province in Saudi-Arabien und ihre Konsequenzen für die Regional- und Stadtentwicklung. Schriftenreihe 10, Städtebauliches Institut der Universität Stuttgart, Stuttgart 1980

REICHOW, Hans-Bernhard, Organische Stadtbaukunst – Von der Großstadt zur Stadtlandschaft, Berlin/Wien 1948

REICHOW, Hans-Bernhard, Die autogerechte Stadt. Ein Weg aus dem Verkehrs-Chaos, Ravensburg 1959

RIAD, Stadt der Zukunft, Stadtentwicklungsinstitut Riad (Hg.), Riyadh 1986

RITTER, Joachim (Hg.), Historisches Wörterbuch der Philosophie, Bd. 13, Mannheim 1971

ROSER, Matthias, Paul Bonatz, Wohnhäuser, Stuttgart 1992

ROTHE, Wolfgang, Der Expressionismus, Frankfurt/M. 1977

ROWE, SLUTZKY, HOESLI, Transparenz, Schriftenreihe der Eidgenössischen Technischen Hochschule Zürich, Bd 4. Basel/Boston/Berlin 1989

Rupp, Hans Karl, Politische Geschichte der Bundesrepublik Deutschland, Stuttgart/Berlin/ Köln/Mainz 1982

Schilgen, Horst, Neue Häuser für die Kunst, Dortmund 1990

Schischkoff, Georgi (Hg.), Philosophisches Wörterbuch, Stuttgart 1978

Schleicher, Hans-Jürgen, Architektur als Welterfahrung. Rudolf Steiners organischer Baustil und die Architektur der Waldorfschulen, Frankfurt 1978

Schmitt, Karl Wilhelm, Architektur der Nachkriegszeit, in, Helmut Heißenbüttel (Hg.), Stuttgarter Kunst im 20. Jahrhundert, Stuttgart 1979, S. 206–230

Schmitt, Karl Wilhelm (Hg.), Architektur in Baden-Württemberg nach 1945, Stuttgart 1990

Schmitt, Karl Wilhelm (Hg.), Konstruktion in Natur und Technik. Formen und Konstruktionen in Natur und Technik und Prozesse ihrer Entstehung, Stuttgart 1982

Schmitthenner, Paul, Die Baukunst im Neuen Reich, München 1934

Schmitthenner, Paul, Das sanfte Gesetz in der Kunst, Stuttgart 1954

Schmitthenner, Paul, Das Deutsche Wohnhaus. Baugestaltung, 4. Auflage, Stuttgart 1984

Schreiber, Matthias, Deutsche Architektur nach 1945. 40 Jahre Moderne in der Bundesrepublik, Stuttgart 1986

Schulz, Bernhard (Hg.), Grauzonen – Farbwelten. Kunst und Zeitbilder 1945–1955 (Katalog), Berlin 1983

Seiffert, Reinhard, Menschlich Bauen. Gesprächsmanuskript, Archiv Büro Gutbrod, Berlin

Siedler, Wolf Jobst, Die gemordete Stadt, Abgesang auf Putte und Straße, Platz und Baum, Berlin 1964

Städtebau in islamischen Ländern, Institut für Orts-, Regional- und Landesplanung der Eidgenössischen Technische Hochschule Zürich (Hg.), Zürich 1980

Städtebauliches Institut der Universität Stuttgart (Hg.), Heinz Wetzel und die Geschichte der Stadtbaulehre an deutschen Hochschulen, Stuttgart 1982

Standorte – Standpunkte. Staatliche Museen zu Berlin (Katalog), Berlin 1994

STEINER, Rudolf, Der Baugedanke des Goetheanums, Stuttgart 1958

STEINER, Rudolf, Wege zu einem neuen Baustil, Dornach 1982

STEINER, Rudolf, Arbeitsfelder der Anthroposophie, Medizin und Pädagogik, Vorträge und Aufsätze, Frankfurt/M. 1985

STEINER, Rudolf, Erziehungskunst II, Methodisch-Didaktisches. Ein Vortragskurs bei der Begründung Der Freien Waldofschule in Stuttgart, Dornach 1987

STERRA, Bernhard, Das Stuttgarter Stadtzentrum im Aufbau. Architektur und Stadtplanung 1945 bis 1960, Stuttgart 1991

STOMMER, Rainer, Dieter MAIER-GÜRR, Hochhaus. Der Beginn in Deutschland, Marburg 1990

Süddeutscher Rundfunk Stuttgart (Hg.), Funkhaus Stuttgart, Stuttgart 1976

TAUT, Bruno, Alpine Architektur, Hagen 1919

TAUT, Bruno, Die Stadtkrone, Jena 1919

TEUT, Anna, Architektur im Dritten Reich 1933–1945, Berlin/Frankfurt/M./ Wien 1976

VAHLEFELD, Rolf, Friedrich JACQUES, Garagen- und Tankstellenbau – Anlage, Bau, Ausstattung, München 1953

VOGT-GÖKNIL, Ulya, Die Moschee. Grundformen sakraler Baukunst, Zürich 1978

WANDERSLEB, Hermann (Hg.), Neuer Wohnbau, Bd. I Bauplanung. Neue Wege des Wohnungsbaus als Ergebnis der ECA-Ausschreibung, Ravensburg 1952

WANDERSLEB, Hermann (Hg.), Neuer Wohnbau, Bd. II Durchführung von Versuchssiedlungen. Ergebnisse und Erkenntnisse für heute und morgen. Von ECA bis INTERBAU, Ravensburg 1958

WERNER, Bruno E, Neues Bauen in Deutschland, München 1952

WILHELM, Karin, Frei Otto. Bd. 2 der Reihe Architekten heute, Berlin 1985

Winner, Gerd, Bernd Riede, Photographic Report 1977 (Hg.), Berlin/ Riyadh/Braunschweig 1977, Büro Gutbrod, Berlin

Wörner, Martin, Doris Mollenschott, Karl-Heinz Hüter, Architekturführer Berlin, Berlin 1991

Wörner, Martin, Gilbert Lupfer, Stuttgart. Ein Architekturführer, Berlin 1991

Yamazaki, Eiko, Gregor Hafner, Die Liederhalle Stuttgart. Unveröffentlichte Studienarbeit, Institut für Baugeschichte der Universität Stuttgart, Stuttgart 1980

Zaunschirm, Thomas, Die Fünfziger Jahre, München 1980

Zentralinstitut für Kunstgeschichte, München (Hg.), Berlins Museen. Geschichte und Zukunft (Katalog), München/Berlin, 1994

Zevi, Bruno, Erich Mendelsohn, Zürich/München 1983

Zimmermann, F. (Hg.), Der Schrei nach dem Turmhaus. Der Ideenwettbewerb Hochhaus am Bahnhof Friedrichstraße Berlin 1921/22 (Katalog), Berlin 1988

Zeitschriften und Zeitungen

Amtsblatt der Stadt Stuttgart
Architektur und Wohnform
Bauen und Wohnen
Baukunst und Werkform
Der Baumeister
Die Bauverwaltung
Die Bauzeitung

DAB Informationsblätter
Frankfurter Allgemeine Zeitung (FAZ)
Glasforum
Kölner Stadtanzeiger
Stuttgarter Nachrichten
Stuttgarter Zeitung
Die Zeit

Weitere Quellen, die in den Anmerkungen zu den jeweiligen Objekten aufgeführt sind, stammen aus dem Gutbrod-Archiv Berlin oder aus Firmenarchiven.

Bildnachweis

Abbildung Nr.

1, 2	Viktor Kurz, Breitenstr. 24, Esslingen-Hegensberg
6, 7	Die Bauzeitung, 4/1953, S. 129
8	Archiv der Stadt Stuttgart
9, 10, 14, 15	Baurechtsamt Stuttgart
11–13	Architektur und Wohnform 2/1952–53, S. 43, 41, 37
16, 17	BDA (Hg.), Planen und Bauen im neuen Deutschland, Köln/Obladen 1960, S. 323
18–20, 42–45	Architektur-Galerie, Rolf Gutbrod, Bauten in Stuttgart, 1991, S. 16, 17, 44, 45
22	Lothar FEHN (Hg.), Stuttgarter Architekturschule, 1992, S. 28
25–28	Archiv bzw. Bauabteilung der Firma Porsche, Stuttgart-Zuffenhausen
29	Baurechtsamt Fellbach
30	db 3/91, S. 92
34	Behnisch & Partner, Bauten 1952–1992, Stuttgart 1992, S. 141
40, 41	db 4/1966, S. 263, 264
53	BANDEL/MACHULE, Die Gropiusstadt, Berlin 1974, S. 90
58, 59	Peter BLUNDELL JONES, Hans Scharoun, Stuttgart 1979, S. 49
67	Horst SCHILGEN, Neue Häuser für die Kunst, Dortmund 1990, S. 86
71, 76	Philip DREW, Frei Otto, Form und Konstruktion, Stuttgart 1976, S. 35, S. 111
3, 4, 5, 21, 23, 24, 31–33, 35–39, 46–52, 60–66, 68–70, 72–75, 77–83, 85, 86, 88–94	Archiv Büro Gutbrod, Berlin
84, 87	Atelier Frei Otto, Stuttgart-Warmbronn

Anhang

Rolf Gutbrods Antrittsvorlesung an der Technischen Hochschule in Stuttgart von 1953, welche auch als Aussage zu seiner Architekturauffassung gewertet werden kann, sowie zwei Reden, aus denen im Text der Arbeit zitiert wurde, sollen im folgenden in ihrem inhaltlichen Zusammenhang wiedergegeben werden. Des weiteren sind drei der zahlreichen Briefe Rolf Gutbrods an die Verfasserin angefügt.

Rolf GUTBROD, Gedanken zur Lehre (1953)
    Antrittsvorlesung am Institut für Innenraumgestaltung und Entwerfen der Technischen Hochschule Stuttgart

Rolf GUTBROD, Zur Lösung architektonischer Aufgaben in unserer Zeit (1982)
    Katalogbeitrag zur Ausstellung „Hugo Häring in seiner Zeit – Bauen in unserer Zeit"

Jürgen JOEDICKE, Rede
    gehalten am 26. 9. 1990 aus Anlaß der Eröffnung der Ausstellung „Rolf Gutbrod, Bauten in Stuttgart"

Brief Rolf Gutbrods an die Verfasserin vom 3. 4. 1991

Brief Rolf Gutbrods an die Verfasserin vom 25. 9. 1992

Brief Rolf Gutbrods an die Verfasserin vom 10. 10. 1993

Rolf Gutbrod: Gedanken zur Lehre, 1953

Lassen Sie mich zunächst dafür danken, daß Sie mir Gelegenheit geben, meine Gedanken zum Unterricht im Fach Innenraumgestaltung und Entwerfen zu erläutern. Als vor einiger Zeit die Frage an mich gerichtet wurde, ob ich u. U. Interesse hätte, den Unterricht in diesem Fach zu erteilen, war ich zunächst der Meinung, daß hier ein Lehrer notwendig sein würde, der aus dem Schreinerhandwerk hervorgegangen oder zumindest zu diesem und zum Kunstgewerbe überhaupt ein ganz besonders inniges Verhältnis hat. Je mehr ich mich aber mit der Frage beschäftigt habe, umso mehr schien mir, daß die Aufgabenstellung an der Technischen Hochschule eigentlich eine ganz andere sein sollte, als wir bisher annahmen. Nicht das Möbel und die Innendekoration und allenfalls noch der Einbauschrank und der Kamin sollten, wie ich heute überzeugt bin, Lehrgegenstand sein, sondern der ganze Innenraum im weitesten Sinn. Die Wirkung des Innenraums auf den Menschen und das menschliche Gemüt.
Lassen Sie mich einleitend etwas weiter ausholen. Im Städtebau, im Siedlungswesen wird das Entwerfen von Stadtorganismen, von einzelnen Quartieren oder Siedlungen gelehrt, im Fach Entwerfen selbst der Entwurf von Gebäuden aller Art. In anderen Fächern, wie vor allem im Fach Gebäudelehre oder auch im Fach Konstruktiver Entwurf, werden dem Studierenden Grundsätze nahegebracht, die beim Entwurf von Gebäuden berücksichtigt werden müssen. Soweit ich aber sehen kann, wird bisher in keinem Fach das Entwerfen eines einzelnen Raumes nach räumlichen, künstlerischen Gesetzen gelehrt, und da sehe ich eine Lücke.
Ist das vielleicht der Grund, warum wir so häufig beim Unterricht Entwerfen in der Oberstufe auf eine völlige Verständnislosigkeit stoßen, wenn wir versuchen, mit dem Studierenden über die Atmosphäre eines Bauwerks zu sprechen? Natürlich steht das Räumliche beim Lehrenden immer im Hintergrund des Bewußtseins. Bei manchen Entwurfsaufgaben, die man vielleicht als Einraumaufgaben bezeichnen könnte, wie z. B. Theater, Konzertsaal, Kirchenraum, tritt das Innenräumliche auch in den Vordergrund. Die Gestalt des Raumes, und zwar von innen gesehen, von der seelischen Wirkung her, wird wichtig. Aber erleben wir nicht da bisher im wesentlichen nur Mißerfolge? Jedenfalls scheint mir sicher, daß bei den Alltagsaufgaben, bei den Normalräumen, die innenräumlichen Gesichtspunkte durchaus gegenüber den Gesichtspunkten der Organisation, auch gegenüber der Stellung des Baukörpers zu seiner Umgebung und gegenüber der Erscheinung des Gebäudes als Ganzes im Hintergrund bleiben.
Eine Frage, die mich sehr stark beschäftigt hat, war die, wie es denn möglich ist, daß wir bei der Klausuraufgabe Jugendherberge fast nur Lösungen bekamen mit lichtdurchfluteten Räumen. Die äußere Erscheinung dieser Herberge war bestimmt durch die Verwendung von möglichst viel Kristallspiegelglas.
Wir hatten doch alle den Eindruck, daß unsere Schüler glaubten zu wissen, wie ein Gebäude des Jahres 1952 an der TH Stuttgart auszusehen hat und daß sie nun diese Schablone gedankenlos anwenden. Offenbar hatten sie trotz Studium kein Gefühl dafür

erworben, daß ein Wanderer, der sich den ganzen Tag im Freien bewegt hat, in einer Herberge das Geborgensein sucht und sich also nicht wohlfühlen wird hinter den Aussichtsfenstern, die vielleicht einen Städter erfreuen, wenn er nach längerem Eingesperrtsein eine längere Erholungspause genießen möchte.

Wenn wir dann den Satz aussprechen „das paßt nicht für eine Jugendherberge", dann ist das Erstaunen groß und es fällt – wie ich immer feststellen mußte – schwer, das Warum zu erklären, weil eben das innenräumliche Denken, – das Denken an die Raumstimmung nicht geübt war.

Ich sehe aber in der bewußten Beschäftigung mit den von Ihnen zu schaffenden Innenräumen eine der wesentlichsten Aufgaben des Architekten überhaupt, und es scheint mir die Bedeutung des Faches Innenraumgestaltung an der Technischen Hochschule gerade darin zu liegen, daß versucht wird, hierüber zu einer Lehre zu kommen. Also nicht das Möbel, nicht die Dekoration, der Vorhang oder der Möbelstoff und auch erst in zweiter Linie das Profilieren von Schreinerarbeiten, Stuck und Putz, sondern eben das Innenräumliche im Gesamten.

Also nicht das Vorübergehende der Raumnutzung, sondern das Bleibende der Raumgestalt sollte wohl das Ziel im Unterricht in diesem Fach sein. Vielleicht wäre damit auch ein Mittel gegeben, dem Studierenden zu helfen, von seinen formalen Zwangsvorstellungen loszukommen, indem ihm klargemacht wird, daß die vornehmste Aufgabe des Architekten nicht darin gesehen werden kann, schöne Häuser zu bauen, sondern darin Räume zu schaffen, in denen Menschen wohnen und arbeiten können, in denen sie sich wohlfühlen.

Sie werden Verständnis dafür haben, daß ich Ihnen heute eine solche Lehre für das Fach Innenraumgestaltung und Entwerfen nicht vortragen kann. Ich kann Ihnen nur darzustellen versuchen, auf welchem Weg ich mich um eine Lösung bemühen würde. Der Innenraum erscheint mir bestimmbar durch vier Hauptfaktoren:

1. durch die räumliche Gestalt,
2. durch die Führung des Lichts,
3. durch die Wahl der Werkstoffe und deren Bearbeitung,
4. durch die Farbgebung.

Es ist mir klar, daß der Raum außerdem – mitunter sogar entscheidend – durch Möbel, Dekoration, Wandschmuck bestimmt wird. Aber ich sehe da einen Unterschied. Wenn der Architekt fertig ist, sollte der Raum gestaltet sein. Das Dauernde des Raumes sollte in sich harmonisch festgefügt und abgerundet für immer bleiben können, während das Vorübergehende der Einrichtung dann immer wieder wechseln und den jeweiligen Bedürfnissen angepaßt werden kann. Warum ist denn ein Haus aus dem 18. Jahrhundert auch heute noch sowohl als Finanzamt als auch als Wohnhaus benutzbar, während eine bis ins kleinste entworfene Jugendstilvilla für keinerlei Zweck vernünftig verwendet werden kann? Beim Haus aus dem 18. Jahrhundert ist das Gebäude vom Architekten abgeschlossen. Bei der Jugendstilvilla hat die ganz auf die damalige Benutzung abgestellte Dekoration das Innenräumliche völlig verdrängt, das Bleibende war vergessen.

Stellen wir uns nun die Frage, was an einer Hochschule, die ja Universitätsrang haben soll, gelehrt werden müßte, so scheint mir doch, daß es nicht unsere Aufgabe sein kann, Möbelentwerfer und Dekorateure auszubilden. Ein neues Stuhlmodell muß in Verbindung mit der Werkstatt erarbeitet werden. Wer Möbelbau studiert, muß bereit sein, ein ganzes Leben dieser Aufgabe zu widmen. Gute Stühle wurden ja auch bisher in den seltensten Fällen von Hochschulabsolventen entworfen. Für Stoffmuster gilt dasselbe.

Ich unterschätze die Bedeutung der Einrichtung keineswegs, aber ich bin nicht der Auffassung, daß es Aufgabe einer Hochschule ist, hierüber zu einer Lehre kommen zu wollen. Ich darf nochmals auf dieses Problem zurückkommen und möchte zuvor aber noch kurz im einzelnen auf die vier Lehrgebiete eingehen:

– räumliche Gestalt
– Lichtführung
– Werkstoff
– Farbe.

Der Unterricht zum Thema räumliche Gestalt wird klären müssen, welche Mittel dem entwerfenden Architekten zur Innenraumgestaltung zur Verfügung stehen im Hinblick auf den Zweck, dem die Räume dienen sollen. Die Richtung des Raumes (Längs- oder Querraum), seine Höhe (hoch, überhoch, gedrückt), dann die Grundform und Orientierung, also Zentralräume oder untergliederte Räume, werden zu untersuchen sein nach ihrer Wirkung auf den Menschen. Für welchen Zweck welchen Raum und warum?

Es sollte ja nicht vorkommen, was mir unlängst ein Assistent erzählte, daß ein Studierender einen Kirchenraum entwirft und eine neuartige sehr überzeugende Konstruktion eines Zentralraumes entwickelt, aber dann nicht weiterkommt mit dem Entwurf, weil es ihm nicht klar war, wie der Altar in den fertigen Raum zu stellen sei. Der Studierende hatte sich eben über das innenräumliche Problem des Kirchenbaus: Altar, Kanzel und Gemeinde nicht genügend Klarheit verschafft, und dies scheint mir nach meinen Beobachtungen allgemein zu wenig beobachtet zu werden.

Im 2. Thema, der Lichtführung, sehe ich das zentrale Problem heutiger Innenraumgestaltung. Wir leben in einer Zeit, in der eine gewissen Nüchternheit als zeitgemäß empfunden wird. Wir haben also gar nicht so viele Wandlungsmöglichkeiten für die Stimmung von Räumen, wie dies in expressiven Zeiten, z. B. im Barock, gegeben war. Wir haben in der Lichtführung ein den Ausdruck des Raumes stark bestimmendes Gestaltungsmittel und können damit eine ganz bestimmte Stimmung des Raumes erreichen.

Direktes Licht, außenliegende oder tief in der Leibung liegende Fenster, aber nicht betrachtet bezüglich ihrer Wirkung auf die Fassade, sondern nur nach ihrer Wirkung auf den Innenraum. Ganz überschattete Fensterflächen, Glasbausteine, Kunstlicht darzustellen nach der Wirkung auf den Innenraum, scheint mir wichtig. Dann wird vielleicht doch in vielen Fällen erklärt werden können, warum ganz zwangsläufig ein gewisser Charakter z. B. einer Jugendherberge sich ergeben wird, warum auch die äußere Erscheinung einen zwingenden Schluß zuläßt auf Zweckbestimmung des Gebäudes.

Den Unterricht zum 3. Thema, Werkstoffe und deren Bearbeitung, würde zu behandeln haben, welche Möglichkeiten sich auch hier den Entwerfenden bieten. Stein, Hölzer der verschiedensten Art, Putz, Gewebe, dies alles für die Fußböden, Wände und Decken. Warum für das eine dies, für das andere jenes? Der Versuch einer Wertung und Klassifizierung nach kühl, neutral, warm. Wie oft passiert es uns, daß wir bei Innenraumdarstellungen bisher allenfalls eine geometrische Innenperspektive vorgelegt bekommen, bei der die Möglichkeiten, die in den eigenen Werkstoffen liegen, nicht genutzt, weil nicht bekannt sind. Auch hier wird versucht, vom Formalen her zu gewissen Wirkungen zu kommen, während die natürliche Stimmung, die von einem richtig gewählten Werkstoff ausgeht, nicht von Anbeginn in die Überlegungen des Entwerfenden einbezogen wird.

Der Unterricht zum 4. Thema, Farbe, stelle ich mir schließlich so vor, daß auch hier zu versuchen sein wird, zu einer Wertung der Farbwirkung zu kommen. Ich würde zu charakterisieren versuchen, etwa das aggressive Rot, das zur Besinnung und Vertiefung anregende Blau, das strahlend leuchtende Gelb und die Konträrfarben Grün, Orange, Violett und würde auch hier versuchen, zu einer Art Farbenlehre für entwerfende Architektur zu kommen. Auf diesem Gebiet ist ja vieles schon entwickelt.

Sind diese vier Gruppen für sich behandelt, wird ihr Zusammenwirken gezeigt werden, also das Verhältnis von Farbe und Werkstoff oder der Einfluß der Farbe auf die Raumgestalt oder der Einfluß des Lichts auf die Farbwirkung, als Beispiel etwa die Lichtführung in einer Gemäldeausstellung.

Auf diese Weise wird man vom allgemein Gültigen zum Besonderen, zum Einzelbau und zur persönlichen Handschrift übergehen können. Wer wählt – für diesen Zweck oder jenen Zweck, temperamentsbedingt oder aus anerzogener Neigung – diese Raumgestalt, jene Lichtführung, dieses Material oder jene Farbe – und ist das im Sinne der Harmonie des Gebäudes richtig?

Den äußeren Ablauf des Unterrichts denke ich mir so, daß in einer Vorlesung im Wintersemester die vier Hauptthemen (Raumgestalt – Licht – Werkstoff – Farbe) behandelt werden, und zwar an einem ausgeführten Bau. Also etwa in einem Semester ein Verwaltungsgebäude mit seinen Einzelbüros mit eingebauten Schränken, Arbeits- oder Zeichensälen, Direktorenzimmer, Warteräume, Konferenzsäle mit Garderoben und etwa einer Eingangshalle nebst Pförtnerloge. In einem anderen Semester vielleicht ein kleines Theater oder eine Gaststätte oder auch einmal ein reicher ausgebautes Wohnhaus. Und zwar deshalb den Unterricht immer in Beziehung zu einem ausgeführten

Bau, weil ich der Meinung bin, daß es bei diesem Fach sehr wichtig ist, daß der Studierende Gelegenheit hat, das im theoretisch Vorgetragene in praxi zu sehen, damit er das Gesagte selbst überprüfen und sich seine eigene – u. U. abweichende – Meinung bilden kann. Es handelt sich ja bei der Innenraumgestaltung noch viel mehr als beim Entwerfen um stark gefühlsmäßig bedingte Urteile.

Da nicht jeder Studierende Sinn für die Innenraumgestaltung hat und auch der Lehrgegenstand vielleicht zu intim ist, um im großen Kreis einprägsam behandelt zu werden, möchte ich vorschlagen, das Fach als Wahlfach vorzusehen. In einem anschließenden Seminar während des Sommersemesters stelle ich mir vor, daß das im Unterricht Behandelte praktisch geübt wird. Der Studierende soll die im Unterricht behandelten Räume nun seinerseits neu bearbeiten und die Änderungen vornehmen, die er für wünschenswert oder notwendig hält. Aus der Gegenüberstellung der Studienarbeiten zu dem schon gebauten Beispiel soll sich dann eine lebendige Anschauung über die vielerlei Möglichkeiten der Innenraumgestaltung gewissermaßen von selbst ergeben. Nun scheint mir auch der Augenblick gekommen, wo der fertiggestaltete Raum einzurichten ist.

Bei seiner eigenen Lösung soll nun im Seminar der Studierende die Ergänzung suchen auch im richtigen Möbel, im Schmuck und in der Dekoration. Dabei werden ihm auch hier die verschiedenen Möglichkeiten gezeigt. Er soll lernen, die verschiedenen Konstruktionsarten von Tischen und Stühlen zu beurteilen, damit er später bei der Auswahl als Fachmann gelten kann. Ich stelle mir vor, daß die Innenraumgestaltung selbst nach ihren vier Gestaltungsmöglichkeiten gelehrt wird, während der Innenausbau (wie im bisherigen Sinn) nur geübt würde. Ob der Einzelne dann vorhandene Möbel auswählt oder ob er den Wunsch hat, neue Möbel zu entwerfen, bleibt ihm freigestellt.

Da ich es nicht für richtig halten würde, wenn ich selbst mich nun im Entwerfen von Möbeln betätigen würde, wobei dies ja doch immer ein Nebengebiet bleiben würde, habe ich Vorsorge getroffen, daß mir im Falle einer Berufung im Seminar eine Fachkraft zur Seite stehen würde, die tatsächlich ganz im Möbelbau lebt und die Übungen bezüglich dieses Teils fachmännisch einwandfrei leitet. Wichtig scheint mir aber für das Fach selbst, daß das Innenräumliche im oben charakterisierten Sinne das Übergewicht behält, und deshalb scheint es mir wichtig, daß ein Architekt und nicht etwa ein Innenarchitekt den Unterricht Innenraumgestaltung an einer Hochschule erteilt.

Nur dann wird dem Studierenden klargemacht werden können, welche entscheidende Bedeutung der von ihm zu schaffende Innenraum hat, und nur ein darauf hinzielender Unterricht wird dazu helfen, daß wir vom Formalen zum Wesentlichen kommen und daß im Mittelpunkt auch unserer Hochschularbeit die Bemühung um den Menschen – um das Menschliche in jedem Einzelnen – steht.

Rolf Gutbrod, Antrittsvorlesung an der Technischen Hochschule Stuttgart,
   gehalten im Jahr 1953.
   (Publiziert in: „Rolf Gutbrod, Bauten in Stuttgart", Stuttgart 1991, S. 32, 34, 36)

Rolf Gutbrod: Zur Lösung architektonischer Aufgaben in unserer Zeit

Soweit es die „architektonischen Aufgaben in unserer Zeit" überhaupt noch zulassen, bemühen wir uns, dem künstlerischen Element auch heute, wenn irgend möglich, Vorrang einzuräumen.

Unter diesem Gesichtspunkt studieren wir das Programm, um neben dem Funktionellen auch das Wesen der Aufgabe zu erfühlen. Mit diesem Wissen versuchen wir dann, insbesondere bei Einzelaufgaben, wie Konzerthaus, Kulturzentrum, Ausstellungspavillon, Repräsentationsbauten, aber auch bei Geschäftsbauten und Hotels in besonderer Lage, sowohl aus der Umgebung als auch aus der Topographie Anregungen aufzunehmen.

Wir glauben dadurch – im Glücksfall – zu erreichen, daß selbst bei Verwendung typischer Elemente oder auch bei der Weiterentwicklung von Lösungen für verwandte Aufgaben – die neuen Bauten fest in die Umgebung verwurzelt erscheinen und das unverwechselbare Profil erhalten.

Dies soll nicht zu „Denkmalen für den großen Baumeister" führen, aber gelegentlich ist die Auflehnung gegen das Raster oder gegen die Modediktatur „einer neuen Welle" notwendig.

Gelingt es dann noch durch die Wahl der Baustoffe und Farben den Bau harmonisch oder kontrapunktisch, und unter Berücksichtigung des Maßstabes der Umgebung, zu einem Ganzen zu verbinden, können sich der Architekt und die Menschen, die sich in oder um das Gebäude herum bewegen, freuen.

Rolf Gutbrod, Katalogbeitrag
(Publiziert in: „Hugo Häring in seiner Zeit – Bauen in unserer Zeit", Symposion und Ausstellung Biberach a. d. Riss, Mai 1982, S. 100)

Jürgen Joedicke, Rede zur Ausstellungseröffnung
„Rolf Gutbrod – Bauten in Stuttgart" (1990)

Meine sehr verehrten Damen und Herren,
verehrter, lieber Rolf Gutbrod,

es war zu Beginn der fünfziger Jahre, als sich die damalige Architekturabteilung der Technischen Hochschule mit der Akademie der Bildenden Künste das Haus am Weißenhof teilte. Über dem Steildach, nur über einen Nebeneingang und eine Nebentreppe oder den ehemaligen Malersaal zu erreichen, lagen einige kleine Räume, die sich auf beengtem Raum die Lehrstühle von Rolf Gutbrod und Curt Siegel teilen mußten. Damals lernte ich als junger Assistent Rolf Gutbrod näher kennen.
Die Atmosphäre in diesen Räumen war karg und sicher sehr bescheiden, sie spiegelte etwas von der Situation in jener Zeit nach den Zerstörungen des 2. Weltkriegs wider, als man begann, die Trümmer aufzuräumen und Grundlagen für Künftiges zu schaffen. Aber vielleicht lag gerade deshalb den ersten Schritten, jenem Anfang, ein Zauber inne; – die eigentlich durch nichts zu rechtfertigende Hoffnung auf eine bessere Zukunft, auf einen Neuanfang, der mehr als nur ein Wiederaufbau sein sollte.
Jedoch wie so oft nach einem Umbruch waren es auch diesmal die sogenannten Notwendigkeiten, aber auch die Sorge um die Erhaltung der Reste, die sich als stärker erwiesen. Und doch gab es in dieser Zeit Ansätze, die wie ein Versprechen für die Zukunft wirkten, – Bauten, an denen sich Hoffnungen entzünden sollten. Zu ihnen gehörte das Konzerthaus Stuttgarter Liederhalle, aus einem 1949 veranstalteten, begrenzten Wettbewerb hervorgegangen und 1954–1956 auf Grund eines verkleinerten Programms in veränderter Form gegenüber dem Wettbewerbsentwurf erbaut. Was diesen Bau auszeichnet, ist ein in dieser Zeit erneuerter Entwurfsansatz; – der Versuch, den Teilen, das heißt den einzelnen Sälen, eine eigene Form, eine eigene Individualität zu geben, sie voneinander zu unterscheiden und aus diesen so unterschiedlichen Teilen ein Ganzes zu bilden.
Was sich den Zeitgenossen in völlig neuer Form präsentierte, so daß selbst Architekturkritiker Schwierigkeiten hatten, es zu verstehen, beruhte bewußt oder unbewußt auf dem Ansatz des organhaften Bauens, wie er von Hugo Häring vertreten wurde.
Wenn es, wie auf dem Symposium anläßlich seines 100. Geburtstages 1982 in Biberach dargelegt wurde, auch niemals eine Häringschule gegeben hat, so sind von ihm und seiner tiefschürfenden Gedankenwelt Wirkungen ausgegangen, die bis in unsere Zeit reichen. Und sicher mußte sich ein Architekt wie Rolf Gutbrod in seinen Arbeiten durch Hugo Häring bestätigt und ermutigt fühlen, der in seinen Schriften vom Geistigen in der Architektur spricht und der das Geheimnis der Gestalt erklärt als etwas, in dem ein Unsichtbares sichtbar wird.

Zu dieser Zeit, als die Liederhalle geplant wurde, wurde Rolf Gutbrod als Professor an die damalige TH Stuttgart berufen, wo er bereits ab 1947 als Lehrbeauftragter tätig war. Die Spur seines Wirkens läßt sich bei der Erneuerung dieser Schule in den fünfziger Jahren erkennen; – daß Architektur sich nicht im Rationellen erschöpfen dürfe, daß Architektur zur Sphäre der Kunst gehöre, war sein bleibender Beitrag in einer immer mehr sich auf das vordergründig Zweckhafte und Quantitative verengenden Epoche.

Wenn man unter dem Begriff Schule in der Architektur die Ausrichtung der Studierenden auf die Vorstellungen und formalen Vorlieben des Lehrers versteht, hat Gutbrod nie eine Schule gebildet. Worum es Gutbrod in der Entwurfslehre ging, war der Versuch, den Studierenden auf seinem eigenen Weg zu ermutigen, ihn zu sich selbst finden zu lassen. Und zur Lehre gehörte indirekt auch die Auseinandersetzung der Studierenden mit seinen Bauten.

Der Blickpunkt war dabei eher auf die kleinen und bescheidenen Aufgaben gerichtet, die in oft überraschender Weise gelöst waren: so die mit einer vorgefertigten Stahlleichtkonstruktion überdeckte, nach vorn voll verglaste, seitlich sowie rückwärts durch massive Natursteinwände umschlossene Milchbar auf dem Killesberggelände. Was daran faszinierte, war nicht nur die Einfachheit, ja Selbstverständlichkeit der Form, sondern das Gestaltungsprinzip, das sich auch in späteren Bauten nachweisen läßt: der Kontrast als Gestaltungsmittel oder Harmonie als Zusammenfall der Gegensätze, wie es Nikolaus Cusanus lange zuvor und in anderem Zusammenhang formuliert hatte.

Und wenn ich an die Prächtigkeit der mit Marmor verkleideten Büropaläste der späteren Jahre denke oder an die sogenannten High-Tech-Bauten der unmittelbaren Gegenwart, dann fällt mir spontan das Verwaltungsgebäude der Holzberufsgenossenschaft in Stuttgart aus jener Zeit ein: ein mit Welleternit verkleideter Bau, mit horizontaler Verglasung, durch schräg ausstellbare Markisen geschützt, der in seiner Frische, spielerischen Leichtigkeit und informellen Gestaltung allen Studierenden unserer Zeit in das Lehrbuch geschrieben werden müßte, obwohl oder gerade weil er vor über drei Jahrzehnten errichtet wurde.

Ende der fünfziger Jahre begann sich Rolf Gutbrods Wirken weit über Stuttgart auszubreiten, aber es entstanden hier auch weiterhin wichtige und charakteristische Bauten, so das Funkhaus des Süddeutschen Rundfunks (1968–1976), die Württembergische Bank am Kleinen Schloßplatz (1964–1968) oder das Lehrerseminar des Bundes der Freien Waldorfschulen (1973), alle Bauten wie auch spätere in Zusammenarbeit mit jüngeren Kollegen und ehemaligen Mitarbeitern nun als Partnern errichtet.

Internationale Anerkennung fand Rolf Gutbrod mit seinem in Zusammenarbeit mit Frei Otto errichteten Ausstellungspavillon der BRD auf der Weltausstellung in Montreal (1965–1967), bei dem wie in früheren Bauten wiederum der Kontrast als bewußtes Gestaltungsmittel verwendet wird: eine leichte Seilnetzkonstruktion über dem orthogonalen Aufbau der Ausstellungsebenen. Für diesen Bau erhielten Rolf Gutbrod und Frei Otto den Auguste-Perret-Preis der UIA, die höchste Auszeichnung dieser Internationalen Architektenvereinigung.

Einen Höhepunkt seiner internationalen Bautätigkeit stellt das Konferenzzentrum mit Hotel in Mekka (1967–1974) dar, in Zusammenarbeit mit Frei Otto und Ove Arup & Partner entworfen.

Rolf Gutbrod hat einmal von sich selber gesagt, daß ihm die Abstimmung mit der Umgebung wichtig sei, Topographie, Atmosphäre sowie die Wünsche und Erwartungen des Bauherrn. Wie kaum ein anderer Bau steht dieses Konferenzzentrum für die Einfühlung in einen fremden Kulturkreis und die Umsetzung traditioneller Mittel in eine neue unverwechselbare Formensprache ohne geschmäcklerische Anpassung. Dies sei an einem Detail erläutert: Die Verschattung des Innenhofes wird durch die völlig andere Verwendung eines alten Elementes erreicht, durch das Kafees, das hier horizontal auf Drahtseilen aufgelegt ist. Das Kafees ist ein Holzgitterrost, der sich an alten arabischen Häusern als Fensterverkleidung befindet.

Was ich vortragen konnte, sind nur Marginalien zu einem Lebenswerk, das sich in Jahrzehnten wie ein Solitär ausgebreitet hat. Es sind vor allem persönliche Erinnerungen und Erfahrungen und mit einer solchen lassen sie mich auch schließen.

Es war vor mehr als zwanzig Jahren, als jene Welle der Unruhe, aber ebenso die Suche nach Veränderung, auch diese Schule erreicht hatte. In einer Fakultätssitzung wurde das Lehrprogramm des kommenden Semesters besprochen und Rolf Gutbrod zeigte die Durchführung eines Seminars an. Befragt, wie denn nun aber das Thema des Seminars sei, antwortete er schlicht: Architektur.

Über Architektur also wollte er sprechen, nicht über diesen oder jenen Aspekt der Architektur, nicht über ein Teilgebiet, sondern über Architektur als Ganzes; – als Ganzes, das in der Architektur immer mehr als die Summe der Teile ist. Ich meine, schöner und einfacher kann man es nicht ausdrücken, was ihn früher und heute, ein ganzes Leben lang, bewegt und angetrieben hat:

Architektur als Gestalt, Architektur als Gestaltung.

Jürgen Joedicke, Rede (Manuskript), gehalten am 26. 9. 1990 in der Architektur-Galerie am Weißenhof in Suttgart aus Anlaß der Eröffnung der Ausstellung „Rolf Gutbrod, Bauten in Stuttgart"

(In Auszügen veröffentlicht in: Rolf Gutbrod, Bauten in Stuttgart, Stuttgart 1991)

PROFESSOR ROLF GUTBROD
1000 BERLIN 33
IM GEHEGE 9
TEL. (030) 8 31 50 05
Fax 8315006
3. April 91

Sehr geehrte Frau Donzié,

Ihre Texte zum Gegenstand kann ich nur bewundern. Sind Sie sich klar, worauf Sie sich da einlassen? z.B. darauf, es mit uns zu tun zu haben, da ich nie eine Ordnung meiner Hinterlassenschaften zusammenbrachte. Dabei hilft mir der Ausspruch meines geliebten - verehrten Lehrers Prof. Wetzel, der auf die Frage, warum er an der Einweihung einer seiner kleineren Bauten nicht teilgenommen habe, antwortete: „ich will doch nicht zwischen meinen Ex-krementen spazierengehen."

Da ich weiß, wie lange eine gründliche Beantwortung Ihrer Fragen dauern würde (immer in Zeitnot) hoffe ich, Sie sind damit einverstanden, wenn ich die einfacheren wenigstens sofort beantworte.

1) Skizzen..? Kaum welche, da ich nicht zeichnen kann, meine Korrekturskizzen waren immer essentiell - übertrieben, um die Botschaft deutlich zu machen und wurden von mir nicht aufbewahrt. Wenn ich eine finde, schicke ich sie, desgl. Studienentwürfe.

2) Treffen Ex usw? Nein, Mies van der Rohe begegnete ich auf der Baustelle der Nat. Galerie, aber meine Studentengruppe u. ich (wir waren mit den fast all'j. stattfindenden Berlin-Exkursionen

— 5 —

Brief Rolf Gutbrods an die Verfasserin vom 3. 4. 1991

PROFESSOR ROLF GUTBROD

1000 BERLIN 33
IM GEHEGE 9
TEL. (030) 8 31 50 05

25. Sept 92

Fax 831 5001

Sehr geehrte Frau Bongies

anbei
1) einige Fotos vom Haus Wormke zur Ansicht. Bitte zurück, was Sie nicht brauchen

2) Kopie meiner Wahl in die Intern. Architektur Akademie und kurze Notiz über die Einleitung durch die UN
Von den weltweit max 60 Mitgliedern sind 5 Deutsche (Ackermann, Graffunder, Frei Otto, Willi Kiebel und ich) von Ostwald Anbörk und Pichl

3) den Aga Khan Preis haben Frei Otto und ich 1980 in Lahore bekommen (für Montreal Mecca) s. beil. Faltblatt (bitte plegentl. zurück)

Mit fdl Gruß
Gutbrod

Brief Rolf Gutbrods an die Verfasserin vom 25. 9. 1992

KARIN und ROLF GUTBROD
Dorneckstrasse 95
CH 4143 Dornach
Telefon 00 41 61 / 701 51 18

Dornach 10. Okt. 93

Sehr geehrte Frau Douglas,

leider geht es mir nicht besser. Morgen fahre ich zur Untersuchung in die Heidelberger Orthop. Klinik, kurz zu Klaus Jesgar.

zu 1.) ich erinnere mich nicht, den Brief angelegt zu haben. Thomas Ruffus Lagen costé fratres (1946)

zu 2.) Gabriel, Wilhelm, Grosse, Erdle, Drion u.a. kenne ich aus der Studienzeit.
Böhm u. Schwanzer-Wien Gutbier habe ich erst nach 46 näher kennen gelernt

zu 3.) mit Speers Arbeitsstab hatte ich keine Berührung. Ich war zu Dornach kommandiert, später auch mit NRD frühes tätig

Hoffentlich kommen Sie mit Ihrer Arbeit gut voran

Guten Gutbrod

Brief Rolf Gutbrods an die Verfasserin vom 10. 10. 1993

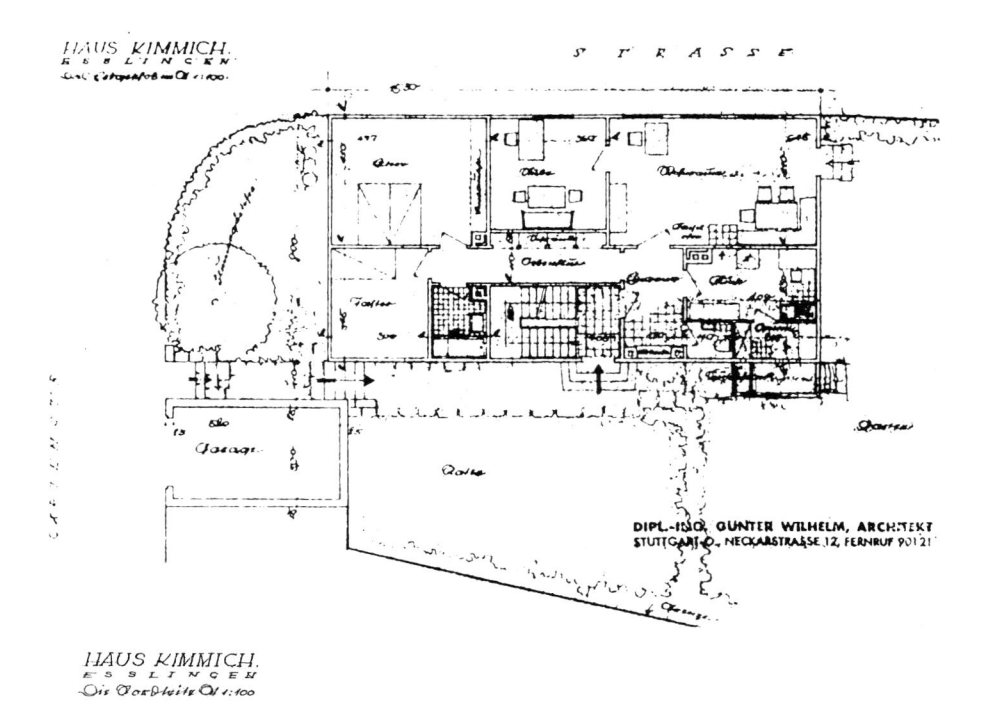

Abb. 1 GR Wohnhaus Kimmich, Esslingen (1935)
Abb. 2 Ansicht

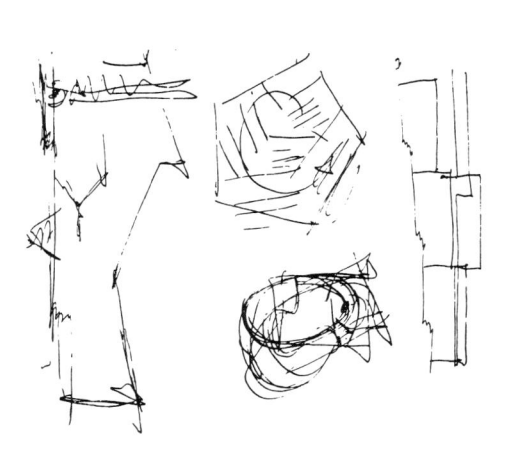

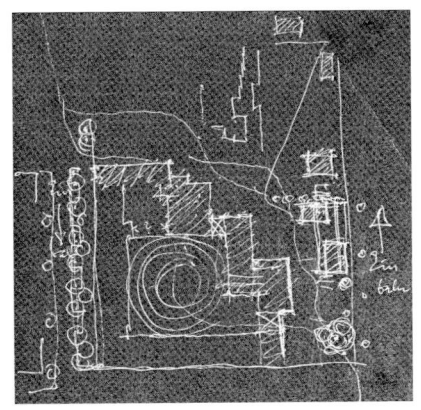

Abb. 3   Ansicht Heizwerk, Flakkaserne, Friedrichshafen (1937)
Abb. 4   Skizze von Rolf Gutbrod
Abb. 5   Skizze von Rolf Gutbrod

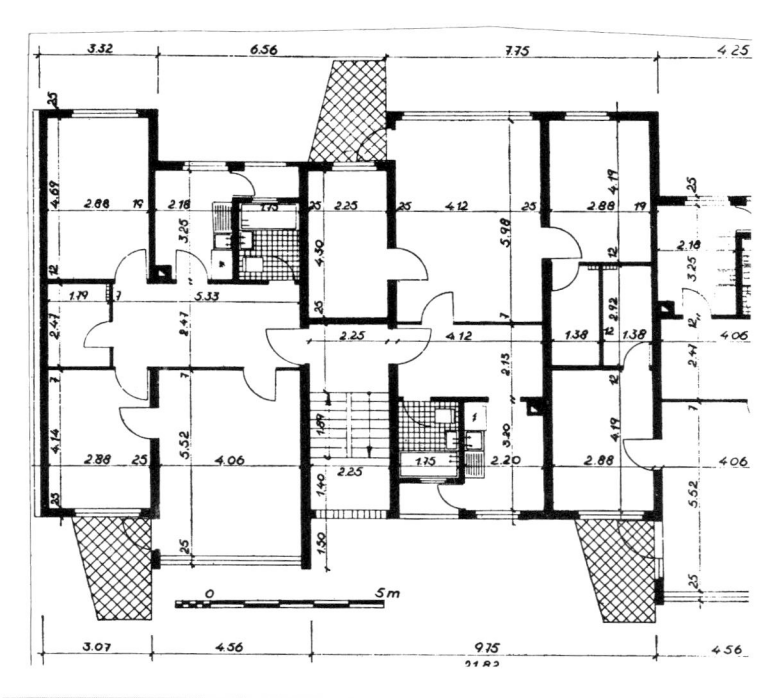

Abb. 6 GR „Versuchswohnblock Moserstraße", Stuttgart (1947–51)
Abb. 7 Ansicht

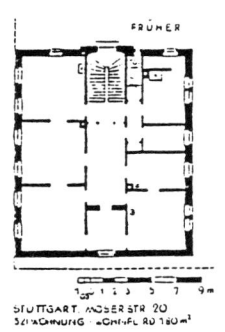

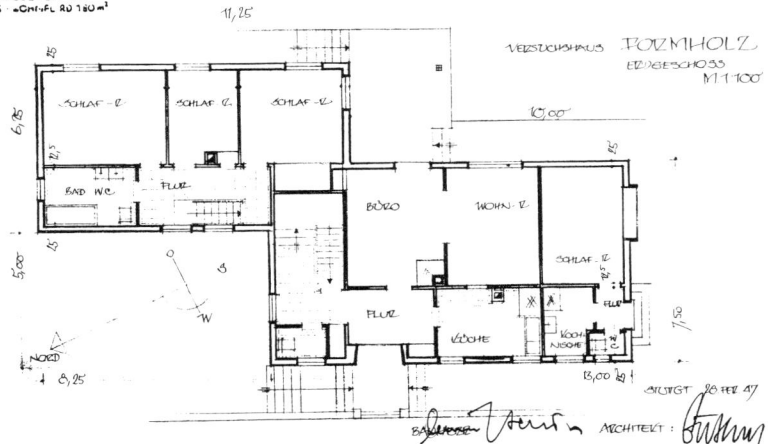

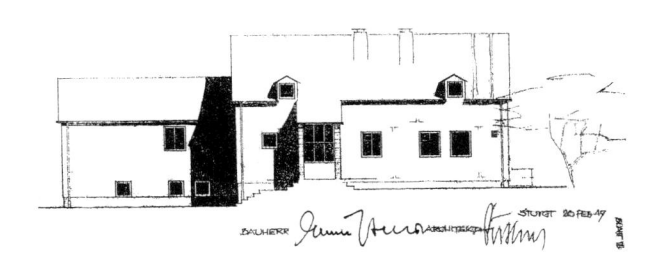

Abb. 8   GR Wohnhaus, Moserstraße 20, Stuttgart (1875)
Abb. 9   GR Wohnhaus E. Behr, Stuttgart (1947)
Abb. 10 Ansicht

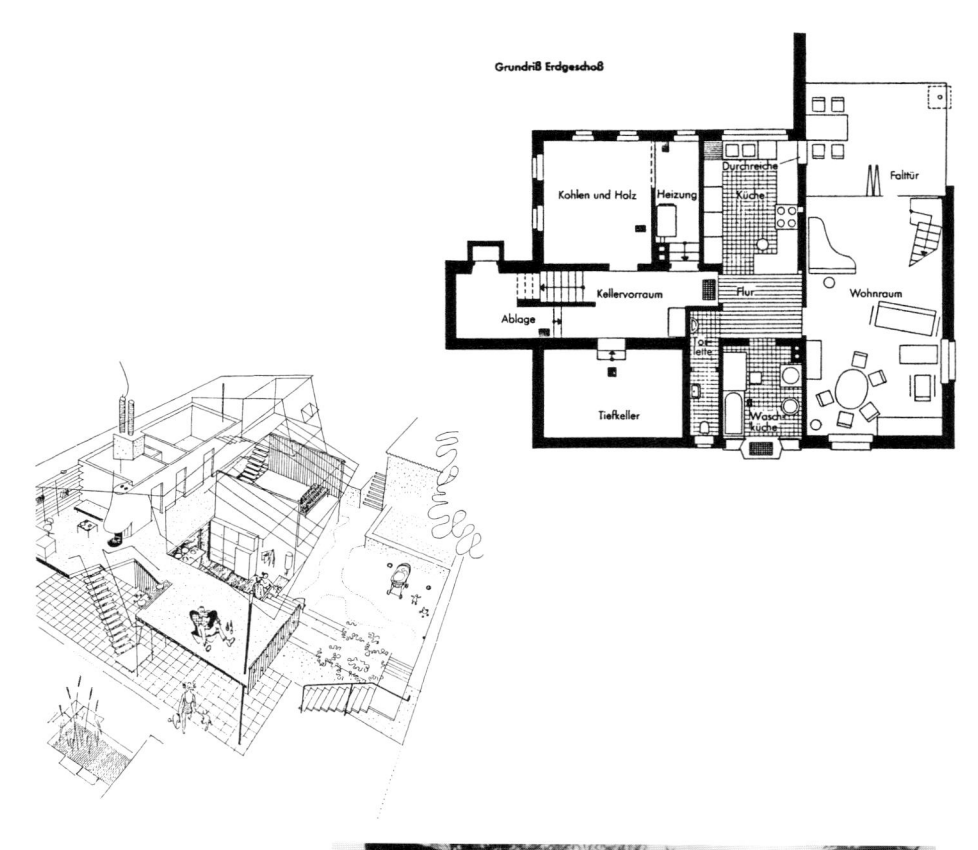

Abb. 11 GR Wohnhaus Rolf Gutbrod, Stuttgart (1951)
Abb. 12 Isometrie
Abb. 13 Ansicht

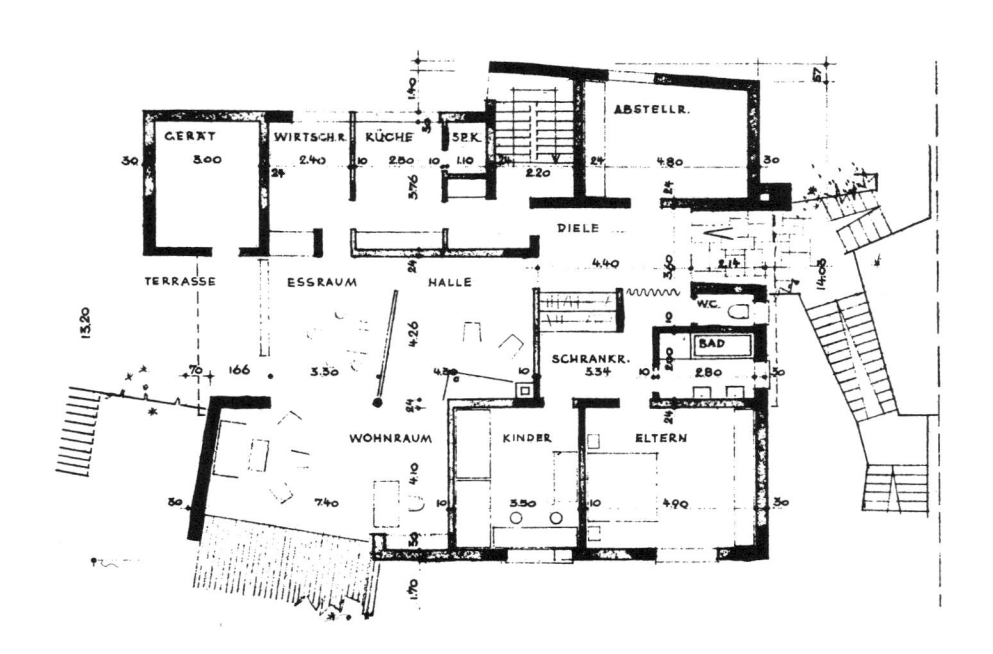

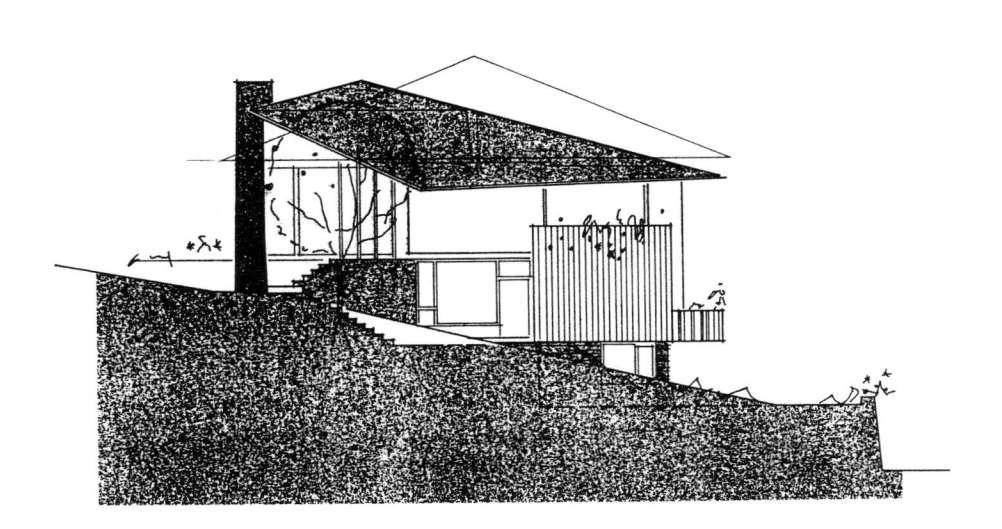

Abb. 14 GR Wohnhaus W. Gruber, Stuttgart (1953)
Abb. 15 Ansicht

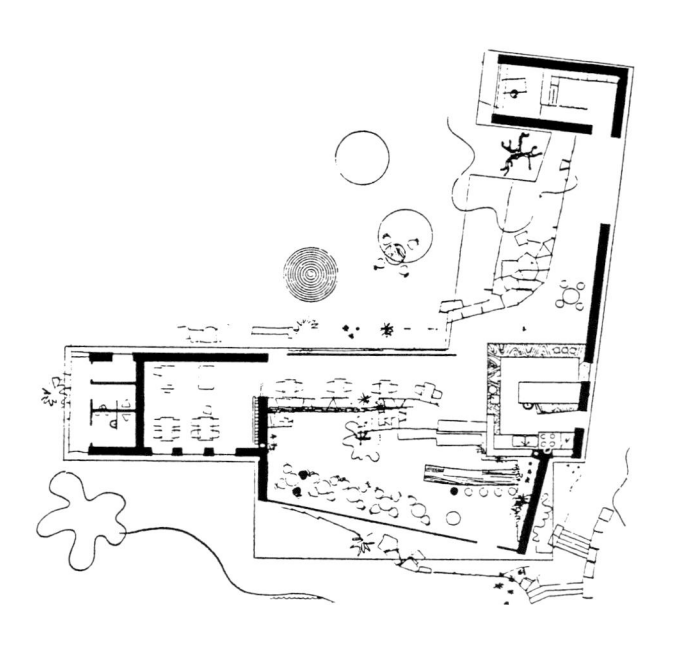

Abb. 16   GR Gaststätte Milchbar, Stuttgart (1950)
Abb. 17   Ansicht

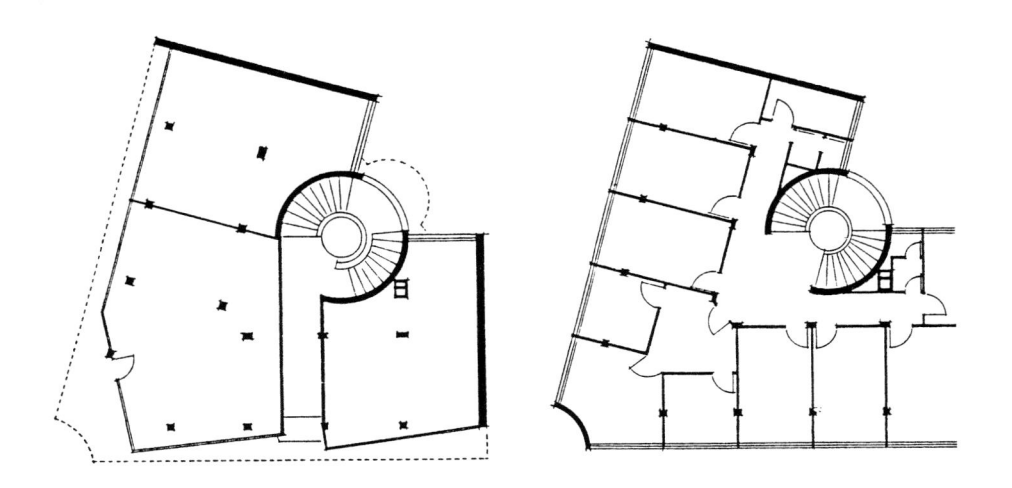

Abb. 18   GR Erdgeschoß Südd. Holzberufsgenossenschaft, Stuttgart (1948–50)
Abb. 19   GR Regelgeschoß
Abb. 20   Ansicht

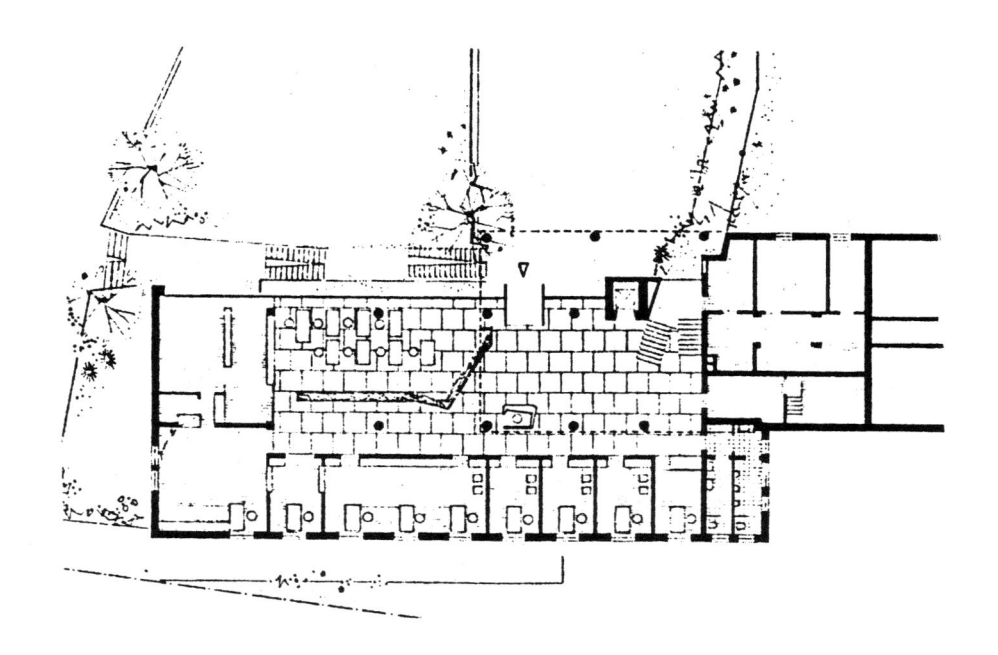

Abb. 21   GR Industrie- und Handelskammer, Stuttgart (1950–54)
Abb. 22   Ansicht

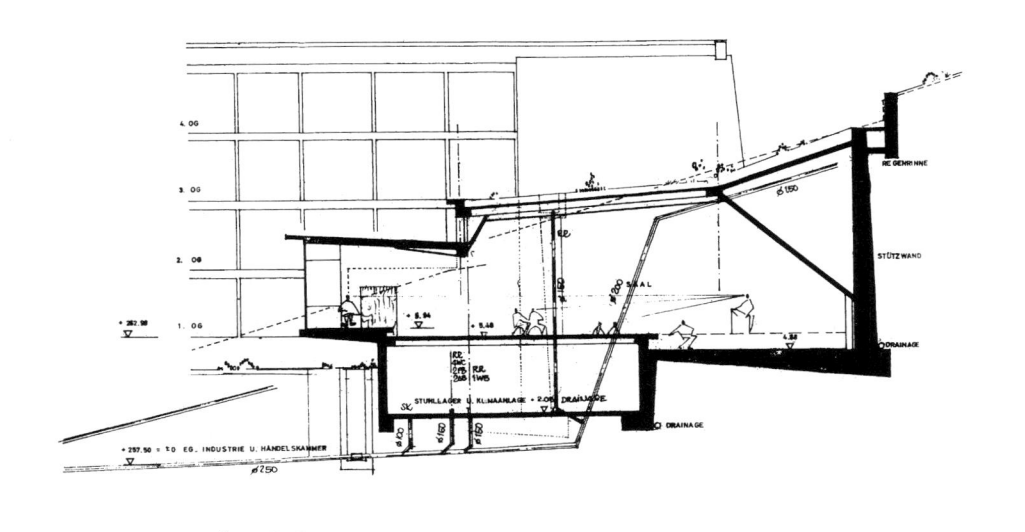

Abb. 23 Schnitt Konferenzsaal (1958–59)
Abb. 24 Zugang zum Konferenzsaal

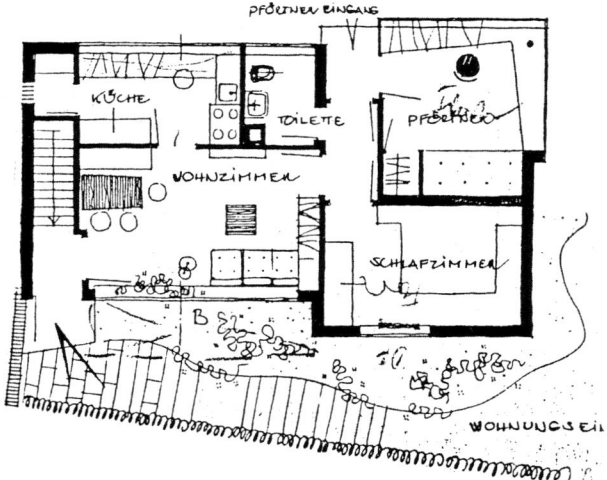

Abb. 25 Südwestansicht Porsche Montagehalle mit vorgelagertem Bürotrakt
Stuttgart-Zuffenhausen (1951–53)
Abb. 26 GR Pförtnerhaus (1952)

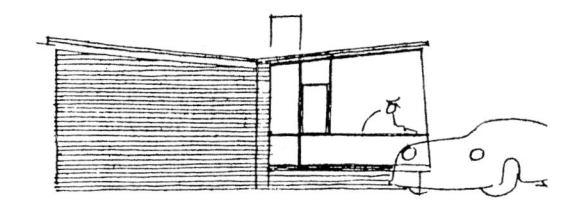

EINGANGSEITE

Abb. 27 Ansicht Pförtnerhaus
Abb. 28 Nordwestansicht Montagehalle mit Sheds

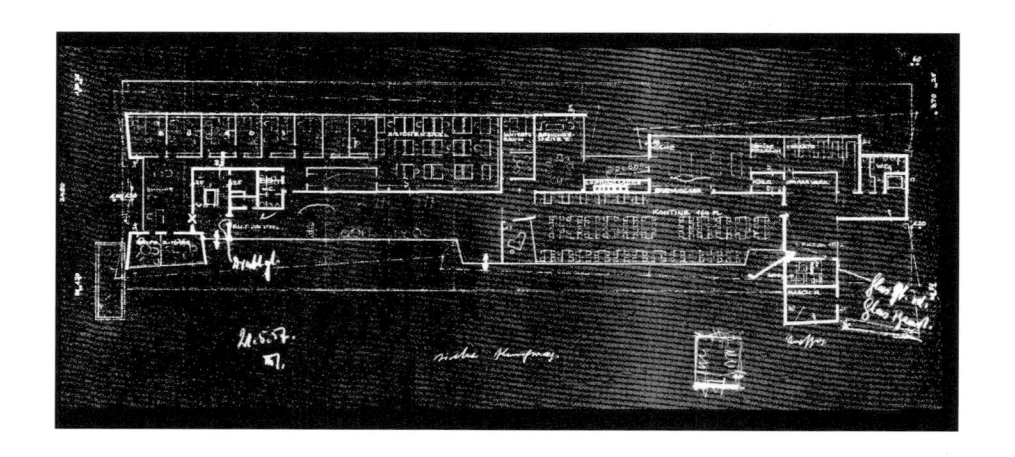

Abb. 29 GR Dachgeschoß Industriegebäude Hahn, Fellbach (1951–57)
Abb. 30 Ansicht

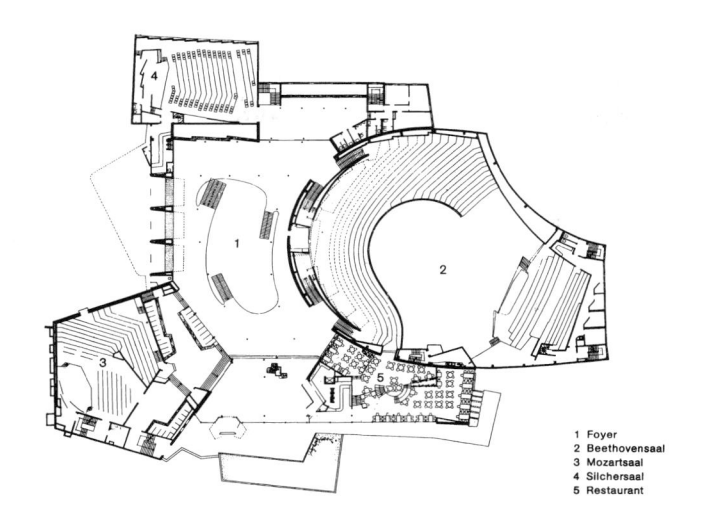

1 Foyer
2 Beethovensaal
3 Mozartsaal
4 Silchersaal
5 Restaurant

Abb. 31 GR Konzerthaus Liederhalle, Stuttgart (1951–56)
Abb. 32 Beethovensaal

Abb. 33 Mozartsaal, Liederhalle
Abb. 34 Ansicht Haupteingang Liederhalle

Abb. 35 Foyer, Liederhalle
Abb. 36 Halle Mittelpunktschule „In den Berglen", Oppelsbohm. (G. Behnisch 1966)

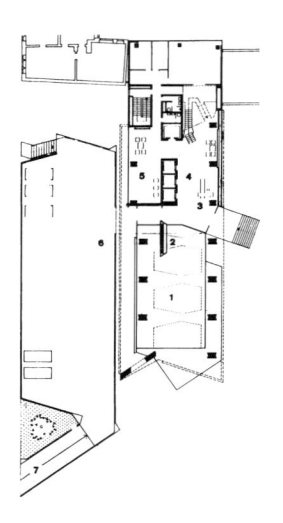

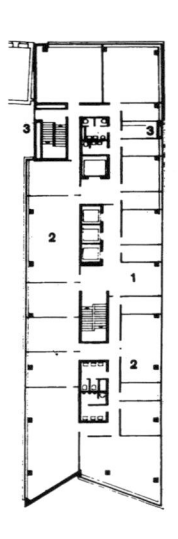

Abb. 37 GR Erdgeschoß Verwaltungsgebäude IBM, Berlin (1959–63)
Abb. 38 GR Regelgeschoß
Abb. 39 Ansicht

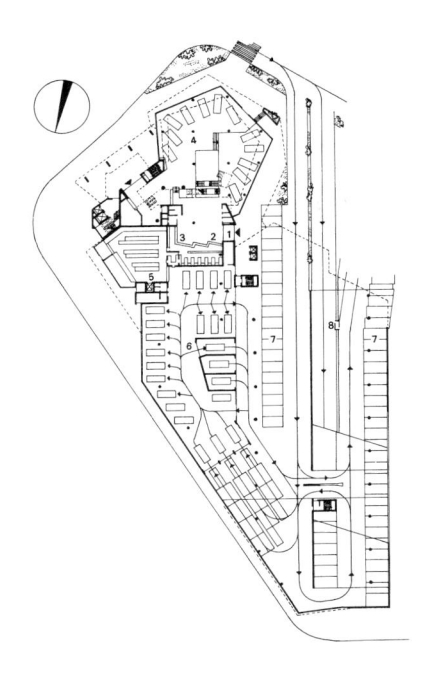

Abb. 40   GR Erdgeschoß Hahn-Hochhaus, Stuttgart (1960–63)
Abb. 41   Ansicht

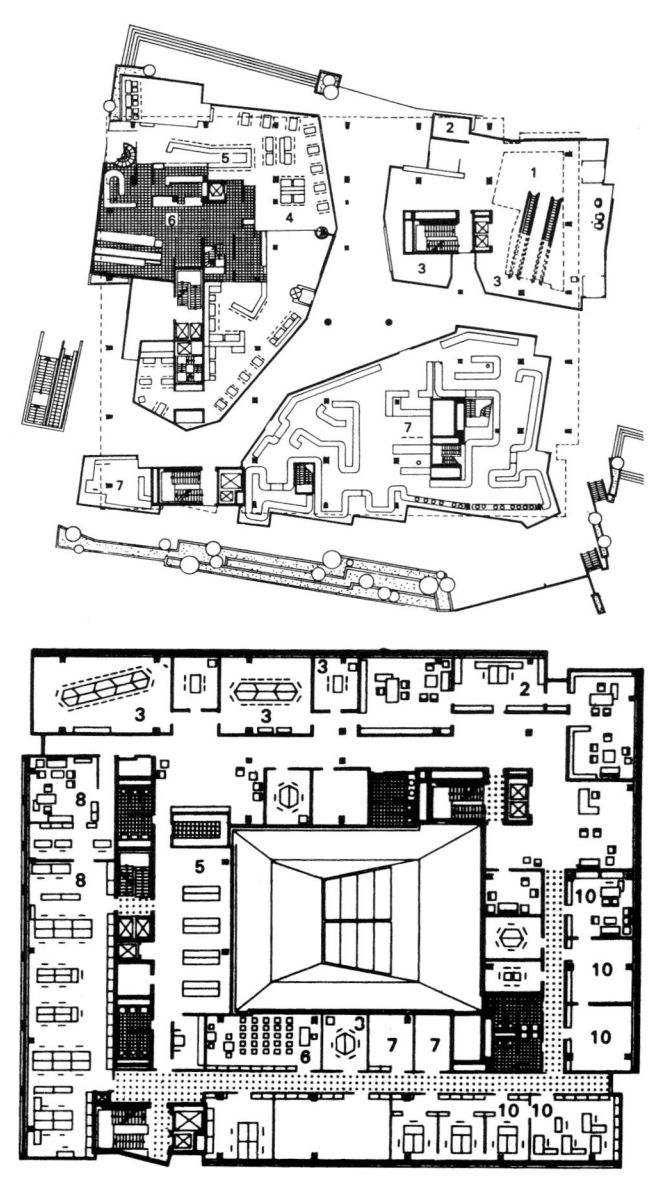

Abb. 42　GR Erdgeschoß BW-Bank, Stuttgart (1963–68)
Abb. 43　GR Hauptgeschoß

Abb. 44　Schalterhalle
Abb. 45　Ansicht

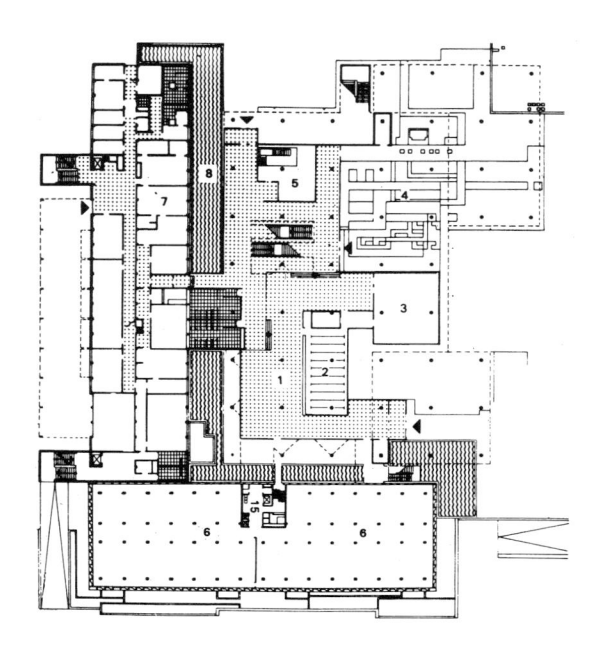

Abb. 46 GR Stadt- und Universitäts-Bibliothek, Köln (1960–67)
Abb. 47 Ansicht

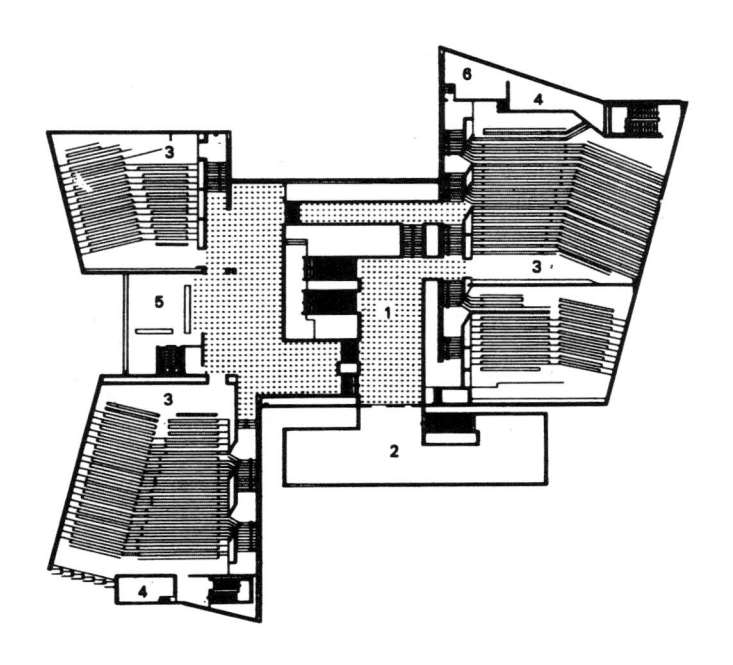

Abb. 48 GR Hörsaalgebäude, Universität Köln (1960–68)
Abb. 49 Ansicht

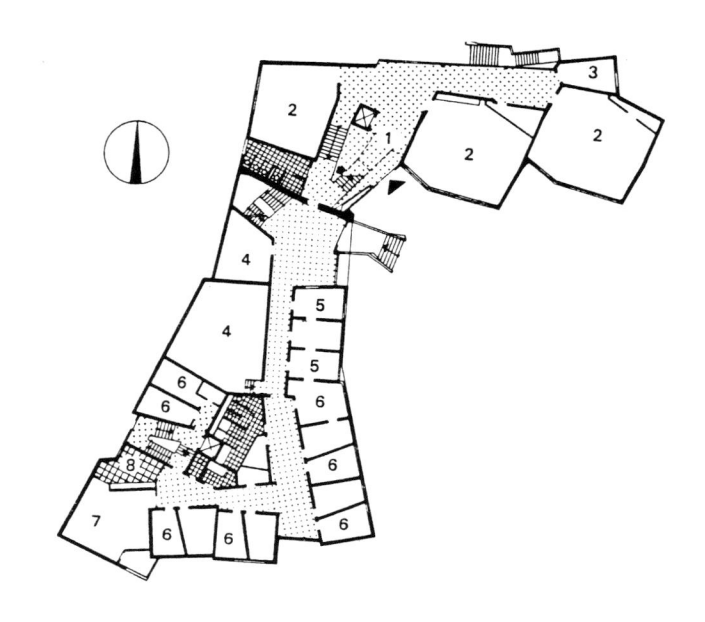

Abb. 50   GR Erdgeschoß Waldorfschule Uhlandshöhe (1965–73)
Abb. 51   Ansicht

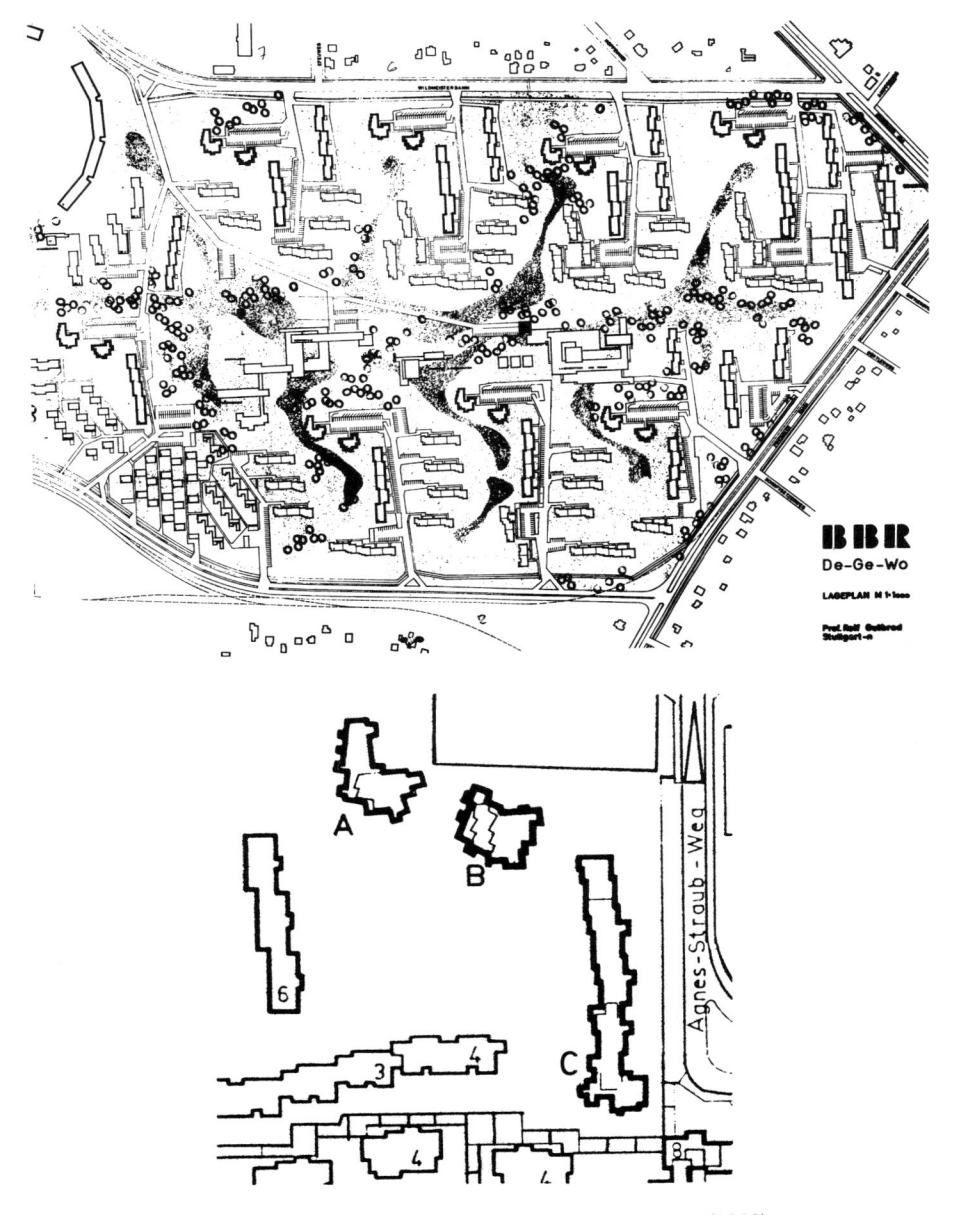

Abb. 52   Städtebauliches Gutachten der Gropiusstadt BBR-Ost, Berlin (1962)
Abb. 53   Lageplan Hochhaus-Ensemble

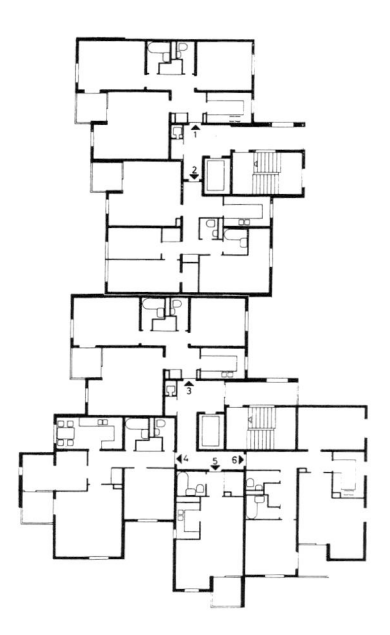

Abb. 54 GR Wohnhochhaus Lindwurm (Ausschnitt) (1962–68)
Abb. 55 Ansicht Wohnhochhäuser Jorinde und Joringel (1962–68)

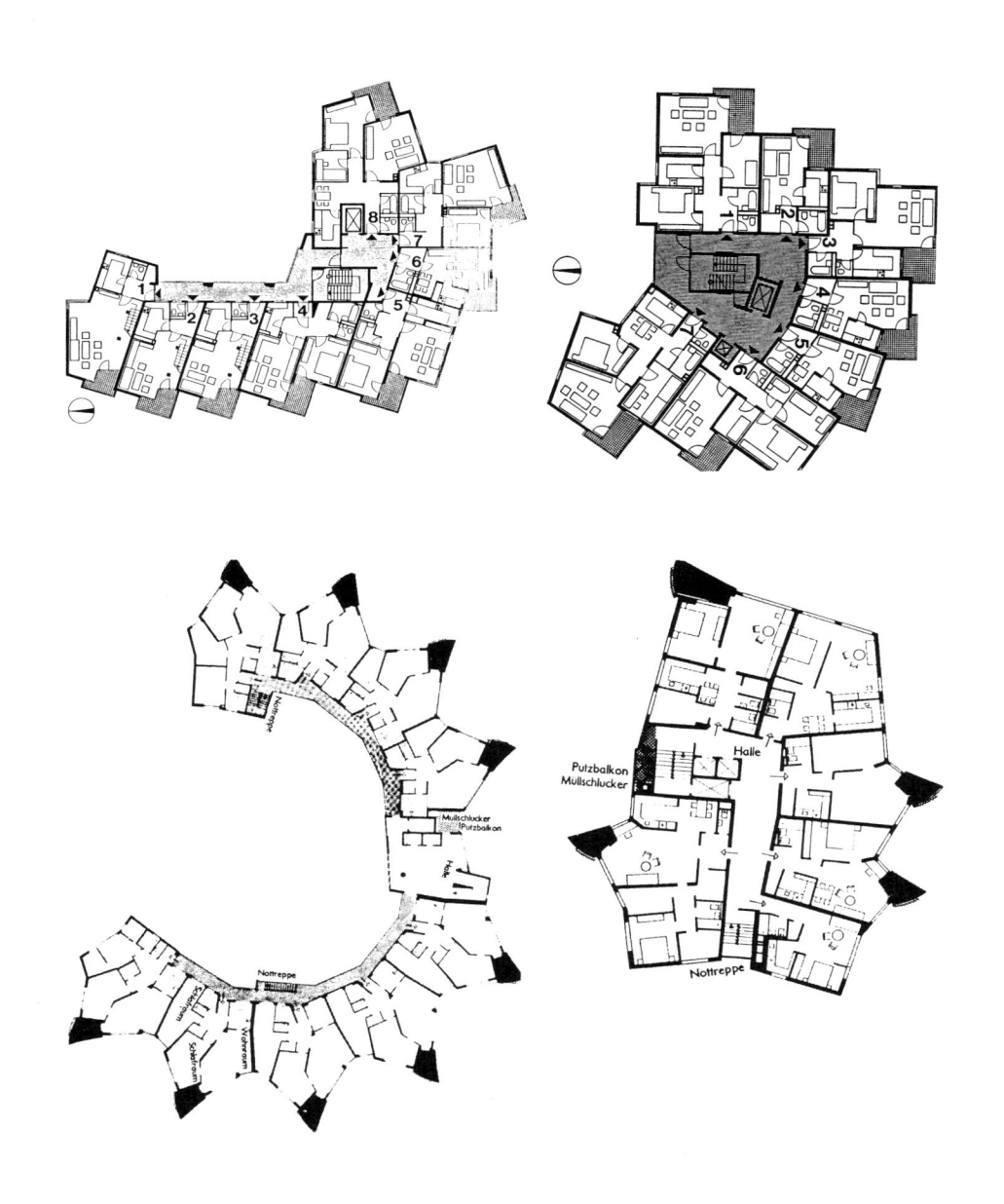

Abb. 56, 57 GR Jorinde und Joringel
Abb. 58, 59 GR Romeo und Julia, Stuttgart (H. Scharoun 1954–59)

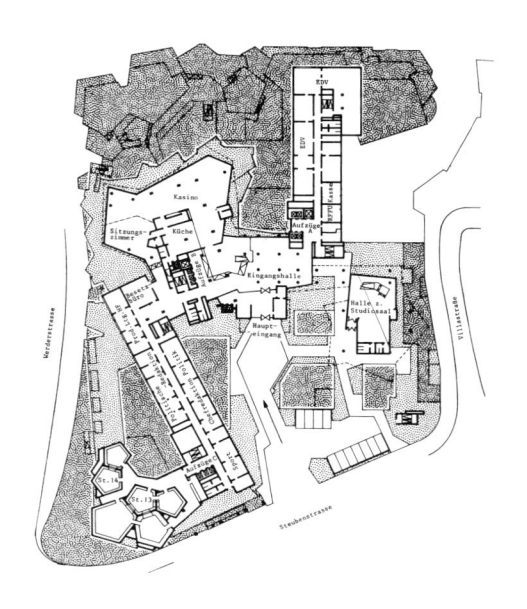

Abb. 60   GR Ebene 6, Rundfunkgebäude, Stuttgart (1966–76)
Abb. 61   Ansicht

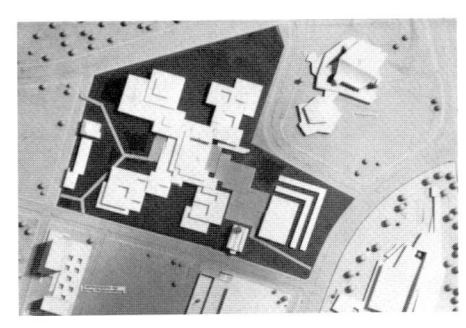

Abb. 62　GR Ankauf Staatl. Museen Preußischer Kulturbesitz, Berlin (1966)
Abb. 63　Modifizierter Ankauf
Abb. 64　GR Vorentwurf II, 1967
Abb. 65　GR Vorentwurf IV, 1969

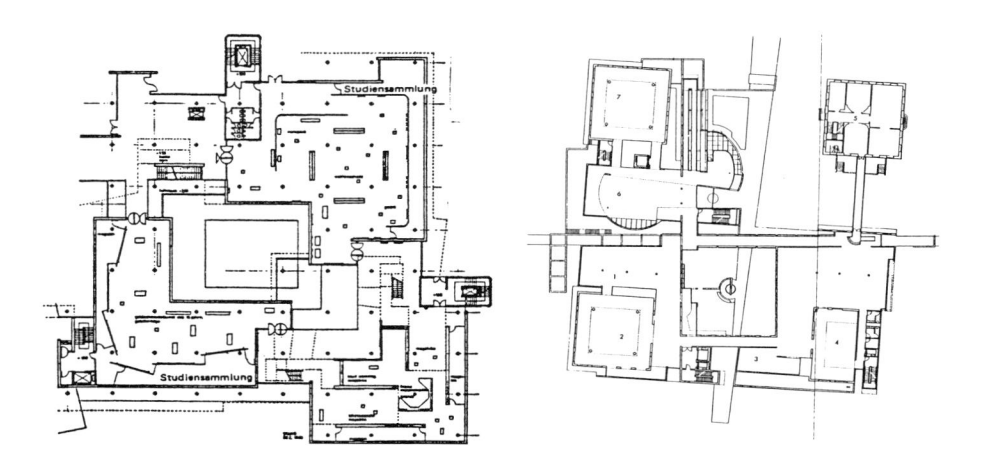

Abb. 66 Eingangsebene Kunstgewerbemuseum (1966–85)
Abb. 67 GR Museum für Kunsthandwerk, Frankfurt (Richard Meier 1979–85)
Abb. 68 Ansicht

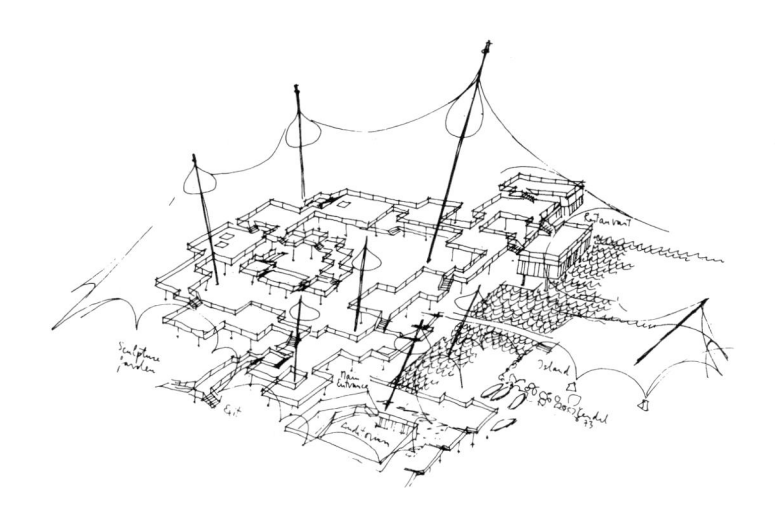

Abb. 69   Ansicht Deutscher Pavillon der Expo '67, Montreal
Abb. 70   Isometrie

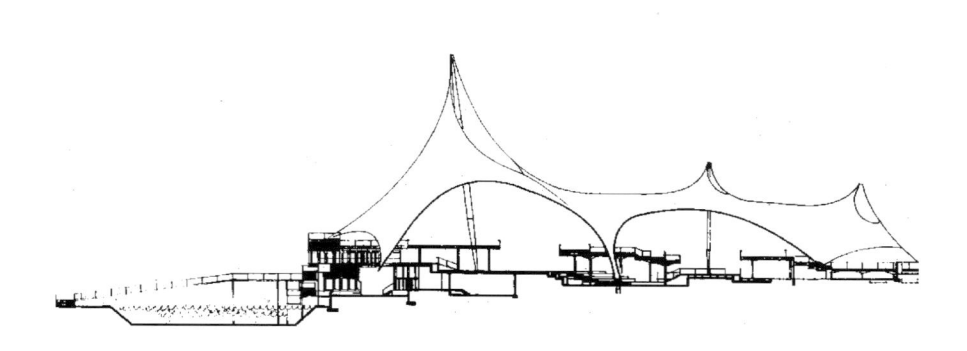

Abb. 71 Spitzzelte *Neige & Rocs*, Lausanne (M. Saugey, F. Otto 1963)
Abb. 72 Schnitt, Pavillon

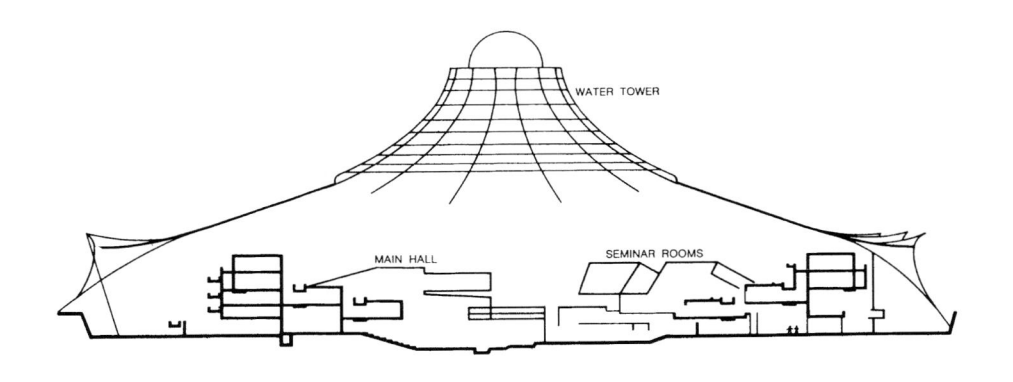

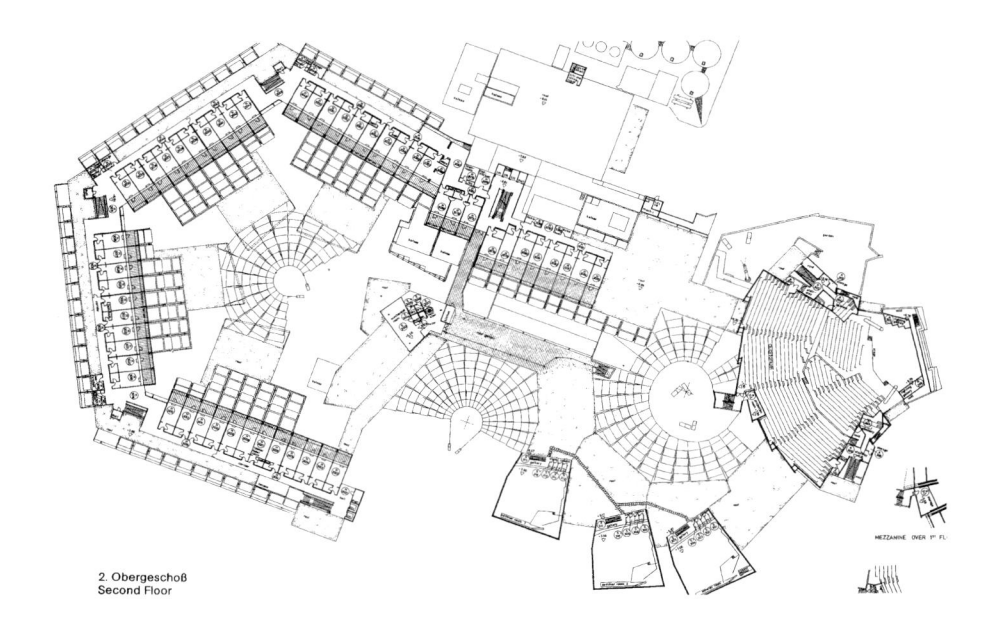

Abb. 73   Wettbewerb Konferenzzentrum mit Hotel, Riyadh (1966)
Abb. 74   GR Obergeschoß II Konferenzzentrum mit Hotel, Mekka (1966–74)

Abb. 75   Hängedach-Konstruktion
Abb. 76   Kafees über Innenhöfen
Abb. 77   Ansicht

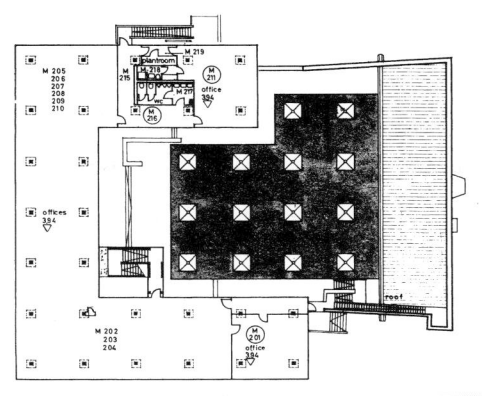

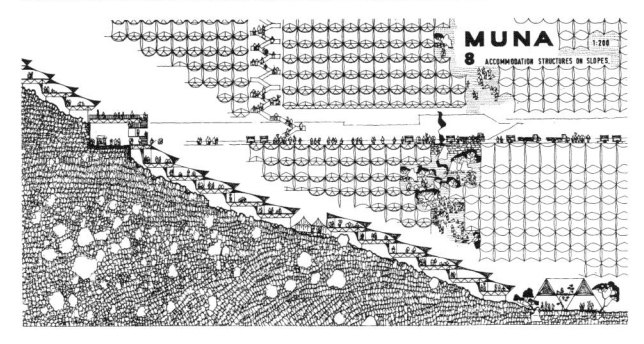

Abb. 78 GR Moschee
Abb. 79 Ansicht
Abb. 80 Pilgerzelte, Muna (1974)

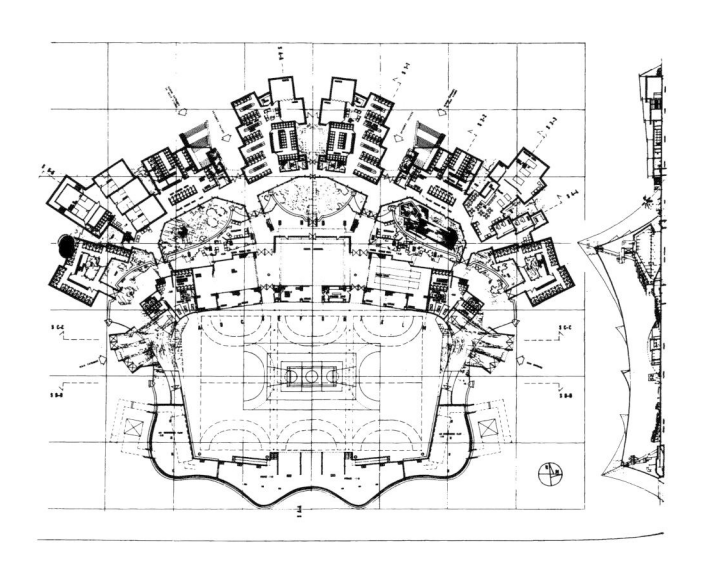

Abb. 81 GR Sportanlage *Roi-Abdul-Aziz*, Jeddah (1977–80)
Abb. 82 Ansicht

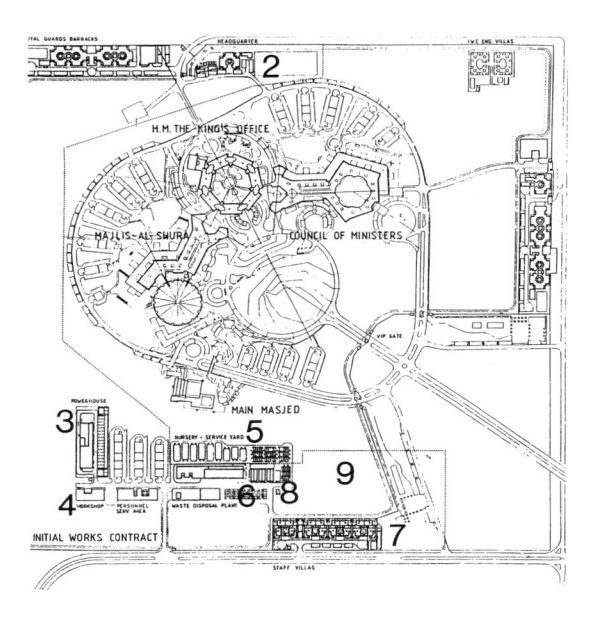

Abb. 83 Lageplan Regierungszentrum KOCOMMAS, Riyadh (1974–80)
Abb. 84 Kuppelkonstruktion Ministerratsgebäude

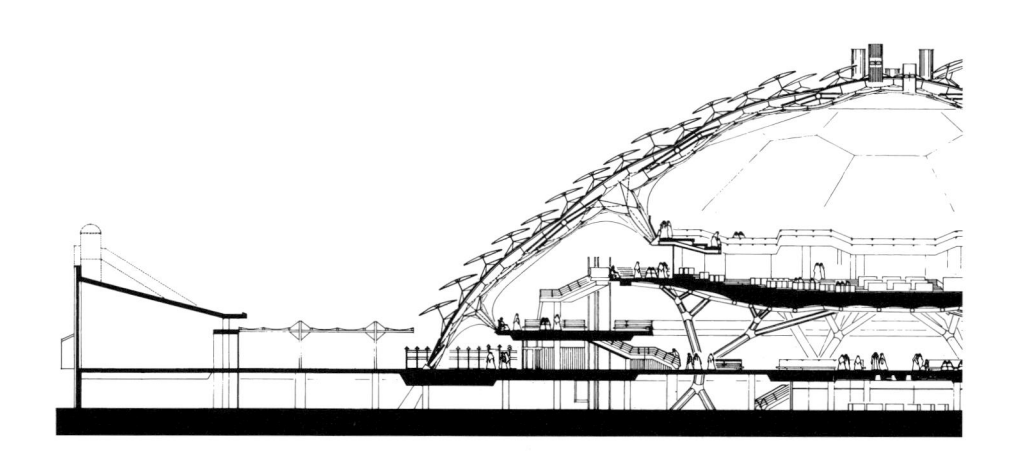

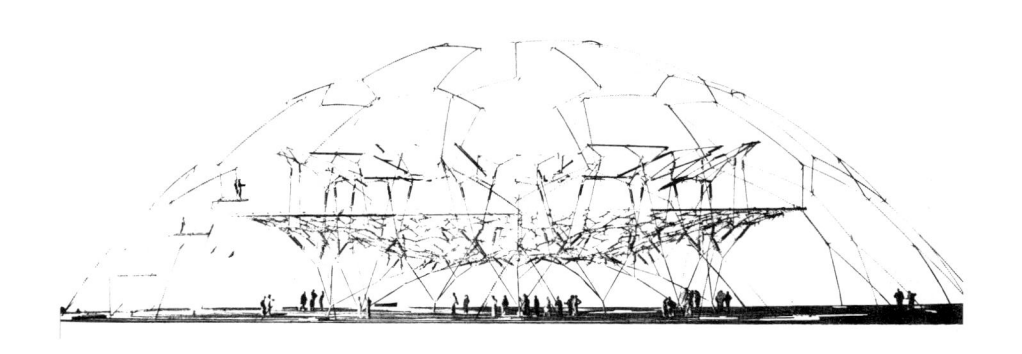

Abb. 85 Schnitt *Majlis al-Shura*-Gebäude und Moschee
Abb. 86 Konstruktionsmodell

Abb. 87   Metallschirm als Sonnenreflektor

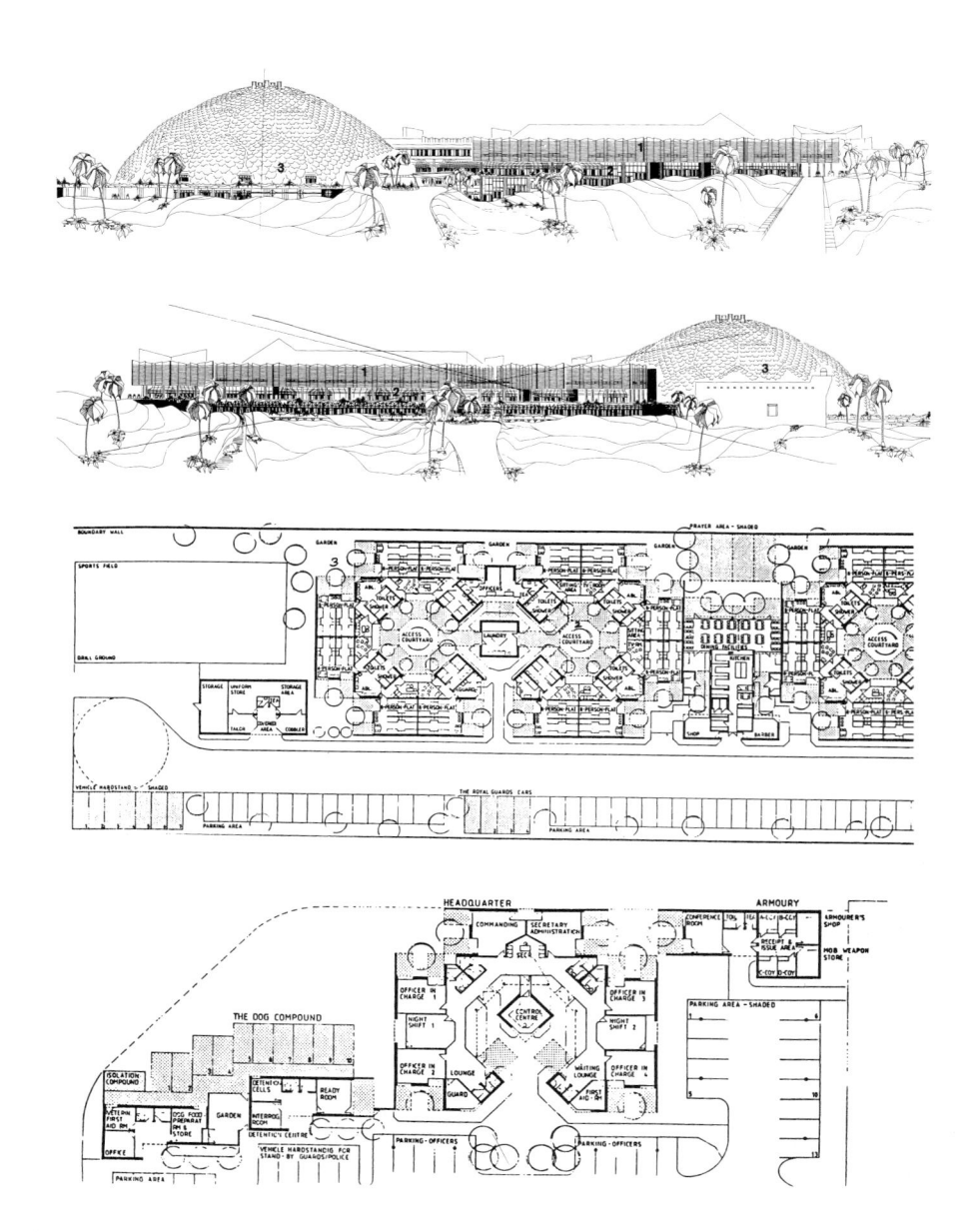

Abb. 88　Teilansicht KOKOMMAS
Abb. 89　GR Quartiere *Royal-Guards*
Abb. 90　GR *Headquarters*

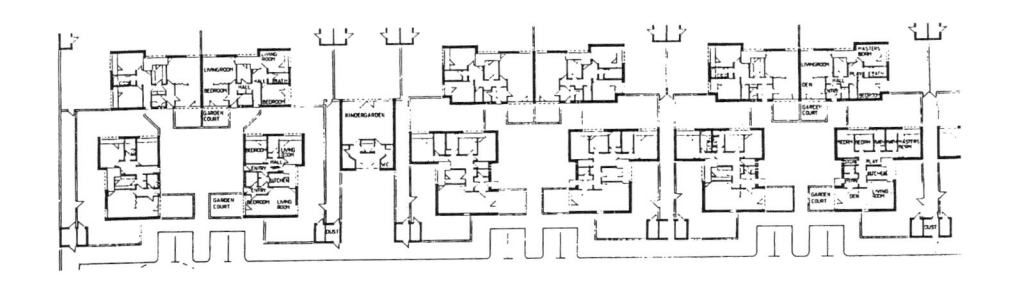

Abb. 91   GR „Staff-Villas"
Abb. 92   Innenhof

Abb. 93 Außenansicht
Abb. 94 Traditionelle Lehmbauten